이한우

1961년 부산에서 태어나 고려대학교 영문과를 졸업하고 동 대학원 철학과 석사 및 한국외국어대학교 철학과 박사 과정을 수료했다. 〈뉴스위크 한국판〉과 〈문화일보〉를 거쳐 1994년부터 〈조선일보〉 기자로 일했고 2002~2003년에는 논설위원, 2014~2015년에는 문화부장을 지냈다.

2001년까지는 주로 영어권과 독일어권 철학책을 번역했고, 이후 『조선왕조실록』을 탐색하며 『이한우의 군주열전』(전 6권)을 비롯해 조선사를 조명한 책들을 쓰는 한편, 2012년부터는 『논어로 논어를 풀다』 등 동양 사상의 고전을 규명하고 번역하는 일을 동시에 진행해오고 있다.

2016년부터는 논어등반학교를 만들어 현대인의 눈높이에 맞추어 고전을 강의하고 있다. 2017년부터 2021년까지 약 5년에 걸쳐 『이한우의 태종실록』(전 19권)을 완역했으며, 그 외 대표 저서 및 역서로는 『이한우의 태종 이방원』(전 2권), 『이한우의 주역』(전 3권), 『완역 한서』(전 10권), 『이한우의 사서삼경』(전 4권), 『대학연의』(상·하) 등이 있다.

『논어』 강의 문의 논어등반학교 최인아책방(02-2088-7330)
『주역』 강의 및 『사기』 원문 강독 문의 서울숲양현재(010-7625-1503)

이한우의 설원 下

이한우의 지인지감 01

이한우의 설원 下

유향 찬집 완역 해설

이한우 옮김

말의 정원에서 만난 『논어』의 본질

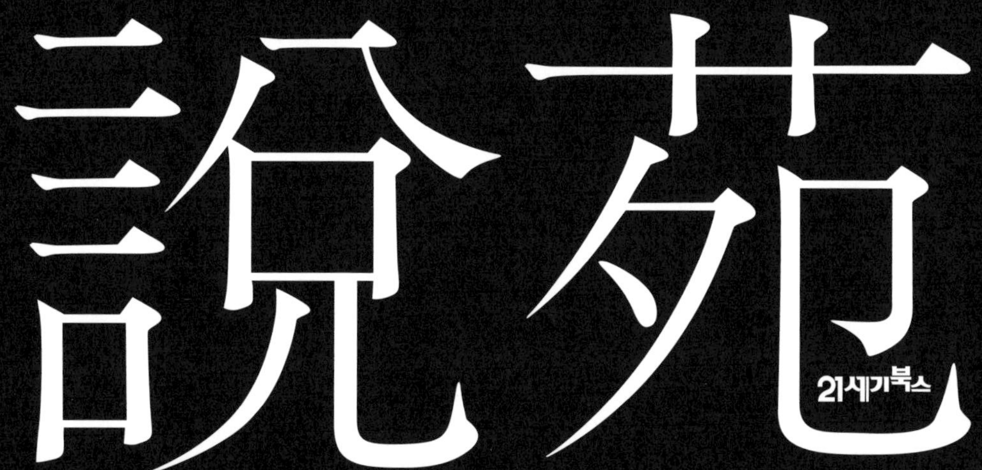

『논어』와 『설원』

1. 둘 다 이야기 모음집이라는 오해

유향(劉向)이 찬집한 책 『설원(說苑)』이 2,000년 고전 『논어(論語)』와 밀접한 관계가 있다는 점을 밝히는 글은 아마도 국내에서는 이 글이 처음일 것이다. 『설원』에 대한 기존의 사전적 소개를 살펴보자.

먼저 『한국고전용어사전』은 이 책에 대해 "어떤 사실에 관해 설명을 달리하는 여러 책의 내용을 발췌해 정리한 책으로서 시비(是非)를 정하지 않고 양쪽의 설을 모두 수록했음"이라고 밝히면서 20권으로 된 제목을 열거하고 있다.

한 지방대 교수는 신문 기고에서 『설원』을 이렇게 풀이한다.

> 『설원(說苑)』은 기원전 6세기쯤 유향(劉向, 기원전 77~기원전 6년)이 편찬했다. 책 제목이 시사하는 바와 같이 여러 가지 이야기[說]를 동산[苑]에 모아놓았다는 의미다. 원래 이 책은 천자에게 간언하기 위한 일화를 모아놓은 것인데, 내용은 군주의 올바른 자세, 신하의 마음가짐, 일반적인 처세훈으로 나눌 수 있다. 고대부터 한나라 때까지의 온갖 지혜와 잠언이 담긴 이야기를 모아놓았는데, 그 분량이 상당해 무

> 려 800여 편에 이른다. 당나라 말기에서 오대십국 시기 사이에 흩어져 분실되어 5권만 남아 있었고, 송나라 문장가 증공(曾鞏)이 복원해 20권이 되었다. 기사 대부분은 고서에서 뽑은 일화와 이야기이지만, 원전이 사라졌기 때문에 이 책은 자료집으로도 큰 가치가 있다. 항간의 설화도 있어 풍속자료로서도 중요하다. 재미있는 이야기 두 가지를 추려본다.

기원전 6세기는 잘못이고, 기원전 1세기가 맞다. 이번에는 여러 번역본 중 하나에 실려 있는 책 소개를 살펴보자.

> 2,000년 전 나라를 이끈 군주들, 그리고 그 군주를 보좌한 신하들의 이야기 모음집이다. 황실과 민간에 소장된 관련 자료들을 모두 모은 후 선택, 분류, 정리해 편찬해서 사료 가치가 풍부할 뿐만 아니라 흥미롭고 교훈적인 이야기들이 가득하다.

이런 다양한 책 소개 속에 일관된 잘못이 하나 있다. '이야기 모음집'이라는 표현이 그것이다. 그러나 그것은, 곧 밝히겠지만 '술이부작(述而不作)'에 입각한 집필 방식을 모르는 데서 나온 잘못이다. 이런 잘못은 『논어』에 대해서도 그대로 이어진다. 즉 『논어』를 공자와 제자들의 말 모음집으로 보는 시각이 그것이다.

사실 이런 오류는 이미 본고장 중국에서부터 있었다. 양(梁)나라 황간(皇侃)은 "이 책은 공자의 문인에게서 나온 것이다. 먼저 자세히 따진 뒤에 사람들이 모두 좋다고 한 뒤에야 기록했으므로 '논(論)'이라 했다. '어(語)'란 논란에 대해 대답하고 설명한다는 말이다"라고 했고, 원(元)나라 하이손(何異孫)은 『논어』가 "글 뜻을 토론한 데서 생긴 이름"이라 했으며, 청(淸)나라 원매(袁枚)는 "논이란 의논이란 뜻이며,

어란 사람들에게 말한 것"이라고 풀이하는 등 의견이 다양한데, 이런 잘못은 자연스럽게 국내 학자들에게서도 그대로 발견된다. 그 이유는 『논어』가 술이부작된 책이라는 사실을 모르기 때문이다. 『논어』와 『설원』이 모두 술이부작된 책임을 깨닫지 못한 채 읽게 되면 그냥 잡스러운 이야기 모음집처럼 보일 수밖에 없다.

2. 술이부작된 책의 해독법

어떤 책을 술이부작하는 방법에 따라 저술했다면 그 해독법이 일반 책과 같을 수는 없다. 술이부작이란 오늘날 용어로 말하면 편집했다는 말이다. 즉 저자는 없고, 편찬 혹은 편집하는 사람이 일정한 목적이나 의도를 갖고서 순서에 따라 적절한 말이나 이야기를 배치했다는 뜻이다. 『논어』란 책이야말로 술이부작 집필 방식의 전형을 보여준다. 「학이(學而)」편 첫 대목을 예로 들어보자.

> 공자가 말했다.
> "① (문(文)을) 배우고 늘 그것을 익히면 정말로 기쁘지 않겠는가?
> ② 뜻을 같이하는 벗이 있어 먼 곳에 갔다가 바야흐로 돌아오니 정말로 즐겁지 않겠는가?
> ③ 남이 알아주지 않아도 속으로조차 서운해하지 않아야 정말로 군자가 아니겠는가?"

편의상 번호를 붙였다. ①은 임금이 명심해야 할 구절이다. 문을 배워 눈 밝은 임금[明君]이 되라는 메시지이기 때문이다. ③은 신하가 명심해야 할 구절이다. 곧은 신하[直臣]가 되라는 메시지이기 때문이다. 그러면 ②는 무엇인가? 이때의 먼 곳[遠]은 공(公)이다. 이 점은 『논어』 곳곳에서 확인할 수 있기 때문에 별도의 설명은 생략한다. ②는, 임금이 근(近), 즉 근신·후궁·환관 등에게 둘러싸여 있을 때 임금과 뜻을 같이하는 신하가 근(近)을 넘어 원(遠), 즉 공적인 공간으로 가서 임금과 조정에 대한 공적인 비판과 쓴소리를 듣고 돌아와서는 곧바로 그것을 전하면, 그 말을 전해 들은 임금이 "정말로[亦] 즐거워해야만" 그 신하는 다음에도 그런 소리를 전할 수 있다는 뜻이다. 다시 말해, ②는 눈 밝은 임금과 곧은 신하가 오래 함께할 수 있는 바람직한 방식을 제시하고 있다.

이렇게 해석해야만 바로 다음 구절에서 왜 범상(犯上)의 문제가 이어지는지를 명확히 알 수 있다. 범상이란 속으로 윗사람에게 기어오르려 하는 마음가짐을 뜻한다. 실은 바로 이 구절 때문에 ①·②·③ 또한 임금과 신하[君臣]의 문제로 풀이해야 하는 것이다.

유자(有子)가 말했다.

"그 사람됨이 (부모에게) 효도하고 (형에게) 공순한 데도[孝弟] 윗사람을 범하기[犯上]를 좋아하는 자는 드물다. (또) 윗사람을 범하기를 좋아하지 않는데도 난을 일으키기를 좋아하는 자는 없다. 군자는 근본에 힘쓰니, 근본이 서야 도리가 생겨난다. 효도와 공순이라는 것은 어짊을 행하는 근본일 것이다."

유자가 던진 메시지는 단순히 효도와 공순 자체가 아니라, 신하 중에서 윗사람을 범하기를 좋아하는 자를 미리 가려내는 잣대로서의 효도와 공순이다. 이 문제는 바로 다음으로 이어진다.

공자가 말했다.

"아름다운 말과 고운 얼굴빛을 하는 사람 중에 (정말로) 드물구나! 어진 사람이여[巧言令色 鮮矣仁]."

이제 공자-유자-공자의 말이 왜 하나로 이어지는지를 알 수 있을 것이다. 이때 중요한 것은 『논어』를 편집한 미지의 천재가 이런 순서로 배치한 의도를 읽어내는 일이다. 여기까지만 놓고 볼 때, 그것은 바로 '곧은 신하를 찾아내는 법'임을 누구나 알 수 있다. 이를 모른 채 단지 이야기 모음집으로만 풀이한다면 바로 그 순간 문맥은 사라지고 개개 구절에 대한 인상비평만이 남게 된다. 주희는 이 점을 활용해, 실은 악용해 『논어』를 산산조각내고 말았다.

3. 술이부작한 『논어』의 주제들과 『설원』 20권의 주제

『논어』를 이처럼 술이부작으로 저술한 산물로 보고서 그 미지의 편집자가 술이부작한 의도에 초점을 맞출 경우 각 편이 일정한 주제를 갖고 있음을 누구나 확인하게 된다.

「학이(學而)」편은 『논어』 전체를 압축한 총론이라 할 수 있다. 이어 「위정(爲政)」편은 다움[德], 「팔일(八佾)」편은 일의 이치[事理=禮], 「이인(里仁)」편은 어짊[仁]을 다룬다. 이렇게 해서 사람을 알아보는[知人] 핵심 잣대들인 다움, 일의 이치, 어짊이 제시된다.

그리고 「공야장(公冶長)」편과 「옹야(雍也)」편에서는 이 세 가지 잣대를 통해 직접 역사 속 인물과 공자 제자들을 사례로 삼아 지인(知人)하는 훈련을 한다. 태권도 배우기에 비유하자면 기본 품새를 마치고 약속대련을 하는 셈이라고나 할까!

이어지는 「술이(述而)」편에서는 공자 본인의 내면세계에 대한 집중

소개를 통해 이상의 것들이 공자 자신에게는 어떻게 녹아들어 있는지를 확인한다. 한마디로 다지는[約=檢束] 편이다.

「태백(泰伯)」편은 주제가 지덕(至德)이니 「위정」편을 이어받은 심화 버전이다. 「자한(子罕)」편은 주제가 지인(至仁)으로 「이인」편을 이어받은 심화 버전이며, 「향당(鄕黨)」편은 주제가 공자 자신이 보여주는 예(禮)로서 「팔일」편을 이어받은 심화 버전이다. 이처럼 전반부 10편만 살펴봐도 얼마나 구성이 치밀한지 확인하게 된다.

이런 식으로 『논어』 주제를 정확히 그리고 차근차근 추출해내야만 『설원』이 던진 20개 제목, 즉 군도(君道)·신술(臣術)·건본(建本)·입절(立節)·귀덕(貴德)·복은(復恩)·정리(政理)·존현(尊賢)·정간(正諫)·경신(敬愼)·선세(善說)·봉사(奉使)·권모(權謀)·지공(至公)·지무(指武)·담총(談叢)·잡언(雜言)·변물(辨物)·수문(修文)·반질(反質)이 고스란히 『논어』가 품고 있는 주제들임을 쉽게 확인할 수 있다. 예를 들면 앞서 본 「학이」편 앞부분 세 구절만 갖고서도 군도와 신술 그리고 수문·반질이 관련됨을 알 수 있다. 군도와 신술은 언급했으니 수문과 반질에 대해서만 간략히 언급해보자.

『논어』에서 배운다는 말은 곧 문(文)을 배운다는 말이다. 이를 유향은 문을 닦는다고 해서 '수문(脩文=修文)'이라고 표현했다. 또 문질빈빈(文質彬彬)은 공자가 군자에게 요구했던 덕목이다. 그런데 문은 배우지만 질(質)은 본래 갖고 있는 것이다. 질은 배운다고 해서 얻을 수 있는 그런 것이 아니다. 학질(學質)이란 말이 성립할 수 없는 까닭이다. 그래서 이 점을 구체화해서 유향은 바탕으로 돌아가라[反質]고 말하고 있는 것이다. 군도·신술·수문·반질을 제외한 나머지 16개 제목도 모두 이처럼 『논어』와 밀접하게 연결되어 있음은 이 책 본문을 통해 확인할 수 있을 것이다.

결국 『설원』은 권별로 주제를 제시해놓았는데, 각 권에서 유향이

지녔던 술이부작의 의도를 읽어낸다면 그것이 결코 이야기 모음집이 아니라는 사실을 알아차릴 수 있다. 유향은 뭔가를 하고 있었던 것인데, 그 뭔가란 다름 아닌 유향식 『논어』 풀이다. 즉 유향은 자신이 얻어낸 『논어』 이해를 20개 주제를 중심으로 재구성해낸 것이다.

이렇게 되면 왜 제목이 하필 '설원(說苑)'인지를 보다 정확히 알 수 있다. 앞서 『논어』에 대해 중국의 학자들조차 엉뚱한 풀이를 하고 있음을 보았다. 이 문제에 대해서는 『논어』 끝 문장이 올바른 답을 제시한다.

부지언 무이지인야
不知言 無以知人也.

이는 공자 말이다.

"말을 알지 못하면 사람을 알 수 없다."

언행(言行)을 염두에 둘 때만 이에 대한 정확한 풀이가 가능하다. 그런데 일을 행하고 나서 그것을 통해 그 사람을 알아보려 한다면 이미 늦다. 그러니 사전에 말만 듣고서도 그 사람 됨됨이를 알아차릴 줄 알아야 사람을 안다[知人]고 할 수 있다는 말이다. 그래서 『논어(論語)』란 곧 말[語=言]을 논해서 사람을 알아보자[知人]는 책인 것이다. 유향 또한 『논어』를 염두에 두었기에 말[說=言]의 정원을 만들어서 말을 통해 사람을 알아보는 훈련서를 찬집하려 했던 것이다. 논어지인(論語知人)이 그것이다.

결론적으로 『설원』은 『논어』를 주희식 교조적 해석으로부터 우리를 해방시켜 본래 모습에 가까운 『논어』로 안내하는 최고의 가이드라고 할 것이다.

4. 덧붙이는 말

유향의 『설원』은 국내에도 여러 번역본이 있다. 그중 허호구가 옮긴 『역주 설원』이 비교적 오역이 적고 원문 교정도 있어 참고해 일부 반영했다.

그러나 이번에 필자는 단순 번역에 그치지 않고 『설원』을 『논어』화시키는 작업을 했다. 이런 시도는 전에는 없었던 것으로 안다. 그래서 내용 자체에 집중하기 위해 인물·사건에 대한 정보는 최소한만 소개했다. 독자 여러분도 유향이 제시한 20개 주제와 그에 따른 사례 제시에 맞춰 읽는 데 집중해주었으면 한다.

아무쪼록 이번 작업을 통해 『설원』을 제대로 자리매김하고 『논어』를 이해하는 제대로 된 길이 열리기를 바란다.

2022년 12월 탄주(灘舟) 이한우(李翰雨)

보심서실(普心書室)에서 쓰다

하권 차례

상권 차례

권11

선세[善說]

말 잘하는 법

11-1

손경(孫卿-순자)이 말했다.

"무릇 말 잘하는 법은, 가지런하고 장엄하게 말의 빼대를 세우고, 반듯하고 성실하게 사안에 대처하며, 굳건하고 강하게 논조를 유지하고, 비유를 들어 상대를 깨우치며, 사리분별을 통해 사안을 밝히고, 기쁨과 분노를 잘 조절해 내용을 전달해서, 듣는 사람으로 하여금 그것을 진귀하게 여기고 보배로 여기며 귀하게 여기고 신묘하게 여기게 해야 한다. 이와 같이 한다면 말이 언제나 제대로 전달되지 않는 경우가 없다. 무릇 이를 일러 능히 귀하게 여겨야 할 바를 귀하게 여기는 것이라고 한다."

전(傳)에 이르기를 "오직 군자라야 능히 귀하게 여겨야 할 바를 귀하게 여길 수 있다"라고 했다.

『시경』(「대아(大雅)·억(抑)」편)에 이르기를 "가볍게 말하지 말고 구차하게 말하지도 말라"라고 했다.

귀곡자(鬼谷子)[001]가 말했다.

"사람의 좋지 못한 점을 제대로 바로잡기란 어렵다. 말을 해주어도 행하지 않고 그 말을 따르지 않는 이유는, 해주는 말이 명확하지 않아서다. 이미 해주는 말이 명확한데도 행하지 않는 것은, 그 논리가 견고하지 않아서다. 이미 논리가 견고한데도 행하지 않는 것은, 아직 그 사람이 마음으로 좋다고 여기는 것에 적중하지 못해서다. 분명하고 명확히 하며 논조를 유지하고 견고히 하며 또 그 사람이 마음으

001 전국시대의 사상가로, 영천(潁川) 양성(陽城)의 귀곡 지방에 은둔했기 때문에 사람들이 귀곡자라고 불렀다. 진(秦)·초(楚)·연(燕)·조(趙) 등 7국이 천하의 패권을 다투던 시기에 권모술수의 외교술책을 우자(優者)의 도(道)라고 주장한 종횡가(縱橫家)이며, 소진(蘇秦)과 장의(張儀)도 그의 제자였다고 한다.

로 좋다고 여기는 것에 적중하게 되면, 상대방이 그 말을 신묘하고 진귀하며 명백하고 분명하다고 여기게 되어 (그 말이) 능히 그 사람 마음속으로 파고 들어가게 된다. 이렇게 하고서도 해준 말이 행해지지 않는 것을 천하에서 일찍이 들어본 적이 없다. 이를 일러 말 잘하는 법[善說]이라고 한다."

자공(子貢)이 말했다.

"말을 내어 진술하는 것은 몸의 얻고 잃음이나 나라의 안녕과 위태로움에 관계한다."

『시경』(「대아(大雅)·판(板)」편)에 이르기를 "(윗사람의) 말이 조리가 있으면 백성은 걱정이 없도다"라고 했다.

무릇 말이란 사람들이 스스로 소통하는 수단이지만, 주보언(主父偃, ?~기원전 126년)[002]은 말하기를 "사람으로서 말을 제대로 조리 있게 하지 못한다면 어디에 쓰겠는가?"라고 했고, 옛날에 (정나라) 자산(子産)이 말을 제대로 잘하자 조무(趙武)가 존경했으며, 왕손 만(王孫滿)이 자기 말을 명확하게 잘하자 초(楚)나라 장왕(莊王)이 부끄러워했고, 소진(蘇秦)이 그 말을 (현실에서) 통하게 하자 여섯 나라가 그로 인해 편안해졌으며, 괴통(蒯通)[003]은 말을 잘 진술해서 몸을 보전할 수 있었다.

---

002 한나라 임치 사람이다. 처음에 종횡술(縱橫術)을 배우다가 나중에 『역(易)』과 『춘추(春秋)』 등 백가(百家)의 사상을 배웠다. 무제(武帝) 원광(元光) 연간에 장안(長安)에 들어와서 글을 올려 나랏일에 대해 논했다. 제후왕(諸侯王)의 세력을 깎아 약화시키고 추은(推恩)을 명분으로 자제들에게 분봉(分封)해 후(侯)로 삼으라고 주장했다. 또 삭방군(朔方郡)을 둬 흉노(匈奴)에 대항하라고 건의했다. 무제가 모두 받아들임으로써 낭중(郎中)에 오른 뒤, 한 해 동안에 네 번 승진해 중대부(中大夫)가 되었다. 원삭(元朔) 2년(기원전 128년) 외직으로 나가 제왕상(齊王相-제왕의 재상)이 되었는데, 나중에 제왕과 누이의 간사한 일을 알려서 제왕이 자살하게 했으나 그 역시도 족주(族誅)당했다.

003 진승(陳勝)이 반란을 일으켜 무신(武臣)을 보내서 조지(趙地)를 차지하자, 괴통이 창양령(蒼陽令)을 설득해서 항복하게 하는 한편 무신을 맞이하게 했다. 그 계책이 받아들여져서 무신은 싸우지 않고도 연조(燕趙)의 성 30여 개를 차지할 수 있었다. 나중에 한신(韓信)에게 모반해 자립할 것을 권했는데, 듣지 않자 미친 사람처럼 행세하며 숨어 지냈다고 한다. 한신이 죽임을 당한 뒤 반란을 사주했다고 해서 체포당했지만, 유방이 풀어주었다.

(그러므로) 무릇 말이란 (스스로 소통하는 수단을 넘어) 곧 임금을 높이고 자기 몸을 중하게 하며 나라를 편안케 하고 성명(性命-목숨)을 보전하는 수단이다. 그렇기 때문에 말이란 닦지 않으면 안 되고 말이란 잘하지 않으면 안 된다.

孫卿曰: "夫談說之術, 齊莊以立之, 端誠以處之, 堅強以持之, 譬稱以諭之, 分別以明之, 歡欣憤滿(懣)以送之, 寶之珍之, 貴之神之, 如是則說常無不行矣. 夫是之謂能貴其所貴." 傳曰: "唯君子, 爲能貴其所貴也." 詩云: "無易由言, 無曰苟矣." 鬼谷子曰: "人之不善而能矯之者, 難矣. 說之不行, 言之不從者, 其辯之不明也; 既明而不行者, 持之不固也; 既固而不行者, 未中其心之所善也. 辯之明之, 持之固之, 又中其人之所善, 其言神而珍, 白而分, 能入於人之心, 如此而說不行者, 天下未嘗聞也. 此之謂善說." 子貢曰: "出言陳辭, 身之得失, 國之安危也." 詩云: "辭之繹矣, 民之莫矣." 夫辭者, 人之所以自通也. 主父偃曰: "人而無辭, 安所用之." 昔子產脩其辭, 而趙武致其敬; 王孫滿明其言, 而楚莊以慚; 蘇秦行其說, 而六國以安; 蒯通陳說, 而身得以全. 夫辭者, 乃所以尊君·重身·安國·全性者也. 故辭不可不脩, 而說不可不善.

11-1은 말을 잘하려면 말을 잘 닦을 줄 알아야 한다고 결론짓고 있다. 그렇다면 구체적으로 말을 잘 닦는 법은 무엇일까? 『논어』 「위정(爲政)」편에 나오는 공자의 말이 그 답을 준다.

많이 듣고서(듣되) 의심나는 것은 제쳐놓고 그 나머지 것들에 대해서만 신중하게 이야기한다면 (말로 인한) 허물이 적을 것이다.

11-2

조(趙)나라가 사람을 보내 위(魏)나라 왕에게 말했다.

"우리를 위해 범좌(范痤)를 죽여주면 우리는 70리 땅을 바치겠습니다."

위왕이 말했다.

"좋소."

관리들을 시켜 범좌를 붙잡게 했는데, 관리들이 포위는 했지만, 아직 죽이지는 않았다. 좌가 스스로 지붕에 올라가서 꼭대기를 타고 앉아 사자에게 일러 말했다.

"죽은 범좌를 갖고서 거래하기보다는 살아 있는 범좌를 갖고서 거래하는 것이 더 나을 것이오. 만일 나를 죽였다가 조나라가 왕의 땅을 주지 않는다면 왕은 어쩔 것입니까? 그러니 먼저 땅을 떼어주는 절차를 확정하고서 그다음에 나를 죽이는 것이 나을 것입니다."

위왕이 말했다.

"좋은 말이다."

범좌가 그 참에 신릉군(信陵君)[004]에게 글을 올려 말했다.

"나는 원래 위나라에서 면직된 재상이오. 조나라가 땅을 갖고서 나를 죽이려 하자 위왕이 그것을 따르려 합니다. 진(秦)나라 같은 강한 나라가 또한 조나라가 하고자 했던 바를 따라 한다면 군께서는 장차 어떻게 하시겠습니까?"

신릉군이 왕에게 말해 그를 구출해주었다.

---

004 전국시대 위나라의 정치가로, 이름은 무기(無忌)이고 위(魏)나라 소왕(昭王)의 아들이다. 이른바 '전국사군(戰國四君)' 가운데 한 사람이다. 안희왕 재위기에 상장군을 역임하면서 주변 나라들과 연합해 진을 공격함으로써 진의 세력 확장을 막았다.

趙使人謂魏王曰: "爲我殺范痤, 吾請獻七十里之地." 魏王曰: "諾." 使吏捕之, 圍而未殺. 痤自上屋騎危, 謂使者曰: "與其以死痤市, 不如以生痤市, 有如痤死, 趙不與王地, 則王奈何? 故不若與定割地, 然後殺痤." 魏王曰: "善." 痤因上書信陵君曰: "痤故魏之免相也. 趙以地殺痤而魏王聽之. 有如強秦亦將襲趙之欲, 則君且奈何?" 信陵君言於王而出之.

11-2에서 핵심은 두 가지다. 하나는 죽은 범좌와 살아 있는 범좌를 나눈 것이고, 또 하나는 강한 진나라를 끌어들여 설득력을 높인 것이다. 범좌의 말에는 간절함[切]이 있다.

11-3

오(吳)나라 군대가 형(荊-초)나라에 침입했을 때 (오왕 합려가) 진(陳)나라 회공(懷公)을 소환하려 하니, 회공이 나라 관리들[國人]을 불러서 말했다.

"형과 함께할 사람은 왼쪽에 서고 오와 함께할 사람은 오른쪽에 서라."

(진나라 대부) 방활(逢滑)이 공의 정면으로 나아와 말했다.

"오나라는 아직 크게 일어날 복이 없고, 형나라는 아직 쇠망할 화가 없습니다."

공이 말했다.

"오나라가 승리해 초나라 임금이 달아났는데, 화가 아니고 무엇인가?"

대답해 말했다.

"작은 나라에 이런 일이 있어도 오히려 회복할 수 있는데 하물며 큰 나라임에야 어떻겠습니까? 초나라가 비록 덕은 없지만 실로 자기 백성을 마구 베지는 않았습니다. 오나라는 날로 전쟁으로 인해 피폐해져서 시체가 들판에 잡초처럼 드러나 있으니, 아무런 덕을 보이지 않았습니다. 하늘이 이에 아마도 초나라를 바르게 경계시킨 듯합니다. 화가 오나라에 미치는 데 며칠이나 걸리겠습니까?"

진후(陳侯)는 방활의 말을 따랐다.

吳人入荊, 召陳懷公, 懷公召國人曰: "欲與荊者左, 欲與吳者右." 逢滑當公而進曰: "吳未有福, 荊未有禍." 公曰: "國勝君出, 非禍而奚?" 對曰: "小國有是猶復, 而況大國乎? 楚雖無德, 亦不斬艾其民, 吳日弊兵, 暴骨如莽, 未見德焉? 天其或者正訓楚(荊)也! 禍之適吳, 何日之有?" 陳侯從之.

11-3에 있는 방활의 말은 일의 이치〔事理=禮〕와 일의 형세〔事勢=命〕를 정확하게 읽어낸 말하기라 하겠다. 이처럼 말은 일과 밀접하게 연결되어 있다.

11-4

(제나라) 환공(桓公)이 (관중(管仲)을) 중보(仲父)로 세우고 대부들을 불러 말했다.

"내가 잘했다고 생각하는 사람은 문으로 들어와서 오른쪽에 서고, 잘못했다고 생각하는 사람은 왼쪽에 서시오."

문 가운데 서 있는 사람이 있었는데, 환공이 묻자 대답해 말했다.

"관자의 지혜는 더불어 천하를 모의할 수 있고, 그의 강함은 천하를 차지할 수 있습니다. 임금께서는 그의 신의를 믿으십니까? 안으로는 정치를 맡기시고 밖으로는 외교의 일을 결단케 하시고는 (또) 백성을 몰아 그에게 귀의하게 하셨으니, 이는 실로 빼앗아야 할 것입니다."

환공이 말했다.

"좋은 말이다."

이에 관중에게 일러 말했다.

"정사를 모두 그대에게 돌리겠지만, 정사가 제대로 미치지 못한다면 내가 그대를 바로잡을 것이오."

관중은 그 때문에 삼귀(三歸)라는 누대를 지어 스스로 백성에게 손해를 끼쳤다.

桓公立仲父, 致大夫曰: "善吾者入門而右, 不善吾者入門而左." 有中門而立者, 桓公問焉, 對曰: "管子之知, 可與謀天下, 其強, 可與取天下. 君恃其信乎? 內政委焉, 外事斷焉, 驅民而歸之, 是亦可奪也." 桓公曰: "善." 乃謂管仲: "政則卒歸於子矣, 政之所不及, 唯子是匡." 管仲故築三歸之臺, 以自傷於民.

11-4는 『논어』 「팔일(八佾)」편에 나오는 이야기와 고스란히 겹친다.

공자가 말했다.

"관중은 그릇이 작았도다!"

이에 어떤 사람이 물었다.

"관중은 검박했습니까?"

공자가 말했다.

"관중은 삼귀(三歸)를 두었고 가신의 일을 통합해 겸직시키지 않았으니, 어찌 검박했다고 하겠는가?"

그런데 『설원』에 따르면 관중은 일부러 삼귀를 두는 무리수를 두었음을 알 수 있다. 그렇게 해서 스스로 허물을 지었다는 뜻이다.

11-5

제나라 선왕(宣王)이 도성을 나가 사산(社山)으로 사냥을 갔는데, 사산의 부로(父老) 13명이 서로 함께 왕을 위로하니 왕이 말했다.

"부로들이 고생이 많으시오."

좌우에 일러 부로들에게 전세(田稅)를 면제해주라고 하니 원로들이 모두 절을 했는데, 여구선생(閭丘先生) 홀로 절을 하지 않았다. 왕이 말했다.

"부로들은 혜택이 적다고 여기오?"

좌우에 일러 부로들에게 요역(徭役)을 면제해주라고 하니 원로들이 모두 절을 했는데, 여구선생 홀로 절을 하지 않았다. 왕이 말했다.

"절을 한 사람들은 가고 절하지 않은 사람은 앞으로 오시오."

그리고 (왕이) 말했다.

"과인이 지금 부로들을 살펴보니 고맙게도 과인을 위로해주었소. 그래서 부로들에게 전세(田稅)를 면제해주었더니, 부로들이 모두 절을 하는데 선생만 홀로 절을 하지 않았소. 과인은 생각기에 혜택이 적어서 그런가 여기고 부로들에게 요역을 면제해주었더니, 부로들이 모두 절을 하는데 선생만 또 홀로 절을 하지 않았소. 과인에게 무슨 잘못이 있는 것이오?"

여구선생이 대답해 말했다.

"대왕께서 오셔서 사냥하신다는 것을 듣고서 대왕을 위로한 것이니, 이는 대왕으로부터 장수함과 부유함과 존귀함을 얻기를 바라서입니다."

왕이 말했다.

"무릇 죽고 사는 것은 때에 달려 있는 것이지 과인이 줄 수 있는 것이 아니어서 선생을 장수하게 해줄 수 없소. 창고가 비록 가득 차 있으나 이는 재해에 대비하려는 것이니 선생을 부유하게 해줄 수 없소. 큰 관직에는 결원이 없고 낮은 관직은 비천하니 선생을 귀하게 해줄 수 없소."

여구선생이 말했다.

"이는 신이 감히 바라는 바가 아닙니다. 바라건대 대왕께서는 훌륭한 부잣집 자제 중에서 행실을 닦은 자를 골라 관리로 삼아서 법도를 공평하게 하소서. 이렇게 하신다면 신은 조금이라도 장수함을 얻을 수 있을 것입니다. 봄·여름·가을·겨울 때에 맞게 진휼하시어 백성을 번거롭고 소란하게 마소서. 이렇게 하신다면 신은 조금이라도 부유함을 얻을 수 있을 것입니다. 바라건대 대왕께서는 영을 내리시어 젊은이는 어른을 공경하고 어른은 노인을 공경하게 하소서. 이렇게 하신다면 신은 조금이라도 존귀함을 얻을 수 있을 것입니다. 지금 대왕께서 다행히 신들에게 전세를 면제해주셨지만 그렇게 되면 창고가 장차 비게 될 것이고, 신들에게 요역을 면제해주셨지만 그렇게 되면 관부(官府)에는 부릴 사람이 없게 될 것입니다. 이것들은 실로 신이 감히 바라는 바가 아닙니다."

제왕이 말했다.

"좋도다. 바라건대 선생을 재상으로 삼을 것을 청하오."

齊宣王出獵於社山, 社山父老十三人相與勞王. 王曰: "父老苦矣!" 謂左右賜父老田不租, 父老皆拜, 閭丘先生獨不拜. 王曰: "父老以爲少耶?" 謂左右復賜父老無徭役, 父老皆拜, 閭丘先生又不拜. 王曰: "拜者去, 不拜者前." 曰: "寡人今觀父老幸而勞之, 故賜父老田不租, 父老皆拜, 先生獨不拜. 寡人自以爲少, 故賜父老無徭役, 父老皆拜, 先生又獨不拜. 寡人得無有過乎?" 閭丘先生對曰: "惟聞大王來遊, 所以爲勞大王, 望得壽於大王, 望得富於大王, 望得貴於大王." 王曰: "夫殺生有時, 非寡人所得與也, 無以壽先生; 倉廩雖實, 以備災害, 無以富先生; 大官無缺, 小官卑賤, 無以貴先生." 閭丘先生對曰: "此非臣所敢望也. 願大王選良富家子, 有修行者以爲吏, 平其法度, 如此臣少可以得壽焉; 春秋冬夏, 振之以時, 無煩擾百姓, 如是臣可少得以富焉; 願大王出令, 令少者敬長, 長者敬老, 如是臣可少得以貴焉. 今大王幸賜臣田不租, 然則倉廩將虛也, 賜臣無徭役, 然則官府無使焉, 此固非臣之所敢望也." 齊王曰: "善. 願請先生爲相."

11-5에서 핵심은 여구선생이 한 맨 마지막 말이다.

대왕이 베푼 것은 직접적인 작은 어짊[小仁=婦人之仁]이고 여구선생이 제시한 방안은 큰 어짊[大仁=至仁]이다. 이 점을 알았기에 제왕은 그에게 재상을 맡긴 것이다.

11-6

(한나라) 효무황제(孝武皇帝) 때 분음(汾陰)에서 보정(寶鼎)을 얻어 이를 감천궁(甘泉宮)에 바치니, 여러 신하가 경하하며 장수를 비는 술을 올리며 말했다.

"폐하께서 주나라 쇠솥[周鼎]을 얻으셨습니다."

시중(侍中) 오구수왕(吾丘壽王)이 홀로 말했다.

"주나라 쇠솥이 아닙니다."

상이 듣고서 그를 불러서 물었다.

"짐이 주나라 쇠솥을 얻어 여러 신하가 모두 주나라 쇠솥이라 여기는데 그대 홀로 아니라고 하니 어째서인가? 그대는 합당한 근거가 있으면 살고 합당한 근거가 없으면 죽을 것이다."

대답해 말했다.

"신 수왕이 어찌 감히 합당한 근거가 없겠습니까? 신이 듣건대 저 주나라의 임금다움[德]은 후직(后稷)에서 처음으로 생겨나 공류(公劉)의 때에 자라나 태왕(大王)에게서 가장 커졌으며 문왕(文王)·무왕(武王)에게서 이뤄지고 주공(周公)에게서 훤히 드러났으니, 다움의 은택이 위로는 하늘과 통하고 아래로는 샘에까지 스며들어 두루 통하지 않는 바가 없었습니다. 이에 저 상천이 보응을 내려주시어 쇠솥이 주나라를 위해 나왔기에 주나라 쇠솥이라고 하는 것입니다. 지금 한나라는 고조(高祖)께서 주나라를 이어 실로 다움을 밝히고 행실을 드러내며 은혜를 널리 베푸시니, 하늘과 땅 그리고 천지사방이 하나가 되고 폐하의 몸에 이르러 더욱 성대해졌으며 하늘의 상서로움이 아울러 이르러 상서로운 징조들이 남김없이 나타나고 있습니다. 옛날에 (진나라) 시황제(始皇帝)는 몸소 팽성(彭城)에서 쇠솥을 찾아내려 했으나 그럴 수 없었습니다. 하늘은 다움을 갖춘 이를 비춰주기에 보배로운 쇠솥이 절로 찾아오는 것입니다. 이 쇠솥은 하늘이 한나라에 내려준 것이니, 곧 한나라 쇠솥이지 주나라 쇠솥이 아닙니다."

상이 말했다.

"좋도다!"

여러 신하가 모두 "만세!"를 외쳤다. 이날 오구수왕에게 황금 10근을 내려주었다.

孝武皇帝時, 汾陰得寶鼎而獻之於甘泉宮, 群臣賀上壽曰: "陛下得周鼎." 侍中吾丘壽王獨曰: "非周鼎." 上聞之, 召而問曰: "朕得周鼎, 群臣皆以爲周鼎而壽王獨以爲非, 何也? 壽王有說則生, 無說則死." 對曰: "臣壽王安敢無說? 臣聞夫周德始產于后稷, 長於公劉, 大於大王, 成於文武, 顯於周公, 德澤上洞天下漏泉, 無所不通, 上天報應, 鼎爲周出, 故名周鼎. 今漢自高祖繼周, 亦昭德顯行, 布恩施惠, 六合和同, 至陛下之身愈盛, 天瑞並至, 徵祥畢見. 昔始皇帝親出鼎於彭城而不能得. 天昭有德, 寶鼎自至, 此天之所以予漢, 乃漢鼎, 非周鼎也!" 上曰: "善!" 群臣皆稱: "萬歲!" 是日 賜虞丘壽王黃金十斤.

11-7

진(晉)나라 헌공(獻公) 시절 성 동쪽 외곽에 사는 백성 중에 조조(祖朝)라는 자가 있어, 헌공에게 글을 올려 말했다.

"초가집에 사는 신은 성 동쪽 외곽에 사는 조조라는 자인데, 국가를 다스리는 대계를 말씀드리기를 청하옵니다."

헌공이 사자를 시켜 나가서 그에게 일러주도록 했다.

"고기 먹는 고위 관리들이 이미 깊이 생각하고 있는데, 어찌 나물이나 먹는 일반 백성이 오히려 참여하려 하는가?"

조조가 대답해 말했다.

"대왕께서는 홀로 옛날의 장군 환사마(桓司馬)란 자에 대해 들어보지 못하셨습니까? 아침에 자기 임금에게 조현하러 갈 때 늦게 일어나는 바람에 마부가 수레를 불렀는데, 참승(驂乘) 역시 수레를 부르자 마부는 참승을 팔꿈치로 치면서 '그대는 어째서 월권을 하는가? 어찌 거듭해서 수레를 부르는가?'라고 했습니다. 참승이 그 마부에게 말하기를 '마땅히 불러야 할 자를 부르는 것이 곧 내가 맡은 일이고, 그대는 마땅히 말고삐와 재갈을 바로 하고서 수레를 몰 뿐이오. 그대가 지금 말고삐와 재갈을 바로 하지 않았다가 말이 갑자기 놀라기라도 한다면 길가는 사람들을 마구 치여 죽일 것이오. 반드시 큰 적을 마주치게 되면 수레에서 내려 칼을 뽑아 들고 땅에 흘린 피와 간을 밟아가며 싸우는 것이 본래 내가 맡은 일이오. 그대가 어찌 능히 그대의 말고삐를 놓고서 수레에서 내려 나를 도울 수 있겠소? 그렇게 되면 화가 내 몸에도 미치게 되어 함께 깊은 근심을 하게 될 터인데, 내가 어찌 수레를 부르지 않을 수 있겠소?'라고 했습니다.

지금 대왕께서는 '고기 먹는 고위 관리들이 이미 깊이 생각하고 있는데, 어찌 나물이나 먹는 일반 백성이 오히려 참여하려 하는가?' 라고 하셨습니다. 만약에 고기 먹는 고위 관리들이 묘당(廟堂-정승의 집무실)에서 계책을 잘못 세울 경우 우리 같은 나물 먹는 일반 백성이 어찌 하루아침에 중원 들판에서 (싸우다가 죽어) 간과 쓸개로 땅바닥을 칠하는 일이 없을 수 있겠습니까? 그 화는 실로 신의 몸에도 미치는 것입니다. 그래서 신도 함께 그 근심을 깊게 나누려는 것인데, 신이 어찌 국가를 다스리는 대계에 참여할 수 없다는 것입니까?"

헌공은 그를 불러서 만나 사흘 동안 함께 이야기를 해보더니, 더는 근심할 것이 없다고 여겨서 마침내 그를 세워 스승으로 삼았다.

晉獻公之時, 東郭民有祖朝者, 上書獻公曰: "草茅臣東郭民祖朝, 願請聞國家之計." 獻公使使出告之曰: "肉食者已慮之矣. 藿食者尙何與焉?" 祖朝對曰: "大王獨不聞古之將曰桓司馬者. 朝朝其君, 擧而晏, 御呼車, 驂亦呼車, 御肘其驂曰: '子何越云爲乎? 何爲藉呼車?' 驂謂其御曰: '當呼者呼, 乃吾事也, 子當御正子之轡銜耳. 子今不正轡銜, 使馬卒然驚, 妄轢道中行人, 必逢大敵, 下車免劍, 涉血履肝者固吾事也. 子寧能辟子之轡, 下佐我乎? 其禍亦及吾身, 與有深憂, 吾安得無呼車乎?' 今大王曰: '食肉者已慮之矣, 藿食者尙何與焉?' 設使食肉者一旦失計於廟堂之上, 若臣等藿食者, 寧得無肝膽塗地於中原之野與? 其禍亦及臣之身. 臣與有其憂深. 臣安得無與國家之計乎?" 獻公召而見之, 三日與語, 無復憂者, 乃立以爲師也.

11-7은 11-6과 통하는 이야기로, 조조의 말에는 나라를 다스리는 대체(大體)가 담겨 있다.

11-8

빈객이 (위나라) 양혜왕(梁惠王)에게 일러 말했다.

"혜자(惠子)는 일을 말할 때 비유를 잘 드는데, 왕께서 만일 비유를 쓰지 못하게 하시면 그는 제대로 말씀을 드리지 못할 것입니다."

왕이 말했다.

"그러겠소."

다음날 혜자를 만나게 되자 그에게 일러 말했다.

"선생은 일을 말할 때 직접 말로 해야지, 비유를 써서는 안 될 것이오."

혜자가 말했다.

"지금 여기에 어떤 사람이 탄궁(彈弓)을 알지 못하는데, 그 사람이 말하기를 '탄궁은 어떻게 생겼냐'고 물을 때 '탄궁은 탄궁과 같다'라고 말해주면 알아듣겠습니까?"

왕이 말했다.

"못 알아듣겠지."

혜자가 말했다.

"이때 고쳐 답하기를 '탄궁은 모양이 활과 같은데, 대나무로 활시위를 만든 것이다'라고 하면 알아듣겠습니까?"

왕이 말했다.

"알아듣겠지."

혜자가 말했다.

"무릇 말이라는 것은 진실로 상대방이 알고 있는 것을 갖고서 그 사람이 알지 못하는 것을 일깨워서 알게 하는 것입니다. (그러니) 왕께서 비유를 쓰지 말라고 하신 것은 안 될 말씀입니다."

왕이 말했다.

"좋도다!"

客謂梁王曰: "惠子之言事也善譬. 王使無譬, 則不能言矣." 王曰: "諾." 明日見, 謂惠子曰: "願先生言事則直言耳, 無譬也." 惠子曰: "今有人於此而不知彈者, 曰: '彈之狀何若?' 應曰: '彈之狀如彈.' 諭乎?" 王曰: "未諭也." "於是 更應曰: '彈之狀如弓而以竹爲弦.' 則知乎?" 王曰: "可知矣." 惠子曰: "夫說者固以其所知, 諭其所不知, 而使人知之. 今王曰無譬則不可矣." 王曰: "善."

11-8은 말하는 방법으로서의 비유(譬喩)의 중요성을 단적으로 보여준다. 유소(劉邵) 『인물지(人物志)』에 이런 말이 나온다.

비유를 잘 쓰는 사람은 한마디 말로 여러 가지 일을 밝히고 비유를 쓸 줄 모르는 사람은 백 마디 말로도 한 가지 뜻을 밝히지 못한다. (이처럼) 백 마디 말로도 한 가지 뜻을 밝히지 못하면 상대방이 그의 말을 알아듣지 못한다.

11-9

맹상군(孟嘗君)[005]이 제나라 임금에게 빈객을 추천했는데 3년이 지나도 쓰이지 못하니, 그 때문에 빈객이 돌아와서 맹상군에게 일러 말했다.

"주군께서 신을 추천했지만 3년이 지나도록 쓰이지 못했으니, 이것이 신의 죄인지 주군의 잘못인지 알지 못하겠습니다."

맹상군이 말했다.

"과인이 듣건대, 실은 바늘을 통해 옷에 들어가지만, 바늘을 통해 긴요한 것이 되는 것은 아니라고 했소. 딸을 시집보낼 때도 중매쟁이를 통해 혼사를 이루지만 중매쟁이를 통해 부부가 친해지는 것은 아니오. 그대 재주가 필시 약해서 그런 것인데 어찌 오히려 과인을 원망하는 것이오?"

빈객이 말했다.

"그렇지 않습니다. 신이 듣건대 주(周)나라의 곡(碧)이나 한(韓)나라의 노(盧)는 천하에서 가장 빠른 사냥개입니다. 주인이 토끼를 보고서 그것을 가리키면 토끼를 놓치는 법이 없지만, 멀리서 토끼를 보고서는 그냥 개를 풀어놓으면 여러 세대가 지나도 토끼를 잡을 수가 없습니다. 이는 사냥개가 잘못한 것이 아니라 사냥감을 가리키는 주인이 잘못한 것입니다."

005 전국시대 제(齊)나라 사람이다. 공족(公族)이고, 전국시대 말기 사군(四君)의 한 사람이다. 전영(田嬰)의 아들로, 선왕(宣王)의 서제(庶弟)인 아버지의 봉작(封爵)을 이어받아 설공(薛公)으로 불렸다. 제나라에서 재상을 지냈으며, 설(薛) 땅에서 천하 인재들을 모아 후하게 대접해 명성과 실력을 과시했는데, 식객(食客)이 1,000여 명을 헤아렸다. 진(秦)나라 소양왕(昭襄王)의 초빙으로 재상이 되었다가 의심을 받아 죽을 위기에 처했을 때 좀도둑질과 닭 울음소리를 잘 내는 식객들의 도움으로 위기를 모면했다. 이것이 계명구도(鷄鳴狗盜) 고사다. 제나라 민왕(閔王)이 그의 위세가 두려워 제거하려고 하자 민왕 7년 위(魏)나라로 가서 위소왕(魏昭王)의 재상이 되었고, 진나라와 조(趙)나라, 연(燕)나라 등과 힘을 합쳐 제나라를 격파했다.

맹상군이 말했다.

“그렇지 않소. 옛날에 화주(華舟)와 기량(杞梁)이 전투에 나가 죽자 그 아내들이 슬퍼하며 성을 향해 곡을 하니, 그로 인해 성 귀퉁이가 허물어지고 성벽이 무너졌소. 군자가 진실로 능히 마음속을 도리로써 바르게 하면 일이 밖에서 호응하는 법이오. 저 흙으로 쌓은 담도 오히려 충성스러운 마음에 감동해서 허물어지거늘 하물며 곡식을 내려주는 임금임에랴!”

빈객이 말했다.

“그렇지 않습니다. 신이 보건대 뱁새는 갈대 이삭에 둥지를 틀면서 깃털을 거기에 붙여서 만드는데, 이는 공녀(工女)도 흉내 낼 수 없을 만큼 완벽하고 튼튼합니다. 그런데도 큰바람이 불면 갈대 이삭이 부러지고 알이 깨지며 새끼가 죽게 되는 것은 어째서입니까? 몸을 의탁한 갈대가 약하기 때문입니다. 또 저 여우란 사람들이 잡는 것이고 쥐란 사람들이 불태워 잡는 것이지만, 신이 일찍이 직묘(稷廟)에 숨은 여우가 잡힌 것이나 사직단에 숨은 쥐가 불태워 잡히는 것을 본 적은 없으니, 이는 어째서이겠습니까? 몸을 의탁한 곳이 그렇게 만든 것입니다.”

이에 맹상군이 다시 제왕에게 부탁하니, 제왕이 그를 재상으로 삼았다.

孟嘗君寄客於齊王, 三年而不見用. 故客反, 謂孟嘗君曰: “君之寄臣也, 三年而不見用, 不知臣之罪也? 君之過也?” 孟嘗君曰: “寡人聞之, 縷因針而入, 不因針而急, 嫁女因媒而成, 不因媒而親. 夫子之材必薄矣, 尙何怨乎寡人哉?” 客曰: “不然, 臣聞周氏之嚳, 韓氏之盧, 天下疾狗也. 見菟而指屬, 則無失菟矣; 望見而放狗也, 則累世不能得菟矣! 狗非不能, 屬之者罪也.” 孟嘗君曰: “不然, 昔華舟杞梁戰而死, 其妻悲之, 向城而哭, 隅爲之崩, 城爲之陁, 君子誠能刑於內, 則物應於外矣. 夫土壤且可爲忠, 況有食穀之君乎?" 客曰: "不然, 臣見鷦鷯巢於葦苕, 著之髮毛建之, 工女不能爲也, 可謂完堅矣. 大風至, 則苕折卵破子死者, 何也? 其所託者使然也. 且夫狐者人之所攻也, 鼠者人之所燻也. 臣未嘗見稷狐見攻, 社鼠見燻也, 何則? 所託者然也." 於是 孟嘗君復屬之齊王, 齊王使爲相.

11-9에서 맹상군은 일의 이치[事理=禮]에 입각해서 말했고, 빈객은 일의 형세[事勢=命]를 들어 맹상군의 논리를 눌렀다.

11-10

진자(陳子)가 양왕(梁王)에게 유세하니, 양왕이 기뻐하면서도 의구심을 품고서 말했다.

"그대는 어째서 진나라 후(侯)의 나라를 떠나 작은 나라의 나 같은 사람을 가르치려는 것이오?"

진자가 말했다.

"무릇 잘 사귀는 데도 도리가 있고 서로 만나는 데도 때가 있습니다. 옛날에 부열(傅說)이 거친 베옷을 입고 허리에 새끼줄을 매고서 비부(秕傅)의 성을 쌓고 있었는데, (이때) 무정(武丁)이 밤에 꿈을 꾸고는 아침에 그를 찾아내어 한 시대의 왕업을 이루었습니다. 영척(甯戚)은 큰길가에서 남의 소를 먹이다가 수레바퀴 통을 두드리며 (『시경』)의 「석서(碩鼠-큰 쥐)」를 노래했는데, (이때) 제나라 환공이 그를 찾아내어 한 시대의 패업을 이루었습니다. 백리해(百里奚)는 양가죽 5장에 자신을 팔아서 진(秦)나라 사람의 노예가 되었는데, (이때) 목공(穆公)이 그를 찾아내어 한 시대의 강국이 되었습니다. 이 세 사람의 행실을 논할 경우 공자의 뛰어난 제자는 될 수 없을 것입니다. (그런데) 지금 공자는 천하를 경영하면서 남쪽으로는 진(陳)나라와 채(蔡)나라에서 곤경을 당했고 북쪽으로는 (제나라) 경공(景公)에게 알현을 청해 세 번은 앉아서, 다섯 번은 서서 말하면서도 일찍이 그 자리를 벗어나지 않았지만, 공자의 때는 실행되지 못했고 경공은 그때 권태로워했습니다. 공자 같은 빼어남을 갖고서도 능히 때에 맞게 실행하지 못해 경공이 그 유세를 권태롭게 받아들였는데, 저 같은 사람이 홀로 어찌하겠습니까?"

陳子說梁王, 梁王說而疑之, 曰: "子何爲去陳侯之國, 而教小國之孤於此乎?" 陳子曰: "夫善亦有道, 而遇亦有時, 昔傅說衣褐帶索, 而築於秕傅之城, 武丁夕夢旦得之, 時王也; 寧戚飯牛康衢, 擊車輻而歌碩鼠, 桓公得之, 時霸也; 百里奚自賣五羊之皮, 爲秦人虜, 穆公得之, 時強也. 論若三子之行, 未得爲孔子駿徒也. 今孔子經營天下, 南有陳蔡之阨, 而北干景公, 三坐而五立, 未嘗離也, 孔子之時不行, 而景公之時怠也. 以孔子之聖, 不能以時行, 說之怠, 亦獨能如之何乎?"

11-10은 『논어』 「미자(微子)」편에 나오는 이야기를 알 때라야 분명히 이해할 수 있다.

제나라 경공이 공자를 대우하려는 마음으로 이렇게 말했다.
"만일 (노나라) 계씨(季氏)처럼 대우해야 한다면 내 불가능하겠지만 계씨와 맹씨(孟氏)의 중간으로는 대우할 수 있다."
그리고 또 말했다.
"내가 늙어서 쓸 수는 없다."

이에 공자는 떠나버렸다.

11-11

임기(林旣)가 가죽옷을 입고 제나라 경공에게 조알하자 제경공이 말했다.

"이건 군자의 옷인가 소인의 옷인가?"

임기는 멈칫 물러나며 낯빛을 바꾸고 말했다.

"무릇 복장을 갖고서 어찌 제대로 선비의 행실을 판단할 수 있겠습니까? 옛날에 형나라에서는 긴 칼을 차고 높은 관을 썼지만, 영윤(令尹) 자서(子西)가 나왔고, 제나라에서는 짧은 옷에 수엽관(遂偞冠)을 썼지만, 관중(管仲)과 습붕(隰朋)이 나왔습니다. 또 월(越)나라에서는 문신을 하고 머리를 짧게 잘랐지만 범려(范蠡)와 대부 종(種)이 나왔고, 서융(西戎)에서는 (오랑캐 풍습인) 앞섶을 왼쪽으로 여미고 몽치 모양의 상투를 했지만, 유여(由余)가 또한 나왔습니다. 곧 임금께서 말씀하신 대로라면 개가죽 옷을 입은 사람은 마땅히 개처럼 짖어야 하고 양가죽 옷을 입은 사람은 마땅히 양처럼 울어야 합니다. 또 임금께서는 여우 가죽 옷을 입고서 조회를 보시니, 아마도 그렇게 변해야 하지 않겠습니까?"

경공이 말했다.

"그대는 참으로 용감하고 겁이 없구나. 나는 지금까지 일찍이 그대와 같은 기이한 말재주를 본 적이 없다. 그것은 이웃과 말싸움하는 방도인가, 천승의 나라를 승리로 이끄는 방도인가?"

임기가 말했다.

"임금께서 하시는 말씀이 무엇인지는 모르겠습니다만, 무릇 높은 곳에 올라 위험에 처해 있으면서도 눈이 어지럽지 않고 다리가 떨리지 않는 것, 이는 (건물을 짓는) 공장(工匠)의 용감함과 겁 없음입니다. 깊은 연못에 들어가 교룡(蛟龍)을 찌르고 자라와 악어를 잡아서 나오는 것, 이는 어부의 용감함과 겁 없음입니다. 깊은 산속에 들어가 호랑이와 표범을 찔러 죽이고 큰 곰을 잡아서 나오는 것, 이는 사냥꾼의 용감함과 겁 없음입니다. 머리가 잘리고 배가 갈라지는 것을 어렵게 여기지 않고 들판에 해골을 드러내어 피를 줄줄 흘리는 것, 이는 무사의 용감함과 겁 없음입니다. 지금 신은 넓은 조정에 있으면서 낯빛을 바꿔가며 반듯한 말을 해서 주군의 노여움을 범하고 있으니, 제 앞에 헌거(軒車-지붕이 있는 수레)를 타게 하는 상을 내려주시더라도 마음의 동요가 없고 제 뒤에 도끼와 모루로 위협하더라도 전혀 두렵지 않습니다. 이것이 바로 제가 용감하고 겁이 없는 까닭입니다."

林既衣韋衣而朝齊景公, 齊景公曰: "此君子之服也? 小人之服也?" 林既逡巡而作色曰: "夫服事何足以揣士行乎? 昔者荊爲長劍危冠, 令尹子西出焉; 齊短衣而遂傑之冠, 管仲隰朋出焉; 越文身剪髮, 范蠡大夫種出焉; 西戎左衽而椎結, 由余亦出焉. 即如君言, 衣狗裘者當犬吠, 衣羊裘者當羊鳴, 且君衣狐裘而朝, 意者得無爲變乎?" 景公曰: "子眞爲勇悍矣, 今未嘗見子之奇辯也. 一鄰之鬥也, 千乘之勝也." 林既曰: "不知君之所謂者何也. 夫登高臨危而目不眴, 而足不陵者, 此工匠之勇悍也; 入深淵, 刺蛟龍, 抱黿(원)鼉(타)而出者, 此漁夫之勇悍也; 入深山, 刺虎豹, 抱熊羆而出者, 此獵夫之勇悍也; 不難斷頭, 裂腹暴骨, 流血中流者, 此武士之勇悍也. 今臣居廣廷, 作色端辯, 以犯主君之怒, 前雖有乘軒之賞, 未爲之動也; 後雖有斧質之威, 未爲之恐也. 此既之所以爲勇悍也."

11-11에서 임기는 경공이 던진 '용감함과 겁 없음'이라는 말을 되받아

치고 있다. 이 또한 말 잘하는 고전적 방법 가운데 하나다. 먼저 『논어』 「이인(里仁)」편에 나오는 공자의 말이다.

"선비라 자처하는 사람이 말로는 도리에 뜻을 두었다고 하면서도 나쁜 옷과 나쁜 음식을 입고 먹는 것을 부끄럽게 생각한다면, 그런 자와는 더불어 일에 관한 의견을 나눌[與議] 수 없다."

임기는 공자의 제자 자로를 닮았다. 「자한(子罕)」편이다.

공자가 말했다.
"솜으로 된 남루한 옷을 입고서도 여우나 담비 가죽으로 만든 귀한 옷을 입은 자와 나란히 서서도 부끄러워하지 않는 자는 다름 아닌 자로일 것이다."

11-12

위(魏)나라 문후(文侯)가 대부들과 술을 마시면서 공승불인(公乘不仁)으로 하여금 술 마시는 규칙[觴政]을 만들게 하고서 말했다.

"술잔의 술을 다 마시지 않으면 큰 술잔으로 벌주를 내리겠다."

문후가 술을 마시면서 잔을 다 비우지 않자 공승불인이 큰 술잔을 들어 문후에게 벌주를 올리려 했는데, 문후는 지켜보기만 할 뿐 응하지 않았다. 모시는 사람이 말했다.

"불인은 물러가시오! 임금께서 이미 취하셨소."

공승불인이 말했다.

"(『서경』) 「주서(周書)」에 이르기를 '앞에 가는 수레가 엎어지니 뒤에 가는 수레가 이를 경계로 삼도다'[006]라고 했으니, 이는 대개 그 위험성을 (알아차림을) 말한 것입니다. 남의 신하 된 자 노릇이 쉽지 않고 임금 된 자 노릇 또한 쉽지 않습니다. 지금 임금께서 이미 영을 내리시고는 그 영이 시행되지 않으니 될 일입니까?"

임금이 말했다.

"좋도다."

큰 술잔을 들어 술을 마셨고, 술을 다 마시고 나서는 이렇게 말했다.

"공승불인을 상객(上客)으로 삼겠다."

魏文侯與大夫飮酒, 使公乘不仁爲觴政, 曰: "飮不釂者浮以大白." 文侯飮而不盡釂, 公乘不仁擧曰浮君, 君視而不應. 侍者曰: "不仁退, 君已醉矣." 公乘不仁曰: "周書曰: '前車覆, 後車戒.' 蓋言其危, 爲人臣者不易, 爲君亦不易. 今君已設令, 令不行, 可乎?" 君曰: "善." 擧白而飮, 飮畢, 曰: "以公勝不仁爲上客."

11-12는 『논어』「자로(子路)」편에 나오는 다음 내용과 부절(符節)처럼 들어맞는다.

(노나라) 정공(定公)이 물었다.

"한마디 말로써 나라를 흥하게 할 수 있다고 했는데, 그런 일이 있을 수 있는가?"

공자가 말했다.

006 지금 전하는 『서경』「주서」에는 없다.

"말은 이와 같이 기약할 수 없거니와, 사람들의 말 중에 '임금 노릇 하기가 어렵고, 신하 노릇 하기가 쉽지 않다'라고 했으니, 만일 임금 노릇 하기의 어려움을 안다면 한마디 말로써 나라를 흥하게 하는 것을 어찌 기약할 수 없겠습니까?"

다시 정공이 물었다.

"한마디 말로써 나라를 망하게 할 수 있다 했는데, 그런 일이 있을 수 있는가?"

공자가 말했다.

"말은 이와 같이 기약할 수 없거니와, 사람들의 말 중에 '나는 군주 된 것은 즐거울 것이 없고, 오로지 내가 말을 하면 어기지 않는 것이 즐겁다'라는 것이 있습니다. 만일 군주의 말이 선한데 어기는 이가 없다면 이 또한 좋지 않겠습니까? 만일 군주의 말이 선하지 못한데 어기는 이가 없다면 한마디 말로써 나라를 망하게 함을 어찌 기약할 수 없겠습니까?"

11-13

(전국시대 때) 양성군(襄成君)이 처음 봉해지던 날 비취색 옷을 입고 옥검을 차고는 흰 비단신을 신은 채 흐르는 물가에 서 있었는데, 대부들은 종의 추를 잡고 현령(縣令)들은 북채를 쥐고서 고함쳐 말했다.

"누가 능히 여기서 왕을 건너게 할 수 있느냐!"

초나라 대부 장신(莊辛)이 그곳을 지나다가 양성군을 보고는 기뻐하다가 드디어 핑계를 만들어내어 배알하고서, 일어나 말했다.

"신이 바라건대 주군의 손을 잡고 싶은데 가능하겠습니까?"

양성군은 화가 나 낯빛을 바꾸고 아무 말도 하지 않았다. 장신은 뒤로 물러나 손을 씻고서 이렇게 말했다.

“주군께서는 홀로 저 악군자석(鄂君子晳)이 봄에 새롭게 이는 물결 속에서 배를 타던 이야기를 듣지 못하셨습니까? (악군자석이) 푸른 깃으로 장식한 배에 올라 비바람을 가리는 장막을 세우고 비취색 깃털로 꾸민 일산(日傘)을 펼친 채 물소 꼬리를 들고 무늬가 아름다운 옷을 입고 있었는데, 마침 종과 북의 연주를 마치는 때에 맞춰 배 젓는 월나라 사람이 노를 잡고 노래를 불렀습니다. 그 가사는 (월나라 말로) 이러했습니다.

‘濫兮抃草濫予昌枑澤予昌州州州焉乎秦胥胥縵予乎昭澶秦踰滲惿隨河湖.’

악군자석이 말했습니다.

‘나는 월나라 노래를 알지 못하니, 그대는 나를 위해 초나라 말로 풀어달라.’

이에 마침내 월나라 사람을 불러 통역을 시키니, 곧 그것은 초나라 말로 이러했습니다.

‘오늘 밤은 어떤 밤인가? 물 가운데서 배를 젓노라. 오늘 낮은 어떤 낮인가? 왕자와 더불어 배를 탔다네. 맛 좋은 음식과 좋은 옷을 받았구나. 사람들이 비웃건만 부끄러움도 모르겠구나. 내 마음 미련해 단절하지 못하고 왕자를 알게 되었구나. 산에는 나무가 있고 나무에는 가지가 있듯이, 나는 그대를 마음으로 좋아하건만 그대는 내 마음 알지 못하네.’

이에 악군자석이 마침내 긴 소매 날리며 달려가서 그를 포옹하고 수놓은 비단이불로 덮어주었습니다. 악군자석은 초나라 왕의 친동생으로서 벼슬이 영윤(令尹)이요 작위가 집규(執圭)인데도 오히려 노 젓는 월나라 사람과 마음을 다해 흔연히 사귀었습니다. (그런데) 지금 주군께서는 악군자석보다 무엇이 더 나으며, 신은 홀로 노 젓는 사람보다 무엇이 못합니까? 바라건대 주군의 손을 잡고 싶건만 안 된다는 것은 어째서입니까?"

양성군은 마침내 손을 받들어 내밀면서 말했다.

"내가 어릴 때 실로 덕이 있는 사람들로부터 인물이 좋다는 칭찬만 받아왔고, 일찍이 이와 같이 갑작스러운 모욕을 당한 일이 없었소. 지금 이후로는 바라건대 청년의 예로 삼가 명을 받도록 하겠소."

襄成君始封之日, 衣翠衣, 帶玉劍, 履縞舄, 立於流水之上, 大夫擁鍾錘, 縣令執桴號令, 呼: "誰能渡王者於是也?" 楚大夫莊辛, 過而說之, 遂造託而拜謁, 起立曰: "臣願把君之手, 其可乎?" 襄成君忿然作色而不言. 莊辛遷延沓手而稱曰: "君獨不聞夫鄂君子晳之汎舟於新波之中也? 乘青翰之舟, 極𦿆芘, 張翠蓋而撿犀尾, 班麗袿衽, 會鍾鼓之音畢, 榜枻越人擁楫而歌, 歌辭曰: '濫兮抃草濫予昌枑澤予昌州州州焉乎秦胥胥縵予乎昭澶秦踰滲惿隨河湖.' 鄂君子晳曰: '吾不知越歌, 子試爲我楚說之.' 於是 乃召越譯, 乃楚說之曰: '今夕何夕搴中洲流, 今日何日兮, 得與王子同舟. 蒙羞被好兮, 不訾詬恥, 心幾頑而不絶兮, 知得王子. 山有木兮木有枝, 心說君兮君不知.' 於是 鄂君子晳乃揄脩袂, 行而擁之, 擧繡被而覆之. 鄂君子晳, 親楚王母弟也, 官爲令尹, 爵爲執珪, 一榜枻越人猶得交歡盡意焉. 今君何以踰於鄂君子晳, 臣何以獨不若榜枻之人, 願把君之手, 其不可何也?" 襄成君乃奉手而進之, 曰: "吾少之時, 亦嘗以色稱於長者矣. 未嘗過僇如此之卒也. 自今以後, 願以壯少之禮謹受命."

11-14

(전국시대 제나라 사람) 옹문자주(雍門子周)가 거문고를 갖고서 맹상

군(孟嘗君)을 찾아뵈니, 맹상군이 말했다.

"선생은 거문고를 타서 실로 능히 나를 슬프게 만들 수 있겠소?"

옹문자주가 말했다.

"신이 어찌 홀로 능히 족하(足下)를 슬프게 만들 수 있겠습니까? 신이 능히 슬프게 만들 수 있는 자들은 처음에는 귀했다가 뒤에 천하게 된 사람, 처음에는 부자였다가 뒤에 가난하게 된 사람입니다. 그중에서도 특히 몸가짐과 재주가 높고 뛰어난데도 포악하고 무도한 군주를 만나 함부로 도리에 맞지 않는 처우를 당하는 사람, 궁벽하고 단절된 환경에 처해서 사방 이웃들과 끊어져 배척과 억압을 당한 끝에 곤궁한 골목에 내몰려 있으면서도 하소연할 곳이 없는 사람, 서로 원 없이 사랑하는데도 생이별을 하고서 머나먼 타국으로 가서 더는 만날 기회가 없는 사람, 어릴 때 부모님을 잃고 형제들과는 이별했으며 집 안이 넉넉하지 못해 근심과 슬픔이 가슴속에 가득 차 있는 사람, 이들이 신이 능히 슬프게 만들 수 있는 자들입니다. 이런 상황에 처하게 되면 실로 날아가는 새와 빠른 바람 소리도 들을 수가 없을 만큼 너무나도 곤궁해 진실로 즐거움이란 없습니다. 무릇 이와 같은 사람들은 신이 한번 그들을 위해 거문고를 끌어당겨 현을 조율하고 연주를 하면서 길게 탄식하기만 하면 눈물을 줄줄 흘리며 옷깃을 적시게 됩니다.

(그런데) 지금 족하께서는 천승(千乘)의 군주이시니, 평소 거처할 때는 넓은 집과 깊숙한 방에 비단 장막을 드리워 맑은 바람이 불어오고 배우와 광대들이 앞에서 돌아가면서 나아와 아첨을 해대며, 한가할 때는 장기나 바둑을 두면서 정(鄭)나라 여인의 춤을 즐기고 초(楚)나라의 절절한 노래를 들으면서 아름다운 여인들을 골라 눈을 음란하게 하고 흐르는 음악 소리로 귀를 즐겁게 합니다. 물에서 놀 때는 배들을 서로 연결시켜 깃털로 꾸민 깃발들을 꽂고서 깊이를 알 수 없

는 연못에서 악기들을 연주하고, 들에서 놀 때는 평원과 넓은 동산에서 말을 치달려 사냥해서 맹수들을 쳐서 죽이고, 집에 들어와서는 깊은 궁궐 안에서 종과 북을 치고 두드립니다. 바야흐로 이런 때는 하늘과 땅을 손가락 하나만도 못하다고 여기며 죽고 사는 것을 잊을 터이니, 거문고를 아무리 잘 연주하는 사람이 있다고 해도 실로 족하를 능히 슬프게 하지 못할 것입니다."

맹상군이 말했다.

"아니오, 아니오! 나는 실로 그렇지 않다고 생각하오."

옹문자주가 말했다.

"그러나 신이 족하를 위해 슬퍼하는 것은 한 가지 일입니다. 무릇 명성이 황제와 나란해 진(秦)나라를 곤경에 빠지게 한 것은 주군이요, 다섯 나라와 맹약을 맺어 남쪽으로 가서 초나라를 친 사람 또한 주군입니다. 천하에 일찍이 아무런 일이 없을 때가 없어서 합종(合從)하지 않으면 연횡(連橫)하니, 합종이 이뤄지면 초나라가 왕(王-천자)을 칭할 것이고 연횡이 이뤄지면 진나라가 제(帝)를 칭할 것입니다. 초나라가 왕칭(王稱)하고 진나라가 제칭(帝稱)하게 되면 반드시 설(薛)나라에 보복하고 복수할 것입니다. 무릇 진나라나 초나라의 강대함으로 약한 설나라에 보복과 복수를 가한다면, 이는 비유컨대 날카로운 도끼를 갈아 아침에 난 버섯을 베는 일과 같아서 반드시 남아나는 것이 없을 것입니다. (이렇게 되면) 천하의 학식 있는 선비 중에 족하를 위해 한심하게 여기고 코가 시큰거리지 않을 사람이 없을 것입니다. 천년만년 후에 (족하의) 사당은 제사 음식을 받아먹지 못하게 될 것이며, 높은 누대는 이미 무너지고 굽이굽이 연못은 이미 메워지며 분묘는 이미 평지가 되어 푸른 풀만 자라게 될 것입니다. 그러면 어린아이들과 나무하고 꼴 베는 사람들이 거기를 밟고 다니며 노래를 부를 것이고, 많은 이는 그것을 보고서 마음 아파하며 족하를 위해 슬퍼하면서 이렇게 말할 것입니다.

'저 맹상군의 존귀함이 마침내 이렇게 되어버렸구나!'"

이에 맹상군은 살짝 눈물을 지었으나 눈썹에 맺혀 떨어지지는 않았는데, 옹문자주가 거문고를 끌어당겨 연주하기를 처음에는 서서히 궁(宮)·치(徵)로 연주하다가 우(羽)와·각(角)으로 가볍게 휘몰아쳐서 한 곡조를 마치니, 맹상군이 눈물을 줄줄 흘리고서는 크게 탄식하며 의자에서 내려와 그에게 나아가 말했다.

"선생의 거문고 연주로 이 사람은 마치 나라를 깨뜨리고 봉국을 망하게 한 사람처럼 되고 말았구려!"

雍門子周以琴見乎孟嘗君. 孟嘗君曰: "先生鼓琴亦能令文悲乎?" 雍門子周曰: "臣何獨能令足下悲哉? 臣之所能令悲者, 有先貴而後賤, 先富而後貧者也. 不若身材高妙, 適遭暴亂, 無道之主, 妄加不道之理焉; 不若處勢隱絕, 不及四鄰, 詘折儐厭, 襲於窮巷, 無所告愬; 不若交歡相愛無怨而生離, 遠赴絕國, 無復相見之時; 不若少失二親, 兄弟別離, 家室不足, 憂慼盈胸. 當是之時也, 固不可以聞飛鳥疾風之聲, 窮窮焉固無樂已. 凡若是者, 臣一爲之徽膠援琴而長太息, 則流涕沾衿矣. 今若足下千乘之君也, 居則廣廈邃房, 下羅帷, 來淸風, 倡優侏儒處前選進而諂諛; 燕則鬥象棋而舞鄭女, 激楚之切風, 練色以淫目, 流聲以虞耳; 水遊則連方舟, 載羽旗, 鼓吹乎不測之淵; 野遊則馳騁弋獵乎平原廣囿, 格猛獸; 入則撞鍾擊鼓乎深宮之中. 方此之時, 視天地曾不若一指, 忘死與生, 雖有善琴者, 固未能令足下悲也." 孟嘗君曰: "否! 否! 文固以爲不然." 雍門子周曰: "然臣之所爲足下悲者一事也. 夫聲敵帝而困秦者君也; 連五國之約南面而伐楚者又君也. 天下未嘗無事, 不從則橫, 從成則楚王, 橫成則秦帝, 楚王秦帝, 必報讎於薛矣. 夫以秦·楚之強而報讎於弱薛, 譬之猶摩蕭斧而伐朝菌也, 必不留行矣. 天下有識之士無不爲足下寒心酸鼻者. 千秋萬歲後, 廟堂必不血食矣. 高臺既以壞, 曲池既以塹, 墳墓既以平而青廷矣. 嬰兒豎子樵採薪蕘者, 躑躅其足而歌其上, 衆人見之, 無不愀焉, 爲足下悲之曰: '夫以孟嘗君尊貴乃可使若此乎?'" 於是 孟嘗君泫然泣涕, 承睫而未殞, 雍門子周引琴而鼓之, 徐動宮徵, 微揮羽角, 切終而成曲, 孟嘗君涕浪汗增欷, 下而就之曰: "先生之鼓琴令文立若破國亡邑之人也."

11-15

거백옥(蘧伯玉)[007]이 사신이 되어 초나라에 이르렀다가 복수(濮水) 물가에서 공자 석(晳)과 마주쳤는데, 자석(子晳)이 풀을 쥐고서 기다리다가 말했다.

"감히 묻겠소. 상객은 장차 어디로 가는 길이요?"

거백옥이 그를 위해 수레 가로막대를 잡고 예를 표했다. 공자 석이 말했다.

"내가 듣건대, 상사(上士)는 낯빛을 가지고 몸을 맡기게 할 수 있고 중사(中士)는 말로써 몸을 맡기게 할 수 있으며 하사(下士)는 재물로써 몸을 맡기게 할 수 있다고 했습니다. 이 세 가지가 (어찌) 진실로 얻어서 몸을 맡기게 할 수 있는 것이겠습니까?"

거백옥이 말했다.

"삼가 명을 받들겠습니다."

007 춘추시대 위(衛)나라 사람으로 자가 백옥이다. 영공(靈公) 때 대부(大夫)를 지냈다. 겉은 관대하지만 속은 강직한 성품으로, 자신은 바르게 했지만 남을 바르게 하지는 못했다. 전하는 말로, 나이 50에 49년 동안의 잘못을 알았는데 잘못을 고치는 데 늑장을 부리지 않았다고 한다. 오(吳)나라의 계찰(季札)이 위나라 찬허(贊許)를 지나가면서 군자(君子)라고 했고, 공자(孔子)가 그의 행실을 칭찬해 위나라에 이르렀을 때 그의 집에 머물렀다.

거백옥이 초나라 왕을 알현해 사신의 일을 마치고는 앉아서 이야기를 나누게 되었는데, 조용히 말이 선비에 미쳤다. 초왕이 말했다.

"어느 나라에 선비가 가장 많은가?"

거백옥이 말했다.

"초나라에 선비가 가장 많습니다."

초왕이 크게 기뻐하니, 거백옥이 말했다.

"초나라에 선비가 가장 많기는 하지만, 초나라는 그들을 제대로 쓰지 못하고 있습니다."

왕이 낯빛을 바꾸며 말했다.

"이게 무슨 말인가?"

거백옥이 말했다.

"오자서(伍子胥)는 초나라에서 태어났지만, 오(吳)나라로 달아났습니다. 오나라는 그를 받아들여 재상으로 삼았습니다. 군대를 출동시켜 초나라를 공격해 평왕(平王) 무덤을 파헤쳤습니다. 오자서는 초나라에서 태어났지만, 오나라가 그를 잘 썼습니다. 흔분황(釁蚡黃)은 초나라에서 태어났지만, 진(晉)나라로 달아나 72개 현을 다스렸는데 백성은 길에 떨어진 물건을 줍지 않았고 망령되이 재물을 얻지 않았으며 나라에는 도둑이 없어졌습니다. 흔분황은 초나라에서 태어났지만, 진나라가 그를 잘 썼습니다.

지금 제가 초나라에 오던 길에 공자 석을 복수 변에서 만났는데 그가 이렇게 말했습니다.

'상사(上士)는 낯빛을 가지고 몸을 맡기게 할 수 있고 중사(中士)는 말로써 몸을 맡기게 할 수 있으며 하사(下士)는 재물로써 몸을 맡기게 할 수 있다고 했습니다. 이 세 가지가 (어찌) 진실로 얻어서 몸을 맡기게 할 수 있는 것이겠습니까?'

또 공자 석이 장차 어떻게 다스리게 될지는 잘 모르겠습니다."

이에 초왕은 사자에게 말 4마리가 끄는 수레 1대를 주고 부사(副使)에게 수레 2대를 주어 복수 물가에 있는 공자 석을 쫓아가게 했다. 자석이 돌아와 초나라에 중용된 것은 거백옥이 힘쓴 덕분이다. 그래서 『시경』에 이르기를 "누가 능히 물고기를 삶을 수 있겠는가? 그를 위해 솥을 씻어주리라. 누가 장차 서쪽으로 돌아가려는가? 그를 위해 좋은 소식으로 위로하리라"라고 한 것은 이를 두고 한 말이다. 일이 서로 잘 조화를 이루는 것은 진실로 매우 미묘한 것이다.

蘧伯玉使至楚, 逢公子晳濮水之上, 子晳接草而待曰: "敢問上客將何之?" 蘧伯玉爲之軾車, 公子晳曰: "吾聞上士可以託色, 中士可以託辭, 下士可以託財, 三者固可得而託身耶?" 蘧伯玉曰: "謹受命." 蘧伯玉見楚王, 使事畢, 坐談話, 從容言至於士. 楚王曰: "何國最多士?" 蘧伯玉曰: "楚最多士." 楚王大悅, 蘧伯玉曰: "楚最多士而楚不能用." 王造然曰: "是何言也?" 蘧伯玉曰: "伍子胥生於楚, 逃之吳, 吳受而相之, 發兵攻楚, 墮平王之墓. 伍子胥生於楚, 吳善用之. 釁蚡黃生於楚, 走之晉, 治七十二縣, 道不拾遺, 民不妄得, 城郭不閉, 國無盜賊. 蚡黃生於楚而晉善用之. 今者臣之來, 逢公子晳濮水之上, 辭言, '上士可以託色, 中士可以託辭, 下士可以託財, 三者固可得而託身耶?' 又不知公子晳將何治也." 於是 楚王發使一駟, 副使二乘, 追公子晳濮水之上. 子晳還重於楚, 蘧伯玉之力也. 故詩曰: "誰能烹魚, 溉之釜鬵, 孰將西歸, 懷之好音", 此之謂也. 物之相得, 固微甚矣.

11-15에 나오는 거백옥은 『논어』에 두 차례 등장한다. 먼저 「헌문(憲問)」편이다.

거백옥이 공자에게 심부름하는 사람을 보내자 공자는 그 사람과 함께 앉은 다음 물었다.

"주인어른께서는 무엇을 하시는가?"

이에 그 사람이 대답했다.

"주인어른께서는 허물을 적게 하려고 하시지만, 아직 능하지 못하십니다."

그 사람이 밖으로 나가자 공자는 심부름 온 사람을 높이 평가해 이렇게 말했다.

"저 사람이여! 저 사람이여!"

주인에 어울리는 심부름꾼이라는 뜻이다. 다음은 「위령공(衛靈公)」편이다.

공자가 말했다.

"곧도다, 사어(史魚)여! 나라에 도리가 있을 때는 화살처럼 곧으며, 나라에 도리가 없을 때도 화살처럼 곧도다.

군자로다, 거백옥이여! 나라에 도리가 있으면 벼슬하고, 나라에 도리가 없으면 거둬 감추는도다."

당연히 거백옥이 사어보다 윗길이다.

11-16

(춘추시대 진(晉)나라 대부) 숙향(叔向)의 동생 양설호(羊舌虎)가 난령(欒逞)과 친했는데, 령이 진(晉)나라에서 죄를 지으니 진나라는 양설호를 주살하고 숙향을 그로 인해 노비로 삼았다. 얼마 후에 기해(祁奚)

가 말했다.

"내가 듣건대, 소인이 지위를 얻었을 때는 간쟁하지 않으면 마땅하지 않고 군자가 근심할 때는 구원하지 않으면 상서롭지 않다고 했다."

마침내 가서 범환자(范桓子)를 만나보고서 그를 설득해 말했다.

"듣건대 나라를 잘 다스리는 사람은 상을 줄 때는 지나치게 주지 않고 형벌을 내릴 때는 넘치게 시행하지 않는다고 했습니다. 상이 지나치면 음인(淫人-도리를 어기는 사람)에게까지 상이 내려질까 두렵고, 형벌이 넘치면 군자에게까지 형벌이 미칠까 두렵습니다. 불행하게도 지나칠 경우에는 차라리 지나치게 해서 음인에게 상을 내리는 것이 낫지, 지나치게 해서 군자까지 형벌해서는 안 될 것입니다. 그래서 요임금이 형벌을 행한 것을 보면 곤(鯀)을 우산(羽山)에 유배 보내면서도 그 아들 우(禹)를 썼고, 주나라가 형벌을 행한 것을 보면 관숙(管叔)과 채숙(蔡叔)을 처벌하면서도 그 형제 주공(周公)을 재상으로 삼았으니, 이것이 바로 형벌을 남용하지 않는 것입니다."

환자는 마침내 관리에게 명을 내려 숙향을 풀어주었다. 다른 사람의 우환을 구원하는 자가 (간혹) 위험하고 힘든 일을 행해 번거롭고 치욕을 당하는 일을 피하지 못하면서도 오히려 능히 그 사람을 우환에서 벗어나게 해주지 못할 때도 있는데, 지금 기해는 선왕의 임금다움을 논해 숙향을 우환에서 벗어날 수 있게 해주었으니 (선왕의 도리에 대한) 배움을 어찌 그만둘 수 있겠는가!

叔向之弟羊舌虎善欒逞, 逞有罪於晉, 晉誅羊舌虎, 叔向爲之奴. 既而祁奚曰: "吾聞小人得位, 不爭不義, 君子所憂, 不救不祥." 乃往見范桓子而說之曰: "聞善爲國者, 賞不過; 刑不濫. 賞過則懼及淫人; 刑濫則懼及君子. 與其不幸而過, 寧過而賞淫人, 無過而刑君子. 故堯之刑也, 殛鯀於羽山而用禹; 周之刑也, 僇管·蔡而相周公, 不濫刑也." 桓子乃命吏出叔向. 救人之患者, 行危苦而不避煩辱, 猶不能免. 今祁奚論先王之德而叔向得免焉, 學豈可已哉?

11-16은 『논어』에서 공자가 늘 강조했던 애씀 혹은 옛사람이 애쓴 바〔文=古文〕를 배우는 일의 중요성을 단적으로 풀어 보여주고 있다. 고문(古文)이란 바로 선왕의 도리다.

11-17

장록(張祿)이라는 문지기가 맹상군을 만나보고서 말했다.

"늘 새 옷을 입고 헌 옷은 입지 않으며 창고가 늘 채워져 있어 비지 않게 하려면 거기에는 방법이 있으니, 주군께서도 그것을 아시는지요?"

맹상군이 말했다.

"늘 새 옷을 입고 헌 옷은 입지 않는 것은 곧 옷을 잘 손질하는 것이고, 창고가 늘 채워져 있어 비지 않는 것은 곧 부유한 때문이오. 이를 위해서는 어떻게 해야 하는지, 그대의 말을 들어볼 수 있겠소?"

장록이 말했다.

"주군께서 귀하실 때 뛰어난 이들을 들어 쓰시고 부유할 때 가난한 자들을 구휼하십시오. 이렇게 하시면 늘 새 옷을 입고 헌 옷은 입지 않으며 창고는 늘 채워져 있어 비지 않을 것입니다."

맹상군은 그 말이 옳다고 여겨 그 의견을 좋아하고 그 말이 명쾌하다고 보아서 다음날 사람을 시켜 황금 100근과 무늬가 든 직물 100순(純)을 받들고 가서 장 선생에게 드리게 했으나, 선생이 사양하고 받지 않았다. 뒤에 선생이 다시 맹상군을 만났는데, 맹상군이 말했다.

"전에 선생께서 나에게 가르치시기를 '늘 새 옷을 입고 헌 옷은 입지 않으며 창고가 늘 채워져 있어 비지 않게 하려면 거기에는 방법이 있으니, 군이 그것을 아시는지요?'라고 하기에, 나는 남몰래 그 가르침을 좋아해서 사람을 시켜 황금 100근과 무늬가 든 직물 100순을 받들고 가서 그것을 드림으로써 집 안의 넉넉지 못한 사람들을 돕게 했소. 어찌 선생은 사양하고 받지 않았소이까?"

장록이 말했다.

"주군께서 장차 주군의 창고에 있는 돈을 다 긁어내고 주군의 창고에 있는 곡식을 다 열어서 선비들을 돕고자 하신다면 옷이 다 해지고 신발에 구멍이 나도 충분치 못할 뿐입니다. 그런데 어느 겨를에 늘 새 옷을 입고 헌 옷은 입지 않으며 창고가 늘 채워져 있어 비지 않을 수 있겠습니까?"

맹상군이 말했다.

"그렇다면 그것을 위해서는 어떻게 해야 하오?"

장록이 말했다.

"저 진(秦)이라는 나라는 사방이 요새인 나라여서, 거기서 벼슬을 하고자 해도 들어갈 수가 없습니다. 바라건대 주군께서 저를 위해 추천의 글을 써주시어 내가 진왕에게 기탁하게 할 수 있도록 해주십시오. 제가 가서 대우를 받게 된다면 그것은 실로 주군께서 들여보내 주신 것이고, 가서 대우를 받지 못한다면 설사 사람들이 온갖 방법을 쓴다 해도 실로 신이 불우해서 그런 것입니다."

맹상군이 말했다.

"삼가 뜻을 받들겠소."

그 참에 글을 써서 진왕에게 그를 추천했는데, 그는 가서 크게 대우를 받았다. 그가 진왕에게 일러 말했다.

"제가 대왕의 국경 안으로 들어오면서부터 보니 논밭은 더욱 잘 개간되어 있었고 관리와 백성은 더욱 잘 다스려지고 있었습니다. 그런데 대왕께서는 딱 한 가지를 얻지 못하셨는데, 대왕께서는 그것을 알고 계십니까?"

대왕이 말했다.

"알지 못한다."

(장록이) 말했다.

"저 산동(山東)에 맹상군이라고 하는 재상이 있는데 뛰어난 사람입니다. 천하에 급한 일이 없다면 그만이지만, 급한 일이 있게 되어 능히 천하의 영웅호걸들을 거둬 교우를 맺고 친교를 맺을 사람이라면 아마도 오직 이 사람뿐일 것입니다. 그런데 대왕께서는 저를 통해 그와 벗이 되시려 하지 않으십니까?"

진왕이 말했다.

"삼가 그대 뜻을 따르겠노라."

천금을 받들고 가서 맹상군에게 주니, 맹상군은 밥을 먹다가 중단하고 곰곰이 생각하다가 마침내 깨닫고서 말했다.

"이것이 바로 장 선생이 말한 '늘 새 옷을 입고 헌 옷은 입지 않으며 창고는 늘 채워져 있어 비지 않는다'는 것이로구나!"

張祿掌門, 見孟嘗君曰: "衣新而不舊, 倉庾盈而不虛, 爲之有道, 君亦知之乎?" 孟嘗君曰: "衣新而不舊, 則是脩也, 倉庾盈而不虛, 則是富也, 爲之奈何? 其說可得聞乎?" 張祿曰: "願君貴則擧賢, 富則振貧, 若是則衣新而不舊, 倉庾盈而不虛矣." 孟嘗君以其言爲然, 說其意, 辯其辭, 明日使人奉黃金百斤, 文織百純, 進之張先生. 先生辭而不受. 後先生復見孟嘗君, 孟嘗君曰: "前先生幸教文曰: '衣新而不舊, 倉庾盈而不虛, 爲之有說, 汝亦知之乎?' 文竊說教, 故使人奉黃金百斤, 文織百純, 進之先生, 以補門內之不贍者, 先生曷爲辭而不受乎?" 張祿曰: "君將掘君之府錢, 發君之庾粟以補士, 則衣弊履穿而不贍耳. 何暇衣新而不舊, 倉庾盈而不虛乎?" 孟嘗君曰: "然則爲之奈何?" 張祿曰: "夫秦者四塞之國也. 遊宦者不得入焉. 願君爲吾爲丈尺之書, 寄我與秦王, 我往而遇乎, 固君之入也. 往而不遇乎, 雖人求間謀, 固不遇臣矣." 孟嘗君曰: "敬聞命矣." 因爲之書, 寄之秦王, 往而大遇. 謂秦王曰: "自祿之來入大王之境, 田疇益辟, 吏民益治, 然而大王有一不得者, 大王知之乎?" 王曰: "不知." 曰: "夫山東有相, 所謂孟嘗君者, 其人賢人, 天下無急則已, 有急則能收天下雄俊之士, 與之合交連友者, 疑獨此耳. 然則大王胡不爲我友之乎?" 秦王曰: "敬受命." 奉千金以遺孟嘗君, 孟嘗君輟食察之而寤曰: "此張生之所謂衣新而不舊, 倉庾盈而不虛者也."

11-17은 사람을 알아보는 지(知)와 좋은 사람을 추천하는 인(仁)을 동시에 보여준다. 인지(仁知)는 『논어』 전체를 관통하는 두 가지 핵심 주제다. 반면 『맹자』는 인의(仁義)가 전체를 관통한다. 지(知)가 없다는 것은 곧 지인(知人)의 문제가 빠졌다는 것인데 그것은 곧 『맹자』란 책이 제왕학이 아니라 신하가 임금에게 바른 도리를 요구하는 책임을 보여준다.

11-18

장주(莊周-장자)는 가난한 사람이라 위(魏)나라에 가서 곡식을 빌려달라고 했는데, 문후(文侯)가 말했다.

"내 봉읍 곡식이 오기를 기다려서 그것을 주겠노라."

주가 말했다.

“마침내 지금 제가 이리로 오면서 길가에서 소 발자국에 팬 곳에 붕어가 들어 있는 것을 보았는데, (그 붕어가) 크게 탄식을 하며 저에게 ‘내가 앞으로도 살 수 있겠소?’라고 물었습니다. 제가 ‘내가 너를 위해 남쪽으로 가서 초왕을 알현하고 장강과 회수(淮水)를 터서 너에게 물을 댈 때를 기다려라’라고 했더니, 붕어가 말하기를 ‘지금 내 목숨은 한 단지나 한 항아리의 물에 달려 있을 뿐이오. 그런데 그대는 초왕을 알현하고 장강과 회수를 터서 나에게 물을 댈 때를 기다리라고 하니, 그대는 곧 나를 건어물 가게에서 만나보게 될 것이오’라고 했습니다. 지금 제가 가난 때문에 와서 곡식을 빌리려는데 말씀하시기를 ‘내 봉읍의 곡식이 오기를 기다려서 그것을 주겠노라’ 하시니, 곧 저를 품팔이 소개소에서 만나보시게 될 것입니다.”

문후는 이에 마침내 곡식 100종(鍾)을 내어 장주 집으로 보내주었다.

莊周貧者, 往貸粟於魏, 文侯曰: “待吾邑粟之來而獻之.” 周曰: “乃今者周之來, 見道傍牛蹄中有鮒魚焉, 大息謂周曰: ‘我尙可活也?’ 周曰: ‘須我爲汝南見楚王, 決江·淮以漑汝.’ 鮒魚曰: ‘今吾命在盆甕之中耳. 乃爲我見楚王, 決江·淮以漑我, 汝即求我枯魚之肆矣.’ 今周以貧故來貸粟, 而曰須我邑粟來也而賜臣, 即來亦求臣傭肆矣.” 文侯於是乃發粟百鍾, 送之莊周之室.

11-19

진(晉)나라 평공(平公)이 숙향에게 물었다.

“해마다 기근이 들고 백성은 역병에 시달리는데 적(翟)나라 사람들은 우리를 공격하니, 나는 장차 어찌해야 하는가?"

대답해 말했다.

"흉년은 내년이면 회복될 것이고, 역병은 장차 그칠 것이며, 적나라 사람은 근심할 만한 것이 못 됩니다."

공이 말했다.

"이보다 큰 근심이 어디 있는가?"

대답해 말했다.

"무릇 대신들은 무거운 녹봉을 먹으면서 극간(極諫)을 하지 않고, 근신들은 죄를 입을까 두려워 감히 말을 하지 못하며, 좌우 신하들은 낮은 관리들에게 총애를 받는 데만 신경을 쓰고 있습니다. 그런데도 임금께서는 알지 못하고 있으니, 진실로 이보다 큰 근심이 어디 있겠습니까?"

공이 말했다.

"좋도다."

이에 나라 안에 영을 내려 말했다.

"간언을 하려고 하는데 이를 숨기거나 좌우 신하들의 말이 나라의 낮은 관리에게 미치면 죄를 줄 것이다."

晉平公問叔向曰: "歲饑民疫, 翟人攻我, 我將若何?" 對曰: "歲饑來年而反矣, 疾疫將止矣, 翟人不足患也." 公曰: "患有大於此者乎?" 對曰: "夫大臣重祿而不極諫, 近臣畏罪而不敢言, 左右顧寵於小官而君不知. 此誠患之大者也." 公曰: "善." 於是 令國中曰: "欲有諫者爲之隱, 左右言及國吏罪."

11-19에서 "좌우 신하들의 말이 나라의 낮은 관리들에게 미친다"라는 말은 측근들이 임금보다는 조정 신하들의 눈치를 살피면서 뇌물을 바

치고 청탁을 해댄다는 뜻이다.

11-20

조간자(趙簡子)가 도(陶)나라를 공격할 때 두 사람이 먼저 성으로 올라갔다가 성 위에서 죽었는데, 간자가 그들 시신을 찾으려 했지만 도나라 임금이 내어주지 않았다. 승분저(承盆疽)가 도나라 임금에게 말했다.

"간자는 장차 주군 조상의 무덤을 파내고 주군의 백성을 유인해서 거래를 시도하며, '읍을 넘고 성을 기어서 투항하는 사람은 용서하겠지만 그렇지 않은 사람은 장차 너희 조상들의 무덤을 파내어 썩은 시체의 뼛가루를 뿌리고 썩지 않은 시체는 사지를 갈기갈기 찢어버리겠다'라고 할 것입니다."

도나라 임금이 두려워서 두 사람의 시신을 바치고[效=獻] 강화를 하라고 말했다.

趙簡子攻陶, 有二人先登, 死於城上, 簡子欲得之, 陶君不與. 承盆疽謂陶君曰: "簡子將掘君之墓, 以與君之百姓市曰: '踰邑梯城者將赦之, 不者將掘其墓, 朽者揚其灰, 未朽者辜其尸.'" 陶君懼, 請效二人之尸以爲和.

11-21

(공자의 제자) 자공(子貢)이 태재(太宰) 비(嚭)를 만나보았는데, 태재

비가 물었다.

"공자는 어떤 사람인가요?"

대답해 말했다.

"신은 충분히 알 수가 없습니다."

태재가 말했다.

"그대는 알지도 못하면서 어찌 그를 섬기는가요?"

대답해 말했다.

"바로 알지 못하기 때문에 그분을 섬기는 것입니다. 스승님께서는 큰 산림과 같아서 백성이 각자 필요한 나무들을 얻을 수 있습니다."

태재 비가 말했다.

"그대는 스승을 높이는 것인가요?"

대답해 말했다.

"스승님은 높일 수가 없습니다. 무릇 저는 마치 한 삼태기 흙과 같으니, 한 삼태기 흙을 큰 산에 보탠다고 해서 그 높이를 더할 수 없고 또한 알 수도 없습니다."

태재 비가 말했다.

"그렇다면 그대가 공자로부터 헤아려 취한 것이 있습니까?"

대답해 말했다.

"천하에 큰 술 단지가 있는데 그대만 홀로 헤아려서 취하지를 않았으니, 누구 잘못인지 알지 못하겠습니다."

子貢見太宰嚭, 太宰嚭問曰: "孔子何如?" 對曰: "臣不足以知之." 太宰曰: "子不知, 何以事之?" 對曰: "惟不知, 故事之, 夫子其猶大山林也, 百姓各足其材焉." 太宰嚭曰: "子增夫子乎?" 對曰: "夫子不可增也. 夫賜其猶一累壤也, 以一累壤增大山, 不益其高, 且爲不知." 太宰嚭曰: "然則子有所酌也." 對曰: "天下有大樽而子獨不酌焉, 不識誰之罪也."

11-21은 공자의 제자들 가운데 말을 잘하고 사리를 아는 지자(知者) 자공을 통해 간접적으로 공자의 모습을 전하고 있다. 이 과정에서 자공의 뛰어난 말솜씨를 우리는 보게 된다. 『논어』에는 이와 관련된 일화들이 많이 실려 있다.

먼저 「자한(子罕)」편에 나오는 이야기다.

태재가 자공에게 물었다.

"그대 스승은 빼어난 분이라고 할 수 있겠다. 어찌 그리도 다능하신가?"

자공이 답했다.

"진실로 하늘이 내려주신 빼어난 분이라 할 수 있고 또 다능하십니다."

공자가 두 사람의 이야기를 전해 듣고는 이렇게 말했다.

"태재가 나를 아는가. 내가 젊었을 때는 미천했기 때문에 비천한 일들에 능함이 많았다. (하지만) 군자는 능함이 많은가? 많지 않다."

뢰(牢)가 말했다.

"스승님께서는 '내가 등용되지 못했기에 (생계를 위해) 여러 가지 재주를 익혀 다능했다'라고 하셨다."

특히 「자장(子張)」편에는 자공이 다른 사람들과 공자에 관해 이야기하는 것이 나란히 나온다.

위(衛)나라 공손 조(朝)가 자공에게 물었다.

"공자는 어떻게 배웠는가?"

자공이 대답했다.

"문왕과 무왕의 도리는 아직 땅에 떨어지지 않아 사람들에게 (남아)

있다. 뛰어난 자는 그 큰 것을 기억해서 알고 있고 그보다 못한 자도 그 작은 것을 기억해서 알고 있기 때문에 문왕과 무왕의 도리가 여전히 남아 있으니, 공자께서 어찌 배우지 않으시겠으며 또한 어찌 정해진 스승이 있겠는가?"

숙손무숙이 조정에서 말하기를 "자공이 공자보다 뛰어나다"라고 했다. 자복경백이 그 말을 자공에게 전하자 자공은 이렇게 말했다.

"궁궐의 담장에 비유하자면, 나의 담장은 어깨에 미쳐 집 안의 좋은 것들을 들여다볼 수 있지만, 스승의 담장은 여러 길이어서 그 문을 얻어 들어가지 못하면 종묘의 아름다움과 백관의 많음을 볼 수 없다. 그 문을 얻는 자가 드무니, 그 사람(-숙손무숙)의 말이 마땅하지 않은가?"

숙손무숙이 공자를 비방하자 자공이 이렇게 말했다.

"그러지 말라. 중니는 비방할 수 없으니, 다른 어진 이들은 구릉과 같아서 오히려 넘을 수 있지만, 중니는 해와 달과 같아서 넘을 수가 없다. 사람들이 비록 끊고자 하나 어찌 해와 달에 손상이 되겠는가? 다만 자신의 분수를 알지 못함을 드러낼 뿐이다."

이하에서도 비슷한 이야기들이 이어진다. 여기서 주인공은 공자라기보다는 말 잘하는(善說) 자공이다.

11-22

조간자가 자공에게 물었다.

"공자의 사람됨은 어떠한가?"

자공이 대답해 말했다.

"저는 능히 알 수가 없습니다."

간자가 불쾌해하며 말했다.

"선생이 공자를 섬긴 것이 수십 년이고 학업을 마치고 그를 떠났는데, 과인이 그대에게 물었건만 그대는 알 수가 없다고 하니 어째서인가?"

자공이 말했다.

"저는 비유하자면 목마른 사람이 강이나 바닷물을 마시는 것과 같아서 만족할 줄만 알 뿐이지만, 공자께서는 강이나 바다와 같으시니 제가 어찌 족히 알 수 있겠습니까?"

간자가 말했다.

"좋도다! 자공의 말이여!"

趙簡子問子貢曰: "孔子爲人何如?" 子貢對曰: "賜不能識也." 簡子不說曰: "夫子事孔子數十年, 終業而去之, 寡人問子, 子曰不能識, 何也?" 子貢曰: "賜譬渴者之飮江海, 知足而已, 孔子猶江海也, 賜則奚足以識之." 簡子曰: "善哉! 子貢之言也."

11-23

제나라 경공이 자공에게 말했다.

"그대의 스승이 누구인가?"

말했다.

"신은 중니(仲尼)를 스승으로 모셨습니다."

공이 말했다.

"중니는 뛰어난가?"

대답해 말했다.

"뛰어납니다."

공이 말했다.

"그의 뛰어남은 어느 정도인가?"

대답해 말했다.

"알지 못합니다."

공이 말했다.

"그대는 공자가 뛰어나다는 것은 알면서도 그가 얼마나 뛰어난지를 모른다니 될 말인가?"

대답해 말했다.

"지금 하늘이 높다고 말하면 어린아이나 어른, 어리석은 자나 지혜로운 자가 모두 높다는 것을 알지만, 얼마나 높은지를 묻는다면 모두 알지 못한다고 말할 것입니다. 이 때문에 중니가 뛰어난 것은 알지만 그가 얼마나 뛰어난지를 알지 못하는 것입니다."

齊景公謂子貢曰: "子誰師?" 曰: "臣師仲尼?" 公曰: "仲尼賢乎?" 對曰: "賢." 公曰: "其賢何若?" 對曰: "不知也." 公曰: "子知其賢而不知其奚若, 可乎?" 對曰: "今謂天高, 無少長愚智皆知高, 高幾何, 皆曰不知也. 是以 知仲尼之賢而不知其奚若."

11-24

조양자(趙襄子)가 중니에게 말했다.

“선생은 폐백을 바치면서 임금 70명을 찾아뵈었지만 통하는 바가 없었습니다. 잘 모르겠습니다만, 세상에 눈 밝은 임금이 없어서입니까? 아니면 혹시 선생의 도리가 실로 통하지 않아서입니까?”

중니는 대답하지 않았다. 다른 날에 양자가 자로를 만나보고서 말했다.

“일찍이 선생에게 도리를 갖고서 물었더니 선생은 답하지 않으셨소. 알고서도 대답하지 않았다면 숨긴 것이니, 숨겼다면 어찌 어짊을 행한다고 할 수 있겠소? 만약에 정말로 알지 못한다면 어찌 빼어나다고 할 수 있겠소?”

자로가 말했다.

“천하의 가장 잘 울리는 종을 세워놓고 막대기로 두드리면 어찌 그것이 제대로 된 소리를 내겠습니까? 그대가 선생님에게 물은 것은 마치 막대기로 종을 두드린 것과 같지 않겠습니까?”

趙襄子謂仲尼曰: “先生委質以見人主七十君矣, 而無所通, 不識世無明君乎? 意先生之道, 固不通乎?” 仲尼不對. 異日, 襄子見子路曰: “嘗問先生以道, 先生不對. 知而不對則隱也. 隱則安得爲仁; 若信不知, 安得爲聖?” 子路曰: “建天下之鳴鐘, 而撞之以梃, 豈能發其聲乎哉? 君問先生, 無乃猶以挺撞乎?”

11-24에서 우리는 비유(譬喩)의 힘을 볼 수 있다.

11-25

위(衛)나라 장군 문자(文子)가 자공에게 물었다.

"계문자(季文子)가 세 번 궁했다가 세 번 통한 것은 어째서인가?"

자공이 말했다.

"그가 궁할 때는 뛰어난 이를 섬겼고, 그가 통했을 때는 궁한 이를 천거했으며, 그가 부유할 때는 가난한 이들에게 나눠주었고, 그가 존귀했을 때는 미천한 이들을 예로 대했습니다. 궁할 때 뛰어난 이를 섬기면 수모를 당하지 않고, 통할 때 궁한 이를 천거하면 붕우에게 진실한 마음을 다할 수 있으며, 부유할 때 가난한 이들에게 나눠주면 종족들이 그를 제 몸과 같이 여기고, 존귀했을 때 미천한 이들을 예로 대해주면 백성이 그를 떠받듭니다. 그런 그가 지위를 얻는 것은 진실로 도리이고, 지위를 잃는 것은 명입니다."

"잃기만 하고 얻지 못하는 것은 어째서인가?"

말했다.

"궁할 때 뛰어난 이를 섬기지 않고, 통할 때 궁한 이를 천거하지 않고, 부유할 때 가난한 이들에게 나눠주지 않고, 존귀할 때 미천한 이들을 예로 대우하지 않기 때문입니다. 이런 사람이 지위를 얻는 것은 명이고, 지위를 잃는 것은 진실로 도리입니다."

衛將軍文子問子貢曰: "季文子三窮而三通, 何也?" 子貢曰: "其窮事賢, 其通擧窮, 其富分貧, 其貴禮賤. 窮而事賢則不悔; 通而擧窮則忠於朋友, 富而分貧則宗族親之; 貴而禮賤則百姓戴之. 其得之, 固道也; 失之, 命也." 曰: "失而不得者, 何也?" 曰: "其窮不事賢, 其通不擧窮, 其富不分貧, 其貴不禮賤. 其得之, 命也; 其失之, 固道也."

11-25에서 자공은 도(道-도리)와 명(命-형세)을 적절하게 활용해서 말을 잘하고 있다.

11-26

자로가 공자에게 물었다.

"관중은 어떤 사람입니까?"

공자가 말했다.

"대인이다."

자로가 말했다.

"옛날에 관자(管子-관중)가 양공(襄公)에게 유세했을 때 양공이 기뻐하지 않았으니, 이는 말재주가 없는 것입니다[不辨]. 공자 규(糾)를 임금으로 세우려 했으나 능히 하지 못했으니, 이는 무능한 것입니다[無能]. 집안사람들이 제나라에서 해를 당했는데도 근심하는 기색이 없었으니, 이는 자애롭지 못한 것입니다[不慈]. 차꼬와 수갑을 차고 함거(檻車)에 갇혔어도 부끄러워하는 기색이 없었으니, 이는 부끄러움이 없는 것입니다[無愧]. 자신이 활로 쏘았던 임금을 섬겼으니, 이는 반듯하지 못한 것입니다[不貞]. 소홀(召忽)이 죽었는데도 관중은 죽지 않았으니, 이는 어짊이 없는 것입니다[無仁]. (그런데도) 스승님께서는 어찌 그를 대인이라고 하십니까?"

공자가 말했다.

"관중이 양공에게 유세했을 때 양공이 기뻐하지 않았던 것은, 관중이 말재주가 없어서가 아니라 양공이 그의 말을 알아듣지 못한 것이다. 공자 규를 임금으로 세우려 했으나 능히 하지 못했던 것은, 무능해서가 아니라 때를 만나지 못한 것이다. 집안사람들이 제나라에서 해를 당했는데도 근심하는 기색이 없었던 것은, 자애롭지 못해서가 아니라 명을 알았기 때문이다. 차꼬와 수갑을 차고 함거(檻車)에 갇혔어도 부끄러워하는 기색이 없었던 것은, 부끄러움이 없어서가 아니라 스스로 참아낸 것이다. 자신이 활로 쏘았던 임금을 섬겼던 것은,

반듯하지 못해서가 아니라 권도(權道)를 알았기 때문이다. 소홀이 죽었는데도 관중은 죽지 않았던 것은, 어짊이 없어서가 아니라 소홀이란 자가 남의 신하나 할 재목이었기 때문이다. 죽지 않았으면 삼군의 포로가 되었겠지만 죽으면 천하에 이름을 남길 터이니, 무릇 어찌 죽지 않을 수 있었겠는가?

관중이란 사람은 천자를 보좌하고 제후의 재상이 될 인물이다. 죽으면 도랑을 구르는 썩은 해골 신세를 면치 못하겠지만 죽지 않으면 천하에 공로를 다시 세울 수 있는데, 그 사람이 어째서 죽어야겠는가! 너는 알지 못한다."

子路問於孔子曰: "管仲何如人也?" 子曰: "大人也." 子路曰: "昔者管子說襄公, 襄公不說, 是不辯也; 欲立公子糾而不能, 是無能也; 家殘於齊而無憂色, 是不慈也; 桎梏而居檻車中無慚色, 是無愧也; 事所射之君, 是不貞也; 召忽死之, 管仲不死, 是無仁也. 夫子何以大之?" 子曰: "管仲說襄公, 襄公不說, 管仲非不辯也, 襄公不知說也; 欲立公子糾而不能, 非無能也, 不遇時也; 家殘於齊而無憂色, 非不慈也, 知命也; 桎梏居檻車而無慚色, 非無愧也, 自裁也; 事所射之君, 非不貞也, 知權也; 召忽死之, 管仲不死, 非無仁也, 召忽者, 人臣之材也. 不死則三軍之虜也, 死之則名聞天下, 夫何爲不死哉? 管仲者, 天子之佐, 諸侯之相也, 死之則不免爲溝中之瘠; 不死則功復用於天下, 夫何爲死之哉? 由! 汝不知也."

11-26은 『논어』「헌문(憲問)」편에 나오는 두 이야기와 그대로 겹친다. 그것은 작은 어짊(小仁)과 큰 어짊(大仁)의 차이를 극명하게 보여준다. 동시에 사리에 얽매이는 사람과 사세를 아는 사람의 차이이기도 하다. 지명(知命)이란 다름 아닌 일의 형세를 아는 사람이며 권도를 아는 사람이라는 뜻이다. 지천명(知天命) 또한 같은 뜻이다.

자로가 말했다.

"환공이 공자 규를 죽이자 소홀은 죽었고 관중은 죽지 않았으니, 관중은 어질지 못합니다."

공자가 말했다.

"환공이 제후들을 규합함에 있어 무력을 사용하지 않은 것은 관중이 힘쓴 덕분이었으니, 누가 그의 어짊만 하겠는가? 누가 그의 어짊만 하겠는가?"

자공이 말했다.

"(아무리 그렇게 말하셔도) 관중을 어진 사람이라고는 할 수 없을 것입니다. 환공이 공자 규를 죽였는데도 기꺼이 따라 죽지 못했고, 또 환공을 돕기까지 했습니다."

공자가 말했다.

"관중이 환공을 도와 제후의 패자가 되게 해 한 번 천하를 바로잡음으로써 백성이 지금까지 그 혜택을 받고 있으니, 관중이 없었다면 나(우리)는 머리를 헤쳐 풀고 옷깃을 왼편으로 하는 오랑캐가 되었을 것이다. 어찌 필부필부들이 작은 신의(諒)를 지키기 위해 스스로 목매 죽어서 시신이 도랑에 뒹굴어도 사람들이 알아주는 이가 없는 것과 같이 하겠는가?"

11-27

진나라 평공이 사광(師曠)에게 물었다.

"구범(咎犯)과 조최(趙衰) 중에 누가 더 뛰어난가?"

대답해 말했다.

"양처보(陽處父)가 문공(文公)의 신하가 되고자 구범을 통했으나

3년이 되도록 천거하지 않았는데, 조최를 통하자 3일 만에 천거가 이뤄졌습니다. 지혜로움에 있어 그 선비들을 알지 못했다면 사리를 아는 사람이 아니요, 알면서도 말하지 않았다면 충직하지 못한 것이요, 말을 하려고 하면서도 결국 감히 못했다면 용기가 없는 것이요, 말을 했는데도 임금이 들어주지 않았다면 뛰어나지 못한 것입니다."

晉平公問於師曠曰: "咎犯與趙衰孰賢?" 對曰: "陽處父欲臣文公, 因咎犯, 三年不達, 因趙衰, 三日而達. 智不知其士衆, 不智也; 知而不言, 不忠也; 欲言之而不敢, 無勇也; 言之而不聽, 不賢也."

11-27에서 진평공이 했던 것과 같은 질문을 『논어』「공야장(公冶長)」편에서 공자가 직접 했다.

공자가 자공에게 물었다.
"너를 안회와 비교할 때 누가 더 뛰어나다고 생각하느냐?"
자공이 대답했다.
"제가 어찌 안회와 비슷하기를 바랄 수 있겠습니까? 안회는 하나를 들으면 열을 아는 사람이고, 저는 하나를 들으면 둘밖에 모르는 사람입니다."
공자가 말했다.
"너는 안회만큼 되지는 않는다. (그러나) 네가 안회만큼 되지 못함을 스스로 인정한 것은 높이 평가한다."

이런 질문에 대한 답에서 중요한 것은 뛰어남의 척도가 무엇이냐 하는 것이다.

11-28

조간자가 성단(成摶)에게 물었다.

"내가 듣건대 저 양식(羊殖)이란 자가 뛰어난 대부라고 하던데, 이 사람 행실은 어떠한가?"

대답해 말했다.

"신 단은 알지 못합니다."

간자가 말했다.

"내가 듣건대 그대와는 서로 친한 친구 사이라고 하던데, 그대가 알지 못한다는 것은 어째서인가?"

단이 말했다.

"그는 사람됨이 자주 바뀝니다. 그는 15세 때 깐깐해 자기 잘못을 숨기지 않았고, 20세 때는 어짊으로써 마땅함을 좋아했고, 30세 때는 진(晉)나라 중군위가 되어 용맹함으로써 어짊을 좋아했고, 50세 때는 변방 성을 지키는 장수가 되어 멀리 있는 사람들을 다시 친근하게 만들었습니다. 지금 신은 그를 못 본 지가 5년이 되었습니다. 그는 또 달라졌을 것이기 때문에 제가 감히 알지 못하는 것입니다."

간자가 말했다.

"과연 뛰어난 대부로다. 매번 바뀔 때마다 더욱더 나아졌도다!"

趙簡子問於成摶曰: "吾聞夫羊殖者, 賢大夫也, 是行奚然?" 對曰: "臣摶不知也." 簡子曰: "吾聞之子與友親, 子而不知, 何也?" 摶曰: "其爲人也數變. 其十五年也, 廉以不匿其過; 其二十也, 仁以喜義; 其三十也, 爲晉中軍尉, 勇以喜仁; 其年五十也, 爲邊城將, 遠者復親. 今臣不見五年矣, 恐其變, 是以 不敢知." 簡子曰: "果賢大夫也, 每變益上矣."

11-28에서 성단은 일신우일신(日新又日新) 하는 양식의 삶을 뛰어난 말솜씨로 소개하고 있다.

권12

봉사[奉使]

사신 업무를 받들다

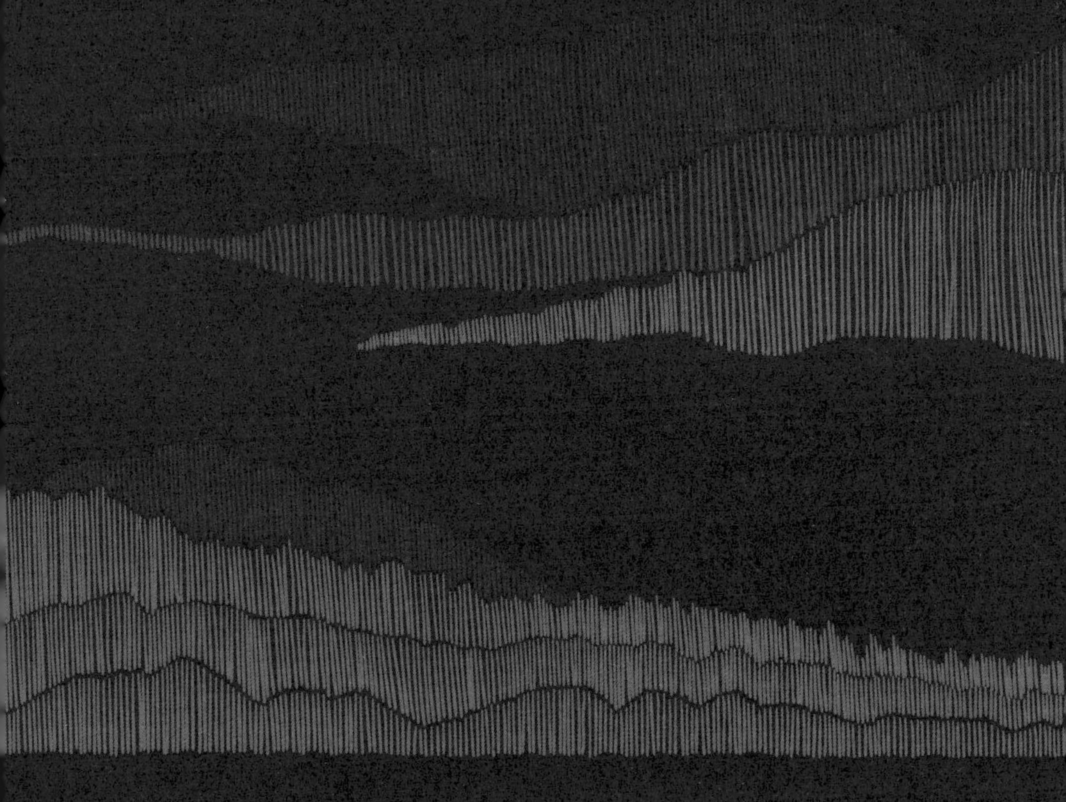

12-1

『춘추』의 글에는 서로 반대되는 곳이 네 군데 있다. 이미 말하기를 "대부는 제 마음대로 일을 이뤄서는[遂事] 안 된다"고 했으니, 이는 자기 마음대로 일을 일으켜서는 안 된다는 뜻이다. 그런데 또 말하기를, "국경을 나가게 되면 사직을 안정시키거나 국가를 이롭게 하는 일일 경우 독자적으로 처리하는 것[專之]도 가능하다"라고 했다. (또) 이미 말하기를 "대부가 임금의 명으로 사신을 나갔으면 진퇴는 대부에게 달려 있다"라고 했는데, 또한 말하기를 "임금의 명으로 사신을 나갔다가 상사(喪事)를 듣게 되면, 천천히 가되 돌아오지 않는다"라고 했다. 이는 어째서인가? 말하겠다.

이 네 가지는 각각 그 사안에만 해당할 뿐이어서 다른 데로 옮겨 적용할 수 없다. '자기 마음대로 일을 일으켜서는 안 된다'는 것은 평소 따라야 할 상경(常經-일반 원칙)을 말한 것이요, '독자적으로 처리하는 것도 가능하다'라는 것은 위험을 구제하고 환난을 없앰을 말한 것이다. '진퇴는 대부에게 달려 있다'라는 것은 장수가 군사를 이끌고 나갔을 때를 말한 것이요, '상사(喪事)를 듣게 되면 천천히 가되 돌아오지 않는다'는 것은 사신으로 나갔다가 도중에 부모의 상을 듣게 되는 경우를 말한 것이다. 공자 결(結)이 자기 마음대로 일을 일으켰지만 『춘추』가 비판하지 않은 것은 장공(莊公)을 위험에서 구제해주었다고 보았기 때문이고, 공자 수(遂)가 자기 마음대로 일을 일으켰을 때 『춘추』가 비판한 것은 희공(僖公)이 위험에 처하지 않았다고 보았기 때문이다. 그래서 임금에게 위험이 있는데도 독자적으로 판단해서 구제하지 않는다면 이는 불충이요, 만약에 위험이 없는데도 자기 마음대로 일을 일으키면 이는 신하의 도리를 잃은 것이다. 전(-『춘추번로』)에 이르기를 "『시경』은 모두에 적용되는 불변의 해석이 없고, 『주역』

은 모두에 적용되는 불변의 길함이 없으며, 『춘추』는 모두에 적용되는 불변의 의리가 없다"라고 했으니, 이를 일러 말한 것이다.

春秋之辭, 有相反者四, 既曰: "大夫無遂事", 不得擅生事矣, 又曰: "出境可以安社稷, 利國家者則專之可也." 既曰: "大夫以君命出, 進退在大夫"矣, 又曰: "以君命出, 聞喪徐行而不反"者, 何也? 曰: 此四者各止其科, 不轉移也. 不得擅生事者, 謂平生常經也; 專之可也者, 謂救危除患也; 進退在大夫者, 謂將帥用兵也; 徐行而不反者, 謂出使道聞親之喪也. 公子結擅生事, 春秋不非, 以爲救莊公危也. 公子遂擅生事, 春秋譏之, 以爲僖公無危事也. 故君有危而不專救, 是不忠也, 若無危而擅生事, 是不臣也. 傳曰: "詩無通詁, 易無通吉, 春秋無通義", 此之謂也."

12-1은 사신의 기본 도리를 말하고 있다. 사신 된 자의 임무에 대해 『논어』「자로(子路)」편에서 공자는 이렇게 말했다.

"『시경』 300편을 외우더라도 정사를 맡겼을 때 잘하지 못하고 외국에 사신으로 나가서는 독자적으로 응대해 처결하지(專對) 못한다면, 비록 많이 배웠다 한들 실로 어디에다 쓰겠는가?"

사신의 전대(專對) 능력은 여기서 말하는 네 가지 모두를 포함하고 있다. 유향이 그렇게 풀어낸 것이다.

12-2

조(趙)나라 왕이 사자를 초(楚)나라에 보내면서 바야흐로 비파를 타서 그를 전송하며 경계시켜 말했다.

"반드시 내 말대로 해야 한다."

사자가 말했다.

"왕의 비파 소리가 일찍이 이처럼 슬펐던 적이 없습니다."

왕이 말했다.

"궁(宮)과 상(商)이 실로 딱 맞게 조율을 이뤄서 그런 것이다."

사자가 말했다.

"조율이 잘되었다면 어찌 (소리를 고르게 하는) 기러기발[柱=雁足]에 표시를 해두지 않습니까?"

왕이 말했다.

"날씨에 건조하거나 습할 때가 있듯이 현에도 느슨할 때와 팽팽할 때가 있어서 궁·상의 음이 변하는 것을 알지 못하기 때문에, 그래서 표시해두지 않는 것이다."

사자가 말했다.

"눈 밝은 임금이 사자를 보낼 때는 그에게 일을 맡기되 말로써 제한을 두지 않으니, 길함을 만나면 축하하고 흉함을 만나면 위로합니다. 지금 초나라와 조나라는 서로 거리가 1,000리가 넘어서, 길함과 흉함, 근심과 걱정을 미리 할 수 없는 것이 마치 기러기발에 표시를 해두지 않는 것과 같습니다. 『시경』(「소아(小雅)·황황자화(皇皇者華)」편)에 이르기를 '많고 많은 저 사신들 서두르는데, 매번 사명을 성취하지 못하면 어떻게 하나 걱정하도다'라고 했습니다."

趙王遣使者之楚, 方鼓瑟而遣之, 誡之曰: "必如吾言." 使者曰: "王之鼓瑟, 未嘗悲若此也!" 王曰: "宮商固方調矣!" 使者曰: "調則何不書其柱耶?" 王曰: "天有燥濕, 絃有緩急, 宮商移徙不可知, 是以不書." 使者曰: "明君之使人也, 任之以事, 不制以辭, 遇吉則賀之, 凶則弔之. 今楚·趙相去, 千有餘里, 吉凶憂患, 不可豫知, 猶柱之不可書也. 詩云: '莘莘征夫, 每懷靡及.'"

12-3

초나라 장왕(莊王)이 군사를 일으켜 송(宋)나라를 치니 송나라가 긴급 사태를 알렸는데, 진(晉)나라 경공(景公)이 군사를 발동해서 송나라를 구원하려 했다. 백종(伯宗)이 간언해 말했다.

"하늘이 바야흐로 초나라를 열어주고 있으니, 아직은 쳐서는 안 됩니다."

이에 장사를 구해 곽(霍) 땅 사람 해양(解揚)을 얻었으니, 그의 자는 자호(子虎)다. (그로 하여금) 가서 송나라에 명을 전해 항복하지 말라고 했는데, 가던 길에 정(鄭)나라를 지나게 되었다. 정나라는 새롭게 초나라와 친해졌기에 마침내 해양을 붙잡아서 초나라에 바쳤다. 초왕은 (해양에게) 두터운 선물을 내려주고는 약속하기를, 진나라 임금의 말을 반대로 전해서 송나라가 빨리 초나라에 항복하게 하도록 했다. 이를 세 번 요구하자 마침내 해양이 허락하니, 이에 초나라는 해양을 누각이 있는 수레에 태우고 가서 송나라로 하여금 항복하라고 소리치게 했다. (그러나 해양은) 결국 초나라를 배반하고 진나라 임금의 명을 전했다.

"진나라가 지금 온 나라 군사를 이끌고서 송나라를 구원하려 하니, 송은 비록 다급하더라도 부디 초나라에 항복하지 말라. 진나라(군사)가 지금 도착할 것이다."

초나라 장왕이 크게 화가 나서 그를 잡아다 삶아 죽이려 하자 해양이 말했다.

"임금이 능히 명을 제정하는 것을 마땅함[義]이라 하고 신하가 능히 명을 받드는 것을 신뢰[信]라고 합니다. 저는 우리 임금의 명을 받아 출사(出使)했으니, 비록 죽더라도 두 임금을 섬길 수 없습니다."

왕이 말했다.

"너는 나의 요구를 허락했다가 얼마 후에 배반했으니, 그 신뢰라는 것이 어디에 있단 말인가?"

해양이 말했다.

"왕의 요구를 허락한 것은 우리 임금의 명을 완수하려는 것이었으니, 신은 (죽어도) 아무런 한이 없습니다."

초나라 군사들을 돌아보며 말했다.

"남의 신하 된 자[爲人臣]란 충성을 다하다가 죽는 사람이라는 것을 잊어서는 안 될 것이다."

초왕의 여러 동생이 모두 왕에게 간언해 그를 용서해주라고 했다. 이에 장왕은 결국 해양을 사면해 돌려보내니, 진나라는 그에게 작위를 내려 상경(上卿)으로 삼았다. 그래서 후세 사람들은 그를 곽호(霍虎)라고 불렀다.

楚莊王擧兵伐宋, 宋告急, 晉景公欲發兵救宋, 伯宗諫曰: "天方開楚, 未可伐也." 乃求壯士, 得霍人解揚, 字子虎, 往命宋毋降, 道過鄭, 鄭新與楚親, 乃執解揚而獻之楚. 楚王厚賜, 與約, 使反其言, 令宋趣降, 三要, 解揚乃許. 於是 楚乘揚以樓車, 令呼宋使降, 遂倍楚約而致其晉君命曰: "晉方悉國兵以救宋, 宋雖急, 愼毋降楚, 晉今至矣." 楚莊王大怒, 將烹之, 解揚曰: "君能制命爲義, 臣能承命爲信, 受吾君命以出, 雖死無二." 王曰: "汝之許我, 已而倍之, 其信安在?" 解揚曰: "所以許王, 欲以成吾君命, 臣不恨也." 顧謂楚軍曰: "爲人臣無忘盡忠而得死者." 楚王諸弟皆諫王赦之. 於是 莊公卒赦解揚而歸之, 晉爵之爲上卿. 故後世言霍虎.

12-4

진왕(秦王)이 땅 500리를 갖고서 언릉(鄢陵)과 바꾸고자 했는데, 언릉군(鄢陵君)이 거절하고 받아들이지 않으면서 당차(唐且)를 사신으로 보내 진왕에게 사과하도록 했다. 진왕이 말했다.

"진나라는 한(韓)나라를 깨뜨리고 위(魏)나라를 멸망시키면서도 언릉군 홀로 50리 땅을 갖고 살아남을 수 있게 해주었는데, 그것이 어찌 내가 그대의 위세를 두려워해서이겠는가? 나는 그대의 의로움을 높이 샀을 뿐이다. (그런데) 지금 과인이 10배의 땅으로 그대의 땅과 바꾸고자 하는데 언릉군은 거절하고서 받아들이지 않으니, 이는 과인을 가벼이 여기는 것이다."

당차가 자리에서 일어나 대답해 말했다.

"그렇지 않습니다. 무릇 이로움과 해로움을 따져 어떤 일을 하지 않는 사람이 언릉군입니다. 저 언릉군은 돌아가신 선군으로부터 땅을 받아 지키고 있으니, 비록 1,000리 땅을 갖고서 바꾸자 해도 마땅히 하지 않을 텐데 어찌 단지 500리 땅이겠습니까?"

진왕은 화가 나서 낯빛을 바꾸며 분노해 말했다.

"그대는 실로 일찍이 천자가 분노하는 것을 본 일이 있는가?"

당차가 말했다.

"신은 일찍이 본 적이 없습니다."

진왕이 말했다.

"천자가 한 번 분노하면 시신 100만 명이 땅바닥에 엎어지고 1,000리에까지 피가 흘러내린다."

당차가 말했다.

"대왕께서는 실로 일찍이 베옷에 가죽띠를 맨 용사가 분노하는 것을 본 일이 있으십니까?"

진왕이 말했다.

"베옷에 가죽띠를 맨 용사가 분노해봤자 관을 벗고 맨발로 머리를 땅에 찧을 뿐이니, 어찌 알기 어렵겠는가?"

당차가 말했다.

"그것은 곧 필부나 어리석은 사람의 분노일 뿐 베옷에 가죽띠를 맨 용사의 분노가 아닙니다. 저 전제(專諸)가 오왕 요(僚)를 찔렀을 때 혜성이 달을 가리고 유성이 낮에 나타났으며, 요리(要離)가 왕자 경기(慶忌)를 찔렀을 때 푸른 새매가 누대 위에 들이쳤고, 섭정(聶政)이 한왕의 숙부를 찔렀을 때 흰 무지개가 태양을 관통했습니다. 이 세 사람은 모두 베옷에 가죽띠를 맨 용사의 분노이니, 신과 더불어 장차 네 사람의 용사가 될 것입니다. 용사가 분노를 품고서 아직 드러내지 않았을 때는 하늘에서 좋지 않은 징조가 먼저 나타납니다. 용사가 분노하지 않으면 그만이지만, 일단 분노하게 되면 두 사람의 시신이 땅바닥에 엎어지고 다섯 걸음까지 피가 흘러내릴 것입니다."

곧바로 비수(匕首)를 잡고서 머리를 들고 일어나 진왕을 보며 말했다.

"지금 장차 이렇게 하겠습니다."

진왕이 낯빛을 바꾸고 허리를 쭉 뻗어 꿇어앉으면서 말했다.

"선생은 자리에 앉으시오. 과인은 깨달았소. 진나라가 한(韓)나라를 깨뜨리고 위(魏)나라를 멸망시켰는데도 언릉군 홀로 땅 50리를 갖고서 살아남을 수 있었던 것은 단지 선생을 쓴 때문일 뿐이오."

秦王以五百里地易鄢陵, 鄢陵君辭而不受, 使唐且謝秦王. 秦王曰: "秦破韓滅魏, 鄢陵君獨以五十里地存者, 吾豈畏其威哉? 吾多其義耳. 今寡人以十倍之地易之, 鄢陵君辭而不受, 是輕寡人也." 唐且避席對曰: "非如此也. 夫不以利害爲趣者, 鄢陵君也. 夫鄢陵君受地於先君而守之, 雖復千里不得當, 豈獨五百里哉?" 秦王忿然作色, 怒曰: "公亦曾見天子之怒乎?" 唐且曰: "臣未曾見也." 秦王曰: "天子一怒, 伏尸百萬, 流血千里." 唐且曰: "大王亦嘗見夫布衣韋帶之士怒乎?" 秦王曰: "布衣韋帶之士怒也, 解冠徒跣, 以頸顙地耳. 何難知者." 唐且曰: "此乃匹夫愚人之怒耳, 非布衣韋帶之士怒也. 夫專諸刺王僚, 彗星襲月, 奔星晝出; 要離刺王子慶忌, 蒼隼擊於臺上; 聶政刺韓王之季父, 白虹貫日, 此三人皆布衣韋帶之士怒矣. 與臣將四士, 含怒未發, 錂厲於天. 士無怒即已, 一怒伏尸二人, 流血五步." 即案其匕首起視秦王曰: "今將是矣." 秦王變色長跪曰: "先生就坐, 寡人喻矣. 秦破韓滅魏, 鄢陵獨以五十里地存者, 徒用先生之故耳."

12-5

제나라가 노(魯)나라를 치자 자공(子貢)이 애공(哀公)을 알현하고서 오(吳)나라에 구원을 청하자고 했다. 공이 말했다.

"선군이 남긴 보물을 어찌 쓰려는가?"

자공이 말했다.

"만일 오나라가 우리 보물을 요구하면서 우리 군대를 돕겠다고 한다면 이는 믿을 수가 없습니다."

이에 버드나무 활대와 고라니 힘줄로 만든 활 6벌을 갖고서 (오나라에) 갔다. 자공이 오왕에게 청해 말했다.

"제나라가 무도해 주공의 후손(-노나라)이 제사를 제대로 지낼 수 없게 하려고 합니다. 장차 노나라의 세금 500과 주(邾)나라 세금 300을 제나라에 바치게 될 경우 오나라에 이로울지 불리할지 모르겠습니다."

오왕이 두려워하다가 마침내 군사를 일으켜 노나라를 구원했다. 제후들이 말했다.

"제나라가 주공의 후손을 치려 하니 오나라가 노나라를 구원했도다."

드디어 (제후들은) 오나라에 조현했다.

齊攻魯, 子貢見哀公, 請求救於吳. 公曰: "奚先君寶之用?" 子貢曰: "使吳責寶而與我師, 是不可恃也." 於是 以楊幹麋筋(미근)之弓六往. 子貢謂吳王曰: "齊爲無道, 欲使周公之後不血食, 且魯賦五百, 邾賦三百, 不識以此益齊, 吳之利與? 非與?" 吳王懼, 乃興師救魯. 諸侯曰: "齊伐周公之後, 而吳救之." 遂朝於吳.

12-6

위(魏)나라 문후(文侯)가 태자 격(擊)을 중산국(中山國)에 봉해 3년 동안 왕래를 하지 못하게 했다. 사인(舍人) 조창당(趙倉唐)이 (태자에게) 나아가 말했다.

"남의 아들이 되어 3년 동안 아버지의 안부를 듣지 못한다면 효도를 한다고 말할 수 없고, (또) 남의 아버지가 되어 3년 동안 아들에 대해 안부를 묻지 않는다면 자애롭다고 말할 수 없습니다. 주군께서는 어째서 사람을 보내 대국에 사자를 파견하지 않습니까?"

태자가 말했다.

"그렇게 하기를 바란 지가 오래이나, 사자를 아직 얻지 못했다."

창당이 말했다.

"신이 바라건대 사신 업무를 받들어보겠습니다. 군후(君侯)께서는 무엇을 좋아하시는지요?"

태자가 말했다.

"군후께서는 신부(晨鳧-오리)와 북견(北犬)을 좋아하신다."

이에 마침내 창당을 보내 북견을 끌고서 신부를 받들어 문후에게 바치도록 했다. 창당이 이르러 알현을 청해 말했다.

"얼자 격의 사자는 감히 대부들의 조정을 감당할 수 없기에 한가로이 계실 때 신부를 받들어 삼가 주방에 바치고 북견을 끌어다가 삼가 연인(涓人)에게 올릴 것을 청하옵니다."

문후가 기뻐하며 말했다.

"격이 나를 사랑해 내가 즐기는 바를 알고 내가 좋아하는 것을 아는구나!"

창당을 불러 그를 만나보고서 말했다.

"격은 무탈한가?"

창당이 말했다.

"예, 예."

이와 같이 하기를 세 번이나 한 다음에 마침내 말했다.

"임금께서 태자를 내보내 나라의 군주로 봉하시고서는 그의 이름을 부르는 것은 일의 이치가 아닙니다[非禮]."

문후는 당황한 얼굴로 바뀌더니 말했다.

"그대의 군주는 무탈한가?"

창당이 말했다.

"신이 올 때 뜰에서 절하며 편지까지 보냈습니다."

문후가 측근들을 돌아보며 손가락질을 하면서 말했다.

"그대 군주는 이 중에서 누구와 키가 같은가?"

창당이 말했다.

"일의 이치에 따르면 사람을 비교할 때는 그 격이 맞아야 하는데,

제후에게는 그에 맞는 짝이 없으니 비교할 수가 없습니다."

말했다.

"과인과 비교할 때 누가 더 장대한가?"

창당이 말했다.

"임금께서 내려주신 바깥 창고의 갖옷을 충분히 입을 수 있고 내려주신 띠를 고치지 않을 정도로 크셨습니다."

문후가 말했다.

"그대 군주는 무엇을 공부하고 있는가?"

"『시경』을 공부하고 있습니다."

문후가 말했다.

"『시경』에서 무엇을 좋아하는가?"

창당이 말했다.

"(「대아(大雅)」에 실린) 「신풍(晨風)」과 (「왕풍(王風)」에 실린) 「서리(黍離)」편을 좋아합니다."

문후가 스스로 「신풍」편을 읽었다.

"빠르기도 하구나, 저 새벽바람이여. 울창하기도 하구나, 저 북쪽 숲이여. 아직 군자를 만나보지 못했기에 근심하는 마음 서글프도다. 어찌할까, 어찌할까. 실로 나를 많이도 잊었도다."

문후가 말했다.

"그대 군주는 나를 잊었는가?"

창당이 말했다.

"감히 잊지 못해 늘 사모할 뿐입니다."

문후가 다시 「서리」편을 읽었다.

"저 기장들 축축 늘어져 있는데, 저 피의 싹들은 자라고 있었네. 길 가는 일 더디고 멀어, 내 마음 물결처럼 출렁이도다. 나를 아는 사람은 내 마음 근심에 싸여 있다고 하는데, 나를 모르는 사람은 내가 뭘 찾아서 그러느냐고 하네. 아득히 푸른 저 먼 하늘이여, 이는 어떤 사람인가?"

문후가 말했다.

"그대 군주는 나를 원망하는가?"

창당이 말했다.

"감히 원망하지 못해 늘 사모할 뿐입니다."

문후가 이에 창당을 보낼 때 태자에게 옷 한 벌을 내려주면서, 닭이 울 무렵에 창당이 그곳에 도착해야 할 것이라고 당부했다. 태자가 맞이해 절을 하고서 선물인 든 궤짝을 열어보니 옷이 죄다 뒤집혀 있었다. 태자가 말했다.

"서둘러 수레를 준비하라. 군후께서 나를 부르신다."

창당이 말했다.

"신이 올 때 그런 명은 받지 못했습니다."

태자가 말했다.

"군후께서 나에게 옷을 내려주신 것은 추위 때문이 아니다. 나를 부르시는 것은 함께 일을 모의할 사람이 어느 누구도 없기 때문이다. 그래서 그대에게 닭이 울 무렵에 그곳에 도착해야 할 것이라고 당부하신 것이다. 『시경』(「제풍(齊風)·동방미명(東方未明)」편)에 이르기를 '동방이 아직 밝지도 않았는데 옷을 거꾸로 입었도다. 거꾸로 입은 것은 공이 나를 부른 때문이라네'라고 했다."

드디어 서쪽으로 가서 알현했다. 문후가 크게 기뻐하며 마침내 술자리를 베풀고서 칭찬해 말했다.

"무릇 뛰어난 이를 멀리하고 아끼는 사람만 가까이하는 것은 사직을 위한 장구한 계책이 아니다."

마침내 작은아들 지(摯)를 내보내 중산국에 봉하고 태자 격을 돌아오게 했다. 그래서 말하기를 "그 아들을 알고 싶으면 그의 벗들을 보고, 그 임금을 알고 싶으면 그가 보낸 사자를 보라"라고 한 것이다. 조창당이 한 번 사자로 가는 바람에 문후는 자애로운 아버지가 되고, 격은 효자가 되었으니, 태자가 이에 칭송해 말했다.

"『시경』(「대아(大雅)·권아(卷阿)」편)에 이르기를 '봉황이 날아올라 날갯소리 퍼덕이더니, 실로 머물러야 할 곳에 내려앉았도다. 왕실에 훌륭한 선비 많고 많으니, 아 군자가 사신으로 가서 천자에게 사랑을 받았네'라고 했으니, 바로 사인 창당을 일러 말한 것이로다."

魏文侯封太子擊於中山, 三年, 使不往來. 舍人趙倉唐進稱曰: "爲人子, 三年不聞父問, 不可謂孝; 爲人父, 三年不問子, 不可謂慈. 君何不遣人使大國乎?" 太子曰: "願之久矣, 未得可使者." 倉唐曰: "臣願奉使. 侯何嗜好?" 太子曰: "侯嗜晨鳧, 好北犬." 於是 乃遣倉唐緤北犬, 奉晨鳧, 獻於文侯. 倉唐至, 上謁曰: "孽子擊之使者, 不敢當大夫之朝, 請以燕閒, 奉晨鳧, 敬獻庖廚, 緤北犬, 敬上涓人." 文侯悅曰: "擊愛我, 知吾所嗜, 知吾所好." 召倉唐而見之, 曰: "擊無恙乎?" 倉唐曰: "唯唯." 如是者三, 乃曰: "君出太子而封之國君, 名之, 非禮也." 文侯怵然爲之變容. 問曰: "子之君無恙乎?" 倉唐曰: "臣來時, 拜送書於庭." 文侯顧指左右曰: "子之君, 長孰與是?" 倉唐曰: "禮, 擬人必於其倫, 諸侯毋偶, 無所擬之." 曰: "長大孰與寡人?" 倉唐曰: "君賜之外府之裘, 則能勝之, 賜之斥帶, 則不更其造." 文侯曰: "子之君何業?" 倉唐曰: "業詩." 文侯曰: "於詩何好?" 倉唐曰: "好晨風·黍離." 文侯自讀晨風曰: "鴥彼晨風, 鬱彼北林, 未見君子, 憂心欽欽, 如何如何, 忘我實多." 文侯曰: "子之君以我忘之乎?" 倉唐曰: "不敢, 時思耳." 文侯復讀黍離曰: "彼黍離離, 彼稷之苗, 行邁靡靡, 中心搖搖, 知我者謂我心憂, 不知我者謂我何求? 悠悠蒼天, 此何人哉?" 文侯曰: "子之君怨乎?" 倉唐曰: "不敢, 時思耳." 文侯於是遣倉唐賜太子衣一襲, 敕倉唐以雞鳴時至. 太子迎拜, 受賜發篋, 視衣盡顚倒.

太子曰: "趣早駕, 君侯召擊也." 倉唐曰: "臣來時不受命." 太子曰: "君侯賜擊衣, 不以爲寒也, 欲召擊, 無誰與謀, 故敕子以雞鳴時至. 詩曰: '東方未明, 顚倒衣裳, 顚之倒之, 自公召之.'" 遂西至謁, 文侯大喜, 乃置酒而稱曰: "夫遠賢而近所愛, 非社稷之長策也." 乃出少子摯, 封中山, 而復太子擊. 故曰: "欲知其子, 視其友; 欲知其君, 視其所使." 趙倉唐一使而文侯爲慈父, 而擊爲孝子, 太子乃稱: "詩曰: '鳳凰于飛, 噦噦其羽, 亦集爰止, 藹藹王多吉士, 維君子使, 媚于天子', 舍人之謂也."

12-7

초나라 장왕이 진(晉)나라를 치고 싶어서 돈윤(豚尹)을 보내 현지 상황을 살펴보게 했다. 돌아와서 말했다.

"진나라를 쳐서는 안 됩니다. 임금은 백성을 걱정하고 있고, 아래 백성은 즐거이 살아가고 있습니다. 또 심구(沈駒)라는 뛰어난 신하가 있습니다."

이듬해 또 돈윤을 보내 현지 상황을 살펴보게 하니, 돌아와서 말했다.

"쳐도 됩니다. 당초의 뛰어난 사람들은 죽었습니다. 임금의 거처에는 아첨꾼들이 많고, 그 임금은 놀기를 좋아해 무례하며, 아래 백성은 살아가는 것이 위태로워 임금을 원망하고 있습니다. 위아래가 (서로) 마음이 떠나갔으니, 군대를 일으켜 치면 그 백성은 반드시 (자기 임금에 대해) 반란을 일으킬 것입니다."

장왕이 그 말을 따르니, 과연 그 말대로였다.

楚莊王欲伐晉, 使豚尹觀焉, 反曰: "不可伐也. 其憂在上; 其樂在下. 且賢臣在焉, 曰沈駒." 明年, 又使豚尹觀焉, 反曰: "可矣. 初之賢人死矣. 諂諛多在君之廬者, 其君好樂而無禮, 其下危處以怨上. 上下離心, 興師伐之, 其民必反." 莊王從之, 果如其言矣.

12-8

양왕(梁王)이 여러 신하를 모아놓고 자기 허물에 관해 이야기를 하게 하니, 임좌(任座)가 나아와서 간언해 말했다.

"주군의 나라는 넓고도 크고 백성은 굳세고 많은데, 나라 안에 뛰어난 이와 말 잘하는 선비가 없으니 어찌하시겠습니까?"

왕이 말했다.

"과인의 나라는 작고 좁으며 백성은 약하고 신하는 적어서 과인이 혼자 다스리고 있는데, 뛰어난 이와 말 잘하는 선비를 어디다 쓰겠는가?"

임좌가 말했다.

"그렇지 않습니다. 옛날에 제나라가 아무런 이유도 없이 군대를 일으켜 노나라를 치자, 노나라 임금이 이를 근심해서 자기 재상을 불러 말했습니다.

'이를 어찌하면 되겠는가?'

재상이 대답해 말했습니다.

'저 유하혜(柳下惠)[008]는 어려서부터 배우기를 좋아했고 자라서는

008 춘추시대 노(魯)나라 사람으로 대부(大夫)를 지냈다. 성은 전(展)씨고 이름은 획(獲)이며 자는 금(禽)이다. 유하(柳下)는 식읍(食邑)의 이름이고, 혜(惠)는 시호다. 유하계(柳下季) 또는 유사사(柳士師) 등으로도 불린다. 일찍이 사사(士師)라는 관직을 지내면서 형옥(刑獄)을 맡았는데, 세 번 쫓겨나자 사람들이 떠나기를 권했다. 그러자 바른 도리로써 남을 섬긴다면 어디를 간들 쫓겨나지 않겠으며, 도리를 굽혀 남을 섬길 바에는 하필 부모님의 나라를 떠나겠느냐고 대답했다. 노나라 희공

아름다운 지혜를 갖췄으니, 주군께서 시험 삼아 그를 불러 제나라에 사신으로 보내십시오.'

노나라 임금이 말했습니다.

'나는 천승의 제후로서 나 자신이 직접 제나라에 사신으로 가도 제나라는 (우리 청을) 들어주지 않았다. 저 유하혜는 단지 베옷에 가죽 띠를 맨 선비일 뿐인데, 그를 사신으로 보내는 것이 또 무슨 도움이 되겠는가?'

재상이 대답해 말했습니다.

'신이 듣건대, 불씨를 구했으나 그것을 얻지 못했을 경우에는 불을 활활 피우는 일을 바랄 수 없다고 했습니다. 지금 유하혜를 제나라에 사신으로 보낸다면, 설사 제나라 군대를 해산시키지는 못하더라도 끝내 노나라에 대해 더는 공격을 하지 않게는 할 수 있을 것입니다.'

노나라 임금이 이에 말했습니다.

'그렇겠구나!'

재상이 즉각 사람을 시켜 유하혜를 불러오게 했는데, (유하혜는) 문에 들어서자 옷자락을 걷어 올리고서 종종걸음을 하지 않았습니다. 노나라 임금이 자리를 피하며 일어서서 말했습니다.

'과인은 이른바 배를 곯아야 곡식을 찾고 목이 말라야 우물을 파는 사람인지라 일찍이 기쁜 일로 그대를 만나보지 못했소. (그런데) 지금은 나랏일이 급박하고 백성은 두려움에 떨고 있으니, 바라건대 그대는 대부의 힘을 빌려 제나라에 사신으로 가주오.'

(僖公) 26년 제(齊)나라가 노나라를 공격했을 때 희공이 전희(展喜)를 보내 호군(犒軍)을 명분으로 삼아 제나라에 철군을 설득하라고 했는데, 전희가 먼저 그에게 어떻게 말해야 할지를 물어보았다. 어질고 덕이 있어 공자(孔子)로부터 칭송을 받았다. 동생이 유명한 도적 도척(盜跖)이었다.

유하혜가 말했습니다.

'알았습니다.'

마침내 동쪽으로 가서 제나라 임금을 만나보았습니다. 제나라 임금이 말했습니다.

'노나라 임금은 혹시 두려워하고 있는가?'

유하혜가 말했습니다.

'신의 임금은 두려워하지 않습니다.'

제나라 임금이 버럭 화를 내며 말했습니다.

'내가 멀리서 노나라 성을 바라보니 아득해 마치 저 망해가는 나라와 비슷해서, 백성이 집을 헐어 나무를 베어다가 성곽을 보완하고 있었다.

나는 노나라 임금을 우리 백성과 같이 여긴다. (그런데도) 그대가 (그대 임금이) 두려워하지 않는다고 말하는 것은 어째서인가?'

유하혜가 말했습니다.

'신의 임금께서 두려워하지 않는 까닭은 그 조상이 주(周)나라에서 나와 노나라에 봉해졌고 (제나라) 임금의 선군 역시 주나라에서 나와 제나라에 봉해졌기 때문입니다. 서로 함께 주나라 남문을 나오면서 양을 잡아 맹약하기를 "앞으로 자손 중에서 감히 서로 공격하는 자가 있으면 그 처벌을 이 양을 죽이는 것과 같이 할 것이다"라고 했습니다. 신의 임금께서는 실로 양을 잡아 맹약한 일이 있었기 때문에 두려워하지 않는 것입니다. 그렇지 않다면 백성은 다급해지지 않을 수 없을 것입니다.'

제나라 임금은 마침내 군대를 해산하고 300리 밖으로 나갔습니다. 저 유하혜는 단지 베옷에 가죽띠를 맨 선비일 뿐이었지만 제나라 군대를 해산시켜 노나라의 어려움을 풀었으니, 어찌 뛰어난 선비와 빼어난 사람이 없다고 할 수 있겠습니까?"

梁王贅其群臣而議其過, 任座進諫曰: "主君國廣以大, 民堅而衆, 國中無賢人辯士, 奈何?" 王曰: "寡人國小以狹, 民弱臣少, 寡人獨治之. 安所用賢人辯士乎?" 任座曰: "不然, 昔者齊無故起兵攻魯, 魯君患之, 召其相曰: '爲之奈何?' 相對曰: '夫柳下惠少好學, 長而嘉智, 主君試召使於齊.' 魯君曰: '吾千乘之主也, 身自使於齊, 齊不聽. 夫柳下惠特布衣韋帶之士也, 使之又何益乎?' 相對曰: '臣聞之, 乞火不得不望其炮矣. 今使柳下惠於齊, 縱不解於齊兵, 終不愈益攻於魯矣.' 魯君乃曰: '然乎!' 相即使人召柳下惠來. 入門, 袪衣不趨. 魯君避席而立, 曰: '寡人所謂飢而求黍稷, 渴而穿井者, 未嘗能以觀喜見子. 今國事急, 百姓恐懼, 願藉子大夫使齊.' 柳下惠曰: '諾.' 乃東見齊侯. 齊侯曰: '魯君將懼乎?' 柳下惠曰: '臣君不懼.' 齊侯忿然怒曰: '吾望而魯城, 芒若類夫亡國, 百姓發屋伐木以救城郭, 吾視若魯君類吾國. 子曰不懼, 何也?' 柳下惠曰: '臣之君所以不懼者, 以其先人出周, 封於魯, 君之先君亦出周, 封於齊, 相與出周南門, 刳羊而約曰: "自後子孫敢有相攻者, 令其罪若此刳羊矣." 臣之君固以刳羊不懼矣, 不然, 百姓非不急也.' 齊侯乃解兵三百里. 夫柳下惠特布衣韋帶之士, 至解齊, 釋魯之難, 奈何無賢士聖人乎?"

12-8에 나오는 유하혜는 『논어』에도 여러 차례 등장한다. 먼저 「위령공(衛靈公)」편이다.

공자가 말했다. "장문중(臧文仲)은 자리를 도둑질한 자라 할 것이다. 유하혜가 뛰어나다는 것을 알면서도 더불어 조정에 서지 아니했다."

즉 뛰어남을 알면서도 들어서 쓰지 않았으니 재상 자리를 도적질한 것이나 마찬가지라는 뜻이다.

이어 「미자(微子)」편에도 두 번 등장한다.

유하혜라는 사람이 재판관이 되어 세 번이나 내침을 당하자 사람들이 물었다.

"그대는 지금이라도 떠나갈 수 있지 않은가?"

이에 유하혜가 대답했다.

"(내) 도리를 곧게 해 남을 섬기게 되면 어디를(焉) 간다 한들 세 번 내침을 당하지 않겠으며, 도리를 굽혀 남을 섬긴다면 어찌 굳이 부모의 나라를 떠날 필요가 있겠는가?"

유하혜와 비슷한 행적을 보인 것으로 추정되는 이로 소련(少連)이 있는데, 공자는 유하혜와 소련에 대해 다음과 같이 평했다. "뜻을 굽히고 몸을 욕되게 했으나, 말이 의리에 맞고 행실이 사려에 맞았으니 그뿐이다."

제나라는 강태공이, 노나라는 주공의 아들이 봉해진 것이니, 둘 다 무왕을 도와 주나라를 세우는 데 크게 기여한 사람들이다. 그래서 노나라와 제나라는 형제 같은 나라로 출발했다. 그러나 대체로 제나라는 패도를 추구했고 노나라는 왕도를 추구했다. 그래서 「옹야(雍也)」편에는 이런 말이 나온다.

공자는 말했다.

"제나라가 일거에 변하면 노나라에 이르고, 노나라가 일거에 변하면 도리에 이를 것이다."

12-9

(한나라) 육가(陸賈)는 고조(高祖)를 따라다니면서 천하를 평정했다. 그는 말재주가 있어 변사로 이름이 나 고조 곁에 있으면서 늘 제후들

에게 사신으로 갔으니, 고조 때 이르러 중국(中國-중원)이 처음으로 안정됐다. 위타(尉他)가 남월(南越)을 평정하고서 그 기세로 왕이 되자 고조는 가(賈)를 보내 위타에게 인(印)을 주고 남월왕으로 삼았는데, 가가 도착하자 위타는 상투를 방망이 모양으로 틀고 두 다리를 벌리고 앉은 채 가를 만났다.

가는 앞으로 나아가 설득하며 말했다.

"족하(足下)께서는 중국 사람으로 친척과 형제의 무덤이 진정(眞定)에 있습니다. (그런데) 지금 족하께서는 천성(天性)을 위반하고[009] 관과 속대[010]를 내팽개친 채 보잘것없는 월나라를 근거지로 삼아서 천자에 맞서 적국이 되려고 하니, 재앙이 장차 그 몸에 미칠 것입니다. 저 진(秦)나라는 그 바름을 잃었기 때문에 제후와 호걸들이 다투어 일어나니, 우리 한왕께서 가장 먼저 함곡관에 들어가 함양을 점거하셨습니다. 항적(項籍-항우)이 약속을 저버리고 스스로를 세워 서초(西楚)의 패왕이 되자 제후들이 모두 거기에 귀속했으니 지극히 강력했다고 말할 수 있을 것입니다만, 그러나 결국 한왕께서 파(巴)와 촉(蜀)에서 일어나 천하를 채찍질하고 제후들을 겁박해서 드디어 항우를 주살했습니다. 그로부터 5년이 지나는 사이에 해내(海內-나라)가 평정됐으니, 이는 사람의 힘이 아니라 하늘이 그렇게 만들어준 것이라 하겠습니다. 천자께서는 군왕(君王)께서 남월의 왕이 된 뒤에 천하를 도와서 폭도와 반역자들을 주살하지 않았기에 한나라의 장군과 재상들이 군대를 움직여서 당신을 죽이려 한다는 것을 들으시고는, 백성이 또다시 고달파지는 것을 가엽게 여기시어 일단 장상들을 도닥이시고

009 原註-사고(師古)가 말했다. "부모의 나라를 배반하고 형제의 정이 없으므로 천성을 위반했다는 뜻이다."

010 관직을 상징하는 기물이다.

신을 보내어 군왕께 왕의 인장을 주고 부절(符節)을 나누고자 사신을 통하게 하신 것입니다. 군왕께서는 마땅히 교외에 나와 사신을 맞이하고 북면(北面)해서 신하라고 칭해야 할 터인데, 이제 막 새로 세워져서 아직 안정되지도 않은 월나라를 갖고서 우리에게 강경하게 대했습니다. 한나라에서 만일 이것을 안다면 군왕의 선조 무덤을 파헤쳐 불태우고 종족을 모두 죽일 것이며 편장(偏將) 한 사람을 시켜 10만 군대를 이끌고 월나라를 공격하게 할 것이니, 그리되면 곧바로 월나라 사람들이 왕을 죽이고 한나라에 항복하는 것은 손바닥 뒤집는 것처럼 쉬울 뿐입니다."

이에 타(佗)는 마침내 벌떡 일어나 앉으며 가에게 사과하고서 말했다.

"오랑캐의 땅에 산 지 오래다 보니 거의 예의를 잃어버렸습니다."

그러고는 가에게 물었다.

"나를 소하(蕭何), 조참(曹參), 한신(韓信)과 비교한다면 누가 더 뛰어납니까?"

가가 말했다.

"왕께서 아마도 더 뛰어날 겁니다."

다시 물었다.

"나를 황제와 비교한다면 누가 더 뛰어납니까?"

가가 말했다.

"황제께서는 패현(沛縣) 풍읍(豐邑)에서 일어나시어 포악한 진나라를 주토하고 강력한 초나라를 주벌했으며, 천하를 위해 이로운 것을 일으키고 해로운 것을 없앴으며, 오제(五帝)와 삼왕(三王)의 대업을 계승해 천하를 통일해서 중국을 다스리고 계십니다. 중국의 인구는 억에 이르고 땅은 사방 1만 리에 이르며 천하의 기름진 땅에 살고 있어서, 사람도 많고 수레도 많으며 물산이 풍부하고 정치가 황제의 한 집 안에서 나오니 천지가 개벽한 이래로 일찍이 없었던 일입니다. (그런데) 지금 인구가 수십만 명에 불과한 데다 모두 오랑캐들이며 영토는 험한 산과 바다 사이에 끼어 있으니, 비유하자면 한나라의 일개 군(郡)에 불과한데 왕께서는 어찌 한나라 황제와 비교하겠습니까?"

타가 크게 웃으며 말했다.

"나는 중국에서 일어나지 않았기 때문에 여기에서 왕 노릇을 하는 것이오. 만일 내가 중국에 살았다면 어찌 한나라의 황제만 못하겠소?"

이에 타는 가가 크게 마음에 들어서 그를 몇 달 동안 머물게 한 뒤 늘 함께 술을 마셨다.

타가 말했다.

"월에는 제대로 더불어 이야기를 나눌 만한 사람이 없었는데, 선생이 이곳에 오신 뒤로 나는 매일 그동안 듣지 못했던 것을 들을 수 있었소."

가에게 천금이나 나가는 보물을 자루에 넣어주고 별도로 또 천금을 주었다. 가가 마침내 타를 제배해 남월왕으로 삼으니, 신이라 칭하면서 한나라(황제)를 받들기로 약속했다. 돌아와서 보고하자 고조가 크게 기뻐하며 가를 제배해 태중대부(太中大夫)로 삼았다.

陸賈從高祖定天下, 名爲有口辯士, 居左右, 常使諸侯, 及高祖時, 中國初定. 尉佗平南越, 因王之, 高祖使陸賈賜尉佗印, 爲南越王. 陸生至, 尉佗椎結箕踞見陸生. 陸生因說佗曰: "足下中國人, 親戚昆弟墳墓在眞定. 今足下棄反天性, 捐冠帶, 欲以區區之越, 與天子抗衡爲敵國, 禍且及身矣. 且夫秦失其政, 諸侯豪傑並起, 惟漢王先入關, 據咸陽, 項籍倍約, 自立爲西楚霸王, 諸侯皆屬, 可謂至彊. 然漢王起巴蜀, 鞭笞天下, 劫諸侯, 遂誅項羽, 滅之. 五年之間, 海內平定, 此非人力, 天之所建也. 天子聞君王王南越, 不助天下誅暴逆, 將相欲移兵而誅王, 天子憐百姓新勞苦, 且休之, 遣臣授君王印, 剖符通使, 君王宜郊迎, 北面稱臣, 乃欲以新造未集之越, 屈彊於此. 漢誠聞之, 掘燒君王先人冢墓, 夷滅宗族, 使一偏將將十萬衆臨越, 越則殺王以降漢, 如反覆手耳." 於是 尉佗乃蹶然起坐, 謝陸生曰: "居蠻夷中久, 殊失禮義." 因問陸生曰: "我孰與蕭何·曹參·韓信賢?" 陸生曰: "王似賢." 復問: "我孰與皇帝賢?" 陸生曰: "皇帝起豐沛, 討暴秦, 誅強楚, 爲天下興利除害, 繼五帝三王之業, 統理中國. 中國之人以億計, 地方萬里, 居天下之膏腴, 人衆車輿, 萬物殷富, 政由一家, 自天地剖判, 未嘗有也. 今王衆不過數十萬, 皆蠻夷, 踦山海之間, 譬若漢一郡, 何可乃比於漢王?" 尉佗大笑曰: "吾不起中國故王此, 使我居中國, 何遽不若漢." 乃大悅陸生, 留與飮數月, 曰: "越中無足與語, 至生來, 令我日聞所不聞." 賜陸生橐中裝, 直千金, 佗送亦千金. 陸生拜尉佗爲南越王, 令稱臣, 奉漢約. 歸報, 高祖大悅, 拜爲太中大夫.

12-9에서는 육가가 말을 잘한다[口辯=口給=善說]고 했는데 이는 긍정적인 의미이고, 『논어』에서 '말을 잘한다'라고 할 때는 녕(佞)이 그것인데 이는 말재주를 부려 실상을 왜곡하는 간사한 자를 가리킨다. 외교관은 말을 제대로 잘하지 않으면 안 된다. 공자의 제자 중에서 외교관의 능력이 있었던 사람은 공서적(公西赤)이다. 공서화(公西華)라고도 한다. 「공야장(公冶長)」편에 나오는 이야기다.

맹무백(孟武伯)이 물었다.

"공서적은 어떻습니까?"

공자가 말했다.

"공서적은 띠를 매고서 조정에 서서 빈객을 맞아 말하게 할 수는 있거니와, 그가 어진지 알지 못하겠다."

다른 것은 몰라도 외교관으로서의 자질이 있다는 점만은 인정해준 것이다. 이렇게 하는 것이 관(寬), 사람을 그릇에 맞게 부리는 것[器之]이다.

12-10

진(晉)나라와 초나라의 임금이 서로 우호를 맺기 위해 완구(宛丘) 인근에서 만나니, 송나라는 사자를 보내 그곳에 가게 했다. 진나라와 초나라의 대부가 말했다.

"서둘러 천자를 알현하는 예로써 우리 임금을 알현하겠다면 나는 그대를 위해 우리 임금을 알현하게 해주겠소."

사자가 말했다.

"관(冠)이란 비록 낡았어도 마땅히 머리 위에 써야 하고, 신발이란 비록 새것이라고 해도 발아래에 신는 것입니다. 주나라 왕실이 비록 쇠미해졌다고 해도 제후들이 그것을 바꿀 수는 없습니다. 그대들 군대가 (우리) 송나라 성에 올라오더라도 계속해서 신의 복장을 바꾸지는 않을 것입니다."

읍하고 떠나가려 하자 여러 대부가 놀라서 드디어 제후의 예로써 알현하게 했다.

晉楚之君相與爲好會於宛丘之上, 宋使人往之. 晉·楚大夫曰: "趣以見天子禮見於吾君, 我爲見子焉." 使者曰: "冠雖弊, 宜加其上; 履雖新, 宜居其下. 周室雖微, 諸侯未之能易也. 師升宋城, 猶不更臣之服也." 揖而去之, 諸大夫瞿然, 遂以諸侯之禮見之.

12-10에서 송나라 사자가 한 말은 『논어』「계씨(季氏)」편에 나오는 공

자 말에 기반을 둔 것이다.

공자가 말했다.

"천하에 도리가 (살아) 있다면 예악 시행과 대외 정벌(의 주도권)은 천자(황제)로부터 나오고, 도리가 없다면 천자가 아닌 그 아래의 제후로부터 나온다. 제후로부터 명이 나오게 되면 10대 안에 정권을 잃지 않는 경우가 드물고, 그 아래 대부로부터 나오면 5대 안에, 그리고 가신이 나라의 명을 잡으면 3대 안에 잃지 않는 경우가 드물다. 천하에 도리가 살아 있다면 정사(의 주도권)가 대부에게 있지 않고, 천하에 도리가 살아 있다면 (정사가 제대로 될 것이므로) 아랫사람들이 함부로 정사에 대해 의논하지 않는다."

12-11

월(越)나라가 제발(諸發)을 사신으로 보내 매화 가지 하나[一枝梅]를 가지고 가서 양왕(梁王)에게 바치게 하니, 양왕의 신하 한자(韓子)가 좌우 관리들을 돌아보며 말했다.

"어찌 매화 가지 하나를 가지고 와서 열국의 제후에게 바치는 일이 있을 수 있습니까? 여러분을 위해 그를 부끄럽게 만들어보겠습니다."

나가서 제발에게 말했다.

"대왕께서 명을 내리시기를 빈객이 관을 썼으면 예로써 만나보고, 관을 쓰지 않았으면 만나보지 말라고 하셨소."

제발이 말했다.

"우리 월나라도 천자께서 봉해주신 나라입니다. 기주(冀州)나 연주

(兗州) 같은 중원 땅을 얻지 못하고 마침내 바닷가에 처해 있어, 외곽의 번들을 막아내며 살아가고 있고 교룡(蛟龍) 또한 우리와 다투고 있습니다. 이 때문에 머리를 짧게 깎고 몸에 문신을 해서 현란하게 꾸밈으로써 용(龍)의 아들 모습을 본떴으니, 이는 장차 물의 신을 피하기 위함입니다. (그런데) 지금 대국에서는 명을 내리기를 관을 썼으면 예로써 만나보고 관을 쓰지 않았으면 만나보지 말라고 하셨습니다. 가령 대국의 사신이 우리나라를 방문했을 때 우리 임금께서도 명을 내리시기를 빈객이 반드시 머리를 짧게 깎고 몸에 문신을 했을 때라야 만나보라고 하신다면 대국 사신은 어쩌겠습니까? 이것이 편안하다고 생각되시면 관을 빌려서라도 만나 뵙기를 원할 것이고, 편안치 않다고 생각되시면 나라의 풍속을 바꾸지 않기를 원하실 것입니다."

양왕이 이를 듣고서는 옷을 걸치고 나와 제발을 만나보았으며, 한자를 내쫓게 했다.

『시경』(「대아(大雅)·권아(卷阿)」편)에 이르기를 "아, 군자가 사신으로 가서 천자에게 인정을 받았도다"라고 한 것은 이런 사람을 가리켜 말한 것이다.

越使諸發執一枝梅遺梁王. 梁王之臣曰韓子, 顧謂左右曰: "惡有以一枝梅, 以遺列國之君者乎? 請爲二三子慚之." 出謂諸發曰: "大王有命, 客冠則以禮見, 不冠則否." 諸發曰: "彼越亦天子之封也. 不得冀·兗之州, 乃處海垂之際, 屏外蕃以爲居, 而蛟龍又與我爭焉. 是以 剪髮文身, 爛然成章以像龍子者, 將避水神也. 今大國其命冠則見以禮, 不冠則否. 假令大國之使, 時過弊邑, 弊邑之君亦有命矣曰: '客必剪髮文身, 然後見之.' 於大國何如? 意而安之, 願假冠以見, 意如不安, 願無變國俗." 梁王聞之, 披衣出, 以見諸發, 令逐韓子. 詩曰: "維君子使, 媚于天子", 若此之謂也.

12-13

(제나라) 안자(晏子)가 오(吳)나라에 사신으로 가니 오왕이 행인(行人-외교관)에게 일러 말했다.

"내가 듣건대 안영(晏嬰)은 북방의 말에 능하고 예를 익힌 사람이라고 한다. 사신을 접대하는 관리에게 명해서, 빈객을 만나거든 '천자께서 그대를 만나기를 청한다'라고 말해보라."

다음날 안자가 일이 있어 오왕을 만나보려 하자 행인이 말했다.

"천자께서 그대를 만나기를 청합니다."

안자는 난감한 표정을 세 번 짓고서 말했다.

"신이 우리 임금의 명을 받아 장차 오왕이 계신 곳으로 가려고 했는데, 불민하고 미혹해 천자의 조정에 들어오고 말았습니다. 감히 오왕께서 어디에 계신지 묻겠습니다."

그런 일이 있고 나서 오왕이 말했다.

"부차(夫差)가 그대를 만나기를 청한다."

그러고는 제후의 예로써 안자를 만나보았다.

晏子使吳, 吳王謂行人曰: "吾聞晏嬰蓋北方之辯於辭, 習於禮者也. 命儐者: 客見則稱天子請見." 明日, 晏子有事, 行人曰: "天子請見." 晏子憱然者三, 曰: "臣受命弊邑之君, 將使於吳王之所, 不佞而迷惑入于天子之朝. 敢問吳王惡乎存?" 然後吳王曰: "夫差請見", 見以諸侯之禮.

12-13

안자가 오나라에 사신으로 갔을 때 오왕이 말했다.

"과인이 궁벽하고 비루한 오랑캐 고을에 살다 보니 군자의 행동에 대한 가르침을 받은 적이 드무오. 청컨대 내 실정을 이해하고서 죄를 묻지 마시오."

안자가 난감해하며 자리를 피했다. 왕이 말했다.

"내가 듣건대 제나라 임금은 대개 남을 해칠 만큼 오만하며 거칠고 포학하다던데, 그대가 용인해주는 것은 어찌 그리 심한가?"

안자는 몇 걸음 물러나며 대답해 말했다.

"신이 듣건대, 정미(精微)한 일에 통하지 못하고 거친 일을 제대로 처리하지 못하는 사람은 반드시 고달프고, 큰일을 제대로 하지 못하고 작은 일은 아예 하지 않는 사람은 반드시 가난해지며, 높은 자리에 있는 사람이 능히 인재들을 불러 모으지 못하고 낮은 자리에 있는 사람이 능히 남의 집에 가서 도움을 청하지 못하면 반드시 곤궁해진다고 했습니다. 이것이 바로 신이 벼슬살이를 하는 까닭입니다. 신과 같은 사람이 어찌 능히 도리로써 남의 밥을 얻어먹을 수 있겠습니까?"

안자가 나갔다. 왕이 웃으며 말했다.

"오늘 내가 안자를 기롱한 것은 마치 옷을 다 벗은 사람이 옷을 높이 걷어 올린 사람을 꾸짖은 꼴과 같구나."

晏子使吳, 吳王曰: "寡人得寄僻陋蠻夷之鄉, 希見教君子之行, 請私而毋爲罪!" 晏子憱然避位矣. 王曰: "吾聞齊君蓋賊以慢, 野以暴, 吾子容焉, 何甚也?" 晏子逡巡而對曰: "臣聞之, 微事不通, 麤事不能者必勞; 大事不得, 小事不爲者必貧; 大者不能致人, 小者不能至人之門者必困. 此臣之所以仕也. 如臣豈能以道食人者哉?" 晏子出. 王笑曰: "今日吾譏晏子也, 猶裸而訾高撅者."

12-14

(제나라) 경공(景公)이 안자를 시켜 초나라에 사신으로 가게 했다. 초나라 왕이 귤을 올리게 하면서 귤 깎는 칼도 두었는데, 안자는 껍질도 벗기지 않은 채 귤을 통째로 먹었다. 초나라 왕이 말했다.

"귤은 마땅히 껍질을 벗겨서 먹어야 하오."

안자가 대답해 말했다.

"신이 듣건대, 임금 앞에서 하사받은 경우에 오이나 복숭아는 깎지 않고 귤이나 유자는 껍질을 벗기지 않는다고 했습니다. 지금 만승의 군주께서 가르침을 내리지 않으시니 신은 감히 껍질을 벗길 수 없었습니다. 그렇지 않다면 (껍질을 벗기고 먹어야 한다는 것을) 신이 알지 못하는 것은 아닙니다."

景公使晏子使於楚. 楚王進橘置削, 晏子不剖而并食之. 楚王曰: "橘當去剖." 晏子對曰: "臣聞之, 賜人主前者, 瓜桃不削, 橘柚不剖. 今萬乘無教, 臣不敢剖, 不然臣非不知也."

12-14에서는 예를 잃은 초나라 왕을 안자가 은근히 비판하고 있다. 사신의 전대(專對)가 어떠해야 하는지를 단적으로 보여주는 사례다.

12-15

안자가 장차 형(荊-초)나라에 사신으로 가려 하자 형왕이 이를 듣고서 좌우에 일러 말했다.

"안자는 뛰어난 사람인데, 지금 바야흐로 이곳에 온다고 한다. 모욕을 주고자 하는데 어떻게 하면 되겠는가?"

좌우에서 대답해 말했다.

"그가 왔을 때 신이 한 사람을 묶어 왕 앞을 지나가게 해줄 것을 청하옵니다. 이때 왕께서 '뭐하는 사람인가?'라고 물으시면 '제나라 사람입니다'라고 답하고, 왕께서 '무슨 죄인가?'라고 물으시면 '도둑질을 했습니다'라고 답하겠습니다."

이에 형왕과 안자가 서서 이야기를 하고 있을 때 한 사람이 묶인 채로 왕 앞을 지나갔다. 왕이 말했다.

"뭐하는 사람인가?"

대답해 말했다.

"제나라 사람입니다."

왕이 말했다.

"무슨 죄인가?"

말했다.

"도둑질을 했습니다."

왕이 말했다.

"제나라 사람들은 원래 도둑질을 하는가?"

안자가 두리번거리며 돌아보다가 말했다.

"강남에는 귤이 있는데, 제나라 왕이 사람을 보내 그것을 가져다가 장강 북쪽에 심었더니 자라서 귤이 되지 않고 마침내 탱자가 되었습니다. 그렇게 된 것은 어째서이겠습니까? 그곳의 땅이 그렇게 만든 것입니다. 지금 제나라 사람이 제나라에 있을 때는 도둑질을 하지 않다가 형나라에 와서는 도둑질을 했으니, 형나라 땅이 그렇게 만든 것이 아니겠습니까?"

형왕이 말했다.

"내가 그대를 망신주려다가 도리어 내가 망신을 당했도다."

晏子將使荊, 荊王聞之, 謂左右曰: "晏子賢人也, 今方來, 欲辱之, 何以也?" 左右對曰: "爲其來也, 臣請縛一人過王而行. 王曰: '何爲者也?' 對曰: '齊人也.' 王曰: '何坐?' 曰: '坐盜.'" 於是 荊王與晏子立語, 有縛一人, 過王而行. 王曰: "何爲者也?" 對曰: "齊人也." 王曰: "何坐?" 曰: "坐盜." 王曰: "齊人固盜乎?" 晏子反顧之曰: "江南有橘, 齊王使人取之而樹之於江北, 生不爲橘, 乃爲枳, 所以然者何? 其土地使之然也. 今齊人居齊不盜, 來之荊而盜, 得無土地使之然乎?" 荊王曰: "吾欲傷子而反自中也."

12-16

안자가 초나라에 사신으로 갔다. 안자는 키가 작았기에 초나라 사람들이 대문 옆에 작은 문을 만들어서 그쪽으로 안자를 맞으려 했다. 안자가 들어가지 않고서 말했다.

"만일 개들의 나라에 사신으로 왔다면 개구멍을 따라 들어갈 것이오. (그런데) 지금 초나라에 사신으로 왔으니, 이 문을 통해 들어가는 것은 마땅하지 않소."

사신을 접대하는 관리가 다시 인도해 대문을 통해 들어오게 하니, (안자가) 초나라 왕을 뵈었다.

왕이 말했다.

"제나라에는 사람이 없는가?"

안자가 대답해 말했다.

"제나라 임치(臨淄)에 300려(閭-마을)가 있으니, 사람들이 소매를 펼치면 장막을 만들고 사람들이 흘리는 땀을 뿌리면 비가 되며 어깨가 서로 닿고 발꿈치가 서로 닿을 정도인데 어찌 사람이 없겠습니까?"

왕이 말했다.

"그런데 어째서 그대가 사신으로 온 것인가?"

안자가 대답해 말했다.

"제나라에서 사신에게 명을 내릴 때는 각각 그 주인이 있습니다. 뛰어난 이는 뛰어난 임금에게 사신으로 가게 하고, 불초한 자는 불초한 임금에게 사신으로 가게 합니다. 저는 가장 불초하기 때문에 마땅히 초나라에 사신으로 온 것일 뿐입니다."

晏子使楚. 晏子短, 楚人爲小門於大門之側而延晏子. 晏子不入, 曰: "使至狗國者從狗門入. 今臣使楚, 不當從此門." 儐者更道從大門入見楚王. 王曰: "齊無人耶?" 晏子對曰: "齊之臨淄三百閭, 張袂成帷, 揮汗成雨. 比肩繼踵而在, 何爲無人?" 王曰: "然則何爲使子?" 晏子對曰: "齊命使各有所主. 其賢者使賢主, 不肖者使不肖主. 嬰最不肖, 故宜使楚耳."

12-17

진(秦)과 초(楚)가 전투를 할 때 진왕이 사람을 시켜 초나라에 사신을 보냈는데, 초왕이 사람을 시켜 그 사신을 희롱하며 말했다.

"그대가 올 때 실로 점을 쳐보았는가?"

대답해 말했다.

"그렇습니다."

"점괘가 어땠는가?"

대답해 말했다.

"길했습니다."

초나라 사람이 말했다.

"아 심하도다, 그대 나라에 좋은 거북이 없음이여! 우리 왕께서 바야흐로 그대를 죽여 그 피를 종에다 바르려 하는데, 그 길함이 대체 무엇인가?"

사자가 말했다.

"진과 초가 교전을 할 때 우리 왕께서 나를 먼저 파견해 이쪽 상황을 살펴보게 하셨소. 내가 죽어 돌아가지 못하면 우리 왕께서 경계할 줄 알게 되어 제나라 병사를 정비해서 초나라에 대비하실 것이니, 이것이 내가 말한 길함이오. 또 죽은 자가 지각이 없다면 또한 종에 피를 바른다 한들 어떨 것이며, 내가 죽어서 지각이 있다면 내 어찌 진나라를 내버려 둔 채 초나라를 돕겠소? 나는 장차 초나라 종과 북이 소리가 나지 않게 할 것이니, 종과 북이 소리가 나지 않는다면 장차 병사들을 정돈해서 임금의 군대를 다스릴 수가 없을 것이오. 무릇 남의 사신을 죽이고 남의 계책을 끊어버리는 것은 예로부터 두루 통하는 의견이 아니오. 그대 대부께서는 깊이 생각을 해보아야 할 것이오."

사자가 그 내용을 초왕에게 보고하자 초왕이 그를 사면했으니, 이를 일러 조명(造命-위기 상황에서 명을 만들어감)이라고 한다.

秦·楚轂兵, 秦王使人使楚, 楚王使人戲之曰: "子來亦卜之乎?" 對曰: "然!" "卜之謂何?" 對曰: "吉." 楚人曰: "噫! 甚矣! 子之國無良龜也. 王方殺子以釁鐘, 其吉如何?" 使者曰: "秦·楚轂兵, 吾王使我先窺我死而不還, 則吾王知警戒, 整齊兵以備楚, 是吾所謂吉也. 且使死者而無知也, 又何釁於鐘, 死者而有知也, 吾豈錯秦相楚哉? 我將使楚之鐘鼓無聲, 鐘鼓無聲則將無以整齊其士卒而理君軍. 夫殺人之使, 絕人之謀, 非古之通議也. 子大夫試熟計之." 使者以報楚王, 楚王赦之. 此之謂造命.

12-18

초나라가 사신을 보내 제나라에 빙문하자 제나라 임금이 오궁(梧宮-오동나무 궁)에서 잔치를 베풀었다.

사신이 말했다.

"오동나무가 참으로 큽니다."

왕이 말했다.

"장강과 큰 바다의 물고기가 배를 삼킬 수 있는 것처럼 대국의 나무도 반드시 큰 법인데, 사신은 어찌 괴이하게 여기는가?"

사신이 말했다.

"옛날에 연나라가 제나라를 공격할 때 낙수(雒水) 물가의 길을 따라 나아가서 제수(濟水)의 다리를 건너 옹문(雍門)을 불태우고 제나라 왼쪽을 쳐 그 오른쪽을 텅 비게 하니, 왕촉(王歜)은 두산(杜山)에서 목이 베어져 죽었고 공손차(公孫差)는 용문(龍門)에서 싸우다가 죽었습니다.

연나라 군대가 치수(淄水)와 민수(澠水)에서 말에게 물을 먹이고 낭야(琅邪)에서 승리를 거두니, 왕과 태후는 거(莒)나라로 달아나 성양(城陽)의 산속으로 달아났습니다. 이런 때 오동나무 크기가 어느 정도였습니까?"

왕이 말했다.

"진(陳) 선생이 대답하라."

진자(陳子)가 말했다.

"신은 조발(刁勃)만 못합니다."

왕이 말했다.

"조(刁) 선생이 대답하라."

조발이 말했다.

“사자는 오동나무의 나이를 물었소? 옛날에 형나라 평왕이 무도해 신씨(申氏)에게 몹쓸 짓을 하고 오자서의 아버지와 형을 죽였소. 오자서가 머리를 풀어헤치고 오나라에서 밥을 구걸하자 합려(闔閭)는 그를 장수와 재상으로 삼았소. 3년이 지나 오나라 군대를 거느리고 초나라에 복수해 100만 명의 수급을 베고 백거(柏擧)에서 승리를 거두니, 대장 낭와(囊瓦)는 정나라로 달아났고 초왕은 수(隨) 땅에서 겨우 목숨을 보존했소.

오자서가 군대를 이끌고 (초나라 수도) 영(郢)에 들어갈 때 오나라 군대가 도읍 영에 구름처럼 몰려들었소. 자서가 직접 궁문에 활을 쏘고 평왕의 무덤을 파헤쳐서 무덤 속 시신을 끄집어내어 매질하고 그 죄를 열거하면서 말했소.

‘나의 아버지는 아무 죄가 없는데 그대가 죽였다.’

사졸들로 하여금 사람마다 100대씩 때리게 한 다음에야 그쳤소. 이때 오동나무는 화살통이나 겨우 만들 만한 크기였소.”

楚使使聘於齊, 齊王饗之梧宮. 使者曰: “大哉梧乎!” 王曰: “江海之魚吞舟, 大國之樹必巨, 使何怪焉!” 使者曰: “昔燕攻齊, 遵雒路, 渡濟橋, 焚雍門, 擊齊左而虛其右, 王歜絕頸而死於杜山; 公孫差格死於龍門, 飲馬乎淄·澠, 定獲乎琅邪, 王與太后奔于莒, 逃於城陽之山. 當此之時, 則梧之大何如乎?” 王曰: “陳先生對之.” 陳子曰: “臣不如刁勃.” 王曰: “刁先生應之.” 刁勃曰: “使者問梧之年耶? 昔者荊平王爲無道, 加諸申氏, 殺子胥父與及兄. 子胥被髮乞食於吳, 闔廬以爲將相. 三年, 將吳兵復讎乎楚, 戰勝乎柏擧, 級頭百萬, 囊瓦奔鄭, 王保於隨. 引師入郢, 軍雲行乎郢之都. 子胥親射宮門, 掘平王冢, 笞其墳, 數其罪, 曰: ‘吾先人無罪而子殺之.’ 士卒人加百焉, 然後止. 當若此時, 梧可以爲其楅矣.”

12-19

채(蔡)나라가 (거짓으로 이름을 지어) 사강(師强-군사가 강하다)과 왕견(王堅-왕은 굳다)을 시켜 초나라에 사신으로 가게 했다. 초왕이 그것을 듣고서 말했다.

"사람의 이름 중에는 빛나고 아름다운 것들이 많은데, 유독 사강과 왕견인가?"

속히 만나보고는 오래 머물지 못하게 했다. 그 사람의 모습을 보니 이름과 서로 맞지도 않고 말소리는 추했으며 외모 또한 엉망이었기 때문이다.

초왕이 크게 성내며 말했다.

"지금 채나라에는 사람이 없는가? 그 나라는 정벌할 만하다. 사람이 있는데도 보내지 않은 것인가? 그 나라는 정벌할 만하다. 바로 이 두 사람으로 과인을 시험했는가? 그 나라는 정벌할 만하다."

그러므로 사신 2명을 (잘못) 보내 자기 나라를 토벌할 빌미 세 가지를 준 것은 채나라였다.

蔡使師強·王堅使於楚. 楚王聞之, 曰: "人名多章章者, 獨爲師強王堅乎?" 趣見之, 無以次. 視其人狀, 疑其名而醜其聲, 又惡其形. 楚王大怒曰: "今蔡無人乎? 國可伐也. 有人不遣乎? 國可伐也. 端以此試寡人乎? 國可伐也." 故發二使, 見三謀伐者蔡也.

12-20

조간자(趙簡子)가 장차 위(衛)나라를 치려고 사암(史黯)을 시켜 가서 보게 했다. 한 달 기한이었는데, 6개월이 지나서야 돌아왔다. 간자가 물었다.

"어째서 이렇게 오래 걸렸는가?"

암이 말했다.

"이익을 도모하다가 손해를 보게 되는 것은 깊이 살피지 않기 때문입니다. 지금 (위나라에는) 거백옥(蘧伯玉)이 재상으로 있고 사추(史鰌)가 보좌하고 있으며 공자가 빈객으로 있고 자공(子貢)이 임금 앞에서 명령을 받아 심히 잘 따르고 있습니다. 『주역』에 이르기를 '그 무리를 흩어지게 하니 으뜸으로 길하다'[011]라고 했습니다. 흩어진다[渙]는 것은 뛰어나다는 것이요 무리[群]란 많다는 것이요 으뜸[元]이란 길함의 시초입니다. '그 무리를 흩어지게 하니 으뜸으로 길하다'라는 것은 보좌하는 사람 중에 뛰어난 이들이 많다는 뜻입니다."

간자는 병사를 그대로 머물게 하고서 조금도 움직이지 않았다.

趙簡子將襲衛, 使史黯往視之, 期以一月六月而後反. 簡子曰: "何其久也?" 黯曰: "謀利而得害, 由不察也. 今蘧伯玉爲相, 史鰌佐焉, 孔子爲客, 子貢使令於君前甚聽. 易曰: '渙其群, 元吉', 渙者賢也, 群者衆也, 元者吉之始也. 渙其群, 元吉者, 其佐多賢矣." 簡子按兵而不動耳.

12-21

위(魏)나라 문후(文侯)가 사인(舍人) 무택(毋擇)을 사자로 삼아 제나

011 환괘(渙卦, ䷺)의 밑에서 네 번째 음효에 대한 효사(爻辭)의 일부다.

라 임금에게 고니를 바치게 했다.

무택이 길을 가던 도중 그것을 놓쳐버리니, 헛되이 빈 새장만 바친 채 제나라 임금을 알현해 말했다.

"우리 임금께서 신 무택을 시켜 고니를 바치게 했습니다만, 길에서 고니가 배고프고 목말라 하기에 신이 새장에서 꺼내 음식을 주었는데, 그 순간 고니가 하늘 높이 날아가서 끝내 돌아오지 않았습니다. 생각건대, 돈이 없어 고니를 다시 사지 못하는 것은 아니지만 어찌 임금의 사신이 되어 가벼이 폐백을 바꿀 수 있겠습니까? 생각건대, 칼을 뽑아 제 목을 찌르지 못할 것은 없지만 몸이 썩고 해골만 들판에 나뒹군다면 (주군께서는) 우리 임금이 고니는 귀하게 여기고 선비는 천시한다고 여기실 것입니다. 생각건대, 감히 진(陳)이나 채나라 사이로 도망치지 못할 것은 없지만 어찌 두 임금 간의 사신 교류를 끊을 수 있겠습니까? 그래서 감히 몸을 아껴 도망쳐 죽지 못하고 이렇게 와서 빈 새장을 바치오니, 오직 주군께서 내리는 도끼 형벌을 받겠사옵니다."

제나라 임금이 크게 기뻐하며 말했다.

"과인이 지금 이 말을 들으니 고니가 멀리 날아가 버린 것보다 세 배나 낫소. 과인이 도성 교외에 땅 100리를 갖고 있으니, 바라건대 대부에게 주어 탕목읍(湯沐邑)으로 삼게 하겠소."

무택이 말했다.

"어찌 임금의 사신이 되어 폐백을 가벼이 바꾸고 제후의 땅을 사사로운 이익으로 챙길 수 있겠습니까?"

드디어 떠나가더니 위나라로 돌아가지 않았다.

魏文侯使舍人毋擇, 獻鵠於齊侯. 毋擇行道失之, 徒獻空籠, 見齊侯曰: "寡君使臣毋擇獻鵠, 道飢渴, 臣出而飲食之, 而鵠飛沖天, 遂不復反. 念思非無錢以買鵠也, 惡有爲其君使, 輕易其弊者乎? 念思非不能拔劍刎頭, 腐肉暴骨於中野也, 爲吾君貴鵠而賤士也. 念思非敢走陳·蔡之間也, 惡絕兩君之使. 故不敢愛身逃死, 來獻空籠, 唯主君斧質之誅." 齊侯大悅曰: "寡人今者得茲言, 三賢於鵠遠矣. 寡人有都郊地百里, 願獻於大夫以爲湯沐邑." 毋擇對曰: "惡有爲其君使而輕易其弊, 而利諸侯之地乎?" 遂出不反.

권13

권모[權謀]

권도로 일을 도모하다

13-1

빼어난 왕이 일을 거행할 때는 반드시 먼저 모려(謀慮)를 깊이 살핀 연후에 시초점과 거북점으로 그 길흉을 점검하는데, 가난한 서민도 모두 그 모의에 관여하고 꼴 베고 나무하는 나무꾼도 모두 자기들의 온 마음을 다한다. 그래서 온갖 일을 거행함에도 빠뜨리거나 그릇된 계책이 없게 된다. 전(傳)에서 말했다.

"많은 사람의 지혜는 하늘의 뜻을 헤아릴 수 있고, 두루 듣고서 홀로 결단하는 것은 오직 한 사람에게 달렸다."

이것이 크게 모의하는 방법이다. 모의에는 두 가지가 있다. 가장 좋은 모의는 명을 아는 것[知命]이고, 그다음은 일을 아는 것[知事]이다. 명을 아는 자는 존망(存亡)과 화복(禍福)의 근원을 미리 보고 성쇠(盛衰)와 폐흥(廢興)의 시초를 일찍 알아서, 일이 싹트기 전에 막고 난(亂)이 모습을 갖추기 전에 피한다. 이런 사람은 난세에 살면서도 그 몸을 해치지 않고 태평한 세상에 있게 되면 반드시 천하의 권세를 얻는다. 저 일을 아는 사람 역시 대단해, 일을 보게 되면 득실(得失)과 성패(成敗)가 나뉘는 지점을 알아서 그 일이 어떻게 끝나게 될지를 궁구한다. 그래서 일을 실패하거나 공로를 놓치는 일이 없다. 공자가 말했다.

"더불어 도리에 나아갈 수는 있어도, 더불어 권도를 행할 수는 없다."

무릇 명을 알고 일을 아는 사람이 아니라면 누가 능히 권도로 일을 도모하는 방법을 터득할 수 있겠는가?

무릇 권도로 일을 도모하는 방법에는 바른 것이 있고 그릇된 것이 있다. 군자의 권도는 바르고 소인의 권도는 그르다. 무릇 바르다는 것은 그 권도로 일을 도모하는 것이 공(公)이기 때문에 그 백성을 위해 마음을 다하는 것이 진실되다. 무릇 그르다는 것은 사사로움을 좋아하고 자기의 이익만을 높이기 때문에 그 백성을 위한다는 것이 거짓이다. 무릇 거짓되면 어지러워지고 진실되면 태평하게 된다. 이 때문에 요임금의 아홉 신하는 진실되어 조정에서 중용되었고, 그의 네 신하는 거짓되어 들판으로 내쫓겨서 처벌을 받았다. 진실된 자는 그 융성함이 후세에까지 이어지는 반면에 거짓된 자는 자기 한 몸에서 멸망한다.

명을 알고 일을 알아서 능히 권도로 일을 도모할 줄 아는 사람은 반드시 진실함과 거짓됨의 원천을 잘 살펴서 처신하니, 이 또한 권도로 일을 도모하는 방법이다. 무릇 명과 일을 아는 자가 일을 거행할 때는, 가득 차면 부족함이 밀려올 것을 걱정하고 태평할 때는 위험이 닥칠 것을 걱정하며 굽었을 때는 곧아지려고 걱정한다. 앞으로 닥칠 일을 곡진하고 진중하게 대비하면서 오직 자신의 계책이 그에 미치지 못할까만 두려워하니, 이 때문에 백 가지 일을 거행해도 결함이 없다.

聖王之擧事, 必先諦之於謀慮, 而後考之於蓍龜, 白屋之士, 皆關其謀; 芻蕘之役, 咸盡其心. 故萬擧而無遺籌失策. 傳曰: "衆人之智, 可以測天, 兼聽獨斷, 惟在一人." 大謀之術也. 謀有二端: 上謀知命, 其次知事. 知命者預見存亡禍福之原, 早知盛衰廢興之始, 防事之未萌, 避難於無形. 若此人者, 居亂世則不害於其身, 在乎太平之世則必得天下之權. 彼知事者亦尙矣, 見事而知得失成敗之分, 而究其所終極, 故無敗業廢功. 孔子曰: "可與適道, 未可與權也." 夫非知命知事者, 孰能得權謀之術. 夫權謀有正有邪; 君子之權謀正, 小人之權謀邪. 夫正者, 其權謀公, 故其爲百姓盡心也誠; 彼邪者, 好私尙利, 故其爲百姓也詐. 夫詐則亂, 誠則平, 是故 堯之九臣誠而興於朝, 其四臣詐而誅於野. 誠者隆至後世; 詐者當身而滅. 知命知事而能於權謀者, 必察誠詐之原而以處身焉, 則是亦權謀之術也. 夫知者擧事也, 滿則慮溢, 平則慮險, 安則慮危, 曲則慮直. 曲重其豫, 惟恐不及, 是以 百擧而不陷也.

13-1은 권모에 대한 유향의 총론이다. 우선 권도(權道)와 상도(常道) 혹은 상경(常經)의 차이를 알아야 한다. 상도 혹은 상경이란 일의 이치, 즉 사리(事理)를 말하고 권도란 일의 형세, 즉 사세(事勢)를 말한다. 여기서 인용한 공자의 말은 『논어』「자한(子罕)」편에 나온다.

공자가 말했다.
"더불어 배울 수 있다고 해서 (그 사람들 모두와) 더불어 도리를 행하는 데로 나아갈 수는 없으며, 또 더불어 도리를 행하는 데로 나아간다고 해서 (그 사람들 모두와) 더불어 조정에 설 수는 없으며, 또 더불어 조정에 선다고 해서 (그 사람들 모두와) 더불어 권도를 행할 수는 없다."

함께 조정에 선다는 것은 상도를 함께 알고 있다는 것이다. 그보다 더 높은 단계가 바로 사세를 파악할 줄 알아서 더불어 권도를 행하는 단계다.

13-2

양자(楊子)가 말했다.
"어떤 일이 사람을 가난하게 할 수도 있고 부유하게 해줄 수도 있으면 그것은 사람의 행실을 손상시키고, 어떤 일이 사람을 살릴 수도 있고 죽일 수도 있으면 그것은 사람의 용기를 손상시킨다."
복자(僕子)가 말했다.
"양자는 사리를 알기는 하지만 명을 알지는 못하므로 그의 지혜에는 의심스러운 바가 많다. 옛말에 '명을 하는 자는 미혹되지 않는다'라고 했으니, 안영(晏嬰)이 이런 사람이다."

楊子曰: "事之可以之貧, 可以之富者, 其傷行者也; 事之可以之生, 可以之死者, 其傷勇者也." 僕子曰: "楊子智而不知命, 故其知多疑, 語曰: '知命者不惑', 晏嬰是也."

13-2에서 복자는 명확하게 사리를 아는 단계와 명을 아는 단계를 구별하고 있다. 따라서 『논어』「위정(爲政)」편에서 말한 나이 50에 지천명(知天命)이란, 단순히 운명을 깨닫는다는 뜻이 아니라 일의 형세를 읽을 줄 알게 된다는 뜻이다. 참고로 『논어』에서 불혹(不惑)은 천명을 아는 것보다는 오히려 일의 이치를 아는 상도와 관련이 있음을 밝혀둔다. 물론 사세를 아는 자는 당연히 사리를 알기 때문에 여기서 언급한 옛말이 틀린 것은 아니다.

13-3

조간자(趙簡子)가 말했다.

"진(晉)나라에는 택명(澤鳴)과 독주(犢犨)가 있고 노(魯)나라에는 공구(孔丘-공자)가 있으니, 내가 이 세 사람을 죽이면 천하를 도모할 수 있을 것이다."

이에 마침내 택명과 독주를 불러 정치를 맡겼다가는 그들을 죽인 뒤에, 사람을 보내 노나라에 있는 공자를 초빙했다. 공자가 황하에 이르러서는 물가에 가서 강물이 흘러가는 것을 보면서 말했다.

"아름답도다! 넘실넘실 흘러가는구나! 내가 이 황하를 건너지 못하는 것이 명(命)이로다!"

자로(子路)가 종종걸음으로 나아가 말했다.

"무슨 말씀이신지 감히 묻겠습니다."

공자가 말했다.

"무릇 택명과 독주는 진나라의 뛰어난 대부들이다. 조간자가 아직 뜻을 얻지 못했을 때는 그들과 더불어서 함께 정사를 듣고 보았지만, 뜻을 얻게 되자 그들을 죽이고 정사를 처리했다. 내가 듣건대 새끼를 밴 짐승의 배를 갈라 어린 새끼를 불에 구우면 (상서로운) 기린(麒麟)이 이르지 않고, 연못의 물을 말려 물고기를 잡으면 교룡(蛟龍)이 헤엄치지 않으며, 새 둥지를 엎어서 알을 깨버리면 봉황(鳳凰)이 날아오지 않는다고 했다. 내가 듣건대 군자는 자신과 같은 부류가 상해를 당하면 마음 아파한다고 했다."

趙簡子曰: "晉有澤鳴 · 犢犨(독주), 魯有孔丘, 吾殺此三人, 則天下可圖也." 於是 乃召澤鳴 · 犢犨, 任之以政而殺之, 使人聘孔子於魯. 孔子至河, 臨水而觀曰: "美哉水! 洋洋乎! 丘之不濟於此, 命也夫!" 子路趨進曰: "敢問奚謂也?" 孔子曰: "夫澤鳴 · 犢犨, 晉國之賢大夫也. 趙簡子之未得志也, 與之同聞見, 及其得志也, 殺之而後從政. 故丘聞之: 刳胎焚夭, 則麒麟不至; 乾澤而漁, 蛟龍不遊; 覆巢毁卵, 則鳳凰不翔. 丘聞之: 君子重傷其類者也."

13-3은 『논어』 「자한(子罕)」편에 나오는 다음 내용과 통한다.

공자가 말했다.
"봉황새가 날아오지 않고 황하에서는 용마 그림이 나오지 않으니, 나는 끝났구나!"

13-4

공자가 제경공(齊景公)과 앉아 있을 때 좌우 신하들이 아뢰어 말했다.

"주나라 사신이 와서 주나라 사당이 불탔다고 말했습니다."

제경공이 나와서 물었다.

"누구의 사당인가?"

공자가 말했다.

"이는 희왕(釐王)의 사당입니다."

경공이 말했다.

"그걸 어떻게 아는가?"

공자가 말했다.

"『시경』에 이르기를 '높디높은 상제, 그 명이 어긋나지 않도다. 하늘이 사람을 대할 때는 반드시 다움을 갖춘 사람에게 보답하는구나'[012]라고 했는데, 재앙 또한 이와 같습니다. 저 희왕이 문왕(文王)과 무왕(武王)의 제도를 고쳐서 검은색과 노란색으로 궁실을 꾸미고 수레는 사치스러우니 구제할 수가 없습니다. 그래서 하늘이 그의 사당에 재앙을 내렸을 것이니, 이 때문에 알 수가 있는 것입니다."

경공이 말했다.

"하늘은 어째서 그 몸에 재앙을 내리지 않고 그 사당에 재앙을 내린 것인가?"

공자가 말했다.

"하늘은 문왕 때문에 그렇게 한 것입니다. 만약에 그 몸에 재앙을

012 지금 전하는 『시경』에는 없다.

내린다면 문왕의 제사가 마침내 끊어지지 않겠습니까? 그래서 그의 사당에 재앙을 내려 그 잘못을 훤히 드러낸 것입니다."

좌우 신하들이 들어와 보고했다.

"주나라 희왕의 사당입니다."

경공은 크게 놀라서 일어나 절을 하며 말했다.

"좋도다, 빼어난 이의 지혜여! 어찌 위대하지 않겠는가!"

孔子與齊景公坐, 左右白曰: "周使來言廟燔." 齊景公出問曰: "何廟也?" 孔子曰: "是釐王廟也." 景公曰: "何以知之?" 孔子曰: "詩云: '皇皇上帝, 其命不忒. 天之與人, 必報有德', 禍亦如之. 夫釐王變文武之制, 而作玄黃宮室, 輿馬奢侈, 不可振也. 故天殃其廟, 是以 知之." 景公曰: "天何不殃其身而殃其廟乎?" 子曰: "天以文王之故也. 若殃其身, 文王之祀, 無乃絕乎? 故殃其廟以章其過也." 左右入報曰: "周釐王廟也." 景公大驚, 起拜曰: "善哉! 聖人之智, 豈不大乎!"

13-5

제환공(齊桓公)이 관중(管仲)과 함께 거(莒)나라를 치자고 모의했는데, 그 모의를 아직 발표도 하기 전에 나라 안에 소문이 났다. 환공이 이를 괴이하게 여겨 관중에게 물어보니 관중이 말했다.

"나라 안에 반드시 빼어난 이가 있어서일 것입니다."

환공이 탄식하며 말했다.

"아, 어느 날인가 어떤 노역하는 사람이 절굿공이를 든 채 위를 쳐다보았는데, 혹시 그 사람인가!"

마침내 영을 내려 그때 노역했던 사람들을 다시 불러들여 같은 일을 시키되 (당시 사람들을) 교체시키지는 못하게 했다. 얼마 후에 동곽수(東郭垂)가 왔다.

관중이 말했다.

"이 사람이 분명합니다."

이에 빈객을 담당하는 관리를 시켜 그를 맞이해 나아오게 해서, 계단을 나눠 각각 섰다.

관중이 말했다.

"그대가 거나라를 칠 것이라고 말한 자인가?"

대답해 말했다.

"그렇습니다."

관중이 말했다.

"나는 거나라를 친다는 말을 하지 않았는데, 그대는 무슨 까닭으로 거나라를 칠 것이라고 말했는가?"

대답해 말했다.

"신이 듣건대, 군자는 모의를 잘하고 소인은 남의 뜻을 잘 알아차린다고[善意] 했습니다. 신이 남몰래 그 뜻을 알아차렸습니다."

관중이 말했다.

"나는 거나라를 친다는 말을 하지 않았는데, 그대는 어떻게 내 뜻을 알아차렸는가?"

대답해 말했다.

"신이 듣건대, 군자에게는 세 가지 안색이 있다고 했습니다. 여유있게 기뻐하고 즐거워하는 자는 음악을 듣는 자의 안색이고, 서글프게 담담하고 고요한 자는 상을 당한 자의 안색이며, 발끈해서 감정이 충만한 자는 바로 전쟁을 일으키려는 자의 안색입니다. 얼마 전에 신이 임금께서 누대 위에 계신 것을 멀리서 보았는데 발끈해서 감정이 충만하셨으니, 이것은 곧 전쟁을 일으키려는 안색이었습니다. 임금께서 탄식하면서도 말로 내뱉지 못하셨지만, 그 말씀하신 바가 거나라이고 임금께서 팔을 들어 뭔가를 가리키신 것도 거나라에 해당합니다. 신이 가만히 생각건대 작은 제후 중에서 아직 복종하지 않은 나라는 오직 거나라뿐이었기 때문입니다. 신은 그래서 거나라를 칠 것이라고 말한 것입니다."

군자가 말했다.

"귀가 듣는 것은 소리인데 지금 소리를 듣지 않고 그 안색과 팔 동작만 갖고서도 이를 알아냈으니, 이는 동곽수가 귀로 듣지 않고서 실상을 알아낸 것이다."

환공과 관중은 비록 모의를 잘했지만, 능히 숨길 수 없었다. 빼어난 사람은 소리가 없어도 듣고 형체가 없어도 보는데, 동곽수가 이런 능력이 있었다. 그래서 환공은 마침내 그의 녹봉을 높여주어 예우했다.

齊桓公與管仲謀伐莒, 謀未發而聞於國. 桓公怪之, 以問管仲. 管仲曰: "國必有聖人也." 桓公歎曰: "歖! 日之役者, 有執柘杵而上視者, 意其是邪!" 乃令復役, 無得相代. 少焉, 東郭垂至. 管仲曰: "此必是也." 乃令儐者延而進之, 分級而立. 管仲曰: "子言伐莒者也?" 對曰: "然." 管仲曰: "我不言伐莒, 子何故言伐莒?" 對曰: "臣聞君子善謀, 小人善意, 臣竊意之也." 管仲曰: "我不言伐莒, 子何以意之?" 對曰: "臣聞君子有三色: 優然喜樂者, 鐘鼓之色; 愀然清淨者, 縗絰之色; 勃然充滿者, 此兵革之色也. 日者, 臣望君之在臺上也, 勃然充滿, 此兵革之色也, 君吁而不吟, 所言者莒也, 君舉臂而指, 所當者莒也. 臣竊慮小諸侯之未服者, 其惟莒乎? 臣故言之." 君子曰: "凡耳之聞, 以聲也. 今不聞其聲而以其容與臂, 是東郭垂不以耳聽而聞也." 桓公·管仲雖善謀, 不能隱. 聖人之聽於無聲, 視於無形, 東郭垂有之矣. 故桓公乃尊祿而禮之.

13-6

진(晉)나라 태사 도여(屠餘)가, 진나라가 어지러워지고 또 진나라 평공(平公)이 교만하고 아무런 다움이나 마땅함이 없는 것을 보고서는 진나라의 도서와 법전을 가지고 주나라에 귀의했다. 주나라 위공(威公)이 그를 만나보고서 물었다.

"천하의 나라 중에서 어느 나라가 가장 먼저 망하겠는가?"

대답해 말했다.

"진나라가 가장 먼저 망할 것입니다."

위공이 그 까닭을 물으니, 대답해 말했다.

"신이 감히 곧바로 말할 수는 없어서 진나라 임금께 하늘의 요상한 일을 들어 해와 달과 별의 운행이 대부분 마땅하지 못하다는 것을 보여드렸더니, 진나라 임금은 '이것이 무슨 일을 할 수 있겠는가?'라고 하셨습니다. 그래서 인사(人事)가 대부분 마땅하지 않아 백성이 많이 원망하고 있다는 것을 보여드렸더니, 진나라 임금은 '이것이 무슨 상관인가?'라고 하셨습니다. 그래서 이웃 나라들이 복종하지 않고 뛰어나고 훌륭한 인재들이 정치에 참여하지 못하고 있다는 것을 보여드렸더니, 진나라 임금은 '이것이 무슨 해가 되겠는가?'라고 하셨습니다. 이는 나라가 존속하는 이치와 망하는 이치를 모르는 것이니, 그러므로 신은 진나라가 가장 먼저 망할 것이라고 말씀드린 것입니다."

3년이 지나 진나라는 과연 망했다.

위공이 또 도여를 만나서 물었다.

"다음으로 어느 나라가 망하겠는가?"

대답해 말했다.

"중산국(中山國)이 다음입니다."

위공이 그 까닭을 물으니, 대답해 말했다.

"하늘이 사람을 내었을 때는 분변(分辨)이 있게 했으니, 분변이 있는 것은 사람의 마땅함입니다. 사람이 금수나 사슴과 다른 까닭은 임금과 신하, 위와 아래가 제대로 자기 자리를 지키기 때문입니다. 중산의 풍속은 낮을 밤으로 삼고 밤의 일을 낮까지 이어서 하며, 남녀가 음란에 빠져 실로 전혀 그칠 줄을 모르고, 음란함과 향락에 빠져서 노래를 불러댈 때는 슬픈 노래를 좋아하는데, 그런데도 그 임금은 이를 싫어할 줄을 모르고 있습니다. 이는 나라를 망하게 하는 풍속입니다. 그래서 신은 중산국이 다음에 망할 것이라고 말씀드린 것입니다."

2년이 지나 중산국이 과연 망했다.

위공이 또 도여를 만나서 물었다.

"다음으로 어느 나라가 망하겠는가?"

도여는 대답하지 않았다.

위공이 굳게 청하자 도여가 말했다.

"임금께서 그다음이십니다."

위공은 두려워하며 나라 안에 덕망이 있는 사람을 찾아서 기주(錡疇)와 전읍(田邑)을 주어 예우하고, 또 사리(史理)와 조손(趙巽)을 얻어 간신(諫臣)으로 삼았으며, 가혹한 법령 39개를 폐지했다. 그러고는 도여에게 이를 전하니, 도여가 말했다.

"아마도 임금께서 삶을 마치기 전에는 망하지 않을 것입니다. 신이 듣건대 나라가 흥할 때는 하늘이 뛰어난 사람을 보내주고 극간할 수 있는 선비를 내려준다고 했고, 나라가 망할 때는 하늘이 난인(亂人)과 아첨 잘하는 사람을 내려준다고 했습니다."

위공이 홍(薨)하고 아홉 달 동안 장례를 치르지 못하더니, 주나라는 마침내 나뉘어 2개가 되었다. 그래서 도리가 있는 자의 말은 무겁게 여기지 않으면 안 되는 것이다.

晉太史屠餘見晉國之亂, 見晉平公之驕而無德義也, 以其圖法歸周. 周威公見而問焉曰: "天下之國, 其孰先亡." 對曰: "晉先亡." 威公問其說, 對曰: "臣不敢直言, 示晉公以天妖, 日月星辰之行多不當, 曰: '是何能然?' 示以人事多不義, 百姓多怨, 曰: '是何傷?' 示以鄰國不服, 賢良不與, 曰: '是何害?' 是不知所以存, 所以亡. 故臣曰: '晉先亡.'" 居三年, 晉果亡. 威公又見屠餘而問焉曰: "孰次之." 對曰: "中山次之." 威公問其故, 對曰: "天生民, 令有辨, 有辨, 人之義也. 所以異於禽獸麋鹿也, 君臣上下所以立也. 中山之俗, 以晝爲夜, 以夜繼日, 男女切踦, 固無休息, 淫昏康樂, 歌謳好悲, 其主弗知惡, 此亡國之風也. 臣故曰: '中山次之.' 居二年, 中山果亡. 威公又見屠餘而問曰: "孰次之." 屠餘不對. 威公固請, 屠餘曰: "君次之." 威公懼, 求國之長者, 得錡疇·田邑而禮之, 又得史理·趙巽以爲諫臣, 去苛令三十九物. 以告屠餘, 屠餘曰: "其尙終君之身. 臣聞國之興也, 天遺之賢人, 與之極諫之士; 國之亡也, 天與之亂人與善諛者." 威公薨, 九月不得葬, 周乃分而爲二. 故有道者言, 不可不重也.

13-6에서 말한 도리가 있는 자(有道者)에 대해서는 『논어』 「학이(學而)」 편에도 언급되어 있다.

공자가 말했다.
"무릇 군자가 되려고 하는 자는, 먹을 때 배부름을 구하지 않고 거처할 때 편안함을 구하지 않으며, 또 일을 할 때는 주도면밀하게 하고 말은 신중하게 하며, 이어서 도리를 갖추고 있는 사람(有道者)을 찾아가서 잘잘못과 옳고 그름을 바로잡는 것을 배운다면 (설사 그가 문(文)을 아직 배우지 않은 사람이라 하더라도) 배우기를 좋아하는 사람(好學)이라고 이를 만하다."

13-7

제나라 후(-제경공)가 안자에게 물었다.

"오늘날 제후 중에서는 누가 위험한가?"

대답해 말했다.

"거나라가 아마도 망할 것입니다."

공이 말했다.

"어째서인가?"

대답해 말했다.

"국토가 제나라에 침범당하고 재화는 진(晉)나라가 죄다 가져갔으니, 이 때문에 망할 것입니다."

齊侯問於晏子曰: "當今之時, 諸侯孰危?" 對曰: "莒其亡乎!" 公曰: "奚故?" 對曰: "地侵於齊, 貨竭於晉, 是以亡也."

13-8

지백(智伯)이 한(韓)나라와 위(魏)나라의 군대를 거느리고 조(趙)나라를 공격해서 진양성(晉陽城)을 포위하고 물을 끌어대니, 성 중에서 물에 잠기지 않은 성의 높이가 3판(板) 정도뿐이었다. 치자(絺疵)가 지백에게 일러 말했다.

"한과 위의 주군(-강자(康子)와 선자(宣子))은 틀림없이 배반할 것입니다."

지백이 말했다.

"그것을 어떻게 아는가?"

대답해 말했다.

"무릇 조나라 양자(襄子)를 이기고 그 땅을 셋으로 나누기로 했는데, 지금 성 중에서 물에 잠기지 않은 성의 높이가 3판(板) 정도일 뿐입니다. 아궁이가 물에 잠기고 개구리가 새끼를 낳으며 사람과 말이 서로 잡아먹고 있으니, 성이 항복할 날이 얼마 남지 않았습니다. 그런데 한과 위의 주군은 기뻐하는 뜻은 없고 근심하는 낯빛이 있으니, 이것이 배반하려는 것이 아니고 무엇이겠습니까?"

다음날 지백이 한과 위의 주군에게 일러 말했다.

"치자가 말하기를 그대들이 배반할 것이라고 했소."

한과 위의 주군이 말했다.

"반드시 조양자를 이기고 그 땅을 셋으로 나누기로 했는데, 지금 성을 공략해서 장차 승리를 거두게 될 것이오. 무릇 우리 두 집안이 비록 어리석기는 해도, 좋은 이익을 버린 채 약속을 어기고 이루기 어려운 일을 해서는 안 된다는 것은 그 형세상으로 알고 있소. 이는 치자가 반드시 조씨를 위해 그대에게 유세한 것이고, 또 그대로 하여금 우리 두 사람을 의심하게 해서 조나라에 대한 공격을 늦추려는 것이오. (그런데) 지금 그대께서는 참소하는 신하의 말만 듣고서 우리 두 사람의 사귐을 이간질하니, 그대를 위해 애석하게 여기오."

지백이 나와서 치자를 죽이려 하자 치자는 달아났다. 한과 위의 주군은 과연 배반했다.

智伯從韓·魏之兵以攻趙, 圍晉陽之城而溉之, 城不沒者三板. 絺疵謂智伯曰: "韓·魏之君必反矣." 智伯曰: "何以知之?" 對曰: "夫勝趙而三分其地, 今城未沒者三板, 臼竈生鼃, 人馬相食, 城降有日矣. 而韓·魏之君無喜志而有憂色, 是非反何也?" 明日, 智伯謂韓·魏之君曰: "疵言君之反也." 韓·魏之君曰: "必勝趙而三分其地, 今城將勝矣. 夫二家雖愚, 不棄美利而偕約爲難不可成之事, 其勢可見也. 是疵必爲趙說君, 且使君疑二主之心, 而解於攻趙也. 今君聽讒臣之言而離二主之交, 爲君惜之." 智伯出, 欲殺絺疵, 絺疵逃. 韓·魏之君果反.

13-8에서 핵심이 되는 부분은 치자의 말 가운데 "그런데 한과 위의 주군은 기뻐하는 뜻은 없고 근심하는 낯빛이 있으니"이다. 이를 통해 그들의 속마음을 읽어내고 장래의 일을 미리 알아낸 것이다. 이것이 지래(知來), 즉 조짐을 통해서 앞으로 일어날 일을 미리 알아내는 것이다.

13-9

노나라 공삭씨(公索氏)가 장차 제사를 지내려 했는데, 제사에 쓸 희생을 잃어버렸다.

공자가 그것을 듣고서 말했다.

"공삭씨는 3년 안에 반드시 패망할 것이다."

(실제로) 1년이 지나 패망했다. 제자가 물었다.

"예전에 공삭씨가 희생을 잃어버렸을 때 스승님께서는 '3년 안에 반드시 패망할 것이다'라고 하셨는데, 지금 1년 만에 패망했습니다. 스승님께서는 그가 장차 패망하리라는 것을 어찌 아셨습니까?"

공자가 말했다.

"제사를 지낸다는 것은 찾는다[索]는 뜻이고, 찾는다는 것을 정성을 다한다[盡]는 뜻이다. 그렇기 때문에 효자는 부모에 대해 스스로 온 마음을 다하는 것이다. 제사 지낼 때가 되었는데 그 희생을 잃어버렸다면 그 밖의 다른 일에서도 잃어버린 것이 많았을 것이다. 나는 이를 통해 그가 장차 패망하리라는 것을 알 수 있었다."

魯公索氏將祭而亡其牲. 孔子聞之, 曰: "公索氏比及三年必亡矣." 後一年而亡. 弟子問曰: "昔公索氏亡牲, 夫子曰: '比及三年必亡矣', 今期年而亡. 夫子何以知其將亡也?" 孔子曰: "祭之爲言索也, 索也者盡也. 乃孝子所以自盡於親也. 至祭而亡其牲, 則餘所亡者多矣. 吾以此知其將亡矣."

13-9는 공자가 『논어』 곳곳에서 수없이 강조하는 '미뤄 헤아림(推)'의 중요성을 보여준다. 그중 한 가지 예만 들어보겠다. 「술이(述而)」편에 나오는 공자의 말이다.

네 귀퉁이가 있는 물건을 갖고서 한 귀퉁이를 들어 보여주었을 때 나머지 세 귀퉁이를 미뤄 알아차리지 못한다면 다시 반복해서 가르쳐주지 않았다.

미뤄 헤아림은 권모(權謀)에서 특히 중요하다.

13-10

채후(蔡侯)와 송공(宋公)과 정백(鄭伯)이 진(晉)나라에 조현하러 갔는데, 채후가 (진나라 대부) 숙향(叔向)에게 일러 말했다.

"그대는 실로 나에게 어떤 말을 해줄 것인가?"

대답해 말했다.

"채나라는 땅을 헤아려보고 백성 수를 계산해볼 때 송나라나 정나라만 못합니다. 그런데도 거마와 의복은 두 나라보다 사치스러우니, 제후 중에 아마도 채나라를 도모하는 자가 있을 것입니다."

1년이 지나 초나라가 채나라를 쳐서 멸망시켰다.

蔡侯·宋公·鄭伯朝於晉. 蔡侯謂叔向曰: "子亦奚以語我?" 對曰: "蔡支地計衆, 不若宋鄭, 其車馬衣裘侈於二國, 諸侯其有圖蔡者乎!" 處期年, 荊伐蔡而殘之.

13-10은 교만과 사치에 대한 경계 중 사치함이 장차 패망을 부를 수 있음을 보여주는 사례다.

13-11

(주나라 사람) 백규(白圭)가 중산국에 가자 중산왕이 그를 더 머물러 있게 하려고 했는데, 굳게 거절하고 떠났다. 또 제나라에 가자 제나라 왕도 그를 더 머물러 있게 하려고 했는데, 또한 거절하고 떠났다. 어떤 사람이 그가 거절한 까닭을 물으니 백규가 말했다.

"두 나라는 장차 망할 것입니다. 내가 배운 바로는 나라에는 다섯 가지 다함이 있다고 했습니다. 그래서 반드시 충성스러운 사람이 없으면 (제대로 된) 말이 다해 없어지고, 반드시 명예를 아는 사람이 없으면 명성이 다해 없어지고, 반드시 (신하를) 사랑하는 사람이 없으면 임금을 제 몸과 같이 여김이 다해 없어지고, 길 가는 사람에게 양식이 없고 머물러 사는 사람에게 먹을 것이 없으면 재물이 다해 없어지고, (임금이) 제대로 사람을 쓰지 못하고 (뛰어난 신하가) 스스로 쓰이지 못하면 공로가 다해 없어진다고 했습니다. 나라에 이 다섯 가지에 해당함이 있게 되면 요행으로도 (패망을) 면하지 못하고 반드시 망하게 된다고 했습니다. 중산국과 제나라는 모두 이에 해당합니다."

만일 중산국과 제나라가 다섯 가지 다함을 듣고서 고친다면 반드시 망하지는 않겠지만, 그들의 폐단은 듣지 않는 데 있고 설사 듣는다 하더라도 또한 불신하는 것이다. 그렇다면 남의 임금 된 자가 힘써야 할 일은 잘 듣는[善聽=善從諫] 데 있을 뿐이다.

白圭之中山, 中山王欲留之, 固辭而去. 又之齊, 齊王亦欲留之, 又辭而去. 人問其辭, 白圭曰: "二國將亡矣. 所學者國有五盡, 故莫之必忠, 則言盡矣; 莫之必譽, 則名盡矣; 莫之必愛, 則親盡矣; 行者無糧, 居者無食, 則財盡矣; 不能用人又不能自用, 則功盡矣. 國有此五者, 毋幸, 必亡. 中山與齊皆當此." 若使中山之與齊也, 聞五盡而更之, 則必不亡也, 其患在不聞也, 雖聞又不信也. 然則人主之務, 在善聽而已矣.

13-12

하채(下蔡) 땅의 위공(威公)이 문을 닫아걸고 사흘 밤낮으로 울었는데, 눈물이 다 마르자 이어서 피가 흘러내렸다. 이웃 사람이 담 너머로 보다가 그에게 물었다.

"선생께서는 어째서 이처럼 슬프게 울고 계십니까?"

대답해 말했다.

"우리나라는 장차 망할 것이다."

말했다.

"그것을 어떻게 아십니까?"

대답해 말했다.

"내가 듣건대, 병이 들어 장차 죽게 되었을 때는 양의(良醫)라도 고칠 수가 없고 나라가 장차 망하려 할 때는 어떤 계책으로도 구원할 수 없다. 내가 여러 차례 우리 임금에게 간언했으나 우리 임금께서 이를 쓰지 않으니, 이 때문에 나라가 장차 망하리라는 것을 아는 것이다."

이에 담 너머로 지켜보았던 사람은 이 말을 듣고서 종족들을 데리고 떠나 초나라로 갔다. 몇 년이 지나 초왕이 과연 군사를 일으켜 채나라를 쳤다. 담 너머로 지켜보았던 사람은 사마(司馬)가 되어 군사를 이끌고 채나라에 갔는데, 사로잡은 포로가 매우 많았다. 그가 포로들에게 물었다.

"너희들 중에 나의 형제나 옛 친구가 없는가?"

위공이 결박을 당한 채 포로들 속에 있는 것을 보고서 물었다.

"어쩌다가 이 지경에 이른 것입니까?"

대답해 말했다.

"내가 어찌 이 지경에 이르지 않을 수 있었겠소? 또 내가 듣건대, 말하는 사람은 실행하는 사람의 노비이고 실행하는 사람은 말하는 사람의 주인이라고 했소. 그대가 능히 내 말을 실행했으니, 그대는 주인이 되고 나는 노비가 되었소. 내가 실로 어찌 이 지경에 이르지 않을 수 있었겠소?"

담 너머로 지켜보았던 사람이 마침내 초왕에게 이에 관해 말해, 드디어 그의 결박을 풀어주고 함께 초나라로 갔다. 그러므로 (나 유향은) 말한다.

"능히 말을 잘하는 사람이 반드시 능히 실행하는 것은 아니고, 능히 실행하는 사람이 반드시 능히 말을 잘하는 것은 아니다."

下蔡威公閉門而哭, 三日三夜, 泣盡而繼以血. 旁鄰窺牆而問之曰: "子何故而哭, 悲若此乎?" 對曰: "吾國且亡." 曰: "何以知也?" 應之曰: "吾聞病之將死也, 不可爲良醫; 國之將亡也, 不可爲計謀. 吾數諫吾君, 吾君不用, 是以 知國之將亡也." 於是 窺牆者聞其言, 則舉宗而去之楚. 居數年, 楚王果舉兵伐蔡. 窺牆者爲司馬, 將兵而往, 束虜甚衆. 問曰: "得無有昆弟故人乎?" 見威公縛在虜中, 問曰: "若何以至於此?" 應曰: "吾何以不至於此? 且吾聞之也, 言之者行之役也, 行之者言之主也. 汝能行我言, 汝爲主, 我爲役, 吾亦何以不至於此哉?" 窺牆者乃言之於楚王, 遂解其縛, 與俱之楚. 故曰: "能言者未必能行, 能行者未必能言."

13-12는 『논어』 「위령공(衛靈公)」편에 나오는 공자의 말과 통한다.

군자는 말을 잘한다고 해서 그 사람을 들어 쓰지 않으며, 사람이 나쁘다 해서 그의 좋은 말까지 버리지 않는다.

13-13

관중이 큰 병에 걸리자 환공이 가서 병문안하며 말했다.

"중보(仲父)께서 만약에 과인을 버릴 경우(즉 죽을 경우) 수조(豎刁)가 정사를 맡을 수 있겠는가?"

대답해 말했다.

"안 됩니다. 수조는 스스로에게 궁형을 가해 임금의 궁에 들어오려고 했던 자입니다. 자기 몸을 차마 해쳤으니, 장차 임금에게 무슨 일인들 못 하겠습니까?"

공이 말했다.

"그렇다면 역아(易牙)는 가능하겠는가?"

대답해 말했다.

"역아는 자기 아들을 죽여 (음식으로 만들어) 임금께 올린 자입니다.

자기 아들을 차마 해쳤으니, 장차 임금에게 무슨 일인들 못 하겠습니까? 만약에 그를 쓴다면 반드시 제후들에게 웃음거리가 될 것입니다."

환공이 죽자 수조와 역아는 마침내 난을 일으켰고, 환공이 죽은 지 60일이 지나 (시신에서 생겨난) 구더기가 문밖으로까지 나오는데 (아무도) 그의 시신을 거두지 않았다.

管仲有疾, 桓公往問之, 曰: "仲父若棄寡人, 豎刁可使從政乎?" 對曰: "不可. 豎刁自刑以求入君. 其身之忍, 將何有於君?" 公曰: "然則易牙可乎?" 對曰: "易牙解其子以食君. 其子之忍, 將何有於君? 若用之必爲諸侯笑." 及桓公歿, 豎刁易牙乃作難, 桓公死六十日, 蟲出於戶而不收.

13-13은 가까운 일을 통해 먼일을 알아내는 권모다. 이 또한 '미뤄 헤아림[推]'의 중요성을 보여준다.

13-14

(춘추시대 초나라의 용사) 석걸(石乞)이 굴건(屈建)을 모시고 앉아 있었다. 굴건이 말했다.

"(초나라 왕족) 백공(白公)이 혹시 난을 일으키겠는가?"

석걸이 말했다.

"이게 무슨 말입니까? 백공은 자기 집도 꾸미는 바가 없고, 자신을 낮춰 예우하는 선비가 세 사람이며, 자기와 대등하게 대우하는 사람이 다섯 사람이고, 함께 입고 먹는 사람이 열 사람입니다. 백공의 행실이 이와 같은데 무슨 까닭으로 난을 일으키겠습니까?"

굴건이 말했다.

"이것이 바로 내가 난을 일으킬 것이라고 말하는 이유다. 군자의 행실로는 괜찮지만, 국가 차원에서 보면 예가 지나친 것[過禮]이니, 그렇다면 국가에서 의심하게 된다. 또 신하에게 몸을 낮추는 일을 어렵게 여기지 않는다면 반드시 그 임금 위에 올라서는 것 또한 어렵게 여기지 않을 것이다. 나는 이 때문에 부자(夫子)가 장차 난을 일으킬 것임을 아는 것이다."

10개월이 지나서 백공이 과연 난을 일으켰다.

石乞侍坐於屈建, 屈建曰: "白公其爲亂乎?" 石乞曰: "是何言也? 白公至於室無營所, 下士者三人, 與己相若者五人, 所與同衣食者十人. 白公之行若此, 何故爲亂?" 屈建曰: "此建之所謂亂也. 以君子行, 則可, 於國家行, 過禮則國家疑之. 且苟不難下其臣, 必不難高其君矣. 建是以知夫子將爲亂也." 處十月, 白公果爲亂.

13-15

(전국시대) 한소후(韓昭侯)가 문을 높이 지었는데, 굴의구(屈宜咎)가 말했다.

"소후는 이 문을 나오지 못할 것이다."

(혹자가) 말했다.

"어째서입니까?"

말했다.

"때에 맞지 않다. 내가 말하는 때에 맞지 않다는 것은 시일(時日)을 말하는 것이 아니다. 사람에게는 본래 이로운 상황과 불리한 상황이 있는데, 소후는 일찍이 이로울 때는 문을 높이 짓지 않았다. 지난해에 진(秦)나라가 (한나라 읍) 의양(宜陽)을 함락시켰고, 내년에는 큰 가뭄이 들어 백성이 굶주리게 될 것이다. 이런 때 백성을 구휼하는 것을 급하게 여기지 않고 도리어 더욱 사치를 부리고 있으니, 이것이 이른바 '복은 거듭해서 오지 않고 화는 반드시 거듭해서 온다'라는 것이다."

높은 문을 완공했을 때 소후는 졸(卒)했으니, 결국 이 문을 나오지 못했다.

韓昭侯造作高門, 屈宜咎曰: "昭侯不出此門." 曰: "何也?" 曰: "不時. 吾所謂不時者, 非時日也. 人固有利不利, 昭侯嘗利矣, 不作高門. 往年秦拔宜陽, 明年大旱民飢, 不以此時恤民之急也, 而顧反益奢, 此所謂福不重至, 禍必重來者也!" 高門成, 昭侯卒, 竟不出此門.

13-15에서 주목해야 할 것은, 흔히 권도(權道)와 같은 뜻인 시중(時中-때에 적중함)의 시(時-때)는 시간을 뜻하는 것이 아니라 상황을 뜻하는 것임을 명백하게 보여주고 있다는 점이다.

13-16

전자안(田子顔)이 대술(大術)로부터 평릉성(平陵城) 아래로 이르러 가서, 남의 아들을 만나서는 그 아버지의 안부를 묻고 남의 아버지를 만나서는 그 아들의 안부를 물었다. 전자방(田子方)이 (이를 듣고서) 말했다.

"아마도 평릉을 근거지로 삼아 반란을 일으킬 것이다. 내가 듣건대 마음속으로 계획을 세운 다음에 겉으로 실행한다고 했다. 자안이 자기 백성 무리를 부리려는 마음이 심하도다."

뒤에 과연 평릉을 근거지로 삼아 반란을 일으켰다.

田子顏自大術至乎平陵城下, 見人子問其父, 見人父問其子. 田子方曰: "其以平陵反乎? 吾聞行於內, 然後施於外. 子顏欲使其衆甚矣." 後果以平陵叛.

13-16은 권모를 아는 사람은 미래에 일어날 일의 조짐을 읽는 데도 능하다는 것을 보여주는 사례다. 문맥은 앞의 13-15에서 이어진다.

13-17

진(晉)나라 사람들이 이미 지씨(智氏-지백(智伯))를 이기고 나서 돌아가 갑옷을 손보고 무기를 정비하니, 초나라 왕이 두려워하며 양공홍(梁公弘)을 불러 말했다.

"진나라 사람들이 이미 지씨를 이기고 나서 돌아가 갑옷을 손보고 무기를 정비하니, 아마도 우리와 전쟁을 하려는 것이리라."

양공이 말했다.

"(진나라에 대해서는) 근심하지 않으셔도 됩니다. 우리의 근심은 아마도 오나라에 있을 것입니다. 저 오나라 임금은 백성을 불쌍히 여겨 그들과 노고를 함께해서 백성으로 하여금 임금의 명령을 무겁게 여기도록 만들고 있습니다. 그래서 사람들이 자기 죽음을 가벼이 여기며 임금을 따르고 있어 마치 포로를 전쟁에 내몰듯이 만들고 있습니다. 신이 산에 올라 바라보니, 그들이 백성을 신뢰로 부리는 것이 보였습니다. 저들은 반드시 우리를 치려는 계획을 그치지 않을 것입니다. 오나라를 방비하는 것이 어떻겠습니까?"

들어주지 않았는데, 이듬해 (오왕) 합려(闔閭)가 (초나라 수도) 영(郢)을 습격했다.

晉人已勝智氏, 歸而繕甲砥兵(선갑지병), 楚王恐, 召梁公弘曰: "晉人已勝智氏矣, 歸而繕甲兵, 其以我爲事乎?" 梁公曰: "不患, 害其在吳乎? 夫吳君恤民而同其勞, 使其民重上之令, 而人輕其死以從上, 使如虜之戰. 臣登山以望之, 見其用百姓之信. 必也勿已乎? 其備之若何?" 不聽, 明年, 闔廬襲郢.

13-18

초나라 장왕(莊王)이 진(陳)나라를 치고자 사람을 시켜 살펴보고 오게 했다. 사자가 말했다.

"진나라를 쳐서는 안 됩니다."

장왕이 말했다.

"어째서인가?"

대답해 말했다.

"저들은 성곽이 높고 해자[溝壑]가 깊으며 쌓아놓은 재물과 식량이 많아서 그 나라가 평안했습니다."

왕이 말했다.

"진나라는 칠 수 있겠다. 저 진나라는 소국인데도 쌓아놓은 것이 많다 하니, 그렇다면 세금을 무겁게 거두었을 것이다. 세금이 무거우면 백성이 임금을 원망하고, 성곽이 높고 해자가 깊다면 백성의 힘이 피폐해졌을 것이다."

군사를 일으켜 쳐서 마침내 진나라를 차지했다.

楚莊王欲伐陳, 使人視之. 使者曰: "陳不可伐也." 莊王曰: "何故?" 對曰: "其城郭高, 溝壑深, 蓄積多, 其國寧也." 王曰: "陳可伐也. 夫陳小國也, 而蓄積多, 蓄積多則賦斂重, 賦斂重則民怨上矣. 城郭高, 溝壑深, 則民力罷矣." 興兵伐之, 遂取陳.

13-19

석익(石益)이 손백(孫伯)에게 일러 말했다.

"오나라는 장차 망할 터인데, 그대도 이를 알고 있소?"

손백이 말했다.

"늦었구려. 그대는 이제야 그것을 알았소? 내가 어찌 모르겠소!"

석익이 말했다.

"그렇다면 그대는 어찌 간언하지 않았소?"

손백이 말했다.

"옛날에 (하나라) 걸왕은 간언하는 자를 처벌했고 (은나라) 주왕은 빼어난 이를 불태워 죽이고 왕자 비간의 심장을 갈랐소. 원씨(袁氏)의 부인은 누에고치에서 실을 뽑다가 그 실마리를 잃어버렸는데, 그 첩이 그것을 알려주자 화를 내며 첩을 내쫓았지요. 무릇 망하게 하는 사람, 이런 사람이 어찌 자기 잘못을 알겠소?"

石益謂孫伯曰: "吳將亡矣! 吾子亦知之乎?" 孫伯曰: "晩矣. 子之知之也, 吾何爲不知?" 石益曰: "然則子何不以諫?" 孫伯曰: "昔桀罪諫者,紂焚聖人, 剖王子比干之心, 袁氏之婦, 絡而失其紀, 其妾告之, 怒棄之. 夫亡者, 豈斯人知其過哉?"

13-20

(한나라) 효선황제(孝宣皇帝) 때 곽씨들이 사치가 심하니, 무릉(茂陵) 사는 서(徐) 선생이 말했다.

"곽씨는 반드시 패망할 것이다. 무릇 남보다 높은 자리에 있으면서 사치를 하는 것은 망하는 길이다. 공자가 말하기를, '사치하면 공손하지 못하다'라고 했다. 무릇 공손하지 못한 자는 반드시 윗사람에게 기어오르려고 하는데, 윗사람에게 기어오르는 것은 거스르는 도리다. 남보다 높은 자리에 나아가면 사람들은 반드시 해치려 하는데, 지금 곽씨가 권세를 잡아 쥐고 있으니 천하 사람 중에 그들을 미워하고 해치려는 자들이 많다. 무릇 천하가 그들을 해치려 하고 또 도리를 거슬러 행동하니, 망하지 않고 무엇을 기다리랴!"

마침내 글을 올려, 곽씨가 사치하고 있으니 폐하께서 그들을 정말 아끼신다면 마땅히 때에 맞게 억제해서 그들이 패망에 이르지 않게 해야 할 것이라고 말했다. 글이 세 번 올라갔는데, 그때마다 "알겠다"라고만 답했다. 그 후에 곽씨는 과연 멸망했고, 동충(董忠) 등이 그 공로로 후(侯)에 봉해졌다.

사람 중에 서 선생을 위해 글을 올린 자가 있었다.

'신이 듣건대, 어떤 나그네가 주인집을 지나가게 되었는데 아궁이 굴뚝이 곧게 만들어져 있는 데다가 주변에는 땔감이 쌓여 있었습니다. 나그네가 그 주인에게 말하기를 "굴뚝은 굽게 만들고, 쌓아놓은 땔감은 멀리 둬야 합니다. 그렇지 않으면 장차 화재로 인한 근심이 있을 것입니다"라고 했습니다. 주인이 아무 말도 않고 호응하지 않았는데, 얼마 안 가서 그 집에 과연 불이 났습니다. 동네 사람들이 안타깝게 여겨 그를 구원해서 불이 다행히 꺼졌습니다. 이에 주인이 소를 잡아 술자리를 마련했는데, 머리카락이 타 붙고 불에 덴 사람을 맨 윗자리에 앉히고 나머지 사람들은 각각 기여한 바에 따라 차례대로 앉게 했는데 굴뚝을 굽게 만들라고 조언했던 사람은 초청 명단에 없었습니다. 만일 지난번에 주인이 나그네 말을 들었더라면 소와 술을 허비하지 않았을 것이고, 종국에는 화재로 인한 근심도 없었을 것입니다.

지금 무릉 사람 서복(徐福)이 여러 차례 글을 올려서 곽씨가 장차 변란을 일으킬 것이니 마땅히 방비해 끊어내라고 했습니다. 만일 지난번에 서복의 말을 시행했더라면 땅을 봉해주고 작위를 내려주는 허비가 없었을 것이니, 나라도 원래대로 평안했을 것입니다. 지금 지나간 일이야 이미 그만이지만, 그러나 서복 홀로 그 공로에 참여하지 못했습니다. 부디 폐하께서는 나그네가 땔감을 옮기고 굴뚝을 굽게 만들라고 했던 계책을 살펴보시어 (서복을) 머리카락이 타고 불에 덴 사람의 윗자리에 두십시오.'

글이 올라가자 선제는 사람을 시켜 서복에게 비단 10필을 내려주고 제배해 낭관(郎官)으로 삼았다.

孝宣皇帝之時, 霍氏奢靡, 茂陵徐先生曰: "霍氏必亡. 夫在人之右而奢, 亡之道也. 孔子曰: '奢則不遜.' 夫不遜者必侮上, 侮上者, 逆之道也. 出人之右, 人必害之, 今霍氏秉權, 天下之人疾害之者多矣. 夫天下害之而又以逆道行之, 不亡何待?" 乃上書言霍氏奢靡, 陛下即愛之, 宜以時抑制, 無使至於亡. 書三上, 輒報: "聞." 其後霍氏果滅, 董忠等以其功封. 人有爲徐先生上書者, 曰: "臣聞客有過主人者, 見竈直埃, 傍有積薪. 客謂主人曰: '曲其堗, 遠其積薪, 不者將有火患.' 主人默然不應, 居無幾何, 家果失火. 鄕聚里中人哀而救之, 火幸息. 於是 殺牛置酒, 燔髮灼爛者在上行, 餘各用功次坐, 而反不錄言曲堗者. 向使主人聽客之言, 不費牛酒, 終無火患. 今茂陵徐福數上書言霍氏且有變, 宜防絕之. 向使福說得行, 則無裂地出爵之費, 而國安平自如. 今往事既已, 而福獨不得與其功. 惟陛下察客徙薪曲堗之策, 而使居燔髮灼爛之右." 書奏, 上使人賜徐福帛十匹, 拜爲郞.

13-20은 곡돌사신(曲堗徙薪)의 고사로 유명하다.

13-21

제환공이 장차 산융(山戎)과 고죽(孤竹)을 치려고 하면서 사람을 시켜 노(魯)나라에 도움을 청했다. 노나라 임금이 여러 신하로 하여금 나아와 모의하게 하니, 모두 말했다.

"군대가 수천 리 행군을 해서 오랑캐 땅에 들어갈 경우 반드시 돌아오지 못할 것입니다."

이에 노나라가 도움을 주겠다고 허락해놓고도 실행하지를 않으니, 제나라는 이미 산융과 고죽을 친 다음에 군대를 노나라로 향하게 하려 했다. 관중이 말했다.

"안 됩니다. 제후들이 아직 우리와 친하지 않은데 지금 또 먼 나라를 치고서 돌아와 가까운 이웃 나라를 토벌하게 되면, 이웃 나라는 우리와 친하려 하지 않을 것이며 패왕(霸王)의 도리가 아닙니다. 임금께서 얻은 산융의 보기(寶器)는 중국에서 드문 것이니, 주공(周公)의 사당에 바치지 않으면 안 됩니다."

환공이 이에 산융의 보물을 나눠 그것을 주공의 사당에 바쳤다. 이듬해 군사를 일으켜 거(莒)나라를 칠 때 노나라는 (환공을 돕기 위해) 장정들을 징발했는데, 5척 동자까지 모두 나왔다. 공자가 말하기를 "빼어난 이는 화를 바꿔 복으로 만들고 원망을 은덕으로 갚는다[報怨以德]"라고 했는데, 바로 이를 두고 한 말이다.

齊桓公將伐山戎·孤竹, 使人請助於魯. 魯君進群臣而謀, 皆曰: "師行數千里, 入蠻夷之地, 必不反矣." 於是 魯許助之而不行, 齊已伐山戎·孤竹, 而欲移兵於魯. 管仲曰: "不可. 諸侯未親, 今又伐遠而還誅近鄰, 鄰國不親, 非霸王之道. 君之所得山戎之寶器者, 中國之所鮮也, 不可不進周公之廟乎?" 桓公乃分山戎之寶, 獻之周公之廟. 明年起兵伐莒, 魯下令丁男悉發, 五尺童子皆至. 孔子曰: "聖人轉禍爲福, 報怨以德", 此之謂也.

13-21에서 노나라가 이렇게 한 까닭은, 주공의 아들 백금(伯禽)에서 시작한 나라가 노나라이기 때문이다. 그런데 공자 자신은 『논어』「헌문(憲問)」편에서 전혀 다르게 말했다.

어떤 이가 물었다.
"은덕으로 원한(혹은 원망)을 갚는 것은 어떻습니까?"
공자가 말했다.
"그러면 은덕은 무엇으로 갚을 텐가? 원한은 곧음으로 갚고[報怨以直], 은덕은 은덕으로 갚아야 한다."

전체적으로 보면 곧음에 관한 한 『논어』 쪽이 맞다고 봐야 한다.

13-22

(춘추시대 진(晉)나라의 경(卿)) 중항문자(中行文子)가 탈출해서 변경에 이르렀을 때 종자가 말했다.

“이곳 농지를 관리하는 색부(嗇夫)는 주군의 사람인데 어찌 여기서 쉬지 않으십니까? 장차 뒤에 오는 수레를 기다리십시오.”

문자가 말했다.

“예전에 내가 음악을 좋아했을 때 이 사람은 나에게 거문고를 보내주었고, 내가 패옥을 좋아했을 때는 또 나에게 옥을 보내주었다. 이는 나의 허물을 지적하는 자가 아니라 나에게 잘 보여 용납받으려는 자다. 나는 그가 나를 갖고서 또 (다른 사람에게) 용납을 받으려 할까 봐 두렵다.”

결국 들어가지 않았다.

뒤에 오는 수레가 문으로 들어서자 문자는 색부가 있는 곳을 물어서 그를 잡아 죽였다.

중니(仲尼-공자)가 이를 듣고서 말했다.

“중항문자가 도리를 어기고 마땅함을 잃어버려 자기 나라를 도망치게 되었다가 뒤에는 그 도리를 터득해서 오히려 자기 몸을 살렸으니, 도리란 내버려서는 안 되는 것이 이와 같도다.”

中行文子出亡至邊, 從者曰: “爲此嗇夫者君人也, 胡不休焉, 且待後車者.” 文子曰: “異日吾好音, 此子遺吾琴, 吾好佩, 又遺吾玉. 是不非吾過者也, 自容於我者也. 吾恐其以我求容也.” 遂不入. 後車入門, 文子問嗇夫之所在, 執而殺之. 仲尼聞之, 曰: “中行文子背道失義以亡其國, 然後得之, 猶活其身, 道不可遺也, 若此.”

13-23

위(衛)나라 영공(靈公)이 평상복인 긴 홑옷을 입고서 부인들과 놀고 있었는데, 자공(子貢)이 공을 알현했다. 공이 말했다.

"위나라가 혹시 망하겠는가?"

대답해 말했다.

"옛날에 하나라 걸왕과 은나라 주왕은 자기 잘못을 받아들일 줄 몰랐기 때문에 망했고, (은나라를 세운) 성탕(成湯)과 (주나라를 세운) 문왕·무왕은 자기 잘못을 받아들일 줄 알았기 때문에 흥했습니다. 위나라가 어찌 이에 망하겠습니까?"

衛靈公襜被以與婦人遊, 子貢見公. 公曰: "衛其亡乎?" 對曰: "昔者夏桀, 殷紂不任其過故亡; 成湯·文武知任其過故興. 衛奚其亡也?"

13-23에 등장하는 위나라 영공은 『논어』「위령공(衛靈公)」편 첫머리에 등장한다.

> 위나라 영공이 공자에게 진법에 관해 묻자 공자가 이렇게 말했다.
> "제사 지내는 일에 관해서는 일찍이 들어본 적이 있지만, 군사를 다루는 일은 배우지 못했습니다."
> 그리고 다음 날 위나라를 떠났다.

이를 보면 영공은 정벌에 관심이 많았다. 그래서 공자는 "모릅니다"라고 하지 않고 "배우지 못했습니다"라고 말하고서 바로 다음 날 그 나라를 떠나버렸다. 이 점을 감안할 때 자공의 마지막 대답도 실제로 위나라가 망하지 않으리라는 것이라기보다는, 흥망성쇠의 두 가지 길 중에서 하나를 알아서 선택하라는 은근한 비판이었음을 쉽게 알 수 있다.

13-24

(진(晉)나라) 지백(智伯)이 위(魏)나라 선자(宣子)에게 땅을 달라고 청했으나 선자가 주지 않았다. 임증(任增)이 말했다.

"어째서 주지 않았습니까?"

선자가 말했다.

"저 사람이 아무런 까닭 없이 땅을 청하니, 나는 이 때문에 주지 않은 것이다."

임증이 말했다.

"저 사람이 아무런 까닭 없이 땅을 청했을 때 아무런 까닭 없이 준다면, 이는 그의 싫증을 모르는 탐욕을 가중시키는 것입니다. (땅을 주면) 저 사람은 기뻐해서 반드시 또 다른 제후들에게 땅을 달라고 청할 것이고, 제후들이 주지 않으면 반드시 노해 정벌할 것입니다."

선자가 말했다.

"좋은 말이다."

드디어 땅을 주었다. 지백이 기뻐해 또 조(趙)나라 (양자)에 땅을 청했으나 조나라는 주지 않았고, 지백은 노해 진양(晉陽)을 포위했다. 한(韓)나라 (강자)와 위(魏)나라 (선자)가 조나라와 연합해서 지씨에 반기를 드니, 지씨는 드디어 멸망했다.

智伯請地於魏宣子, 宣子不與. 任增曰: "何爲不與?" 宣子曰: "彼無故而請地, 吾是以不與." 任增曰: "彼無故而請地者, 無故而與之, 是重欲無厭也. 彼喜, 必又請地於諸侯, 諸侯不與, 必怒而伐之." 宣子曰: "善." 遂與地. 智伯喜, 又請地於趙, 趙不與, 智伯怒, 圍晉陽. 韓·魏合趙而反智氏, 智氏遂滅.

13-25

초나라 장왕이 진(晉)나라와 전쟁을 해 승리를 거두었으나, 제후들이 자기를 두려워할까 걱정해서 마침내 다섯 길 높이의 누대를 짓고는 누대를 완공하자 제후들을 불러 술자리를 마련했다. 제후들이 맹약을 맺을 것을 청하자 장왕이 말했다.

"나는 임금다움이 엷은 사람이오."

제후들이 술을 권하니, 마침내 고개를 들고서 말했다.

"높고 장엄한 누대요, 깊고 원대한 계책이로다. 내 말이 마땅하지 않거든 제후들은 나를 치시오."

이에 먼 곳의 제후들이 와서 조현했고, 가까운 곳의 제후들은 들어와 빈복(賓服)했다.

楚莊王與晉戰, 勝之, 懼諸侯之畏己也, 乃築爲五仞之臺, 臺成而觴諸侯. 諸侯請約, 莊王曰: "我薄德之人也." 諸侯請爲觴, 乃仰而曰: "將將之臺, 窅窅其謀. 我言而不當, 諸侯伐之." 於是 遠者來朝, 近者入賓.

13-25는 정확히 『논어』「자로(子路)」편에 나오는 공자의 말과 부합한다.

(초나라) 섭공(葉公)이 정치하는 도리에 관해 묻자 공자가 말했다.
"가까이에 있는 자들이 기뻐하고 멀리 있는 자들이 찾아오게 해야 한다."

13-26

오왕 부차(夫差)가 월(越)나라를 깨뜨리고 또 장차 진(陳)나라를 치려 했다. 초나라 대부들이 모두 두려워하며 말했다.

"옛날에 합려(闔閭)가 군사를 잘 써서 우리를 백거(柏擧)에서 깨뜨렸는데, 지금 듣건대 부차가 또한 군사를 더욱 잘 쓴다고 한다."

자서(子西)가 말했다.

"여러분은 서로 화목하지 못함을 걱정해야지, 오나라는 걱정할 것이 없습니다.

옛날에 합려는 밥을 먹을 때 두 가지 맛있는 반찬을 먹지 않았고, 평소 거처할 때는 자리를 겹으로 깔지 않았으며, (의복 등은) 잘 골라서 허비하는 일이 없었습니다. 나라 안에 있을 때 하늘에 재앙이 있으면 친히 곤경을 겪고 있는 사람들을 순시하며 필요한 것들을 제공했고, 군대에 있을 때는 익힌 음식을 먹은 자가 반 이상이 되고서야 자신도 밥을 먹었으며 자기가 맛본 음식은 졸병이라도 반드시 맛보게 했습니다. 이 때문에 백성은 피로하게 여기지 않았고, 죽더라도 헛되지 않다는 것을 알았습니다.

(그런데) 지금 부차는 사흘만 머물게 되어도 대사(臺榭-정자)와 피지(陂池-작은 못)를 만들고 잠자리는 비빈(妃嬪)들이 모십니다. 하루 행차에도 원하는 것을 반드시 이루고, 완호(玩好)하는 물건들을 반드시 가지고 다니며, 진기한 물건들을 모으고 있다고 합니다. 부차가 먼저 자기 스스로를 패망시킬 것인데 어찌 우리를 패망시킬 수 있겠습니까?"

吳王夫差破越, 又將伐陳. 楚大夫皆懼曰: "昔闔廬能用其衆, 故破我於柏擧. 今聞夫差又甚焉." 子西曰: "二三子, 恤不相睦也, 無患吳矣. 昔闔廬食不貳味, 處不重席, 擇不取費. 在國, 天有災, 親巡乏困而供之; 在軍, 食熟者半而後食, 其所嘗者, 卒乘必與焉. 是以 民不罷勞, 死知不曠. 今夫差, 次有臺榭陂池焉; 宿有妃嬙嬪御焉, 一日之行, 所欲必成, 玩好必從, 珍異是聚. 夫差先自敗己, 焉能敗我?"

13-27

월나라가 오나라를 깨뜨리고서는 초나라에 청하기를 군사를 동원해서 진(晉)나라를 치자고 하니, 초왕과 대부들이 모두 두려워하며 장차 그것을 허락하려 했다. 좌사(左史) 의상(倚相)이 말했다.

"이는 우리가 자기들을 공격할 것을 두려워해서 우리에게 자기들의 힘이 고갈되지 않았음을 보여주려는 것입니다. 청컨대 장곡(長轂-긴 전차) 1,000승과 병사 3만 명을 보내어 (월나라와) 더불어 오나라 땅을 나누고자 합니다."

장왕이 그 말을 받아들여 드디어 동국(東國-오나라 땅)을 차지했다.

越破吳, 請師於楚以伐晉, 楚王與大夫皆懼, 將許之. 左史倚相曰: "此恐吾攻己, 故示我不病. 請爲長轂千乘, 卒三萬, 與分吳地也." 莊王聽之, 遂取東國.

13-28

양호(陽虎)가 노나라에서 난을 일으켰다가 제나라로 달아나서 노나라로 군사를 보낼 것을 청했다. 제후(齊侯-제나라 임금)가 허락하자 포문자(鮑文子)가 말했다.

"안 됩니다. 양호는 제나라 군대를 깨뜨리려는 것입니다. 제나라가 깨지면 대신들이 반드시 많이 죽을 것이니, 이때 자기의 거짓 계책을 펼치려는 것입니다. 저 양호는 계씨(季氏)에게서 총애를 받았으면서도 장차 계손(季孫)을 죽여 노나라에 해악을 끼치려 했다가 (실패하자 제나라에 와서) 용납받으려는 것입니다. 지금 임금께서는 계씨보다 부유하고 노나라보다 크니, 이것이 바로 양호가 제나라를 기울게 해서 뒤엎으려는 속셈입니다. 노나라는 그 병통에서 벗어났는데, 임금께서 또 그를 거두신다면 해악이 없을 수 있겠습니까?"

제나라 임금이 마침내 그를 붙잡으려 하자 빠져나와 진(晉)나라로 달아났다.

陽虎爲難於魯, 走之齊, 請師於魯, 齊侯許之. 鮑文子曰: "不可也. 陽虎欲齊師破, 齊師破, 大臣必多死, 於是 欲奮其詐謀. 夫虎有寵於季氏而將殺季孫, 以不利魯國而容其求焉. 今君富於季氏而大於魯國, 玆陽虎所欲傾覆也. 魯免其疾, 而君又收之, 毋乃害乎?" 齊君乃執之, 免而奔晉.

13-28에 나오는 양호(陽虎)는 『논어』「양화(陽貨)」편에 양화라는 이름으로 등장한다. 「양화」편도 권도(權道)를 집중적으로 다루고 있는 편이다.

양화는 공자가 자신을 찾아와 만나보기를 원했으나 공자가 만나기를 거부하자 (공자가 없는 틈을 타서) 공자에게 삶은 돼지를 선물로 보냈다. 공자도 그가 없는 틈을 타서 사례를 하러 가다가 길에서 마주쳤다.
"이리 오라. 내 그대와 말을 하고 싶다. 훌륭한 보배를 품고서 나라를 어지럽게 하는 것을 어질다[仁] 할 수 있겠는가?"
"할 수 없소."

"(공직에) 종사하기를 좋아하면서 자주 때를 놓치는 것을 지혜롭다(知) 할 수 있겠는가?"

"할 수 없소."

"세월은 흘러가니, 세월이 나를 위해 기다려주지 않는다."

"알겠소. 내 장차 벼슬을 할 것이오."

물론 공자는 양화 아래에서 벼슬하지 않았다. 그러나 인(仁)과 지(知)를 들어 공자를 압박한 것을 보면 양화도 상당한 학식의 소유자였음을 알 수 있다.

13-29

탕왕(湯王)이 하나라 걸왕(桀王)을 치려 하자 이윤(伊尹)이 말했다.

"(걸왕에게 바치는) 공물을 줄이고서 그의 동정을 살피소서."

걸이 노해 구이(九夷)의 군사를 일으켜서 치러 오니, 이윤이 말했다.

"아직은 안 됩니다. 저 걸이 여전히 능히 구이(九夷)의 군사를 일으킬 수 있는 것으로 볼 때 이번 잘못은 우리 책임입니다."

탕이 마침내 사죄하고 복종할 것을 청하며 다시 공물을 들여보냈다. 이듬해 또 공물을 보내지 않으니 걸이 노해 구이의 군사를 일으켰는데, 구이의 군사들이 일어나지 않았다.

이윤이 말했다.

"이제 됐습니다."

탕은 마침내 군사를 일으켜 걸을 쳐서 전멸시키고는, 걸을 남소씨(南巢氏) 땅으로 추방했다.

湯欲伐桀, 伊尹曰: "請阻乏貢職以觀其動." 桀怒, 起九夷之師以伐之, 伊尹曰: "未可. 彼尙猶能起九夷之師, 是罪在我也." 湯乃謝罪請服, 復入貢職. 明年, 又不供貢職. 桀怒, 起九夷之師, 九夷之師不起. 伊尹曰: "可矣." 湯乃興師, 伐而殘之, 遷桀南巢氏焉.

13-30

(주나라) 무왕(武王)이 (은나라 마지막 천자) 주왕(紂王)을 칠 때, 통로를 통과하고 나면 언덕을 깎아서 길을 막고 물을 지나고 나면 배를 부서뜨리고 골짜기를 건너고 나면 다리를 끊고 산을 통과하고 나면 (식용 가능한) 내초(萊草)를 불태움으로써 백성에게 돌아갈 뜻이 없음을 보였다. 유융(有戎) 땅의 통로에 이르렀을 때 큰바람이 불어 깃발이 부러지자, 산의생(散宜生)이 간언해 말했다.

"이는 아마도 좋지 못한 징조일 것입니다."

무왕이 말했다.

"아니다. 하늘이 병사들을 내려다 준 것이다."

바람이 걷히고 이어서 큰비가 내려 물이 땅 곳곳에 흘러서 길이 막히자, 산의생이 또 간언해 말했다.

"이는 아마도 좋지 못한 징조일 것입니다."

무왕이 말했다.

"아니다. 하늘이 병사(혹은 무기)들을 씻겨준 것이다."

점을 치는데 거북 등에 붙인 불이 꺼지자, 산의생이 또 간언해 말했다.

"이는 아마도 좋지 못한 징조일 것입니다."

무왕이 말했다.

"제사하고 기도하는 일은 이롭지 못하고 적의 무리를 공격하는 것은 이로우니, 이것이 바로 불이 꺼진 까닭일 뿐이다."

이렇게 무왕은 하늘과 땅에 순응하면서도 세 가지 상서롭지 못한 일을 범해가면서 목야(牧野)에서 주왕을 사로잡았으니, 그만이 가진 독자적 안목이 정묘하다 하겠다.

武王伐紂, 過隧斬岸, 過水折舟, 過谷發梁, 過山焚萊, 示民無返志也. 至於有戎之隧, 大風折旆, 散宜生諫曰: "此其妖歟." 武王曰: "非也, 天落兵也." 風霽而乘以大雨, 水平地而嗇, 散宜生又諫曰: "此其妖歟." 武王曰: "非也, 天灑兵也." 卜而龜熸, 散宜生又諫曰: "此其妖歟." 武王曰: "不利以禱祠, 利以擊衆, 是熸之已." 故武王順天地, 犯三妖而禽紂於牧野, 其所獨見者精也.

13-31

진(晉)나라 문공(文公)이 형(荊-초)나라 사람들과 성복(城濮)에서 전쟁을 할 때 구범(咎犯)에게 물으니, 구범이 대답했다.

"마땅함을 따르는 임금은 신의에 대해 부족해하고, 전쟁을 마음에 둔 임금은 사술(詐術)에 대해 부족해합니다. 임금께서는 이에 사술을 쓰시면 될 뿐입니다."

임금이 옹계(雍季)에게 묻자 옹계가 대답해 말했다.

"숲에 불을 놓아 사냥을 하면 비록 많은 짐승을 잡기는 하겠지만 이듬해에는 더는 잡을 수가 없습니다. 또 연못을 마르게 해서 물고기를 잡으면 비록 많은 물고기를 잡기는 하겠지만 이듬해에는 더는 잡을 수가 없습니다. 사술을 쓰면 구차스럽게라도 유리하겠지만 뒤에는 더는 좋은 계책을 쓸 수가 없습니다."

드디어 형나라 군대와 싸워 그들을 크게 패배시켰는데, 상을 줄 때 옹계를 먼저 하고 구범을 뒤로했다.

모시는 자가 말했다.

"성복의 전쟁은 구범의 모의 덕분입니다."

임금이 말했다.

"옹계의 말은 백세에 이어질 계모(計謀)다. 구범의 말은 한때의 임시방편[權]일 뿐이다. 과인은 그래서 이미 그렇게 상을 내려준 것이다."

晉文公與荊人戰於城濮, 君問於咎犯. 咎犯對曰: "服義之君, 不足於信; 服戰之君, 不足於詐. 君其詐之而已矣." 君問於雍季, 雍季對曰: "焚林而田, 得獸雖多, 而明年無復也; 乾澤而漁, 得魚雖多, 而明年無復也. 詐猶可以偷利, 而後無報." 遂與荊軍戰, 大敗之, 及賞, 先雍季而後咎犯. 侍者曰: "城濮之戰, 咎犯之謀也!" 君曰: "雍季之言, 百世之謀也; 咎犯之言, 一時之權也. 寡人既行之矣."

13-31에서는 권(權)이 다소 부정적 의미인 미봉책(彌縫策)이나 임시방편 혹은 권모술수라는 뜻으로 사용하고 있다. 이야기는 다음에도 이어진다.

13-32

성복 전투 때 문공이 구범에게 일러 말했다.

"내가 전쟁에 대해 점을 치니 거북 등에 붙인 불이 꺼졌다. 우리는 세성(歲星-목성)을 마주하고 있었는데 초나라는 세성을 등지고 있었다. 혜성이 나타났을 때 저들은 그 자루를 잡고 있었고 우리는 그 끝자락을 잡고 있었다. 또 내가 꿈속에서 형왕과 치고받을 때 초왕은 위에 있고 나는 아래에 있었다. (그래서) 나는 전쟁을 하지 않았으면 싶은데, 그대는 어떻게 생각하는가?"

구범이 대답해 말했다.

"전쟁에 대해 점을 칠 때 거북 등에 붙인 불이 꺼졌다는 것은 곧 형나라 사람에게 해당하는 것입니다. 우리는 세성(歲星-목성)을 마주하고 있고 초나라는 세성을 등지고 있었다는 것은, 저들은 달아나고 우리는 쫓아가는 것입니다. 혜성이 나타났을 때 저들은 그 자루를 잡고 있었고 우리는 그 끝자락을 잡고 있었다는 것은, 빗자루라면 땅을 쓸 때 저들이 유리하겠지만 공격하는 데는 우리가 유리합니다. 임금께서 꿈에 형왕과 치고받을 때 초왕이 위에 있고 내가 아래에 있었다는 것은, 임금께서는 하늘을 쳐다본 것이고 형왕은 자기 죄에 엎어진 것입니다. 또한 우리는 송나라와 위(衛)나라를 주력으로 삼고 있고 제나라와 진(秦)나라가 우리를 돕고 있으니, 우리는 하늘의 도리에 합치될 뿐 아니라 다만 사람의 일만으로도 실로 장차 이길 수 있을 것입니다."

문공이 그것을 따르자 형나라 사람들이 대패했다.

城濮之戰, 文公謂咎犯曰: "吾卜戰而龜熸. 我迎歲, 彼背歲. 彗星見, 彼操其柄, 我操其標. 吾又夢與荊王搏, 彼在上, 我在下. 吾欲無戰, 子以爲何如?" 咎犯對曰: "卜戰龜熸, 是荊人也. 我迎歲, 彼背歲, 彼去我從之也. 彗星見, 彼操其柄, 我操其標, 以掃則彼利, 以擊則我利. 君夢與荊王搏, 彼在上, 君在下, 則君見天而荊王伏其罪也. 且吾以宋衛爲主, 齊秦輔我, 我合天道, 獨以人事固將勝之矣." 文公從之, 荊人大敗.

13-33

월(越)나라에 기근이 들어 구천(句踐)이 근심하자, 사수(四水)가 간언을 올렸다.

"이 기근은 월나라에게는 복이요 오나라에게는 화입니다. 저 오나라는 매우 부유해서 재물이 넉넉하고, 그 임금은 이름 내기를 좋아해서 후환을 생각지 않습니다. 만일 우리가 겸손한 말과 많은 폐물로써 오나라에 양식을 팔라고 청하면 오나라는 반드시 우리에게 줄 것이고, 그 양식이 우리에게 오면 오나라를 차지할 수 있습니다."

월왕이 그것을 따랐다. 오나라가 장차 양식을 주려 하자, 자서(子胥)가 간언해 말했다.

"안 됩니다. 무릇 오나라와 월나라는 땅을 맞대고 있고 국경이 인접해서 길이 쉽게 통하는데, 원수와 적이 되어 서로 전쟁을 하는 나라들입니다. 오나라가 월나라를 소유하지 못한다면 반드시 월나라가 오나라를 소유하게 될 것입니다. 제나라와 진(晉)나라는 능히 삼강(三江)과 오호(五湖)를 건너와서 오와 월을 멸망시킬 수가 없습니다. 그러니 이참에 월나라를 공격하는 것이 낫습니다. 이는 우리 선왕 합려께서 패자가 된 까닭이기도 합니다. 또 저 기근이란 무엇입니까? 실로 깊은 연못과도 같습니다. 정벌에 실패하는 일이 어느 나라인들 없겠습니까? 임금께서 만약에 월나라를 공격하지 않고 양식을 보내주신다면 이로움이 사라지고 흉함이 이르며 재물이 결핍되어 백성이 원망할 것이니, 그때 가서 뉘우친들 어쩔 수가 없을 것입니다."

오왕이 말했다.

"내가 듣건대 의로운 군대는 복종한 자를 공격하지 않고, 어진 사람은 기근에 시달리는 사람을 먹여준다고 했다. 지금 복종했는데 저들을 공격한다는 것은 설사 10개의 월나라를 얻는다 해도 나는 하지 않을 것이다."

드디어 양식을 내어주었다. 3년 뒤에 오나라 또한 기근이 들어 월나라에 양식을 청했으나, 월왕이 주지 않고 공격해서 드디어 오나라를 깨뜨렸다.

越饑, 句踐懼, 四水進諫曰: "夫饑, 越之福也, 而吳之禍也. 夫吳國甚富而財有餘, 其君好名而不思後患. 若我卑辭重幣以請糴於吳, 吳必與我, 與我則吳可取也." 越王從之. 吳將與之, 子胥諫曰: "不可. 夫吳越接地鄰境, 道易通, 仇讎敵戰之國也. 非吳有越, 越必有吳矣, 夫齊晉不能越三江五湖以亡吳越, 不如因而攻之. 是吾先王闔廬之所以霸也. 且夫饑何哉? 亦猶淵也. 敗伐之事, 誰國無有? 君若不攻而輸之糴, 則利去而凶至, 財匱而民怨, 悔無及也." 吳王曰: "吾聞義兵不攻服, 仁人食餓饑. 今服而攻之, 雖得十越, 吾不爲也." 遂與糴. 三年, 吳亦饑, 請糴於越, 越王不與而攻之, 遂破吳.

13-34

(진(晉)나라 대부) 조간자가 성하(成何)와 섭타(涉他)를 사신으로 보내 위나라 영공과 전택(鄟澤)에서 맹약을 맺게 했는데, 영공이 삽혈의 맹약을 하지 않았다. 성하와 섭타가 영공의 손을 이끌어 억지로 누르자 영공이 화가 나서 조씨를 배반하려 했다. 왕손상(王孫商)이 말했다.

"임금께서 조씨를 배반하시려는 것은 백성과 함께 조씨를 미워함만 못합니다."

공이 말했다.

"어째야 하는가?"

대답해 말했다.

"신으로 하여금 나라에 다음과 같은 명을 내리게 하시기를 청합니다.

'고모, 누이, 누이동생, 딸이 있으면 집집마다 한 사람씩 조씨에게 인질로 보내겠다.'

그러면 백성은 반드시 조씨를 원망할 것이니, 임금께서는 그 틈을 타서 조씨를 배반하시면 됩니다."

임금이 말했다.

"좋도다."

마침내 영을 내리고 사흘 후에 인질들을 징발해서 닷새 만에 마치니, 나라 사람들이 길거리에서 통곡을 했다. 임금이 이에 나라의 대부들을 모아서 모의해 말했다.

"조씨가 무도하니 배반해도 되겠는가?"

대부들이 모두 말했다.

"됩니다."

마침내 서문으로만 출입하고 동문은 폐쇄했다. 조씨가 이를 듣고서는 섭타를 포박해 목을 베고서 위나라에 사과하니, 성하는 연(燕)나라로 달아났다. 자공이 말했다.

"왕손상은 계책을 잘 썼다고 할 수 있다. 어떤 사람을 미워해서 능히 그를 해쳤고, 환란이 있자 잘 처리했으며, 백성을 이용해 능히 귀의하게 했다. 한 가지 일로써 세 가지 일을 모두 해결했으니 계책을 잘 썼다고 할 수 있다."

趙簡子使成何·涉他與衛靈公盟於鄟澤, 靈公未喋盟. 成何·涉他捘靈公之手而撙之, 靈公怒, 欲反趙. 王孫商曰: "君欲反趙, 不如與百姓同惡之." 公曰: "若何?" 對曰: "請命臣令於國曰: '有姑姊妹女者, 家一人質於趙.' 百姓必怨, 君因反之矣." 君曰: "善." 乃令之三日, 遂徵之五日, 而令畢, 國人巷哭. 君乃召國大夫而謀曰: "趙爲無道, 反之可乎?" 大夫皆曰: "可." 乃出西門, 閉東門. 越氏聞之, 縛涉他而斬之, 以謝於衛, 成何走燕. 子貢曰: "王孫商可謂善謀矣. 憎人而能害之; 有患而能處之; 欲用民而能附之. 一擧而三物俱至, 可謂善謀矣."

13-34에 나오는 왕손상(王孫商)은 『논어』「팔일(八佾)」편과 「헌문(憲問)」편에 나오는 왕손가(王孫賈)를 가리키는 듯하다. 상(商)과 가(賈)는 둘 다 '장사', '상인'을 뜻한다.

왕손가가 (자신의 임금 영공을 알현하고 나오는) 공자에게 이런 질문을 던졌다.
"아랫목신에게 잘 보이기보다는 차라리 부뚜막신에게 잘 보이라는 말이 있는데, 무슨 뜻입니까?"
공자가 말했다.
"그렇지 않습니다. 하늘에 죄를 얻게 되면 어디 가서 빌 곳도 없습니다."

이는 「팔일」편에 나오는 일화인데, 왕손가가 실권은 없는 임금, 즉 아랫목신에게 잘 보이기보다는 병권을 쥐고 있는 자기 자신, 즉 부뚜막신에게 잘 보이라고 은근히 권유하는 장면이다. 그러나 공자는 하늘을 들어 단호하게 거부했다. 이어 「헌문」편에 나오는 왕손가에 대한 평이다.

공자가 위령공의 무도함에 대해 비판하자 계강자가 말했다.
"사정이 이러한데 어찌 그 지위를 잃지 않는가?"
공자가 말했다.

“중숙어가 빈객을 다스리는 외교를 맡아 잘하고 있고 축타가 종묘를 맡아 잘하고 있으며 왕손가가 군대를 맡아 잘 다스리고 있으니, 무릇 사정이 이러한데 어찌 그 지위를 잃겠습니까?”

즉 영공은 비록 무도했지만, 사람을 적재적소에 잘 썼기 때문에 자리를 지킬 수 있었다는 말이다. 그중에 왕손가에 대해서는 “군대를 맡아 잘 다스리고 있다”라고 했다.

13-35

초나라 성왕(成王)이 제후들을 모이게 하고서 노나라 임금을 마부로 삼자, 노나라 임금이 대부들을 불러서 모의해 말했다.

“내 나라가 비록 작은 나라지만 실로 주나라가 세워준 나라다. (그런데) 지금 성왕이 나를 마부로 삼았으니 될 일인가?”

대부들이 모두 말했다.

“안 됩니다.”

공의휴(公儀休)가 말했다.

“초왕의 말을 듣지 않을 수 없으니, (그렇지 않으면) 몸이 죽고 나라는 망하게 될 것입니다. 임금의 신하는 곧 임금의 소유이지만, 백성을 위하는 것이 임금입니다.”

노나라 임금은 드디어 (초왕의) 마부가 되었다.

楚成王贊諸侯, 使魯君爲僕. 魯君致大夫而謀曰: “我雖小, 亦周之建國也. 今成王以我爲僕, 可乎?” 大夫皆曰: “不可.” 公儀休曰: “不可不聽楚王, 身死國亡. 君之臣乃君之有也; 爲民, 君也!” 魯君遂爲僕.

13-35에서 노나라 임금이 마부가 되었다는 것은 곧 노나라가 초나라 속국이 되었다는 뜻이다.

13-36

제경공이 자기 딸을 합려에게 시집보냈다. 교외에서 전송하는데, 울면서 말했다.

"내가 죽을 때까지 너를 보지 못하겠구나!"

고몽자(高夢子)가 말했다.

"우리 제나라는 바다를 등지고 있고 높은 산들이 많으니, 설사 천하를 모두 거둬들이지는 못한다 하더라도 누가 우리 임금을 범할 수 있겠습니까? 따님을 사랑하신다면 보내지 마십시오."

공이 말했다.

"내가 견고한 제나라를 소유하고 있다고 하지만 능히 제후들을 부릴 수는 없고, 게다가 다른 제후의 요구를 제대로 들어주지 않는다면 이는 난이 일어나게 하는 것이다. 과인이 듣건대 남을 부릴 수 없다면 차라리 따르는 것이 낫다고 했다. 또 저 오나라는 벌이나 전갈과 같아서 남에게 독을 쏘지 않으면 가만있지 못할 것이니, 나는 그 독이 나를 향할까 두렵다."

드디어 딸을 보냈다.

齊景公以其子妻闔廬. 送諸郊, 泣曰: "余死不汝見矣." 高夢子曰: "齊負海而縣山, 縱不能全收天下, 誰干我君? 愛則勿行!" 公曰: "余有齊國之固, 不能以令諸侯, 又不能聽, 是生亂也. 寡人聞之, 不能令則莫若從. 且夫吳若蜂蠆然, 不棄毒於人則不靜, 余恐棄毒於我也." 遂遣之.

13-37

제나라가 정나라의 태자 홀(忽)을 사위로 삼고 싶어 했으나 태자 홀이 사양했다.

어떤 사람이 그 이유를 물으니 태자가 말했다.

"사람에게는 각기 맞는 짝이 있다. 제나라는 큰 나라라서 내 짝이 아니다. 『시경』에 이르기를 '스스로 많은 복을 구한다'라고 했으니, 나에게 달렸을 뿐이다."

뒤에 융(戎)이 제나라를 치자 제나라는 정나라에 군사를 청하니, 정나라 태자 홀이 군사를 이끌고 제나라를 구원해서 융의 군사를 대패시켰다.

제나라가 또 그를 사위로 삼고 싶어 했는데, 태자가 고사했다. 어떤 사람이 그 이유를 묻자 대답해 말했다.

"제나라에 아무 일이 없을 때도 나는 오히려 감히 장가를 들지 못했다. (그런데) 지금 임금의 명으로 제나라의 위급함을 구하러 왔다가 아내를 맞아들이고 돌아간다면, 사람들은 나를 두고서 군사 동원을 이용해 혼인했다고 할 것이다."

끝내 사양했다.

齊欲妻鄭太子忽, 太子忽辭. 人問其故, 太子曰: "人各有偶, 齊大, 非吾偶也. 詩云: '自求多福', 在我而已矣." 後戎伐齊, 齊請師于鄭, 鄭太子忽率師而救齊, 大敗戎師. 齊又欲妻之, 太子固辭. 人問其故, 對曰: "無事於齊, 吾猶不敢. 今以君命救齊之急, 受室以歸, 人其以我爲師婚乎?" 終辭之.

13-38

공자가 칠조마인(漆雕馬人)에게 물었다.

"그대는 장문중(臧文仲)·장무중(臧武仲)·유자용(孺子容)을 섬겼는데, 세 대부 중에서 누가 뛰어난가?"

칠조마인이 대답해 말했다.

"장씨 집 안에는 거북이 있는데, 그 명칭을 채(蔡)라고 합니다. 문중은 대부로 세워져 3년 동안에 거북으로 한 번 점을 쳤고, 무중은 대부로 세워져 3년 동안에 거북으로 두 번 점을 쳤고, 유자용은 대부로 세워져 3년 동안에 거북으로 세 번 점을 쳤는데, 저는 그때마다 옆에 있었습니다. 그러나 저 세 대부의 뛰어남의 여부는 저로서는 알지 못하겠습니다."

공자가 말했다.

"군자로다, 칠조씨의 아들이여! 다른 사람의 아름다운 점을 말할 때는 숨기는 듯한 가운데 보여주고 남의 허물을 말할 때는 은미한 듯한 가운데 드러내는구나! 지혜가 일을 해결하는 데 미치지 못하고 눈 밝음이 일의 결과를 미리 보지 못한다면 자주 점을 치지 않겠는가!"

孔子問漆雕馬人曰: "子事臧文仲·武仲·孺子容, 三大夫者, 孰爲賢?" 漆雕馬人對曰: "臧氏家有龜焉, 名曰蔡. 文仲立三年爲一兆焉; 武仲立三年爲二兆焉; 孺子容立三年爲三兆焉, 馬人立之矣. 若夫三大夫之賢不賢, 馬人不識也." 孔子曰: "君子哉! 漆雕氏之子. 其言人之美也, 隱而顯; 其言人之過也, 微而著. 故智不能及, 明不能見, 得無數卜乎?"

13-38에 나오는 칠조마인은 『논어』「공야장(公冶長)」편에 등장하는 칠조개(漆彫開)와 연관이 있는 인물로 보인다.

공자가 제자 칠조개에게 관직에 나아갈 것을 권하자 칠조개는 "저는 벼슬에 대해 아직 자신할 수 없습니다"라고 답했다. 공자가 기뻐했다.

칠조개가 진심으로 사양했기에, 공자는 그가 자중(自重)하는 사람임을 알아보고서 기뻐한 것이다. 이어 같은 「공야장」편에 장문중에 대한 언급이 나온다.

공자가 말했다.
"장문중은 큰 거북(蔡)을 보관하되 기둥머리의 두공에는 산을 조각하고 들보 위의 동자기둥에는 수초의 하나인 마름을 그렸으니, 어찌 그를 일컬어 사리를 아는 사람(知=知者)이라 하겠는가?"

즉 사리에 따르지 않고 점에 의존했다는 점을 공자는 비판하고 있다. 「위령공(衛靈公)」편에서는 장문중에 대해 더욱 비판적으로 언급하고 있다.

공자가 말했다.
"장문중은 지위를 도둑질한 자(竊位者)라 할 것이다. 유하혜가 뛰어나다는 것을 알고서도 더불어 조정에 서지 않았다."

이어 「헌문(憲問)」편에도 장무중에 대한 언급이 두 번 나온다. 둘을 함께 읽으면 대략 장무중이 어떤 사람인지를 알 수 있다.

자로가 완성된 인간(成人)에 관해 묻자 공자가 말했다.
"만일 장무중의 지략과 맹공작의 욕심내지 않음과 변장자의 용맹과 염구의 유연성을 합친데다가 예악으로써 꾸며낸다면 이 역시 성인이라 할 것이다."

공자가 말했다.

"장무중이 방읍을 근거지로 삼아서 노나라에 후계자를 세울 것을 요구했으니, 비록 임금에게 직접 강요하지는 않았다고들 말을 하지만 나는 그것을 믿지 않는다."

장무중의 지략을 드러내고 있지만 그다지 긍정적인 평가는 아니라고 하겠다. 한마디로, 지략은 뛰어났는지 모르지만 일의 이치를 모르는(惑) 사람이라는 말이다.

13-39

안릉전(安陵纏)은 안색이 아름답고 건장해서 초나라 공왕(共王)의 총애를 받았다.

강을(江乙)이 가서 안릉전을 만나보고 말했다.

"그대 선조 중에서 혹시 화살을 쏘거나 돌을 던져 왕을 위해 전공을 세운 적이 있습니까?"

말했다.

"없습니다."

강을이 말했다.

"그대 자신이 혹시 또 공로가 있습니까?"

말했다.

"없습니다."

강을이 말했다.

"그대는 어떻게 해서 이렇게까지 귀함에 이르렀습니까?"

말했다.

“저는 그 까닭을 알지 못합니다.”

강을이 말했다.

“내가 듣건대, 재물로 남을 섬기는 자는 재물이 다 떨어지고 나면 교류가 소원해지고, 미색으로 남을 섬기는 자는 화려함이 다 떨어지고 나면 애정이 식는다고 했소. 지금 그대의 화려함도 때가 되면 다 떨어질 텐데, 그대는 앞으로 어떻게 해서 왕의 총애를 오래 받으며 그 사랑이 풀어 없어지지 않게 할 것이오?”

안릉전이 말했다.

“신은 나이가 어려 어리석고 비루하니, 바라건대 선생의 지혜에 저를 맡기고자 합니다.”

강을이 말했다.

“오직 임금을 따라 죽겠다고 할 뿐이오.”

안릉전이 말했다.

“삼가 가르침을 따르겠습니다.”

강을이 떠나갔다. 1년이 지나 (강을이) 안릉전을 만나서 일러 말했다.

“전날 그대에게 일깨워준 바를 왕에게 말씀드렸소?”

말했다.

“아직 못했습니다.”

1년이 지나자 강을이 또 안릉전을 만나서 말했다.

“그대는 혹 왕에게 말씀드렸소?”

안릉전이 말했다.

“신은 아직 왕께 말씀드릴 기회가 없었습니다.”

강을이 말했다.

“그대는 나갈 때 왕과 함께 수레에 오르고 들어와서는 왕과 함께 자리에 앉는데, 3년이 되도록 왕께 말씀드릴 기회를 얻지 못했다는 것이오? 그대는 내가 한 말을 그르다고 여긴 것일 뿐이오."

불쾌해하면서 떠나갔다. 그해에 공왕이 강저(江渚) 들판으로 사냥을 갔다. 들판의 불길이 마치 무지개 같았고 호랑이와 이리가 울부짖는 소리는 마치 우레와 같았는데, 광분한 외뿔소가 남쪽에서 달려와 곧바로 왕이 탄 수레의 왼쪽 말을 들이받으려 했다. 왕이 깃발을 들어 활 잘 쏘는 사람을 시켜서 활을 쏘게 하니 단 한 발에 외뿔소는 수레 아래에서 죽었다. 왕은 크게 기뻐하며 박수를 치면서 웃다가, 안릉전을 돌아보며 말했다.

"내가 죽고 나면 그대는 장차 누구와 함께 이 즐거움을 누릴 것인가?"

안릉전은 이에 머뭇거리다가 뒤로 물러나면서 눈물을 떨구어 옷깃을 적시고는 왕을 껴안으며 말했다.

"왕께서 돌아가시면 신도 장차 따라 죽을 텐데, 이런 즐거움을 함께 누릴 자가 누구인지를 어찌 알겠습니까?"

이에 공왕은 마침내 수레 앞에서 안릉전에게 300호를 봉해주었다. 그러므로 말하기를 "강을은 계책을 잘 세웠고[善謀] 안릉전은 때를 알았다[知時]"라고 한다.

安陵纏以顔色美壯, 得幸於楚共王. 江乙往見安陵纏, 曰: "子之先人豈有矢石之功於王乎?" 曰: "無有." 江乙曰: "子之身豈亦有乎?" 曰: "無有." 江乙曰: "子之貴何以至於此乎?" 曰: "僕不知所以." 江乙曰: "吾聞之, 以財事人者, 財盡而交疏; 以色事人者, 華落而愛衰. 今子之華, 有時而落, 子何以長幸無解於王乎?" 安陵纏曰: "臣年少愚陋, 願委智於先生." 江乙曰: "獨從爲殉可耳." 安陵纏曰: "敬聞命矣!" 江乙去. 居朞年, 逢安陵纏, 謂曰: "前日所諭子者, 通於王乎?" 曰: "未可也." 居朞年. 江乙復見安陵纏曰: "子豈諭王乎?" 安陵纏曰: "臣未得王之間也." 江乙曰: "子出與王同車, 入與王同坐. 居三年, 言未得王之間, 子以吾之說未可耳." 不悅而去. 其年, 共王獵江渚之野. 野火之起若雲蜺, 虎狼之嗥若雷霆, 有狂兕從南方來, 正觸王左驂, 王舉旌旄, 而使善射者射之, 一發, 兕死車下. 王大喜, 拊手而笑, 顧謂安陵纏曰: "吾萬歲之後, 子將誰與斯樂乎?" 安陵纏乃逡巡而卻, 泣下沾衿, 抱王曰: "萬歲之後, 臣將從為殉, 安知樂此者誰?" 於是 共王乃封安陵纏於車下三百戶. 故曰: "江乙善謀, 安陵纏知時."

13-39의 요체는 한마디로 시중(時中)이다.

13-40

(춘추시대 초나라 성왕(成王)의) 태자 상신(商臣)이 영윤(令尹-재상) 자상(子上)을 원망했다. 초나라가 진(陳)나라를 공격하자 진(晉)나라가 진을 도우니, 두 나라가 저수(泜水)를 사이에 두고 군진을 펼쳤다. (진(晉)나라 대부) 양처보(陽處父)는 상신이 자상을 원망한다는 것을 알고는 그 틈을 타서 자상에게 일러 말했다.

"조금만 퇴각해 있으면 나는 강을 건너 그대를 따르겠소."

자상이 물러나자 그 틈을 타고 진나라의 군대에 영을 내렸다.

"초나라가 물러갔다."

그리고 사람을 시켜서 상신에게 일러 말했다.

"자상이 우리 진나라의 뇌물을 받고서 물러났습니다."

상신이 이를 성왕에게 고하니, 성왕이 드디어 자상을 죽였다.

太子商臣怨令尹子上也. 楚攻陳, 晉救之, 夾泜水而軍. 陽處父知商臣之怨子上也, 因謂子上曰: "少卻, 吾涉而從子." 子上卻, 因令晉軍曰: "楚遁矣." 使人告商臣曰: "子上受晉賂而去之." 商臣訴之成王, 成王遂殺之.

13-40은 양처보의 전형적인 권모술수(權謀術數)를 보여준다. 권모술수를 쓸 때는 치밀한 정보전과 정확한 기회 포착[時中]이 핵심이다.

13-41

지백이 위(衛)나라를 습격하고자 일부러 말 4마리가 끄는 수레 1대를 보내면서 먼저 벽옥 하나를 보냈다. 위나라 임금이 크게 기뻐해 술자리를 마련했고 여러 대부도 모두 기뻐했는데, 남문자(南文子) 홀로 기뻐하지 않고 (오히려) 근심하는 낯빛을 보였다. 위나라 임금이 말했다.

"대국이 과인을 예우하기에 과인이 대부들에게 술자리를 베풀고 대부들도 다 기뻐하는데, 그대 홀로 기뻐하지 않고 (오히려) 근심하는 낯빛을 보이는 것은 어째서인가?"

남문자가 말했다.

"아무런 까닭도 없이 받는 예우와 아무런 공로도 없이 받는 상은 재앙의 조짐[先=兆]입니다. 우리가 아직 저들에게 뭘 보낸 것이 없는데 저들이 예물을 보내왔으니, 이 때문에 근심하는 것입니다."

이에 위나라 임금은 마침내 다리와 나루를 정비하고 변방의 성들을 손질했다. 지백은 위나라 군대가 변경에 있다는 소식을 듣고는 마침내 돌아갔다.

智伯欲襲衛, 故遺之乘馬, 先之一璧. 衛君大悅, 酌酒, 諸大夫皆喜, 南文子獨不喜, 有憂色. 衛君曰: "大國禮寡人, 寡人故酌諸大夫酒, 諸大夫皆喜, 而子獨不喜, 有憂色者, 何也?" 南文子曰: "無方之禮, 無功之賞, 禍之先也. 我未有往, 彼有以來, 是以 憂也." 於是 衛君乃修梁津而擬邊城. 智伯聞衛兵在境上, 乃還.

13-41의 핵심은 "아무런 까닭도 없이 받는 예우와 아무런 공로도 없이 받는 상은 재앙의 조짐[先=兆]입니다"라는 남문자 말이다. 이는 사세(事勢)보다는 사리(事理)에 속하는 사례다. 당연히 사리를 잘 알아야 사세로 나아갈 수 있다.

13-42

지백이 위나라를 습격하고자 마침내 거짓으로 그 태자(-장남) 안(顔)으로 하여금 망명해서 위나라로 달아나게 했다.

남문자가 말했다.

"태자 안은 그 나라 주군의 아들이니 심히 사랑받을 것인데, 큰 죄가 없는데도 도망쳐 오다니요? 분명 연유가 있을 것입니다. 그러나 다른 사람이 망명해 왔을 때 받아주지 않으면 상서롭지 못합니다."

관리를 보내 그를 맞이하게 하고서 말했다.

"수레가 5대가 넘거든 삼가 받아들여서는 안 될 것이다."

지백은 그것을 듣고서 마침내 습격 계획을 그쳤다.

智伯欲襲衛, 乃佯亡其太子顔, 使奔衛. 南文子曰: "太子顔之爲其君子也, 甚愛, 非有大罪也, 而亡之? 必有故! 然人亡而不受不祥." 使吏逆之, 曰: "車過五乘, 愼勿內也." 智伯聞之, 乃止.

13-43

(춘추시대 진(晉)나라의 대부) 숙향이 장홍(萇弘)을 죽이고자 주(周)나라에 가서 장홍을 여러 차례 만나보고는 거짓 편지를 보냈는데, 편지는 이러했다.

'장홍이 숙향에게 말하기를 "그대가 진나라 군대를 일으켜 주나라를 공격하면 나는 유씨(劉氏)를 폐하고 선씨(單氏)를 세우겠소"라고 했다.'

유씨가 (이 일을 처리해줄 것을) 주나라 임금에게 청하면서 말했다.

"이것이 장홍이 한 짓입니다."

마침내 장홍을 죽였다.

叔向之殺萇弘也, 數見萇弘於周, 因佯遺書曰: '萇弘謂叔向曰: "子起晉國之兵以攻周, 吾廢劉氏而立單氏."' 劉氏請之君曰: "此萇弘也." 乃殺之.

13-43에서 숙향이 한 짓은 권모라기보다는 술수에 가깝다 하겠다.

13-44

초나라 공자 오(午)가 진(秦)나라에 사신으로 갔는데 진나라는 그를 가두었다. 그의 동생이 숙향에게 300금을 바치니, 숙향이 (진(晉)나라) 평공(平公)에게 일러 말했다.

"어째서 호구(壺丘)에 성을 쌓지 않으십니까? 진(秦)나라와 초나라는 우리가 호구에 성을 쌓을까 봐 걱정하고 있습니다. 만약에 진나라가 우리를 두려워하게 되면 공자 오를 돌려보내고 우리가 성 쌓는 일을 저지할 것이니, 임금께서는 그때 가서 성 쌓기를 중단시키십시오. 그러면 난도 생겨나지 않을 것이고, 초나라는 반드시 임금의 은혜에 감사할 것입니다."

평공이 말했다.

"좋다."

마침내 성을 쌓았다. 진나라가 두려워해 드디어 공자 오를 돌려보내고 진(晉)나라에 사신을 보내니, 진(晉)나라 사람들이 성 쌓기를 철회했다. 초나라는 부렴 300수레를 진(晉)나라에 바쳤다.

楚公子午使於秦, 秦囚之. 其弟獻三百金於叔向, 叔向謂平公曰: "何不城壺丘? 秦楚患壺丘之城. 若秦恐而歸公子午, 以止吾城也. 君乃止, 難亦未構, 楚必德君." 平公曰: "善." 乃城之. 秦恐, 遂歸公子午, 使之晉, 晉人輟城. 楚獻晉賦三百車.

13-45

조간자가 사람을 보내 광채가 나는 수레 6대를 위나라에 보내면서, 먼저 벽옥 하나를 보냈다. 위나라 숙문자(叔文子)가 말했다.

"예기치 못한 사태를 볼 줄 알아야 살아남을 수 있습니다. 이것이 바로 소국이 대국을 섬기는 방법입니다만, 지금 우리가 아무것도 보내지 않았는데 간자가 먼저 예물을 보내왔으니 반드시 연유가 있을 것입니다."

이에 (적이 숨어들지 못하도록) 숲의 나무를 베어내고 동산의 울타리를 없애며 재물을 쌓은 다음에, (은혜에 감사하는) 사자를 보내 사례했다. 간자가 말했다.

"내가 하는 일을 저들이 알지 못하리라 여겼다. 그런데 지금 이미 그것을 알아버렸으니, 마침내 위나라에 대한 포위를 풀도록 하라."

趙簡子使人以明白之乘六, 先以一璧, 爲遺於衛. 衛叔文子曰: "見不意, 可以生. 故此小之所以事大也, 今我未以往, 而簡子先以來, 必有故." 於是 斬林除圍, 聚斂蓄積, 而後遣使者. 簡子曰: "吾擧也, 爲不可知也. 今既已知之矣, 乃輟圍衛也."

13-45는 13-41의 남문자 이야기와도 통한다.

13-46

정나라 환공(桓公)이 장차 회(鄶)나라를 습격하고자 해서, 먼저 회나라에 있는 변론과 지략이 있는 선비와 과감한 용사가 누구인지를 물은 뒤 그들의 성명을 써서 회나라의 좋은 밭을 가려 그들에게 준다고 하고 (또) 그들의 관작명을 써서 성문 밖에 설치한 단(壇)에다 묻어두고는, 수퇘지의 피를 발라서 마치 맹약을 맺은 것처럼 해두었다. (이에) 회나라 임금은 그들이 내란을 일으키려 한다고 생각해서 양신들을 모두 죽여버렸다. 환공이 그 틈에 습격해서 드디어 회나라를 차지했다.

鄭桓公將欲襲鄶, 先問鄶之辨智果敢之士, 書其名姓, 擇鄶之良田而與之, 爲官爵之名而書之, 因爲設壇於門外而埋之, 釁之以猳, 若盟狀. 鄶君以爲內難也, 盡殺其良臣. 桓公因襲之, 遂取鄶.

13-47

정나라 환공이 동쪽으로 가서 천자를 조현해 정나라에 봉토되기 위해 길을 떠나서, 송나라 동쪽 객사에 머물게 되었다. 객사 노인네가 밖에서 들어와 말했다.

"손님은 장차 어디로 가십니까?"

"천자를 조현해 정나라에 봉토되기 위해 가는 길이오."

객사 노인네가 밖에서 말했다.

"제가 듣건대 때란 얻기는 어렵고 잃기는 쉽다고 했습니다. 지금 손님께서 여기서 편안히 주무신다면 혹시라도 천자를 조현해 봉토되는 일이 없을 수도 있지 않겠습니까?"

정나라 환공이 이를 듣고는 말고삐를 잡아 직접 수레를 끌고서 떠나니, 그 노비들은 쌀을 일어 손으로 받쳐 들고서 수레에 실어 열흘 동안 밤낮없이 달린 끝에 겨우 이르렀다. (당시에) 희하(釐何)가 그와 봉토를 다투고 있었으니, 정환공의 뛰어남에도 불구하고 만약에 객사 노인네의 조언이 없었다면 어쩌면 천자를 조현해 봉토되는 일이 없었을 수도 있었다.

鄭桓公東會封於鄭, 暮舍於宋東之逆旅. 逆旅之叟從外來, 曰: "客將焉之?" 曰: "會封於鄭." 逆旅之叟曰: "吾聞之: 時難得而易失也. 今客之寢安, 殆非會封者也." 鄭桓公聞之, 援轡自駕, 其僕接淅而載之, 行十日夜而至. 釐何與之爭封, 故以鄭桓公之賢, 微逆旅之叟, 幾不會封也.

13-47은 특별히 의미 있는 이야기는 아니지만 노인네의 말, "제가 듣건대 때란 얻기는 어렵고 잃기는 쉽다고 했습니다"라는 권도의 기본이라 할 만하다.

13-48

진나라 문공이 위나라를 칠 때, 성곽에 들어가서 병사들에게 앉은 채로 밥을 먹게 하고는 말했다.

"오늘 반드시 내성을 압박할 것이다."

공자 려(慮)가 머리를 숙이고 웃었다. 문공이 물었다.

"어째서 웃는가?"

대답해 말했다.

"신의 아내가 친정에 간다기에 바래다주고, 돌아오는 길에 뽕 따는 여인을 만나서 그를 도와주었습니다. 그러면서 돌아보니 신의 아내 역시 누가 바래다주고 있었습니다."

문공이 두려워하며 군사를 돌려서 돌아와 나라에 도착했더니, 맥인(貉人)이 자기 땅을 공격해 왔다.

晉文公伐衛, 入郭, 坐士令食, 曰: "今日必傳大垣." 公子慮俛而笑之. 文公曰: "奚笑?" 對曰: "臣之妻歸, 臣送之, 反見桑者而助之. 顧臣之妻則亦有送之者矣." 文公懼, 還師而歸, 至國, 而貉人攻其地.

13-48은 딱히 권모(權謀)라 할 수는 없고, 세상의 일반 이치에 관한 이야기라 하겠다. 장의 후반으로 갈수록 긍정적 의미의 권도보다는 술수에 가까운 이야기들을 배치했음을 볼 수 있다. 정도는 무시하고 권도나 권모에만 매달릴 경우 술수와 가까워진다.

권14

지공[至公]

지공무사

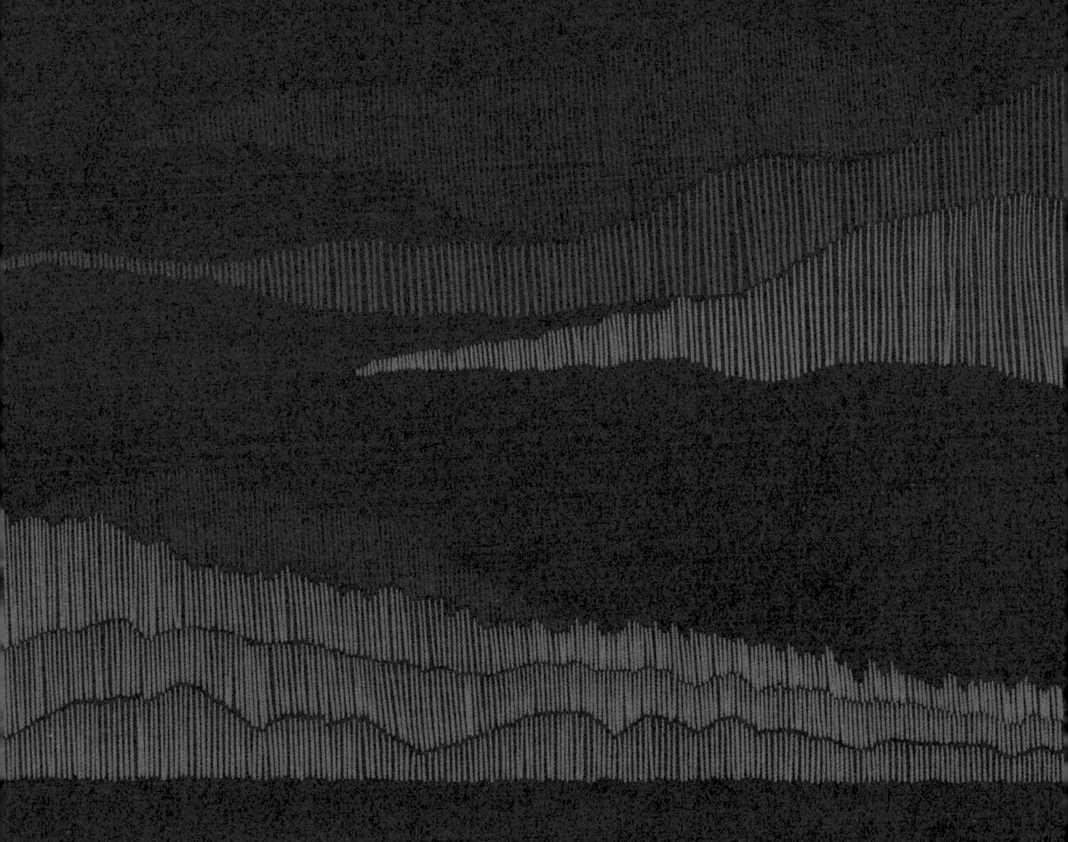

14-1

『서경』(「주서(周書)·홍범(洪範)」편)에 이르기를 "치우치지도 않고 당파를 짓지도 않아야 왕도가 한없이 넓어진다"라고 했는데, 이는 지공무사(至公無私)를 말한 것이다. 옛날에 큰 공도[大公=至公]를 행한 이가 있었으니 요(堯)임금이 바로 그 사람이다. 귀하기로는 천자였고 부유하기로는 천하를 소유했음에도, 순(舜)을 얻자 그에게 천하를 전해주고 그 자손들에게 사사로이 전하지 않았다. 천하 버리기를 마치 헌신짝 내던지듯 했으니, 천하에 대해서도 오히려 이와 같았는데 하물며 천하보다 작은 일임에랴! 요임금이 아니고서 누가 이를 행할 수 있겠는가? 공자는 (그래서 『논어』에서) 말하기를 "높고 높도다! 오직 하늘만이 위대하거늘, 오직 요임금만이 그것을 본받았도다"라고 했다. 『주역』에 이르기를 "앞장서지 않으면 길하다"[013]라고 했으니, 이는 대개 임금이 지공무사해야 함을 말한 것이다.

무릇 공도를 갖고서 천하에 임한다면 그 다움은 가장 크다. 자기 자신에게 미뤄 헤아려서 저쪽에서 본받게 하면 만백성이 추대하고 후세 사람들까지 본받을 것이다. 저 남의 신하 된 자의 공(公)이란, 관리의 일을 맡게 되면 자기 사가(私家)의 일은 경영하지 않으며, 공직에 있게 되면 재리(財利)를 말하지 않으며, 공법을 집행하게 되면 친·인척을 비호하지 않으며, 나라를 위해 뛰어난 이를 천거할 때는 자기의 원수라도 피하지 않아야 한다. 임금을 섬김에 있어 충직하고 아랫사람을 이롭게 해줌에 있어 어짊으로 하며 내 마음에 비춰 그대로 남을 생각하는 서(恕)의 도리를 다하고 일을 행함에 있어서는 당파를

013 건괘(乾卦 ䷀) 용구(用九-양효 쓰는 법)의 효사에 나온다.

짓지 않았던 인물이라면 이윤(伊尹)과 여상(呂尙)이라 하겠다. 그래서 빛나는 이름이 지금까지도 남아 있으니, 이를 일러 공(公)이라고 한다. 『시경』(「소아(小雅)·대동(大東)」편)에 이르기를 "큰길은 평평하기가 숫돌과 같고 곧기가 화살과 같아서, 군자는 그 길을 밟아가고 소인이나 백성은 그것을 바라본다네"라고 했으니, 바로 이를 가리키는 것이다.

무릇 공정은 밝음을 낳고, 치우침은 어두움을 낳으며, 반듯함과 성실함은 통달을 낳고, 속임과 거짓은 막힘을 낳으며, 열렬함과 믿음은 신령스러움을 낳고, 과장과 허탄함은 미혹됨을 낳으니, 이 여섯 가지는 군자라면 삼가는 바이며 우왕(禹王)과 걸왕(桀王)이 나뉘는 지점이다. 『시경』(「대아(大雅)·탕(蕩)」편)에 이르기를 "포학한 상제, 그 명이 매우 치우쳤도다"라고 했으니, 이는 불공(不公)을 말한 것이다.

書曰: "不偏不黨, 王道蕩蕩", 言至公也. 古有行大公者, 帝堯是也. 貴爲天子, 富有天下, 得舜而傳之, 不私於其子孫也. 去天下若遺躧, 於天下猶然, 況其細於天下乎? 非帝堯孰能行之? 孔子曰: "巍巍乎! 惟天爲大, 惟堯則之." 易曰: "無首, 吉", 此蓋人君之至公也. 夫以公與天下, 其德大矣. 推之於此, 刑之於彼, 萬姓之所戴, 後世之所則也. 彼人臣之公, 治官事則不營私家, 在公門則不言貨利, 當公法則不阿親戚, 奉公擧賢則不避仇讎. 忠於事君, 仁於利下, 推之以恕道, 行之以不黨, 伊呂是也. 故顯名存於今, 是之謂公. 詩云: "周道如砥, 其直如矢, 君子所履, 小人所視", 此之謂也. 夫公生明, 偏生暗, 端慤生達, 詐僞生塞, 誠信生神, 夸誕生惑, 此六者, 君子之所愼也, 而禹桀之所以分也. 詩云: "疾威上帝, 其命多僻", 言不公也.

14-1에서, 요임금은 처음으로 천하를 택현(擇賢)으로 물려주었으므로 하늘의 공도(公道)를 본받았다고 했다. 하늘은 치우치지 않고 어느 한

쪽만을 편들지 않기 때문이다. 순임금은 효(孝)라는 다움으로 요임금에게 발탁이 됐고, 다시 그는 우왕(禹王)을 얻어 천하를 물려주었다. 이번의 잣대는 효라는 다움이 아니라 치수(治水)라는 공로였다. 하지만 우왕은 천하를 뛰어난 이에게 물려주지 않고 자기 아들에게 물려주었다. 이 점을 정확히 이해할 때 『논어』「태백(泰伯)」편에 나오는 이들 세 임금에 대한 공자 평가의 미묘한 차이를 읽어낼 수 있다.

공자가 말했다.
"높고 높도다! 순임금과 우왕이 천하를 소유하면서 그 과정에 조금도 개입하지 않음이여!"

두 사람은 각각 요임금과 순임금으로부터 발탁되었는데, 그 과정에서 천자가 되기 위한 인위적인 노력을 하지 않았다는 점을 높이 평가하고 있다. 그것은 사양할 줄 아는 지덕(至德)에서 나온 것이다. 「태백」편의 주제가 바로 사양(辭讓)이라는 지덕이다.

공자가 말했다.
"높고 높도다! 요임금의 임금다움이여. 높고 높도다! 오직 하늘만이 위대하거늘, 오직 요임금만이 그것을 본받았도다! 넓고 넓도다! 백성이 무어라고 능히 그것을 형언하지 못하는구나! 그 이룩한 공업은 높고 크며 그 문장은 찬란하도다!"

그런데 우왕에 대해서는 조금은 제한적 평가를 한다. 즉 앞에서 개입하지 않음에 대해서는 높이 평가했지만, 그의 업적 전반에 대해서는 위대한 찬사가 없다. 그것은 다름 아닌 아들에게 왕위를 물려주었기 때문이다.

공자가 말했다. "우왕에 대해서는 내가 흠잡을(間) 데가 없다. 음식을 간소하게 하시면서도 (제사 때는) 귀신에게 지극정성을 다하셨고, 의복을 검소하게 하시면서도 제사 때 입는 의관인 무릎 가리개와 관(冠)의 일종인 면(冕)에는 아름다움을 다하셨으며, 궁실은 낮게 하시면서도 (백성을 위한) 치수 사업에는 모든 힘을 다하셨다. 우왕에 대해서는 내가 흠잡을 데가 없다."

그런데 요임금은 선위(禪位)를 처음으로 행했다는 점에서 요임금을 본받은 순임금이 우왕에게 선위한 것과는 차원이 다르다. 그래서 요임금은 하늘의 지공을 본받아 위대하다고 한 것이다.

14-2

오왕(吳王) 수몽(壽夢)에게 아들이 넷 있었는데, 장남은 알(謁), 차남은 여제(餘祭), 삼남은 이매(夷昧), 막내는 계찰(季札)이었다. 계찰은 연릉계자(延陵季子)라고 불렸으니, 막내가 가장 뛰어나 세 형이 모두 그것을 알았다. 이때 오왕 수몽이 훙(薨)하자 알이 계자에게 왕위를 양보했으나, 계자가 끝까지 받으려 하지 않았다. 알이 마침내 (다른 아우들과) 약속해 말했다.

"계자가 뛰어나니, 나라를 계자에게 맡게 하면 오나라가 흥할 수 있을 것이다."

그러고는 형제들이 왕위를 이으면서, 먹고 마실 때마다 반드시 기도해 말했다.

"나를 일찍 죽게 해서 나라가 계자에게 전해지게 해주소서."

알이 죽자 여제가 (왕으로) 세워졌고, 여제가 죽자 이매가 세워졌다. 이매가 죽자 차례가 계자에게 이어져야 했는데, 계자는 이때 다른 나라에 사신으로 가서 나라 안에 없었다. 이복형 요(僚)가 말했다.

"나 또한 형이다."

마침내 스스로를 세워 오왕이 되니, 계자가 사행을 마치고 돌아와 옛날에 형들을 섬기듯이 요를 섬겼다. 알의 아들 광(光)이 말했다.

"우리 아버지의 뜻대로 하자면 나라는 마땅히 계자에게 돌아가야 하고, 후사를 잇는 법도에 따르자면 내가 적자이니 마땅히 내가 대신해서 임금이 되어야 한다. 요가 어찌 왕이 될 수 있겠는가?"

마침내 전제(專諸)를 시켜 요를 칼로 찔러 죽이고는 왕위를 계자에게 양보하니, 계자가 말했다.

"네가 나의 임금을 죽였으니, 내가 네게서 나라를 받으면 나는 너와 함께 찬탈한 것이 된다. 네가 나의 형을 죽였는데 내가 또 너를 죽이면, 이는 형제 부자가 서로 죽이는 일이 그칠 때가 없게 만드는 것이다."

마침내 오나라 국도를 떠나 연릉으로 가서 죽을 때까지 오나라 국도에 들어가지 않았다. 군자들은 그가 사람을 죽이지 않은 것은 어짊[仁]이고 그가 나라를 차지하지 않은 것은 마땅함[義]이라고 보았다. 무릇 나라를 갖고서 자신의 사사로움을 도모하지 않았고 천승의 제후국을 버리고서도 한스러워하지 않았으며 존귀한 자리를 버리고서도 억울해하지 않았으니, 거의 지공(至公)에 가까웠다고 할 것이다.

吳王壽夢有四子, 長曰謁, 次曰餘祭, 次曰夷昧, 次曰季札, 號曰: 延陵季子. 最賢, 三兄皆知之. 於是 王壽夢薨, 謁以位讓季子, 季子終不肯當. 謁乃爲約曰: "季子賢, 使國及季子, 則吳可以興." 乃兄弟相繼, 飮食必祝曰: "使吾早死, 令國及季子." 謁死, 餘祭立, 餘祭死, 夷昧立. 夷昧死, 次及季子, 季子時使行不在. 庶兄僚曰: "我亦兄也." 乃自立爲吳王. 季子使還, 復事如故. 謁子光曰: "以吾父之意, 則國當歸季子, 以繼嗣之法, 則我適也, 當代之君, 僚何爲也?" 乃使專諸刺僚殺之, 以位讓季子, 季子曰: "爾殺吾君, 吾受爾國, 則吾與爾爲共簒也. 爾殺吾兄, 吾又殺汝, 則是昆弟父子相殺無已時也." 卒去之延陵, 終身不入吳. 君子以其不殺爲仁, 以其不取國爲義. 夫不以國私身, 捐千乘而不恨, 棄尊位而無忿, 可以庶幾矣.

14-3

제후의 마땅함이란 사직을 위해 죽는 것인데, 태왕[大王-고공단보(古公亶父)]은 나라를 버리고 떠나갔으니 어째서인가? 무릇 빼어난 이는 강포한 자가 자기 백성을 침범해 욕보이지 않도록 하는 사람이니, 그러므로 제후로 하여금 나라를 죽여서 자기 백성을 지키게 한 것이다. 태왕은 지극히 어진 은혜로움이 있어 차마 백성을 전쟁에 내몰 수가 없었다. 그래서 좋은 개와 말 등 진기한 폐물을 바치며 (오랑캐인) 훈육(勳育)과 융씨(戎氏)를 섬겼는데도, 저들은 정벌을 그치지 않았다. 그래서 그들이 바라는 것이 무엇인지를 물어보니 토지라고 했다. 이에 여러 신하와 원로를 불러 모아놓고 말했다.

"토지란 사람을 길러주는 것인데, 사람을 길러주는 것 때문에 사람을 사랑하는 일을 망쳐서는 안 되니 내가 장차 여기를 떠나야겠다."

드디어 기산(岐山) 아래에 가서 살았다. 빈(邠) 땅 사람들이 어린아이는 업고 노인은 부축해서 그를 따랐는데, 마치 부모를 따라가는 것과 같았다. 이런 식으로 세 차례나 옮겨 다니자 백성이 처음보다 다섯 배나 늘어났으니, 모두 태왕의 어짊과 마땅함에 감화되어 태왕의 일을 기꺼이 따랐기 때문이다. 군자(다운 군주)가 나라를 지키고 백성을 편안케 하는 일은 단지 전쟁을 벌여서 병사와 백성을 피곤하게 만들고 죽여서 되는 것이 아니다. 자기 한 몸만을 사사로이 위하지 말며 오직 백성의 재물을 풍족하게 해주고 백성을 보호하는 데 달렸으니, 이것이 대체로 태왕이 나라를 버린 뜻이다. 이를 일러 지공(至公)이라고 할 뿐이다.

諸侯之義, 死社稷, 大王委國而去, 何也? 夫聖人不欲強暴侵陵百姓, 故使諸侯死國守其民. 大王有至仁之恩, 不忍戰百姓. 故事勳育戎氏以犬馬珍幣, 而伐不止. 問其所欲者, 土地也. 於是 屬其群臣耆老, 而告之曰: "土地者, 所以養人也. 不以所以養而害其慈也, 吾將去之." 遂居岐山之下. 邠人負幼扶老從之, 如歸父母. 三遷而民五倍其初者, 皆興仁義趣上之事. 君子守國安民, 非特鬥兵罷殺士衆而已, 不私其身, 惟民足用保民, 蓋所以去國之義也. 是謂至公耳.

14-4

(전국시대 노나라의 대부) 신력(辛櫟)이 노나라 목공(穆公)을 알현하고 말했다.

"주공은 태공보다 뛰어나지 못합니다."

목공이 말했다.

"그대는 무엇을 근거로 그런 말을 하는가?"

신력이 대답해 말했다.

"주공은 땅을 골라 곡부(曲阜)에 봉해졌고, 태공은 땅을 골라 영구(營丘)에 봉해졌습니다. 작위는 같지만, 곡부 땅은 영구만큼 좋지 못하고 백성도 영구만큼 많지 않습니다. 단지 여기서 그치는 것이 아니라, 영구는 또한 천연의 요새와 같이 험준한 곳입니다."

목공은 마음속으로 부끄러워 제대로 답을 할 수가 없었다. 신력이 종종걸음으로 나갔다. 남궁변자(南宮邊子)가 들어오자 목공은 신력이 했던 말을 낱낱이 남궁변자에게 들려주었다. 남궁변자가 말했다.

"옛날에 주나라 성왕께서 점을 쳐서 (수도인) 성주(成周) 터를 잡을 때 거북 껍데기에 명하기를 '나 한 사람이 겸해서 천하를 소유해 백성에게 가까이 다가가서 다스리려 하니, 감히 나라 가운데에 땅을 잡지 않을 수 있으랴! 만일 나에게 죄가 있다면 사방에서 나를 토벌하기에 아무런 어려움이 없으리라'라고 했습니다. 주공께서 점을 쳐서 곡부 터를 잡을 때 거북 껍데기에 명하기를 '산의 남쪽에 도읍을 조성하려 하니, 임금이 뛰어나면 나라가 창성할 것이고 뛰어나지 못하면 속히 망하리라'라고 했습니다. 계손행보(季孫行父)가 그 아들에게 경계시키며 말하기를 '나는 집을 주사(周社)와 박사(亳社) 사이에 지으려 하니, 나의 후세 중에서 제대로 임금을 섬기지 못하는 자가 있으면 더욱 속히 망하게 하리라'라고 했습니다.

이와 같거늘 '임금이 뛰어나면 나라가 창성할 것이요 뛰어나지 못하면 속히 망하리라'라는 말이 어찌 땅을 골라 봉해지는 데 있겠으며, 혹은 천연의 요새와 같은 험고한 곳을 제시하는 데 있겠습니까? 신력의 말은 소인배와 같으니, 임금께서는 더느 그와 말씀을 나누지 마십시오."

辛櫟見魯穆公曰: "周公不如太公之賢也." 穆公曰: "子何以言之?" 辛櫟對曰: "周公擇地而封曲阜; 太公擇地而封營丘. 爵士等, 其地不若營丘之美, 人民不如營丘之衆. 不徒若是, 營丘又有天固." 穆公心慚, 不能應也. 辛櫟趨而出. 南宮邊子入, 穆公具以辛櫟之言語南宮邊子. 南宮邊子曰: "昔周成王之卜居成周也, 其命龜曰: '予一人兼有天下, 辟就百姓, 敢無中土乎? 使予有罪, 則四方伐之, 無難得也.' 周公卜居曲阜, 其命龜曰: '作邑乎山之陽, 賢則茂昌, 不賢則速亡.' 季孫行父之戒其子也, 曰: '吾欲室之俠於兩社之間也, 使吾後世有不能事上者, 使其替之益速.' 如是則曰: '賢則茂昌, 不賢則速亡', 安在擇地而封哉? 或示有天固也? 辛櫟之言小人也, 子無復道也."

14-5

진시황제(秦始皇帝)가 이미 천하를 삼키고 나서 마침내 여러 신하를 불러 토의해 말했다.

"옛날에 오제(五帝)는 뛰어난 자에게 선위(禪位)했고 삼왕(三王)은 대대로 세습했는데, 어느 것이 옳은가? 장차 나도 그대로 하겠다."

박사 72인은 대답하지 못했는데, 포백령지(鮑白令之)가 대답해 말했다.

"천하를 공(公)으로 여기신다면 뛰어난 이에게 선양(禪讓)하는 것이 옳고, 천하를 집으로 여기신다면 대대로 세습하는 것이 옳습니다. 오제는 천하를 공으로 여겼고, 삼왕은 천하를 집으로 삼은 것입니다."

진시황제가 하늘을 우러러보면서 탄식해 말했다.

"나의 임금다움은 오제보다 뛰어나니, 나는 장차 천하를 공으로 삼아야겠다. 누가 나의 뒤를 대신할 만한 자인가?"

포백령지가 대답해 말했다.

"폐하께서는 걸왕이나 주왕의 도리를 행하시면서 오제의 선양을 행하려 하시는데, 그것은 폐하께서 능히 하실 수 있는 바가 아닙니다."

진시황제가 크게 화를 내며 말했다.

"영지는 앞으로 오라. 그대는 예를 들어 무엇을 가지고 내가 걸왕이나 주왕의 도리를 행했다고 말하는 것인가? 서둘러 이유를 말하라. 제대로 해명하지 못하면 죽이겠다."

영지가 대답해 말했다.

"신이 이유를 말씀드릴까 합니다. 폐하께서 누대를 쌓은 것이 구름에까지 이르렀고 궁전은 사방 5리에 걸쳐 있으며 천석이나 되는 종과 만석이나 되는 종과 북의 틀을 세우셨습니다. 후궁은 100명을 단위로 세어야 할 정도이고 배우들은 수천 명에 이르며 여산(驪山)에 있는 궁궐은 옹(雍) 땅에까지 서로 이어져서 끊어지지 않을 정도입니다. 자신을 봉양하기 위해 천하(의 재물)를 탕진하고 백성 힘을 고갈시켜서, 오직 자신의 사사로움을 위하는 데 치우치고 백성에게는 제대로 미치지 않고 있습니다. 폐하께서는 이른바 자신만을 영위하느라 근근이 보존하는 군주이십니다. 어느 겨를에 오제의 임금다움과 비교해서 천하를 공으로 삼고 싶어 할 수 있겠습니까?"

시황이 앞이 캄캄해서 아무런 대답도 할 수 없었고 얼굴에는 부끄러운 기색이 있었다. 한참 지나서야 이렇게 말했다.

"영지의 말은 곧 많은 사람으로 하여금 나를 추하게 여기게 했도다."

드디어 모의를 중단했고, 선양(禪讓-선위)하겠다는 뜻을 더는 말하지 않았다.

秦始皇帝既吞天下, 乃召群臣而議曰: "古者五帝禪賢, 三王世繼, 孰是? 將爲之." 博士七十人未對, 鮑白令之對曰: "天下官, 則讓賢是也; 天下家, 則世繼是也. 故五帝以天下爲官, 三王以天下爲家." 秦始皇帝仰天而歎曰: "吾德出于五帝, 吾將官天下. 誰可使代我後者?" 鮑白令之對曰: "陛下行桀紂之道, 欲爲五帝之禪, 非陛下所能行也." 秦始皇帝大怒曰: "令之前. 若何以言我行桀紂之道也? 趣說之, 不解則死." 令之對曰: "臣請說之. 陛下築臺干雲, 宮殿五里, 建千石之鐘, 萬石之, 婦女連百, 倡優累千, 興作驪山宮室至雍, 相繼不絕. 所以自奉者, 殫天下, 竭民力, 偏駮自私, 不能以及人, 陛下所謂自營僅存之主也. 何暇比德五帝, 欲官天下哉?" 始皇闇然無以應之, 面有慚色. 久之, 曰: "令之之言, 乃令衆醜我." 遂罷謀, 無禪意也.

14-6

제(齊)나라 경공(景公)이 일찍이 후궁들에게까지 상을 내려주고 대사(臺榭-누각)를 무늬를 수놓은 비단으로 감쌌으며 (대궐에서 기르는) 오리와 거위에게는 콩과 조를 먹였는데, 대궐을 나왔다가 굶어 죽은 사람을 보고서는 안자(晏子)에게 일러 말했다.

"이 사람은 어쩌다가 죽었는가?"

안자가 대답해 말했다.

"이 사람은 굶어서 죽었습니다."

공이 말했다.

"아! 과인이 임금답지 못함이 어찌 이다지 심한가!"

안자가 대답해 말했다.

"임금의 다움은 훤히 드러났는데, 어째서 임금답지 못하다고 하십니까?"

경공이 말했다.

"무슨 뜻인가?"

대답해 말했다.

"임금의 은덕이 후궁과 대사에까지 미쳐서 임금이 완상(玩賞)하는 물건에는 무늬를 수놓은 비단을 입혔고 임금의 오리와 거위는 콩과 조를 먹고 있으니, 임금께서는 대궐 안에서 스스로 즐길 뿐 아니라 그 즐김이 후궁의 족속에까지 미쳤는데 어째서 이에 임금답지 못하다는 것입니까?

다만 신은 임금께 청할 것이 있습니다. 임금의 뜻을 근거로 삼아 스스로 즐기려는 마음을 미뤄 헤아려서 백성과 함께 즐기신다면 어찌 굶어 죽는 자가 있겠습니까? (그런데) 임금께서 이런 것을 미뤄 헤아리지 않고서 단지 대궐 안에서 스스로 사사로운 향락만을 영위하느라 재물이 한쪽으로만 쏠려 모이고 콩과 조와 폐물과 비단 등이 창고 안에서 썩어가고 있으니, 은혜가 백성에게 두루 가해지지 않고 공심(公心)이 모든 나라에 두루 펼쳐지지 않는다면 그것이 바로 걸왕과 주왕이 망한 까닭입니다. 무릇 선비와 백성이 배반하게 되는 이유는 한편으로 쏠리기 때문입니다. 임금께서 신 영(嬰)의 말을 잘 살피시어 임금의 성대한 다움을 미뤄 헤아려서 천하에 공적으로 펴신다면 탕왕이나 무왕이 될 수 있을 것입니다. 그렇게 된다면 굶어 죽은 한 사람을 어찌 불쌍히 여길 필요가 있겠습니까?"

齊景公嘗賞賜及後宮, 文繡被臺榭, 菽粟食鳧鴈. 出而見殣, 謂晏子曰: "此何爲而死?" 晏子對曰: "此餧而死." 公曰: "嘻! 寡人之無德也, 何甚矣!" 晏子對曰: "君之德著而彰, 何爲無德也?" 景公曰: "何謂也?" 對曰: "君之德及後宮與臺榭, 君之玩物, 衣以文繡, 君之鳧鴈, 食以菽粟, 君之營內自樂, 延及後宮之族, 何爲其無德也? 顧臣願有請於君, 由君之意, 自樂之心, 推而與百姓同之, 則何殣之有? 君不推此而苟營內好私, 使財貨偏有所聚, 菽粟幣帛腐於囷府, 惠不遍加于百姓, 公心不周乎萬國, 則桀紂之所以亡也. 夫士民之所以叛, 由偏之也. 君如察臣嬰之言, 推君之盛德, 公布之於天下, 則湯武可爲也, 一殣何足恤哉?"

14-7

초나라 공왕(共王)이 사냥을 나갔다가 자기 활을 잃어버렸다. 좌우 신하들이 그것을 찾아내기를 청하자 공왕이 말했다.

"그만두라. 초나라 사람이 활을 잃어버렸고 초나라 사람이 그것을 습득할 것이니, 어찌 그것을 다시 찾을 필요가 있겠는가?"

중니(仲尼-공자)가 그것을 듣고서 말했다.

"안타깝도다! 그 마음이 크지 못함이여!"

또 말했다.

"사람이 활을 잃어버렸고 사람이 그것을 습득할 뿐이지, 어찌 반드시 초나라여야 하겠는가!"

중니가 말한 것이 바로 대공(大公)이다.

楚共王出獵而遺其弓. 左右請求之, 共王曰: "止, 楚人遺弓, 楚人得之, 又何求焉?" 仲尼聞之, 曰: "惜乎其不大." 亦曰: "人遺弓, 人得之而已, 何必楚也!" 仲尼所謂大公也.

14-8

만장(萬章)이 물었다.

"(혹자가 말하기를) 공자께서 위(衛)나라에서는 옹저(雍雎)를 주인으로 삼았고 제(齊)나라에서는 척환(脊環)을 주인으로 삼았다고 하는데, 그런 일이 있었습니까?"

맹자(孟子)가 말했다.

"아니다, 그렇지 않다. 일 만들기를 좋아하는 자들이 지어낸 말이다. 위나라에 머무실 때는 (그 나라의 어진 대부인) 안수유(顔讐由)의 집에 거처하면서 그를 주인으로 모셨다. (당시 위나라 영공의 총애를 받던) 미자하(彌子瑕=彌子)의 아내와 (공자의 제자인) 자로(子路)의 아내는 자매간이었으니, 미자하가 자로에게 말하기를 '공자가 만일 나의 집에 거처하면서 나를 주인으로 모신다면 위나라 경(卿)의 자리는 얻을 수 있을 것이다'라고 했다. 자로가 이 말을 전하자 공자께서 말씀하셨다.

'(모든 일에는) 천명이 있다.'

공자께서는 예(禮)로써 (벼슬길에) 나아가고 의리로써 (벼슬길에서) 물러났으니, 벼슬자리를 얻고 못 얻고는 (미자하의 뜻에 달린 것이 아니라) '천명에 달려 있다'라고 말씀하신 것이다. 옹저나 내시 척환의 집에 거처하면서 그들을 주인으로 모시는 것은 마땅함도 아니고 천명도 아니다.

공자께서는 노(魯)나라와 위(衛)나라에서 (군주들로부터 환영을 받지 못해) 서운하시어 장차 송(宋)나라로 가시다가, 송나라의 대부인 사마(司馬) 환(桓)이 공자를 살해하려는 상황을 당하게 되자 변장을 한 채 겨우 송나라를 빠져나오신 일이 있었다. 이때 공자께서는 곤경을 당하자 (진(陳)나라에 가서) 진나라 후(侯)인 주(周)라는 자의 신하 사성정자(司城貞子)의 집에 거처하시면서 그를 주인으로 모셨다.

내가 듣기에 '근신(近臣-조정에서 중요 벼슬을 하고 있는 신하)의 사람됨을 살필 때는 그를 주인으로 모시는 사람들이 누구인지를 척도로 삼고, 원신(遠臣-멀리서 와서 벼슬을 하는 신하)의 사람됨을 살필 때는 그가 주인으로 모시는 사람이 누구인지를 척도로 삼는다'라고 했다. 만일 공자께서 옹저나 내시 척환의 집에 거처하시면서 그들을 주인으로 모셨다면 무엇으로써 공자가 될 수 있었겠는가?"

萬章問曰: "孔子於衛主癰疽, 於齊主寺人瘠環, 有諸?" 孟子曰: "否! 不然. 好事者爲之也. 於衛主顏讎由, 彌子之妻與子路之妻, 兄弟也, 彌子謂子路曰: '孔子主我, 衛卿可得也.' 子路以告, 孔子曰: '有命.' 孔子進之以禮, 退之以義. 得之不得曰有命, 而主癰疽與寺人瘠環, 是無命也. 孔子不說於魯衛, 將適宋, 遭桓司馬將要而殺之, 微服過宋. 是孔子嘗阨, 主司城貞子, 爲陳侯周臣. 吾聞之, 觀近臣以其所爲之主, 觀遠臣以其所主, 如孔子主癰疽與寺人瘠環, 何以爲孔子乎?"

14-8은 『맹자』「만장상(萬章上)」에 나오는 이야기다.

14-9

부자(夫子-공자)가 70제후에게 가서 유세하느라 일정한 처소가 없었던 것은 천하 백성으로 하여금 각각 그 있어야 할 자리에 있게 하려 함이었으나, 도리가 행해지지 않았다. 이에 물러나 『춘추』를 편찬해서 털끝만 한 선함이라도 채택하고 실낱같은 악함이라도 깎아내림으로써 인사(人事)가 두루 혜택을 입게 하고 왕도(王道)가 (두루) 갖춰지게 하며 빼어난 제도를 정밀하게 조화시키니, 위로 하늘과 통해 기린이 찾아왔다. 이는 하늘이 부자를 알아준 것이니, 이에 크게 탄식하며 말했다.

"하늘은 지극히 밝아서 가릴 수 없지 않은가? (그런데) 해는 어찌하여 먹히는가? 땅은 지극히 안전해 위태롭게 할 수 없지 않은가? (그런데) 땅은 어찌하여 지진이 일어나는가?"

하늘과 땅에도 오히려 지진과 일식이 있다. 이 때문에 뛰어난 이나 빼어난 이가 세상에 유세하는데도 그 도리가 시행되지 않았으니, 그래서 재이가 아울러 생겨나는 것이다. 부자가 말했다.

"하늘을 원망하지도 않고 다른 사람을 탓하지도 않으며, 아래로 인간사를 배우고 위로 하늘의 이치에 이르렀으니, 나를 알아주는 것은 아마도 하늘일 것이다."

夫子行說七十諸侯無定處, 意欲使天下之民各得其所, 而道不行. 退而修春秋, 采毫毛之善, 貶纖介之惡, 人事浹, 王道備, 精和聖制, 上通於天而麟至, 此天之知夫子也. 於是 喟然而歎曰: "天以至明爲不可蔽乎? 日何爲而食也? 地以至安爲不可危乎? 地何爲而動?" 天地尙有動蔽, 是故賢聖說於世而不得行其道, 故災異並作也. 夫子曰: "不怨天, 不尤人. 下學而上達, 知我者其天乎!"

14-9에는 『논어』에 등장하는 말들이 두 가지 포함돼 있다. 첫째는 도리가 행해지지 않음에 대한 언급이다. 「공야장(公冶長)」편이다.

공자가 말했다.

"세상에 도리가 행해지지 않는다. 뗏목을 타고 바다를 건너갈까 하는데, 나를 따를 사람은 아마도 저 자로뿐일 것이다."

자로가 이를 전해 듣고 무척 기뻐하자, 이에 공자가 말했다.

"자로는 용맹을 좋아하는 것이 나보다 나아서, 사리를 헤아려 분별하려 하지도 않고 나를 따르려 한다."

둘째는 마지막에 한 공자 말의 문맥이다.

「헌문(憲問)」편이다.

공자가 말했다.

"나를 알아주는 이가 아무도 없구나!"

자공이 물었다.

"어찌하여 스승님을 알아주는 이가 없다는 것입니까?"

공자가 말했다.

"하늘을 원망하지도 않고 다른 사람을 탓하지도 않으며 아래로 인간사를 배우고 위로 하늘의 이치에 이르렀으니, 나를 알아주는 것은 아마도 하늘일 것이다."

14-10

공자는 어지러운 세상에 태어나 능히 용납을 받지 못했다. 그래서 자신의 말을 군주가 시행하고 은택이 백성에게 더해질 경우에는 벼슬을 했으나, 자신의 말을 군주가 시행하지 않고 은택이 백성에게 더해지지 않을 경우에는 은거했다. 공자는 하늘이 만물을 덮어주는 마음을 품고 어질고 빼어난 다움을 끼고서, 세상 풍속이 진흙처럼 더러움을 가련하게 여겼고 기강이 무너져 내린 것을 마음 아파했다. 그리하여 무거운 수레를 끌고서 먼 곳을 돌아다니고 천하를 주유하면서 초빙에 응해 마침내 혹시라도 도리를 시행해서 백성을 사랑할 기회가 오기를 기다렸으나, 그 당시 제후 중에는 공자에게 일을 맡겨 쓰는 자가 없었다. 이 때문에 다움을 쌓았으나 펼치지 못했고 큰 도리가 굽혀져 제대로 펴지지 못했으니, 나라 안은 그 교화를 입지 못했고 뭇 백성은 그 은택을 입지 못했다. 그래서 크게 탄식하며 말했다.

"만일 나를 써주는 자가 있다면 나는 이에 동주(東周)를 만들어보리라!"

공자가 천하를 돌면서 유세를 한 것은 사사로운 욕심을 위해서가 아니라, 한 고을에서 교화를 베풂으로써 장차 그것을 천하에 널리 펼쳐서 뭇 백성에게 백성다움을 세우려 한 것일 뿐이다.

孔子生於亂世, 莫之能容也. 故言行於君, 澤加於民, 然後仕, 言不行於君, 澤不加於民則處. 孔子懷天覆之心, 挾仁聖之德, 憫時俗之汙泥, 傷紀綱之廢壞, 服重歷遠, 周流應聘, 乃俟幸施道以子百姓, 而當世諸侯莫能任用. 是以 德積而不肆, 大道屈而不伸, 海內不蒙其化, 群生不被其恩. 故喟然而歎曰: "而有用我者, 則吾其爲東周乎!" 故孔子行說, 非欲私身, 運德於一城, 將欲舒之於天下, 而建之於群生者耳.

14-10은 세상에 도리를 펼치려 했던 공자의 절절한 마음을 잘 드러내 보여주고 있다. 앞부분은 「술이(述而)」편에 나오는 공자의 다음 발언을 풀어낸 것이다.

공자가 제자 안연에게 말했다.
"(인재로) 써주면 행하고 내버려지면 숨어 지내는 것을 오직 너하고 나만이 갖고 있구나!"

그리고 「양화(陽貨)」편에는 동주를 만들고 싶어 했던 공자의 마음이 나타나 있다.

공산불요가 비읍을 근거지로 삼아 반란을 일으키고서 부르니, 공자가 가려고 했다.

자로가 기뻐하지 않으며 말한다.

"가실 곳이 없어서 하필이면 공산씨에게 가시려는 겁니까?"

공자가 말했다.

"나를 부르는 것이 어찌 하릴없이 그러겠느냐? 나를 써주는 자가 있다면 나는 동쪽의 주나라[東周]를 만들어볼 것이다."

14-11

진(秦)나라와 진(晉)나라가 전쟁을 벌여 싸우다가 진(秦)나라가 사람을 보내서 진(晉)나라 장군에게 말했다.

"삼군의 군사들이 모두 쉬지 못했으니, 내일 다시 싸울 것을 청합니다."

유병(臾駢)이 말했다.

"사자의 눈이 움직이고 말이 흩어지는 것은 우리를 두려워하는 것입니다. 장차 도망치려는 것이니, 황하로 몰아세우면 반드시 이길 수 있습니다."

조돈(趙盾-조선자(趙宣子))이 말했다.

"죽거나 다친 우리 병사들을 거두지 않고 버리는 것은 은혜롭지 못하고, 기약한 때를 기다려주지 않고 상대를 압박해서 험지로 몰아세우는 것은 용맹이 아니오. 기다릴 것을 제안하오."

진(秦)나라 군대가 밤에 달아났다.

秦晉戰交敵, 秦使人謂晉將軍曰: "三軍之士皆未息, 明日請復戰." 臾駢曰: "使者目動而言肆, 懼我. 將遁矣, 迫之河, 必敗之." 趙盾曰: "死傷未收而棄之, 不惠也, 不待期而迫人於險, 無勇也. 請待." 秦人夜遁.

14-12

자서(子胥)가 장차 오(吳)나라로 가려 할 때, 그의 벗 신포서(申包胥)와 작별하며 말했다.

"3년 후에 초나라를 멸망시키지 못한다면 나는 그대와 만나지 않을 것이네."

신포서가 말했다.

"그대는 힘쓰시게! 나는 그대를 도울 수 없네. 그대를 돕는다면 이는 우리 종묘를 토벌하는 것이요, 그대를 저지한다면 이는 벗이라고 할 수 없네. 그럼에도 그대가 초나라를 망하게 하려 한다면, 나는 존속시키려 할 것이네."

이에 (사람들은) 초나라에 대해 한 사람은 존속시키려 하고 한 사람은 멸망시키려 하는 것을 보게 되었다. 3년 후에 오나라 군대가 초나라를 정벌하자 소왕(昭王)이 수도를 나가 도망쳤는데, 신포서는 명을 받지 않은 채로 서쪽으로 가서 진백(秦伯-애공)을 만나 뵙고 말했다.

"오나라는 무도한 데다 군대도 강하고 인구도 많아서, 장차 천하를 정벌하려 하면서 처음으로 초나라를 쳤습니다. 우리 임금께서 수도를 나가 도망쳐서 운몽(雲夢)에 머무는 중에 아래의 신하를 시켜서 위급함을 알려왔습니다."

애공(哀公)이 말했다.

"알겠다. 내 정말로 장차 생각했던 바다."

신포서가 조정을 떠나지 않은 채 진나라 조정에 서서 낮밤으로 울어대었는데, 7일 동안 울음소리가 그치지 않았다. 애공이 말했다.

"이런 신하가 있는데 구원하지 않을 수 있겠는가?"

군사를 일으켜 초나라를 도우니, 오나라 사람들이 이를 듣고서 군대를 이끌고 돌아갔다. 소왕이 수도로 돌아와 복위하고서 신포서를 봉하려 하자, 신포서가 사양하며 말했다.

"나라를 위망에서 구제한 것은 명예로운 일이 아닙니다. 공로를 이루었다고 해서 상을 받는다면 이는 용맹을 파는 짓입니다."

사양하고서 받지 않았으며, 끝내 물러나 숨어 지내면서 죽을 때까지 나타나지 않았다. 『시경』(「패풍(邶風)·속풍(俗風)」편)에 이르기를 "무릇 백성에게 어려운 일이 있으면 포복으로 기어가서라도 구원했노라"라고 했다.

子胥將之吳, 辭其友申包胥曰: "後三年, 楚不亡, 吾不見子矣!" 申包胥曰: "子其勉之! 吾未可以助子. 助子是伐宗廟也; 止子是無以爲友. 雖然, 子亡之, 我存之." 於是乎觀楚一存一亡也. 後三年, 吳師伐楚, 昭王出走, 申包胥不受命西見秦伯曰: "吳無道, 兵強人衆, 將征天下, 始於楚. 寡君出走, 居雲夢, 使下臣告急." 哀公曰: "諾, 吾固將圖之." 申包胥不罷朝, 立於秦庭, 晝夜哭, 七日七夜不絕聲. 哀公曰: "有臣如此, 可不救乎?" 興師救楚, 吳人聞之, 引兵而還. 昭王反復, 欲封申包胥, 申包胥辭曰: "救亡非爲名也, 功成受賜, 是賣勇也." 辭不受, 遂退隱, 終身不見. 詩云: "凡民有喪, 匍匐救之."

14-13

초나라 영윤(令尹) 우구자(虞丘子)가 장왕(莊王)에게 고해 말했다.

"신이 듣건대, 공적인 일을 받들어 법을 집행하면 영예를 얻을 수 있으나 능력이 보잘것없어 일을 행하는 것이 옳으면 높은 자리를 바랄 수 없고 어짊과 지혜로움으로써 이름을 떨치지 못한다면 현달하는 영예를 구할 수 없으며 재주가 제대로 드러나는 바가 없으면 그 자리를 감당할 수 없다고 했습니다. 신은 영윤이 되어 10년이 지났건만 나라가 더 잘 다스려지지 못하고 옥송이 그치질 않으며 처사(處士)들을 올려 쓰지 못했고 큰 화란(禍亂)을 제대로 토죄하지 못했습니다. (그러면서도) 오랫동안 높은 자리를 차지한 채 여러 뛰어난 이가 나아오는 길을 방해하면서 하는 일 없이 녹봉만 받아먹고 있으니, 탐욕스럽기가 만족할 줄을 모른다 하겠습니다. 신의 죄는 마땅히 법에 따라 다스려져야 할 것입니다. 신이 남몰래 나라의 뛰어난 인재를 골랐는데, 향리에 묻혀 사는 선비 손숙오(孫叔敖)라고 합니다. 그는 외모가 수려하고 가냘프며 재능이 많고 그 성품은 욕심이 없으니, 임금께서 그를 들어 써서 정사를 맡기신다면 나라가 다스려지고 백성이 기대어 따를 것입니다."

장왕이 말했다.

"그대가 과인을 보필하자 과인은 중국에서 수장 노릇을 하고 명령이 먼 곳까지 시행되어 드디어 패자가 되었으니, 그대가 아니었다면 어찌 이럴 수 있었겠는가?"

우구자가 말했다.

"오랫동안 굳세 복록과 자리를 차지하는 것은 탐욕이고, 뛰어나고 능력 있는 사람을 나아오게 하지 않는 것은 (임금을) 속임이며, 자리를 사양하지 않는 것은 염치없음입니다. 이 세 가지를 능히 잘하지 못한다면 이는 불충입니다. 남의 신하가 되어 불충을 행하는데 군왕께서는 또 어째서 충성스럽다고 여기십니까? 신은 바라건대 굳게 사직하고자 합니다."

장왕이 그에 따라 우구자에게 채읍 300호를 내려주고 국로(國老)라고 부르면서, 손숙오를 영윤으로 삼았다. 얼마 후에 우구자의 집안사람이 법을 어기자 손숙오가 그를 붙잡아 사형을 시켰는데, 우구자가 기뻐하며 들어와서 왕을 알현해 말했다.

“신이 천거한 손숙오는 과연 국정을 맡길 만합니다. 국법을 받들 때는 편당하지 않았고 형륙을 시행할 때는 법을 왜곡하지 않았으니 공평(公平)하다고 할 만합니다.”

장왕이 말했다.

“선생이 그렇게 한 것일 뿐이다.”

楚令尹虞丘子復於莊王曰: “臣聞奉公行法, 可以得榮, 能淺行薄, 無望上位, 不名仁智, 無求顯榮, 才之所不著, 無當其處. 臣爲令尹十年矣, 國不加治, 獄訟不息, 處士不升, 淫禍不討, 久踐高位, 妨群賢路, 尸祿素餐, 貪欲無猒, 臣之罪當稽於理. 臣竊選國俊下里之士孫叔敖, 秀羸多能, 其性無欲, 君舉而授之政, 則國可使治而士民可使附.” 莊王曰: “子輔寡人, 寡人得以長於中國, 令行於絕域, 遂霸諸侯, 非子如何?” 虞丘子曰: “久固祿位者, 貪也; 不進賢達能者, 誣也; 不讓以位者, 不廉也, 不能三者, 不忠也. 爲人臣不忠, 君王又何以爲忠? 臣願固辭.” 莊王從之, 賜虞丘子采地三百, 號曰國老, 以孫叔敖爲令尹. 少焉, 虞丘子家干法, 孫叔敖執而戮之. 虞丘子喜, 入見於王曰: “臣言孫叔敖果可使持國政. 奉國法而不黨, 施刑戮而不骫, 可謂公平.” 莊王曰: “夫子之賜也已!”

14-14

조선자(趙宣子)가 진후(晉侯)에게 한헌자(韓獻子)를 천거해 말했다.

“그 사람됨이 편당하지 않고 많은 사람을 다스리면서 어지럽지 않으며 죽음에 임해도 두려워하지 않습니다.”

진후가 그를 중군위(中軍尉)로 삼았는데, 하곡(河曲) 전투에서 조선자의 수레가 행군 대열을 범하자 한헌자가 그 마부를 죽였다. 사람들이 모두 말했다.

"한헌자는 분명히 죽을 것이다. 그의 주인이 아침에 그를 천거해 올렸는데 그날 저녁에 그의 마부를 죽였으니, 누가 능히 참고 기다려 주겠는가!"

전투가 끝나자 조선자가 대부들에게 술자리를 베풀었는데, 술잔이 세 차례 돌자 말했다.

"여러분은 나를 축하해줘야 할 것이오."

대부들이 말했다.

"뭘 축하해야 할지 모르겠습니다."

선자가 말했다.

"내가 한궐(韓厥)을 임금에게 추천하는 말을 하면서 내 말이 맞지 않으면 반드시 그에 해당하는 형벌을 받을 것이라고 했소. 지금 내 수레가 차례를 잃자 마부를 죽였으니, 실로 편당하지 않은 것이오. 이는 내 말이 맞은 것이오."

여러 대부는 두 번 절하고 머리를 조아리며 말했다.

"단지 진나라만 그 복을 누릴 뿐 아니라 마침내 당숙(唐叔-진후(晉侯))도 이에 그 사람에게 의지할 것이니, 감히 두 번 절하고 머리를 조아리지 않을 수 있겠습니까?"

趙宣子言韓獻子於晉侯曰: "其爲人不黨, 治衆不亂, 臨死不恐." 晉侯以爲中軍尉. 河曲之役, 趙宣子之車干行, 韓獻子戮其僕. 人皆曰: "韓獻子必死矣. 其主朝昇之, 而暮戮其僕, 誰能待之!" 役罷, 趙宣子觴大夫, 爵三行曰: "二三子可以賀我." 二三子曰: "不知所賀." 宣子曰: "我言韓厥於君, 言之而不當, 必受其刑. 今吾車失次而戮之僕, 可謂不黨矣. 是吾言當也." 二三子再拜稽首曰: "不惟晉國適享之, 乃唐叔是賴之, 敢不再拜稽首乎?"

14-14는 14-13과 통한다.

14-15

진문공(晉文公)이 구범(咎犯)에게 물었다.

"누가 서하태수(西河太守)를 맡을 만한가?"

구범이 대답해 말했다.

"우자고(虞子羔)가 맡을 만합니다."

공이 말했다.

"그대의 원수가 아닌가?"

대답해 말했다.

"임금께서는 태수를 시킬 만한 사람을 물어보셨지, 신의 원수를 묻지 않으셨습니다."

고(羔)가 구범을 찾아가서 사과하며 말했다.

"고맙게도 신의 허물을 용서해주시고 저를 임금에게 천거해서 서하태수가 될 수 있었습니다."

구범이 말했다.

"그대를 천거한 것은 공(公)이고 그대를 원망하는 것은 사(私)인데, 나는 사사로운 일로 공적인 일을 해치지는 않소. 그대는 이에 떠나가시오. 돌아보면 내가 그대를 쏠 것이오."

晉文公問於咎犯曰: "誰可使爲西河守者?" 咎犯對曰: "虞子羔可也." 公曰: "非汝之讎也?" 對曰: "君問可爲守者, 非問臣之讎也." 羔見咎犯而謝之曰: "幸赦臣之過, 薦之於君, 得爲西河守." 咎犯曰: "薦子者公也, 怨子者私也. 吾不以私事害公事, 子其去矣. 顧吾射子也!"

14-16

초나라 문왕(文王)이 등(鄧)나라를 칠 때 왕자 혁(革)과 영(靈)을 시켜 함께 나물을 뜯어 오게 했는데, 두 사람이 나가서 나물을 뜯다가 한 노인이 나물 담은 삼태기를 이고 가는 것을 보고는 달라고 했으나 주지 않았다. 이에 노인을 때리고 그 나물 삼태기를 빼앗으니, 왕이 이 말을 듣고 두 아들을 모두 붙잡게 하고서 장차 죽이려고 했다. 대부가 그들을 위해 변명하며 말했다.

"삼태기를 빼앗은 것은 실로 죄가 있는 것이지만, 그렇다고 그들을 죽이는 것은 그 죄에 맞는 처벌이 아닙니다. 임금께서는 어찌 왕자들을 죽이려 하십니까?"

대부 말이 끝날 무렵 노인이 군영에 이르러 말했다.

"등나라가 무도하기 때문에 쳤는데, 지금 임금의 아들들이 나를 때리고 삼태기를 빼앗았으니 무도함이 등나라보다도 심하다."

하늘을 부르며 외치자 임금이 그것을 들었고, 여러 신하는 두려워했다.

임금이 그를 만나보고서 말했다.

"죄 있는 자를 토벌하면서 마구잡이로 남의 물건을 빼앗으면 포악함을 금할 수 없고, 힘을 믿고서 노인을 학대하면 어린 사람을 가르칠 수 없으며, 자식을 사랑해서 법을 내팽개치면 나라를 보존할 수 없소. 두 아들을 사랑해서 이 세 도리를 저버린다면 정사를 제대로 시행할 수 없으니, 노인네는 그들을 신경 쓰지 마시오. 군문 밖에서 (목 베어) 사죄할 뿐이오."

楚文王伐鄧, 使王子革王子靈共捃菜. 二子出採, 見老丈人載畚(분), 乞焉, 不與, 搏而奪之. 王聞之, 令皆拘二子, 將殺之. 大夫辭曰: "取畚信有罪,

然殺之非其罪也. 君若何殺之?" 言卒, 丈人造軍而言曰: "鄧爲無道, 故伐之. 今君公之子搏而奪吾畚, 無道甚於鄧." 呼天而號, 君聞之, 群臣恐. 君見之曰: "討有罪而橫奪, 非所以禁暴也; 恃力虐老, 非所以教幼也; 愛子棄法, 非所以保國也. 私二子滅三行, 非所以從政也, 丈人舍之矣. 謝之軍門之外耳."

14-17

초나라 영윤 자문(子文)의 친족 중에서 법을 범한 자가 있어, 정리(廷理-법을 다스리는 관리)가 그를 붙잡았다가 영윤의 친족이라는 말을 듣고는 풀어주었다.

자문이 정리를 불러서 꾸짖어 말했다.

"무릇 정리라는 관직을 둔 것은 장차 왕령을 범하는 자를 사찰하고 국법에 저촉되는 자를 살피기 위함이다. 모름지기 곧은 선비란 법을 집행할 때 부드러우면서도 휘어지지 않고 굳세면서도 꺾이지 않아야 한다. (그런데) 지금 법을 내던지고 명령을 어겨서 범법자를 풀어주었으니, 이는 관리 노릇이 반듯하지 못함이요 마음가짐이 공정하지 못함이다. 어찌 내가 사사로운 뜻을 행하려 하겠는가! 그런데 어찌 정리는 법을 혼탁하게 하는가?

나는 높은 자리에 있으면서 사민(士民)을 통솔하고 있으니, 사민이 혹 원망하더라도 나는 법 집행을 면제할 수가 없다. (그런데) 지금 내 친족이 법을 어긴 것이 심히 분명한데도 정리가 내 마음에 들고자 내 친족을 석방하도록 그냥 두었으니, 이는 나의 공정하지 못한 마음을 나라에 훤히 드러낸 것이다. 한 나라의 정권을 쥐고 있으면서 사사롭다는 평판을 듣게 되었으니, 내가 의롭지 못하게 사느니 차라리 죽는 것이 낫겠다."

드디어 그 친척을 정리에게 오게 하고서 말했다.

"당장 형벌을 행하지 않으면 내가 장차 죽을 것이다."

정리가 두려워하며 마침내 그 친척을 형벌했다. 성왕(成王)이 이를 듣고서 신발도 신지 않은 채 자문의 집에 이르러 말했다.

"과인이 어려서, 정리를 임명할 때 그 적임자를 두지 못해 그대의 뜻을 어겼소."

이에 정리를 내쫓고 자문을 높여 내정(內政)까지 다 맡도록 했다. 나라 사람들이 이를 듣고서 말했다.

"영윤이 저처럼 공정한데 우리들이 무슨 걱정을 하랴!"

마침내 서로 노래를 지어 불렀다.

"자문의 친족이 나라 법을 어겼는데, 정리가 그를 풀어주자 자문이 따르지 않았네. 백성 사이에 원망이 싹틀까 걱정하고 돌아보았으니, 방정(方正)하고 공평(公平)하도다!"

楚令尹子文之族有干法者, 廷理拘之, 聞其令尹之族也而釋之. 子文召廷理而責之曰: "凡立廷理者將以司犯王令而察觸國法也. 夫直士持法, 柔而不撓; 剛而不折. 今棄法而背令而釋犯法者, 是爲理不端, 懷心不公也. 豈吾營私之意也, 何廷理之駮於法也! 吾在上位以率士民, 士民或怨, 而吾不能免之於法. 今吾族犯法甚明, 而使廷理因緣吾心而釋之, 是吾不公之心, 明著於國也. 執一國之柄而以私聞, 與其吾生不以義, 不若吾死也." 遂致其族人於廷理曰: "不是刑也, 吾將死!" 廷理懼, 遂刑其族人. 成王聞之, 不及履而至于子文之室曰: "寡人幼少, 置理失其人, 以違夫子之意." 於是 黜廷理而尊子文, 使及內政. 國人聞之, 曰: "若令尹之公也, 吾黨何憂乎?" 乃相與作歌曰: "子文之族, 犯國法程, 廷理釋之, 子文不聽, 恤顧怨萌, 方正公平."

14-18

초나라 장왕이 모문(茅門)을 들고나는 법을 정해 이렇게 말했다.

"여러 신하와 대부와 공자가 조정에 들어올 때, 말발굽이 처마 아래 낙숫물 떨어지는 곳을 밟을 경우 그 수레 끌채를 잘라버리고 마부를 죽일 것이다."

태자가 조정에 들어오다가 말발굽이 처마 아래 낙숫물 떨어지는 곳을 밟았는데, 정리가 그 수레 끌채를 자르고 마부를 죽여버렸다. 태자가 크게 노해 들어가서 왕에게 울며 말했다.

"저를 위해 정리를 주살해주십시오."

왕이 말했다.

"법이란 종묘를 공경하고 사직을 높이는 것이다. 그러므로 능히 법을 세워서 명령을 따르고 사직을 존경하는 자를 사직지신(社稷之臣)이라 하는데, 어찌 주살을 가할 수 있단 말인가? 무릇 법을 어기고 명령을 내팽개치며 사직을 존경하지 않는다면, 이는 신하가 임금을 내버리는 것이고 아래가 위를 능멸하는 것이다. 신하가 임금을 내버린다면 임금은 위엄을 잃게 되고, 아래가 위를 능멸한다면 위의 자리가 위태로워지니, 사직을 지키지 못한다면 내가 어떻게 너에게 전해줄 수 있겠는가?"

태자가 마침내 몸을 돌려 달아나서 자리를 피했다가, 두 번 절하고서 죽음을 청했다.

楚莊王有茅門者法曰: "群臣大夫諸公子入朝, 馬蹄蹂霤者斬其輈而戮其御." 太子入朝, 馬蹄蹂霤, 廷理斬其輈而戮其御. 太子大怒, 入爲王泣曰: "爲我誅廷理." 王曰: "法者所以敬宗廟, 尊社稷, 故能立法從令尊敬社稷者, 社稷之臣也. 安可以加誅? 夫犯法廢令, 不尊敬社稷, 是臣棄君,下陵上也. 臣棄君則主失威, 下陵上則上位危, 社稷不守, 吾何以遺子?" 太子乃還走避舍, 再拜請死.

14-19

초나라 장왕 때 태자가 탄 수레가 모문(茅門) 안에 서 있었는데 소사(少師) 경(慶)이 내쫓았다. 태자가 화가 나서 들어가 왕에게 일러바쳤다.

"소사 경이 신의 수레를 쫓아냈습니다."

왕이 말했다.

"그냥 두어라. 늙은 임금이 앞에 있는데도 법을 어기지 않았고 어린 태자가 뒤에 있는데도 머뭇거리지 않았으니, 이 사람은 나라의 보배로운 신하다."

楚莊王之時, 太子車立於茅門之內, 少師慶逐之. 太子怒, 入謁王曰: "少師慶逐臣之車." 王曰: "舍之, 老君在前而不踰, 少君在後而不豫, 是國之寶臣也."

14-20

오왕(吳王) 합려(闔閭)가 오자서(伍子胥)를 위해 군사를 일으켜서 초나라에 복수하려 하자, 자서가 간언해 말했다.

"제후는 필부를 위해 군사를 일으키지 않고, 또 임금을 섬기는 것은 아버지를 섬기는 것과 같습니다. (그러니) 임금의 마땅함을 허물어뜨려 아버지 원수를 갚는 일을 신은 하지 않겠습니다."

이에 그쳤다가 그 후에 어떤 일을 통해서 아버지 원수를 갚았으니, 자서 같은 사람은 공적인 일로 사사로운 일을 풀려고 하지 않았다[趨私]고 이를 만하다.

吳王闔廬爲伍子胥興師復讎於楚, 子胥諫曰: "諸侯不爲匹夫興師, 且事君猶事父也. 虧君之義, 復父之讎, 臣不爲也." 於是 止, 其後因事而後復其父讎也, 如子胥可謂不以公事趨私矣.

14-21

공자가 노나라 사구(司寇)가 되어 재판을 처리할 때는 반드시 집단으로 판결을 내렸는데, 많은 사람이 모여들어 모두 일어선 뒤에 군자(-공자)가 나아가 말했다.

"아무개는 어떻게 생각하시오?"

아무개가 이리저리 생각한다고 말하면, 또 말했다

"아무개는 어떻게 생각하시오?"

아무개가 이리저리 생각한다고 말했다. 이런 식으로 변론한 다음에 군자가 말했다.

"아마도 마땅히 아무개가 이러저러해야 한다고 말한 것을 따라야 할 것 같소."

군자의 지혜로움으로 볼 때, 어찌 반드시 아무개의 의견을 듣고 난 연후에야 송사를 판단하는 법을 알았겠는가? 이는 군자의 삼감과 겸양이니, 법률 문서 중에서 다른 사람들과 함께 처리해야 할 것이 있으면 군자는 결코 혼자서 처리하지 않았다.

孔子爲魯司寇, 聽獄必師斷, 敦敦然皆立, 然後君子進曰: "某子以爲何若." 某子以爲云云, 又曰: "某子以爲何若." 某子曰云云, 辯矣. 然後君子曰, 幾當從某子云云乎. 以君子之知, 豈必待某子之云云, 然後知所以斷獄哉? 君子之敬讓也, 文辭有可與人共之者, 君子不獨有也.

14-22

(공자의 제자) 자고(子羔)가 위(衛)나라 정사에 참여해서 어떤 사람의 다리를 자르는 형벌을 시행했다. 위나라 임금과 신하 사이에 난이 일어나자 자고가 성곽 문으로 달아났지만, 문이 닫혀 있었는데, 자기에게 다리를 잘린 자가 문을 지키고 있다가 말했다.

"저쪽에 허물어진 곳이 있소!"

자고가 말했다.

"군자는 (문으로 나가지) 성을 뛰어넘지 않는다."

말했다.

"저쪽에 구멍이 있소."

자고가 말했다.

"군자는 기어가지 않는다."

말했다.

"저쪽에 숨을 수 있는 방이 있소."

자고가 들어가자 추격하던 자들은 포기하고 돌아갔다. 자고가 장차 떠나려 하면서 다리 잘린 사람에게 일러 말했다.

"나는 임금의 법령을 훼손할 수가 없어서 직접 그대의 자리를 잘랐다. (그런데) 내가 지금 어려움에 처해 있으니 이는 곧 그대가 원한을 갚을 수 있는 때인데, 어째서 나를 도피시켜주는가?"

다리 잘린 사람이 말했다.

"다리를 잘린 것은 실로 나의 죄 때문이니 어찌할 수 없지요. 당신이 나를 다스릴 때 법령을 신중하게 처리해 법으로써 앞뒤를 잘 재어주었으니, 이는 신을 법에서 면제해주려는 것이었습니다. 저는 이를 알고 있습니다. (또) 옥사를 판결하고 죄를 정할 때 형벌을 논하면서 당신은 가슴 아파해서 즐겁지 않은 마음이 안색에 드러났습니다. 저는 이도 알고 있습니다. 당신이 어찌 저에게 사사로운 마음으로 그랬겠습니까? 하늘이 낳아주기를 어진 사람의 마음이란 본래 그러한 것입니다. 이 때문에 저는 당신을 벗어나게 해주려 했던 것입니다."

공자가 이를 듣고서 말했다.

"관리 노릇을 잘한 사람은 은덕을 심고, 제대로 못 한 사람은 원한을 심는다. 관리 노릇을 공적으로 잘 처리한다는 것은 아마도 자고를 두고 한 말이리라!"

子羔爲衛政, 刖人之足. 衛之君臣亂, 子羔走郭門, 郭門閉, 刖者守門, 曰: "於彼有缺!" 子羔曰: "君子不踰." 曰: "於彼有竇." 子羔曰: "君子不遂." 曰: "於此有室." 子羔入, 追者罷. 子羔將去, 謂刖者曰: "吾不能虧損主之法令, 而親刖子之足. 吾在難中, 此乃子之報怨時也, 何故逃我?" 刖者曰: "斷足固我罪也, 無可奈何. 君之治臣也, 傾側法令, 先後臣以法, 欲臣之免於法也, 臣知之. 獄決罪定, 臨當論刑, 君愀然不樂, 見於顏色, 臣又知之. 君豈私臣哉? 天生仁人之心, 其固然也. 此臣之所以脫君也." 孔子聞之, 曰: "善爲吏者樹德, 不善爲吏者樹怨. 公行之也, 其子羔之謂歟?"

14-22에 나오는 자고(子羔)는 공자 제자 고시(高柴)의 자(字)다. 『논어』 「선진(先進)」편에서 공자는 자고를 평하면서 딱 한 글자로 '우(愚)'라고 했

다. 그러나 이는 그냥 어리석다는 말이 아니다. 사마천 『사기』 「공자세가」에 나오는 자고 모습은 이 글과도 통한다.

그는 발로 (남의) 그림자를 밟지 않았고, (봄이 되어) 땅속에서 갓 나온 벌레를 죽이지 않았고, 한참 자라는 초목을 꺾지 않았고, 부모의 상례(喪禮)를 치름에 3년 동안 피눈물을 흘려 일찍이 이를 드러내어 웃은 적이 없었고, 난리를 피해서 갈 때 지름길로 가지 않고 구멍으로 나가지 않았다.

권15

지무[指武]

무력 사용 지침

15-1

『사마법』에서 말했다.

“나라가 아무리 커도 전쟁을 좋아하면 반드시 망하고, 천하가 아무리 편안해도 전쟁을 잊으면 반드시 위태로워진다.”

『주역』에서 말했다.

“군자는 그것을 갖고서 병기를 손질해 예기치 못한 사태를 경계한다.”[014]

무릇 군사란 가벼이 좋아해서는 안 되니 가벼이 좋아하게 되면 위엄이 없고, 군사란 폐기해서는 안 되니 폐기하게 되면 적을 불러들이게 된다. 옛날에 오왕 부차(夫差)는 전쟁을 좋아하다가 망했고, 서(徐)나라 언왕(偃王)은 군비를 갖추지 않았다가 역시 멸망했다. 그래서 눈 밝은 왕이 나라를 다스릴 때는, 위에서는 군사를 가벼이 좋아하지 않았고 아래에서는 군비를 폐기하지 않았다.

『주역』에서 말했다.

“잘 지낼 때 망함을 잊어서는 안 된다. 이 때문에 몸이 편안하고 국가가 보존될 수 있다.”[015]

司馬法曰: “國雖大, 好戰必亡; 天下雖安, 忘戰必危.” 易曰: “君子以除

---

014 원래 이 말은 공자가 64괘 각각의 의미를 제왕학의 차원에서 풀이한 「대상전(大象傳)」 췌괘(萃卦, ䷬)의 풀이다. 췌(萃-모이다)괘 「대상전」 전체는 다음과 같다. “연못(☱)이 땅(☷) 위에 올라가 있는 것이 췌(가 드러난 모습)이니, 군자는 그것을 갖고서 병기를 손질해 예기치 못한 사태를 경계한다.”

015 이 말은 공자가 『주역』을 총론적으로 풀이한 「계사하전」에 나오는 긴 구절을 압축한 것이다. 여기서 공자는 비괘(否卦, ䷋)의 구오(九伍-밑에서 다섯 번째 양효) 효사의 일부를 풀이하면서 이렇게 말했다. “위태로움(을 걱정하는 것)[危]이란 그 자리를 편안케 해주는 것이고, 망함(을 걱정하는 것)[亡]이란 그 잘 지냄[存]을 보호해주는 것이고, 어지러움[亂](을 걱정하는 것)이란 그 다스려짐을 있게 하는 것이다. 이 때문에 군자는 편안할 때 위태로움을 잊지 않고, 잘 지낼 때 망함을 잊지 않고, 다스려질 때 어지러워짐을 잊지 않는다. 이리하여 몸은 편안하고[身安] 국가는 보존될 수 있다. 역(易)에 이르기를 (비괘 구오 효사에서) ‘망하면 어떻게 하나 망하면 어떻게 하나 염려해야 더부룩하게 자란 뽕나무에 매어 놓인 듯할 것이다’라고 했다.”

戎器, 戒不虞." 夫兵不可玩, 玩則無威; 兵不可廢, 廢則召寇. 昔吳王夫差好戰而亡, 徐偃王無武亦滅. 故明王之制國也, 上不玩兵, 下不廢武. 易曰: "存不忘亡. 是以 身安而國家可保也."

15-1은 전쟁, 무력, 군사 사용 등에 대한 공자의 생각이 어떠했는지를 돌아보게 만든다. 『논어』에는 전쟁이나 군사 사용과 관련한 언급들이 여럿 있다. 이를 짚어보면 무력 사용에 대한 공자의 기본적인 생각을 확인할 수 있다. 실은 15-1에서 유향이 언급한 『주역』 속의 언급들도 모두 공자 자신의 생각임을 잊어서는 안 된다.

먼저 「술이(述而)」편에 나오는 말이다.

공자께서 늘 삼가고 조심하셨던 세 가지는 재계(齋戒)와 전쟁 그리고 질병이었다.

공자는 그러나 다른 나라라 하더라도 군군신신(君君臣臣), 즉 임금은 임금답고 신하는 신하다운 도리가 무너질 경우 무력을 동원해야 한다는 생각을 갖고 있었다. 「헌문(憲問)」편에 나오는 이야기다.

제나라 대부 진성자(陳成子)가 자기 임금 간공(簡公)을 시해하자 공자는 몸을 씻은 후 노나라 조정에 나아가 애공에게 아뢰었다.

"진항이 자신의 군주를 시해했으니, 청컨대 그를 토벌하소서!"

애공이 "저 삼가(三家)에게 고하라"라고 말했다.

공자가 말했다.

"내가 그나마 관직의 말석에라도 있었기에 감히 아뢰지 않을 수 없어 고했더니, 임금은 저 삼가에게 가서 고해보라고 말씀하시는구나!"

삼가에게 가서 고하자 불가하다고 하니, 공자가 말했다.

"나는 그나마 관직의 말석에라도 있었기에 감히 아뢰지 않을 수 없어 고했을 뿐이다."

게다가 공자는 진법(陣法)에 대해서도 조예가 있었다. 「위령공(衛靈公)」편이다.

위(衛)나라 영공(靈公)이 공자에게 진법에 관해 묻자, 공자는 이렇게 말했다.
"제사 지내는 일에 관해서는 일찍이 들어본 적이 있지만, 군사를 다루는 일은 아직 배우지 못했습니다."
그리고 다음 날 위나라를 떠났다.

여기서 유념해야 할 것은 공자가 "모른다"라고 말하지 않았다는 사실이다. 이는 영공이 전쟁에 관심을 둔 것을 보고서 떠나기 위해 에둘러 말한 것이다. 『예기』에서 공자는 "나는 싸우면 (반드시) 이긴다"라고 했다. 공자의 이런 자신감을 확인시켜주는 것이 다음의 대화다.

공자가 제자 안연에게 말했다.
"(인재로) 써주면 행하고 내버려지면 숨어 지내는 것을 오직 너하고 나만이 갖고 있구나!"
이에 자로가 물었다.
"만일 스승님께서 삼군을 통솔하신다면 누구와 함께하시겠습니까?"
공자가 말했다.
"맨손으로 호랑이를 때려잡고 맨몸으로 강을 건너려 해서 죽어도 후회할 줄 모르는 (너 같은) 사람과는 함께할 수 없을 것이니, 반드시 일에 임해서는 두려워하고 계책을 잘 세워서(好謀) 일을 성공으로 이끄는 사람과 함께할 것이다."

따라서 공자를 어설프게 '반전론자' 정도로 풀어내는 것은 공자의 본래 생각과 한참 동떨어진 것이다. 이 점을 확연히 보여주는 공자의 발언이 「자로(子路)」편에 나온다.

백성을 7년 동안 가르치면 또한 전쟁터에 나가 싸우게 할 수 있을 것이다.

이를 종합하면 대체로 유향이 15-1에서 간략하게 제시한 무력 사용을 위한 지침과 거의 일치한다.

15-2

진(秦)나라 소왕(昭王)이 조회를 하던 중에 탄식하며 말했다.

"저 초나라는 칼은 날카로운데 배우들은 서툴다. 무릇 칼이 날카로우면 군사들이 대부분 날래고 용맹스러우며 배우들이 서툴면 (임금이) 사려하는 바가 원대하니, 나는 초나라가 우리 진나라를 도모할까 두렵다."

이는 마땅히 평안할 때 흉한 일을 생각하는 것이고 잘 지낼 때 망함을 잊지 않는 것이니, 결국 진나라는 이 때문에 패업(霸業)을 이룰 수 있었다.

秦昭王中朝而歎曰: "夫楚劍利·倡優拙. 夫劍利則士多慓悍, 倡優拙則思慮遠也, 吾恐楚之謀秦也." 此謂當吉念凶, 而存不忘亡也, 卒以成霸焉.

15-2는 15-1의 원칙을 지켰을 때 그 결과가 어떠한지를 명확하게 보여준다.

15-3

(춘추시대 때) 왕손려(王孫厲)가 초나라 문왕(文王)에게 일러 말했다.

"서나라 언왕은 어짊과 마땅함의 도리를 즐겨 행하니 한수(漢水) 동쪽의 제후 32개국이 죄다 복종하고 있습니다. 왕께서 만약에 (지금) 치지 않는다면 초나라는 반드시 서나라를 섬기게 될 것입니다."

왕이 말했다.

"만약에 진실로 그런 도리가 있다면 쳐서는 안 된다."

대답해 말했다.

"큰 나라가 작은 나라를 치고 강한 나라가 약한 나라를 치는 것은 마치 큰 물고기가 작은 물고기를 삼키고 호랑이가 돼지를 잡아먹는 것과 같으니, 어찌 그것이 이치를 얻은 것이 아니겠습니까?"

(마침내) 문왕이 군사를 일으켜 서나라를 쳐서 멸망시켰다. 서나라 언왕이 장차 죽으려 하면서 말했다.

"나는 문덕(文德)에만 기대어 무비(武備)를 제대로 밝히지 못했고 어짊과 마땅함의 도리를 즐겨 행하느라 남을 속이는 사람의 말을 알지 못했으니, (마침내) 이 지경에 이르렀다."

저 옛날의 임금다운 임금들은 이에 무비를 잘 갖췄던 것이다.

王孫厲謂楚文王曰: "徐偃王好行仁義之道, 漢東諸侯三十二國盡服矣!

王若不伐, 楚必事徐." 王曰: "若信有道, 不可伐也." 對曰: "大之伐小, 強之伐弱, 猶大魚之呑小魚也, 若虎之食豚也, 惡有其不得理?" 文王興師伐徐, 殘之. 徐偃王將死, 曰: "吾賴於文德而不明武備, 好行仁義之道而不知詐人之心, 以至於此." 夫古之王者其有備乎?

15-3은 15-1에서 얼핏 언급했던 서나라 언왕의 사례를 구체적으로 보여주고 있다.

15-4

오기(吳起)가 원현(苑縣) 태수가 되어 현을 순시하던 중에 식(息) 땅에 가서 굴의구(屈宜臼)에게 물었다.

"왕께서 제가 불초함을 알지 못하시고 원현 태수로 삼으셨는데, 선생께서는 장차 저에게 무슨 가르침을 주시겠습니까?"

굴공(屈公)은 대답하지 않았다. 1년이 지나 왕이 오기를 영윤(令尹)으로 삼자, 현을 순시하던 중에 식(息) 땅에 가서 굴의구에게 물었다.

"제가 선생에게 물었을 때 선생은 가르침을 주지 않았습니다. (그런데) 지금 왕께서 제가 불초함을 알지 못하시고 영윤으로 삼았으니, 선생께서는 시험 삼아 제가 앞으로 하는 일들을 살펴봐 주시기 바랍니다."

굴공이 말했다.

"그대는 장차 어떻게 할 것이오?"

오기가 말했다.

"장차 초나라의 벼슬을 균등하게 하고 그 녹봉을 공평하게 해 넉넉한 사람의 재물을 덜어 부족한 사람을 채워주며, 군대를 잘 훈련시켜 때가 되면 천하를 다툴 것입니다."

굴공이 말했다.

"내가 듣건대, 옛날에 국가를 잘 다스리는 사람은 옛것을 그대로 두고 상도(常道)를 바꾸지 않는다고 했소. (그런데) 지금 그대는 장차 초나라 벼슬을 균등하게 하고 그 녹봉을 공평하게 해 넉넉한 사람의 재물을 덜어 부족한 사람을 채워주겠다고 하니, 이는 옛것을 손보고 상도를 바꾸려는 것이오. 또 내가 듣건대, 군대란 흉기이고 다투는 것이란 다움을 거스르는 것이오. (그런데) 지금 그대는 남몰래 다움을 거스르기를 도모하고 흉기를 쓰는 것을 좋아하니, 아마도 사람들이 싫어하는 것이라 거스름이 지극할 것이요 지나치게 방종한 일이라 그것을 행한다 한들 이롭지 못할 것이오. 또 그대가 노나라 군사를 써서 제나라와 싸울 때 승리하지 못하는 것이 마땅한데도 승리했고, 위(魏)나라 군사를 써서 진(秦)나라와 싸울 때 승리하지 못하는 것이 마땅한데도 승리했소. 내가 듣건대, 화란을 일으킬 만한 사람이 아니면 결코 화란을 이루지 못한다고 했소. 나는 진실로 우리 임금께서 여러 차례 하늘과도 같은 도리를 어겼는데도 지금까지 아무런 화가 없는 것을 기이하게 여기고 있었는데, 아! 그대를 기다린 것이었구려."

오기가 두려워하며 말했다.

"지금이라도 고칠 수 있겠습니까?"

굴공이 말했다.

"불가능하오."

오기가 말했다.

"제가 한번 그렇게 해보겠습니다."

굴공이 말했다.

"이미 형체가 이뤄진 것들은 고칠 수가 없는 법이오. 그대는 도탑게 처신하고 독실하게 일을 행하는 것만 한 바가 없고, 초나라는 뛰어난 이를 천거하는 것보다 중요한 일이 없소."

吳起爲苑(宛)守, 行縣適息, 問屈宜臼曰: "王不知起不肖, 以爲苑守, 先生將何以教之?" 屈公不對. 居一年, 王以爲令尹, 行縣適息, 問屈宜臼曰: "起問先生, 先生不教. 今王不知起不肖, 以爲令尹, 先生試觀起爲之也!" 屈公曰: "子將奈何?" 吳起曰: "將均楚國之爵而平其祿, 損其有餘而繼其不足, 厲甲兵以時爭於天下." 屈公曰: "吾聞昔善治國家者不變故不易常. 今子將均楚國之爵而平其祿, 損其有餘而繼其不足, 是變其故而易其常也. 且吾聞兵者凶器也, 爭者逆德也. 今子陰謀逆德, 好用凶器, 殆人所棄, 逆之至也, 淫泆之事也, 行者不利. 且子用魯兵不宜得志於齊而得志焉; 子用魏兵不宜得志於秦而得志焉. 吾聞之曰: '非禍人不能成禍.' 吾固怪吾主之數逆天道, 至今無禍. 嘻! 且待夫子也." 吳起惕然曰: "尙可更乎?" 屈公曰: "不可." 吳起曰: "起之爲人謀." 屈公曰: "成刑(形)之徒不可更已! 子不如敦處而篤行之, 楚國無貴于舉賢."

15-5

(공자의) 『춘추』는 국가의 보존됨과 멸망함을 기록함으로써 앞으로 올 세상을 (미리) 살펴볼 수 있게 했다.

비록 나라가 넓고 백성이 많으며 견고한 갑옷과 날카로운 무기, 위엄과 용맹을 갖춘 장수가 있다고 하더라도 사졸들이 가까이 여겨 따르지 않으면 전쟁에서 승리해 공로를 세울 수 없다. (막강한) 진후(晉侯)는 한(韓)나라에 포로로 붙잡혔고, 초(楚)나라 자옥득신(子玉得臣)은 성복(城濮)에서 패했으며, 채(蔡)나라는 적이 오기도 전에 군대가 스스로 궤멸했다. 그래서 사람들이 하는 말 중에 이런 것이 있다.

"(주나라) 문왕(文王)이라 하더라도 귀부(歸附)해 따르지 않는 백성은 부릴 수 없고, (지략이 뛰어난) 선진(先軫)이라 하더라도 가르치지 않은 병사들로는 제대로 싸울 수가 없으며, (마차를 잘 모는) 조보(造父)나 왕량(王良)이라 하더라도 망가진 수레와 제대로 달리지 못하는 말로는 내달려 멀리까지 갈 수 없고, (활을 잘 쏘는) 예(羿)나 방몽(逄蒙)이라 하더라도 굽은 화살과 약한 활로는 먼 곳의 희미한 표적은 맞히지 못한다."

그러므로 강약과 성패의 요체는 사졸들이 얼마나 믿고 따르는지, 그리고 그들을 어떻게 가르치고 훈련시켰는지에 달렸을 뿐이다.

春秋記國家存亡, 以察來世. 雖有廣土衆民, 堅甲利兵, 威猛之將, 士卒不親附, 不可以戰勝取功. 晉侯獲於韓; 楚子玉得臣敗於城濮; 蔡不待敵而衆潰. 故語曰: "文王不能使不附之民; 先軫不能戰不教之卒; 造父王良不能以弊車不作之馬趨疾而致遠; 羿逄蒙不能以枉矢弱弓射遠中微." 故強弱成敗之要, 在乎附士卒, 教習之而已.

15-5는 『논어』 「자로(子路)」편에 나온 앞에서의 다음 말과 부합한다.

백성을 7년 동안 가르치면 또한 전쟁터에 나가 싸우게 할 수 있을 것이다.

또 「요왈(堯曰)」편에서 공자는 이렇게 말했다.

(미리) 가르치지 않고서 (전쟁에 나아가) 죽게 하는 것을 잔학(虐)이라고 한다.

15-6

내치가 안정되지 않으면 나라 밖의 일을 바로잡을 수 없고 근본적인 은혜가 펼쳐지지 않으면 지엽적인 일들을 제어할 수 없으니, 이 때문에 『춘추』는 경사(京師-천자)를 우선하고 제하(諸夏-제후들)를 뒤에 두었으며 제화(諸華-중국)를 우선하고 이적(夷狄-오랑캐)을 뒤에 두었다.

주나라 혜왕(惠王)에 이르러 어지러운 세상을 만나 (비록) 선왕(先王-돌아가신 천자들)의 계통을 이었으나, 강대한 초나라가 (천자만이 할 수 있는) 왕을 칭하고 제후들이 왕실을 배반하자 선왕의 명을 펴서 천하를 하나로 통일하려 했다.

(그러나) 경사를 널리 배양함으로써 제하에 미치고 제하를 널리 배양함으로써 이적에 미치는 일을 먼저 하지 못해서 내치가 안정되지 않았는데도, 분노해 자기의 역량과 얻고 잃음을 제대로 헤아리지 않은 채로 군사를 일으켜 강대한 초나라를 쳤다. 그리하여 군사가 크게 패해 굴욕을 당하고 선왕의 명을 실행하지 못해서 천하의 큰 웃음거리가 되었으나, 다행히 제나라 환공을 만나 안정과 존엄을 지킬 수 있었다. 그러므로 내치가 안정되지 않으면 나라 밖의 일을 바로잡을 수 없고 근본적인 은혜가 펼쳐지지 않으며 지엽적인 일들을 제어할 수 없다.

內治未得, 不可以正外, 本惠未襲, 不可以制末, 是以 春秋先京師而後諸夏, 先諸華而後夷狄. 及周惠王, 以遭亂世, 繼先王之體, 而強楚稱王, 諸侯背叛, 欲申先王之命, 一統天下. 不先廣養京師, 以及諸夏, 諸夏以及夷狄, 內治未得, 忿則不料力權得失, 興兵而征強楚. 師大敗, 撙辱不行, 大爲天下笑, 幸逢齊桓公以得安尊. 故內治未得不可以正外, 本惠未襲, 不可以制末.

15-7

군대를 거느리도록 왕명을 받는 자가 군대를 거느리고 조정에 들어갈 때, 군리(軍吏-장군과 장교)들은 전부 다 들어가서 모두 북쪽을 향해 두 번 절하고 머리를 조아린 뒤에 명을 받는다. 천자는 남쪽을 향해 서서 부월(斧鉞)을 주고 (그다음에) 동쪽으로 가서 서쪽을 향해 읍(揖)을 하는데, 이는 군권에 관여하지 않겠다는 뜻을 보여주는 것이다. 명을 받아 출정하면 나랏일을 잊어버리고, 전쟁을 할 때는 집안일을 잊어버리며, 진격의 북소리를 들으면 오직 이기지 못할까만을 걱정하느라 자기 몸을 잊어버리니, 그렇기 때문에 죽음을 각오하고 싸울 수 있는 것이다.

죽음을 각오한 마음은 죽음을 즐기는 마음과 같지 않고(-죽음을 즐기는 마음으로는 미치지 못하고), 죽음을 즐기는 마음은 죽음을 기꺼이 여기는 마음과 같지 않으며, 죽음을 기꺼이 여기는 마음은 죽음을 의로이 여기는 마음과 같지 않고, 죽음을 의로이 여기는 마음은 죽음을 집으로 돌아갈 수 있듯이 여기는 마음과 같지 않다는 말은 이를 가리켜 한 말이라 하겠다.

그러므로 한 사람이 필사적으로 싸우면 열 사람이 당해낼 수 없고, 열 사람이 필사적으로 싸우면 백 사람이 당해낼 수 없으며, 백 사람이 필사적으로 싸우면 천 사람이 당해낼 수 없고, 천 사람이 필사적으로 싸우면 만 사람이 당해낼 수 없다. 만 사람이 필사적으로 싸우면 천하를 마음대로 할 수 있으니, 명령을 내리면 바로 시행되고 금지령을 내리면 바로 그치게 된다. 이것이 임금다운 임금의 군대다.

將帥受命者, 將帥入, 軍吏畢入, 皆北面再拜稽首受命. 天子南面而授之鉞, 東行, 西面而揖之, 示弗御也. 故受命而出忘其國, 即戎忘其家, 聞枹鼓之聲, 唯恐不勝忘其身, 故必死. 必死不如樂死, 樂死不如甘死, 甘死不如義死, 義死不如視死如歸, 此之謂也. 故一人必死, 十人弗能待也; 十人必死, 百人弗能待也; 百人必死, 千人不能待也; 千人必死, 萬人弗能待也. 萬人必死, 橫行乎天下, 令行禁止, 王者之師也.

15-7은 앞서 말한 백성에게 '가르쳐야 할 내용'이다.

15-8

전단(田單)이 제나라의 상장군(上將軍)이 되어 군사 10만을 거느리고 장차 적(翟)나라를 공격하려고 하면서 노중련자(魯仲連子)를 찾아가 만나보았다.

중련자가 말했다.

"장군이 적나라를 공격해도 분명 함락시킬 수 없을 것이오."

전 장군이 말했다.

"저는 성 5리와 성곽 10리로 제나라를 수복했는데, 어째서 적나라를 공격해도 함락시키지 못한다는 것입니까?"

그러고는 수레에 올라 누구와도 말을 하지 않았다. 적나라를 공격하기로 결정하고서 3개월이 지나도록 함락시키지 못하니, 제나라 아이들이 노래를 지어 불렀다.

"키[箕]처럼 큰 관을 쓰고 긴 칼로 턱을 괴고 있네. 적나라 공격했으나 함락시키지 못하니 오구(梧丘)에 (억울하게 죽은) 시체만 쌓여가는구나."

이에 전 장군이 두렵고 놀라서 중련자를 찾아가 만나보고서 말했다.

"선생께서는 어떻게 제가 적나라를 공격해도 함락시킬 수 없다는 것을 아셨습니까?"

중련자가 말했다.

"무릇 장군이 즉묵(卽墨)에서 싸울 때는 앉으면 삼태기를 짜고 서면 직접 삽을 쥐고서 사졸들에게 소리쳐 말했습니다.

'종묘가 망하고 선왕들의 혼백이 사라졌으니 어디로 돌아갈 것인가!'

그래서 장수들은 목숨을 바치겠다는 마음이 있었고 사졸들도 살아남아야겠다는 태도가 없었습니다. (그런데) 지금 장군은 동쪽으로는 액읍(掖邑)이라는 봉지가 있고 서쪽으로는 치수(淄水) 물가의 보배가 있으며, 황금으로 장식한 띠를 두르고 치수와 민수(澠水) 사이를 치달리고 있습니다. 이 때문에 (장졸들이) 살기를 좋아하고 죽기를 싫어하는 것입니다."

전 장군이 다음날 머리를 묶고 화살과 돌이 날아오는 곳에 버티고 서서 마침내 북채를 쥐고 북을 두드리니 적나라 사람들이 항복했다. 그러므로 장군이란 병사의 마음이요 병사란 (장군의) 사지와 같아서 마음이 머뭇거리면 사지와 몸이 말을 듣지 않는다고 했는데, 전 장군을 두고 한 말이리라!

田單爲齊上將軍, 興師十萬, 將以攻翟, 往見魯仲連子. 仲連子曰: "將軍之攻翟, 必不能下矣!" 田將軍曰: "單以五里之城, 十里之郭, 復齊之國, 何爲攻翟不能下?" 去上車不與言. 決攻翟, 三月而不能下, 齊嬰兒謠之曰: "大冠如箕, 長劍拄頤, 攻翟不能下, 壘於梧丘." 於是 田將軍恐駭, 往見仲連子曰: "先生何以知單之攻翟不能下也?" 仲連子曰: "夫將軍在即墨之時, 坐則織蕢, 立則杖臿爲士卒倡曰: '宗廟亡矣, 魂魄喪矣, 歸何黨矣.' 故將有死之心, 士卒無生之氣. 今將軍東有掖邑之封, 西有淄上之寶, 黃金橫帶, 馳騁乎淄澠之間, 是以 樂生而惡死也." 田將軍明日結髮, 徑立矢石之所, 乃引枹而鼓之, 翟人下之. 故將軍者, 士之心也, 士者將之枝體也, 心猶與則枝體不用, 田將軍之謂乎!

15-9

진(晉)나라 지백(智伯)이 정(鄭)나라를 치자 제(齊)나라 전항(田恒)이 정나라를 구원했는데, (전항은) 비옷을 입고 반드시 몸소 서서 병거(兵車)와 병사들이 전진하지 못하면 (서로) 돕게 했고 보루를 완성한 다음에야 감히 거처했으며 우물과 부엌을 완성한 다음에야 감히 식사를 했다.

지백이 말했다.

"내가 듣건대, 전항이 새로이 나라를 얻었는데 그 백성을 사랑해 안으로 재물을 백성과 함께하고 밖으로 노고를 백성과 함께한다고 한다. 군대를 이처럼 다스리게 되면 무리의 마음을 얻게 되니, 그와 상대할 수 없겠다."

마침내 그대로 철수했다.

晉智伯伐鄭, 齊田恒救之, 有登蓋必身立焉, 車徒有不進者必令助之, 壘合而後敢處, 井灶成而後敢食. 智伯曰: "吾聞田恒新得國而愛其民, 內同其財, 外同其勤勞. 治軍若此, 其得衆也, 不可待也." 乃去之耳.

15-9는 『논어』 「양화(陽貨)」편에서 공자가 말한 "너그러우면 무리의 마음을 얻는다"에 대한 풀이라고 할 수 있다.

15-10

『태공병법』에서 말했다.

“(장수는) 자애로운 마음을 다하고 무력과 위세로 싸우려는 의지를 세워서 그 무리를 잘 단련시킨다. 그들을 훈련시켜 정예병으로 만들고 절의를 갈고닦아 주어 사기를 높여준다.

군대를 나눠 다섯 부대로 만들어서 깃발과 휘장을 달리함으로써 서로 혼란이 일어나지 않게 한다. 대오와 행진을 견고하게 하고 십(什-10명)과 오(伍-5명)를 연결시켜서(혹은 연대책임을 지도록 해서) 혼란과 잘못을 막는다.”

(태공이) 보루와 진영의 차례, 병마와 수레를 다루는 법, 군대를 장악하는 권세, 군대의 법령, 상과 벌의 등급 등을 제대로 시행함으로써 병사들로 하여금 불에 뛰어들고 칼날이라도 밟을 기세로 적진을 함락하고 적장을 붙잡으면서 죽더라도 발길을 뒤로 돌리지 않게 한 것은 지금의 장수들과 많은 차이가 있다.

太公兵法曰: “致慈愛之心, 立武威之戰, 以畢其衆; 練其精銳, 砥礪其節, 以高其氣. 分爲五選, 異其旗章, 勿使冒亂; 堅其行陣, 連其什伍, 以禁淫非.” 壘陳之次, 車騎之處, 勒兵之勢, 軍之法令, 賞罰之數, 使士赴火蹈刃, 陷陣取將, 死不旋踵者, 多異於今之將也.

15-10은 앞서 보았던 공자의 말, 즉 “백성을 7년 동안 가르치면 또한 전쟁터에 나가 싸우게 할 수 있을 것이다”에 대한 풀이가 된다.

15-11

효소황제(孝昭皇帝) 때 북군감어사(北軍監御史)가 못된 짓을 했으니, 북군의 담장 일부를 헐고서 거기에다 상점을 만들었다. 호건(胡建)이 북군위(北軍尉)로 있었는데, 집 안이 가난해서 말과 수레가 없이 늘 걸어 다니면서 사졸들과 함께 지냈다. 이 때문에 사졸들을 아껴주고 위로함이 매우 두터웠으니, 건이 그를 주살하고자 이에 그 보졸들에게 약속해 말했다.

"내가 그대들과 함께 죽여야 할 자가 있으니, '잡으라' 하면 잡고 '목을 베라' 하면 목을 베라."

마침 병사와 말을 검열하는 날이 돼 감군어사와 호군(護軍)의 장교들이 단 위에 줄지어 앉아 있었는데, 건이 보졸들을 따라 뛰어가서 단 아래에 이르렀다. 경례를 하고서 곧바로 단 위로 올라가니 보졸들도 다 따라서 올라갔는데, 건이 감군어사를 가리키며 "저자를 잡아라" 하고 소리치니 병졸들이 달려가서 그를 단 아래로 끌어내렸다. 건이 말했다.

"그를 목 베라!"

드디어 어사의 목을 벴다. 호군의 장교들이 모두 경악했으나 어찌된 일인지를 알지 못했다.

건은 이미 사전에 작성한 상주문을 옷 속에 품고 있었는데, 드디어 위에 이를 아뢰었다.

'신이 듣건대 군법이란 무위를 세움으로써 대중을 위압하고 악한 자를 주벌함으로써 간사함을 막는다고 했습니다. (그런데) 지금 감군어사는 공공연하게 군대의 담장을 뚫어 장삿속을 챙겨 사사로이 군대의 물품들을 거래했으니, 굳센 마음가짐이나 용맹한 절의를 보이지 못해 사대부를 앞에서 이끌 수 없고 더욱이 이치를 잃어 공정하지 못한 짓을 했습니다. (그런데 이를) 문관의 재판에 넘긴다면 그다지 중한 죄가 아닐 것입니다. (병서(兵書)인) 『황제이법(黃帝理法)』에 이르기를 "진지(陣地)를 만든 뒤에 정문을 통하지 않고 벽에 구멍을 내어 통과하는 자가 있다면 이를 일러 간사한 자라고 하고, 간사한 자는 죽인다"라고 했습니다. 신이 삼가 목을 베고서 죽음을 무릅쓰고 보고 드리옵니다.'

제(制-비답)해 말했다.

'『사마법(司馬法)』에 이르기를 "조정 기밀은 군대에 들어가지 않고, 군대 기밀은 조정에 들어가지 않는다"라고 했다. 건에게 무슨 의심할 것이 있겠는가?'

건은 이로 말미암아 이름을 드높였다. 뒤에 위성(渭城) 현령이 돼 잘 다스리다 죽었는데, 지금도 위성에는 그의 사당이 있다.

孝昭皇帝時, 北軍監御史爲姦, 穿北門垣以爲賈區. 胡建守北軍尉, 貧無車馬, 常步, 與走卒起居, 所以慰愛走卒甚厚, 建欲誅監御史, 乃約其走卒曰: "我欲與公有所誅. 吾言取之則取之; 斬之則斬之." 於是 當選士馬日, 護軍諸校列坐堂皇上, 監御史亦坐. 建從走卒趨至堂下拜謁. 因上堂, 走卒皆上, 建跪指監御史曰: "取彼", 走卒前拽下堂. 建曰: "斬之", 遂斬監御史. 護軍及諸校皆愕驚, 不知所以. 建亦已有成奏在其懷, 遂上奏以聞, 曰: "臣聞軍法立武以威衆, 誅惡以禁邪. 今北軍監御史公穿軍垣以求賈利, 買賣以與士市, 不立剛武之心, 勇猛之意, 以率先士大夫, 尤失理不公. 臣聞黃帝理法曰: '壘壁已具, 行不由路, 謂之姦人, 姦人者殺.' 臣謹以斬之, 昧死以聞." 制曰: "司馬法曰: '國容不入軍, 軍容不入國也.' 建有何疑焉?" 建由是名興. 後至渭城令, 死, 至今渭城有其祠也.

15-11은 군율이 엄정해야 함을 강조한 것이다.

15-12

노석공(魯石公)의 칼은 가까이 가면 능히 감응하고 감응하면 능히 움직인다. 그 현묘함이 끝이 없어서 변화해도 형체나 그림자가 없으며 차분하고 부드럽게 따르는 것이 마치 그림자나 메아리와 같으니, 마치 삽살개가 집을 지키는 것과 같고 수레바퀴가 말을 따라가는 것과 같으며 메아리가 소리에 호응하고 그림자가 본래의 형체를 빼닮은 것과 같다. 둥둥 큰 북소리는 통통 작은 북소리에 미치지 못하고, 내뱉는 숨은 들이마시는 숨에 미치지 못하며, 발을 드는 것은 발을 모으는 것에 미치지 못하니, 그 둘 간의 차이는 매미 날개만큼이나 작지만, 오히려 팔꿈치와 등, 눈썹과 속눈썹처럼 미세하면서도 미치지 못하는 것과 같다. 일찍이 큰 것으로써 작은 것을 그치게 할 수 없었거늘 작은 것으로써 하물며 큰 것을 겨눔에야!

군사를 쓰는 도리도 아마 이와 같으리니, 이것이 적을 잘 대적하는 길이다. (전쟁을 잘하는 것은) 아직 전쟁에 이르기 전에 적을 제압하고 적국 사람과 조정에서 읍양(揖讓)하며 담판을 지어 만백성에게 은혜를 베푸는 것에 미치지 못한다. 그러므로 평시에 변란이 일어나지 않게 하고 전시에도 칼날에 피를 묻히지 않는 것, 아마도 이것이 탕왕과 무왕이 보여준 병술(兵術)이리라.

魯石公劍, 迫則能應, 感則能動, 昒穆無窮, 變無形像, 優柔委從, 如影與響, 如尨之守戶, 如輪之逐馬, 響之應聲, 影之像形也. 闐不及輷, 呼不及吸, 足舉不及集, 相離若蟬翼, 尙在肱北眉睫之微, 曾不可以大息小, 以小況大. 用兵之道, 其猶然乎? 此善當敵者也. 未及夫折衝於未形之前者, 揖讓乎廟堂之上而施惠乎百萬之民. 故居則無變動, 戰則不血刃, 其湯武之兵與!

15-13

공자(孔子)가 북쪽으로 유람을 하다가 동쪽 농산(農山)에 올랐는데, 자로(子路)·자공(子貢)·안연(顔淵)이 뒤따랐다. 공자가 크게 탄식하며 말했다.

"높은 곳에 올라 아래를 내려다보니 사람 마음을 애틋하게 하는구나! 너희들은 각자 거의 속마음을 말해보아라. 내가 장차 들어보리라."

자로가 말했다.

"제 바람은 달빛 같은 흰 깃털과 햇빛 같은 붉은 깃털로 된 지휘 깃발을 얻어서 (전진과 후퇴를 알리는) 종과 북소리가 위로 하늘에까지 들리게 하고 깃발이 펄럭이는 것이 아래로 땅에 닿으면, 저는 장차 군사를 거느리고 쳐서 반드시 사방 1,000리 땅을 차지하겠습니다. 오직 저만이 능히 할 수 있는 일이니, 저 두 사람으로 하여금 절 따르게 하겠습니다."

공자가 말했다.

"용맹스럽도다, 자로여! 하나 고꾸라지리라."

자공이 말했다.

"저의 바람은 제나라와 초나라가 넓디넓은 벌판에서 싸움을 벌여 양쪽 보루가 서로를 향하고 깃발을 서로 바라보며 티끌이 서로 이어져 접전해서 싸울 때, 저는 흰옷에 흰 관을 쓰고 흰 칼날이 부딪히는 사이에서 유세해 두 나라 간의 우환을 풀고자 합니다. 오직 저만이 능히 할 수 있는 일이니, 저 두 사람으로 하여금 절 따르게 하겠습니다."

공자가 말했다.

"말을 잘하는구나, 자공이여! 그러나 말을 너무 쉽게 하도다."

안연이 홀로 말을 하지 않으니 공자가 말했다.

"회(回)야! 이리 오너라. 너만 홀로 어찌 아무런 바람이 없는가?"

안연이 말했다.

"문과 무의 일은 두 사람이 이미 말했는데 회가 어찌 감히 끼어들겠습니까!"

공자가 말했다.

"두 사람 말이 비루하다 여겨 관여하지 않으려는 것 같은데, 일단 말해보거라."

안연이 말했다.

"제가 듣건대, 소금에 절인 마른 물고기는 냄새가 심해서 난초나 백지 같은 향기 나는 풀과는 같은 바구니에 담아 보관해서는 안 되고, 요임금과 순임금은 걸왕이나 주왕과 나라를 같이해 다스릴 수 없다고 했습니다.

두 사람의 말은 저의 말과 다릅니다. 제가 바라는 것은 명왕성주(明王聖主)를 얻어 그를 도와서 성곽을 축조하지 않고 해자를 파지 않게 하며 칼과 창 같은 무기를 녹여 농기구를 만들어서, 천하로 하여금 천년토록 전란의 우환이 없게 만드는 것입니다. 이와 같이 한다면 자로가 어찌 고꾸라져가면서 진격할 것이며 자공이 또 어찌 말을 너무 쉽게 하면서 사신으로 가겠습니까?"

공자가 말했다.

"아름답도다, 너의 덕(德)이여! 멀리 내다보는 사람이로다!"

자로가 손을 들고서 물었다.

"스승님의 뜻을 듣기를 바랍니다."

공자가 말했다.

"내가 원하는 바는 안씨의 뜻 그대로다. 나는 바라건대 의관을 짊어지고 안씨의 아들(-안회)을 따르고자 한다."

孔子北遊, 東上農山, 子路·子貢·顔淵從焉. 孔子喟然歎曰: “登高望下, 使人心悲, 二三子者, 各言爾志. 丘將聽之.” 子路曰: “願得白羽若月, 赤羽若日, 鐘鼓之音上聞乎天, 旌旗翩翻, 下蟠於地, 由且舉兵而擊之, 必也攘地千里. 獨由能耳, 使夫二子爲從焉!” 孔子曰: “勇哉士乎! 僨僨(분분)者乎!” 子貢曰: “賜也, 願齊楚合戰於莽洋之野, 兩壘相當, 旌旗相望, 塵埃相接, 接戰搆兵, 賜願著縞衣白冠, 陳說白刃之間, 解兩國之患. 獨賜能耳, 使夫二子者爲我從焉!” 孔子曰: “辯哉士乎! 僊僊(선선)者乎!” 顔淵獨不言, 孔子曰: “回! 來! 若獨何不願乎?” 顔淵曰: “文武之事, 二子已言之, 回何敢與焉!” 孔子曰: “若鄙, 心不與焉, 第言之!” 顔淵曰: “回聞鮑魚蘭芷不同篋而藏, 堯舜桀紂不同國而治, 二子之言與回言異. 回願得明王聖主而相之, 使城郭不脩, 溝池不越, 鍛劍戟以爲農器, 使天下千歲無戰鬥之患. 如此則由何僨僨而擊, 賜又何僊僊而使乎?” 孔子曰: “美哉, 德乎! 姚姚者乎!” 子路舉手問曰: “願聞夫子之意.” 孔子曰: “吾所願者, 顔氏之計, 吾願負衣冠而從顔氏子也.”

15-13은 고스란히 『논어』 「술이(述而)」편에 대한 보충 풀이가 된다.

공자가 제자 안연에게 말했다.

“(인재로) 써주면 행하고 버려지면 숨어 지내는 것을 오직 너하고 나만이 갖고 있구나!”

이에 자로가 물었다.

“만일 스승님께서 삼군을 통솔하신다면 누구와 함께하시겠습니까?”

공자가 말했다.

“맨손으로 호랑이를 때려잡고 맨몸으로 강을 건너려 해(暴虎馮河) 죽어도 후회할 줄 모르는 (너 같은) 사람과는 함께할 수 없을 것이니, 반드시 일에 임해서는 두려워하며 치밀한 전략과 전술을 잘 세워서 일을 성공으로 이끄는 사람과 함께할 것이다."

15-14

노나라 애공(哀公)이 중니(仲尼-공자)에게 물었다.

"나는 나라가 약소할 때는 지키고 강대해지면 공격하려 하니, 이 방법이 어떠한가?"

중니가 말했다.

"조정에 예(禮)가 있고 위아래가 서로를 제 몸처럼 여기며 백성 무리는 모두 임금께서 길러주시는 바라면 임금께서는 장차 누구를 공격하시겠습니까? 조정에 예가 없고 위아래가 서로를 제 몸처럼 여기지 않으며 백성 무리가 모두 임금의 원수라면 임금께서는 장차 누구와 함께 지키시겠습니까?"

이에 애공은 택량(澤梁)의 금지령을 풀고 관시(關市)의 세금 징수를 줄여서 백성에게 은혜를 베풀었다.

魯哀公問於仲尼曰: "吾欲小則守, 大則攻, 其道若何?" 仲尼曰: "若朝廷有禮, 上下有親, 民之衆皆君之畜也, 君將誰攻? 若朝廷無禮, 上下無親, 民衆皆君之讎也, 君將誰與守?" 於是 廢澤梁之禁, 弛關市之征, 以爲民惠也."

15-14는 『논어』「안연(顏淵)」편의 다음 구절과 뜻이 통한다.

자공이 바른 정치를 하려면 어떻게 해야 하느냐고 묻자 공자는 이렇게 답했다.

“먹을 것을 풍족하게 하고 군대를 풍족하게 하며 백성이 정치 지도자들을 믿고 따르게 하는 것이다.”

이에 자공이 다시 물었다.

“어쩔 수 없이 셋 중 하나를 버려야 한다면 어느 것을 먼저 버려야 합니까?”

공자는 “군사를 버려야 한다”라고 답했다.

다시 자공이 물었다.

“어쩔 수 없이 나머지 둘 중 하나를 버려야 한다면 어느 것을 먼저 버려야 합니까?”

공자가 답했다.

“양식을 버려야 한다. 예로부터 사람은 누구나 다 죽음이 있거니와, 사람은 믿음이 없으면 설 수 없다.”

여기서 말하는 믿음이란 곧 15-14에서 말한 '예가 있고 위아래가 서로를 제 몸처럼 여김'이다.

15-15

(주나라) 문왕(文王)이 말했다.

“내가 군사를 쓰려고 하는데, 어느 나라를 치면 좋겠는가?”

태공망(太公望)이 말했다.

“밀수씨(密須氏)가 우리에 대해 의혹을 품고 있으니, 먼저 가서 치는 게 좋을 것입니다.”

(문왕의 아들) 관숙(管叔)이 말했다.

“안 됩니다. 그 임금은 천하의 눈 밝은 임금이니, 그를 치는 것은 마땅하지 않습니다."

태공망이 말했다.

"신이 듣건대, 옛날의 뛰어난 임금들은 굽은 나라는 치고 고분고분한 나라는 치지 않았으며 험악한 나라는 치고 평범한 나라는 치지 않았으며 분수에 넘치는 나라는 치고 분수에 미치지 못하는 나라는 치지 않았다고 합니다."

문왕이 말했다.

"좋은 말이다."

드디어 밀수씨를 쳐서 멸망시켰다.

文王曰: "吾欲用兵, 誰可伐?" 太公望曰: "密須氏疑於我, 可先往伐." 管叔曰: "不可. 其君天下之明君也, 伐之不義." 太公望曰: "臣聞之, 先王伐枉不伐順; 伐險不伐易; 伐過不伐不及." 文王曰: "善." 遂伐密須氏, 滅之也.

15-15에서 문왕이 정벌을 결심한 이유는 밀수씨가 자기에 대해 의혹을 품고 있다고 결론 내렸기 때문이다.

15-16

(주나라) 무왕(武王)이 장차 (은나라의 마지막 천자) 주왕(紂王)을 치고자 해서, 태공망을 불러 이에 관해 물었다.

"나는 싸우지 않고 이길 줄 알며 점치지 않고 길한 줄 알며 내 백성이 아닌 자들을 부려서 그 일을 하고 싶은데, 방법이 있겠는가?"

태공이 대답해 말했다.

“길이 있습니다. 왕께서는 많은 사람의 마음을 얻어서 무도한 임금을 도모하시니, 싸우지 않고 이길 줄 아는 것입니다. 왕의 뛰어남으로 불초한 주왕을 치시니, 점치지 않고 길한 줄 아는 것입니다. 저 주왕은 자기 백성을 해치는데 우리 왕께서는 백성을 이롭게 해주시니, 비록 우리 백성이 아니더라도 부릴 수가 있는 것입니다.”

무왕이 말했다.

“좋다.”

마침내 주공(周公)을 불러서 물어보았다.

“천하에서 일을 도모하는 자들이 모두 은나라를 천자로 여기고 우리 주나라를 제후로 여기고 있는데, 제후로서 천자를 공격해 이길 길이 있는가?”

주공이 대답했다.

“은나라가 진실로 천자의 나라이고 주나라가 진실로 제후라면 이길 방법이 없는데, 어찌 공격할 수 있겠습니까?”

무왕이 화를 내며 말했다.

“네가 그렇게 말하는 데는 까닭이 있겠지?”

주공이 대답했다.

“신이 듣건대, 예(禮)가 있는 나라를 공격하면 적(賊)이 되고 의(義)가 있는 나라를 공격하면 잔(殘)이 되며 백성에 대한 통제력을 잃으면 필부가 된다고 했습니다. 왕께서는 백성을 잃어버린 자를 공격하는 것이지, 어찌 천자를 공격하는 것이겠습니까?”

무왕이 말했다.

“좋다.”

마침내 무리를 일으켜 군사를 출동시켜서 은나라와 더불어 목야(牧野)에서 싸워 은나라 사람들을 크게 패망시켰다. (무왕이) 당에 올라 옥을 보고서 말했다.

“누구의 옥인가?”

말했다.

“제후의 옥입니다.”

즉시 그것을 가져다가 제후에게 돌려주었다. 천하 사람들이 이를 듣고서 말했다.

“무왕이 재물에 대해서 깨끗하구나!”

방에 들어갔다가 여인들이 있는 것을 보고서 말했다.

“누구의 여인들인가?”

말했다.

“제후의 여인들입니다.”

즉시 그들을 데려다가 제후에게 돌려주었다. 천하 사람들이 이를 듣고서 말했다.

“무왕이 여색에 대해서 깨끗하구나!”

이에 거교(巨橋)의 곡식을 풀고 녹대(鹿臺)의 금전을 흩어서 군사와 백성에게 주었고, 전거(戰車)는 내버리고 더는 타지 않고 갑옷과 무기는 풀어놓고 더는 쓰지 않았으며, 화산(華山)에 말을 풀고 도림(桃林)에 소를 놓아주어 더는 무기를 쓰지 않을 것임을 세상에 보여주었다. 천하에서 이를 들은 사람들이 모두 말하기를 “무왕은 천하에 마땅함을 시행하셨으니 어찌 위대하지 않은가”라고 했다.

武王將伐紂, 召太公望而問之曰: “吾欲不戰而知勝, 不卜而知吉, 使非其人. 爲之有道乎?” 太公對曰: “有道. 王得衆人之心, 以圖不道, 則不戰而知勝矣; 以賢伐不肖, 則不卜而知吉矣; 彼害之, 我利之, 雖非吾民, 可得而使也.” 武王曰: “善.” 乃召周公而問焉, 曰: “天下之圖事者, 皆以殷爲天子, 以周爲諸侯, 以諸侯攻天子, 勝之有道乎?” 周公對曰: “殷信天子, 周信諸侯, 則無勝之道矣, 何可攻乎?” 武王忿然曰: “汝言有說乎?” 周公對曰: "臣聞之, 攻禮者爲賊, 攻義者爲殘, 失其民制爲匹夫. 王攻其失民者也, 何攻天子乎?" 武王曰: "善." 乃起衆擧師, 與殷戰於牧之野, 大敗殷人. 上堂見玉, 曰: "誰之玉也?" 曰: "諸侯之玉." 即取而歸之於諸侯. 天下聞之, 曰: "武王廉於財矣." 入室見女, 曰: "誰之女也?" 曰: "諸侯之女也." 即取而歸之於諸侯. 天下聞之, 曰: "武王廉於色也." 於是 發巨橋之粟, 散鹿臺之金錢, 以與士民, 黜其戰車而不乘, 弛其甲兵而弗用, 縱馬華山, 放牛桃林, 示不復用. 天下聞者, 咸謂武王行義於天下, 豈不大哉?

15-16에 등장하는 무왕(武王)의 시호 '무(武)'자는 '지(止)'자와 '과(戈)'자가 합쳐져서 만들어진 말로, 전쟁[戈]을 그친다[止]는 뜻이다. 그래서 고대 중국에서는 무제(武帝) 등과 같이 천하를 통일한 천자의 시호에 종종 무(武)자를 사용했다.

15-17

문왕이 숭(崇)나라를 치고자 하면서 먼저 선언했다.

"내가 듣건대, 숭후(崇侯) 호(虎)는 부모 형제를 멸시하고 깔보며 원로들을 공경하지 않으며 옥사의 처리가 실상에 맞지 않고 재물의 분배도 고르지 않아서, 백성이 힘을 다 쓰는 데도 입고 먹을 것을 제대로 얻지 못하고 있다고 한다. 내가 장차 가서 치려는 것은 오직 숭나라 백성을 위해서이니, 함부로 사람을 죽이지 말고 집을 부수지 말며 우물을 메우지 말고 나무를 베지 말며 여섯 가축을 빼앗지 말라. 이 명령대로 하지 않는 자가 있으면 사형에 처하고 용서하지 않을 것이다."

숭나라 사람들이 이를 듣고서는 그 참에 항복을 청했다.

文王欲伐崇, 先宣言曰: "予聞崇侯虎, 蔑侮父兄, 不敬長老, 聽獄不中, 分財不均, 百姓力盡, 不得衣食. 予將來征之, 唯爲民乃伐崇, 令毋殺人, 毋壞室, 毋塡井, 毋伐樹木, 毋動六畜. 有不如令者死無赦." 崇人聞之, 因請降.

15-18

초나라가 진(陳)나라를 치자 오나라가 진나라를 구원하러 갔는데, 열흘 밤낮으로 비가 내렸다.

(초나라) 좌사(左史) 의상(倚相)이 말했다.

"오나라는 반드시 밤에 이를 것입니다. 우리 갑옷은 찢어지고 성루는 무너졌으니 저들은 반드시 우리를 얕볼 터인데, 어찌 대오를 정비하고 북을 치면서 나아가 기다리지 않습니까?"

오나라 군대가 초나라에 이르렀다가 이미 군진을 이룬 것을 보고서는 군사를 돌렸다. 좌사 의상이 말했다.

"추격해야 합니다. 오나라 군대는 60리를 행군해 왔으나 아무런 공로도 세우지 못했으니, 왕은 피곤할 테고 병사들도 지쳐 있을 것입니다."

과연 치니 오나라 군대는 대패했다.

楚伐陳, 吳救之, 雨十日十夜晴. 左史倚相曰: "吳必夜至. 甲列壘壞, 彼必薄我, 何不行列鼓出待之." 吳師至楚, 見成陳而還. 左史倚相曰: "追之. 吳行六十里而無功, 王罷卒寢." 果擊之, 大敗吳師.

15-19

제나라 환공(桓公) 때 장맛비가 100일 동안 내렸다. 환공이 소릉(漅陵)을 치고자 했으니, 그 성은 비를 만나 축성을 마무리하지 못하고 있었다. 관중(管仲)과 습붕(隰朋)이 군사들을 거느리고 궁문을 나서자 환공이 말했다.

"병사들을 어떻게 쓰려는가?"

관중이 대답했다.

"신이 듣건대 비가 오면 일이 생겨난다고 했습니다. 무릇 소릉이 장맛비를 감당할 수 없을 것이니, 신은 공격할 것을 청하옵니다."

공이 말했다.

"좋다!"

드디어 군사를 일으켜 쳤다. 이미 소릉에 도착해서 보니, 많은 병사가 성 밖에 있고 갑사들은 성안에 있었다. 환공이 말했다.

"아마도 이곳에는 빼어난 이가 있는 듯하다."

마침내 깃발을 돌려서 그곳을 떠났다.

齊桓公之時, 霖雨十旬. 桓公欲伐漅陵, 其城之值雨也, 未合. 管仲隰朋以卒徒造於門, 桓公曰: "徒衆何以爲?" 管仲對曰: "臣聞之, 雨則有事. 夫漅陵不能雨, 臣請攻之." 公曰: "善!" 遂興師伐之. 既至, 大卒間外, 士在內矣. 桓公曰: "其有聖人乎?" 乃還旗而去之.

15-20

송(宋)나라가 조(曹)나라를 에워쌌으나 뿌리 뽑지 못하자, 사마자어(司馬子魚)가 임금에게 말했다.

"문왕이 숭나라를 칠 때 숭나라 군사가 그 성을 지켜 30일 동안 항복하지 않았는데, 물러나 가르침을 닦고서 다시 치자 따로 성루를 손보지 않았는데도 항복했습니다. 지금 임금의 임금다움에 결여된 바가 있는 것은 아닌지요? 어찌 물러나 다움을 닦아서 결여된 바를 없앤 다음에 군사를 동원하지 않으십니까?"

宋圍曹, 不拔, 司馬子魚謂君曰: "文王伐崇, 崇軍其城, 三旬不降. 退而脩教, 復伐之, 因壘而降. 今君德無乃有所闕乎? 胡不退脩德, 無闕而後動."

15-21

오왕(吳王) 합려(闔閭)는 형나라(荊-초나라) 사람들과 백거(柏擧)에서 전투를 벌여 크게 승리를 거두었으며 (초나라 수도) 영(郢) 교외에 이르기까지 형나라 사람들을 다섯 차례나 꺾었다. 합려의 신하 다섯 사람이 나아와서 간언해 말했다.

"무릇 깊숙이 침입하고 멀리 가서 보복하는 것은 왕께 이롭지 않으니, 왕께서는 이에 군사를 돌리셔야 할 것입니다."

다섯 사람이 장차 자기 머리를 베려 했고, 합려가 아직 대답도 하지 않았는데 다섯 사람의 머리가 말 앞에 떨어졌다. 합려가 두려워하며 오자서(伍子胥)를 불러 물으니, 자서가 답했다.

"다섯 신하는 두려웠던 것입니다. 무릇 남을 다섯 번 꺾은 사람은 그 두려움이 더욱 심하니, 왕께서는 일단 조금씩만 진군하십시오."

마침내 영에 이르러 남쪽으로는 장강, 북쪽으로는 방성까지 나아가니, 사방 3,000리가 모두 오나라에 복종했다.

吳王闔廬與荊人戰於柏擧, 大勝之, 至於郢郊, 五敗荊人. 闔廬之臣五人進諫曰: "夫深入遠報, 非王之利也, 王其返乎?" 五人將鍥頭, 闔廬未之應, 五人之頭墜於馬前. 闔廬懼, 召伍子胥而問焉, 子胥曰: "五臣者懼也. 夫五敗之人者, 其懼甚矣, 王姑少進." 遂入郢, 南至江, 北至方城, 方三千里, 皆服於吳矣.

15-17부터 15-21까지는 외적을 치기에 앞서 먼저 스스로의 덕을 닦아야 한다는 점을 말하고 있다. 이를 압축한 말이 『논어』「자로(子路)」편에 나온다.

(초나라) 섭공이 정치에 관해 묻자 공자가 말했다.
"가까이 있는 자들이 기뻐하고 멀리 있는 자들이 찾아오게 해야 합니다."

15-22

전성자(田成子)가 늘 재아(宰我)와 함께 다투었는데, 재아가 밤에 병졸들을 매복시켜 두고서 장차 전성자를 치고자 병졸들에게 영을 내려 말했다.

"깃발이 보이지 않으면 움직이지 말라!"

치이자피(鴟夷子皮)가 이를 듣고서 전성자에게 고했다. 전성자가 그에 따라 깃발을 위조해 재아의 병졸들을 움직이게 했고, 공격해서 마침내 그들을 전멸시켰다.

田成子常與宰我爭, 宰我夜伏卒, 將以攻田成子, 令於卒中曰: “不見旌節毋起.” 鴟夷子皮聞之, 告田成子. 田成子因爲旌節以起宰我之卒以攻之, 遂殘之也.

15-23

제나라 환공이 북쪽으로 산융씨(山戎氏)를 정벌하면서 노나라에 병사를 청했으나 노나라가 받아들이지 않았다. 환공이 노해 장차 노나라를 공격하려 하니, 관중이 말했다.

“안 됩니다. 우리가 이미 북방 제후를 형벌했는데 지금 또 노나라를 공격한다면 안 되지 않겠습니까? (그렇게 되면) 노나라는 반드시 초나라를 섬길 것이니, 이는 우리로서는 한 번에 두 가지를 잃는 것입니다.”

환공이 말했다.

“좋다.”

마침내 노나라를 치는 일을 중단했다.

齊桓公北伐山戎氏, 請兵於魯, 魯不與. 桓公怒, 將攻之, 管仲曰: “不可, 我已刑北方諸侯矣. 今又攻魯, 無乃不可乎? 魯必事楚, 是我一擧而失兩也.” 桓公曰: “善!” 乃輟攻魯矣.

15-24

빼어난 임금이 천하를 다스리게 될 경우 문덕(文德)을 먼저 닦은 다음에 무력(武力)을 썼다. 무릇 무력을 쓰는 것은 상대가 복종하지 않기 때문이니, 문덕과 교화로도 고쳐지지 않은 다음에야 주벌을 가하는 것이다. 무릇 가장 어리석어서 더는 좋은 쪽으로 옮겨가지 않을 사람[下愚不移]에 대해, 순수한 다움으로도 능히 교화를 시킬 수 없게 된 다음에야 무력을 써야 한다.

聖人之治天下也, 先文德而後武力. 凡武之興爲不服也, 文化不改, 然後加誅. 夫下愚不移, 純德之所不能化而後武力加焉.

15-24는 15-17부터 15-23까지를 정리한 말임과 동시에, 유향이 압축한 공자의 문무관(文武觀)이라 할 수 있다.

문장 중에 나오는 하우불이(下愚不移)는 『논어』「양화(陽貨)」편에 나오는 말이다.

공자가 말했다.
"오직 지극히 지혜로운 자와 지극히 어리석은 자만이 변화하지 않는다."

이런 점에서 무(武)와 형벌(刑罰)에 대한 공자의 생각은 거의 같다고 할 수 있다. 가능한 한 다움, 즉 덕(德)으로써 교화시키되 도저히 안 될 경우에는 단호하게 무와 형벌을 시행하는 것이다.

15-25

옛날에 요(堯)임금은 사흉(四凶)을 주벌해 악을 징계했고, 주공(周

公)은 관숙과 채숙을 죽여 어지러움을 해결했으며, (정나라) 자산은 등석(鄧析)을 죽여 사치한 자를 경계시켰고, 공자는 소정묘(少正卯)를 목 베어 백성의 풍속을 바꾸었으니, 아첨하고 음험한 사람을 그냥 두고서 주벌하지 않는 것은 어지러워지는 길이다. 『주역』에 이르기를 “작은 악에 위협을 가하지 않고 큰 악에 징벌을 내리지 않는 것, 이것이 소인의 복이다”[016]라고 했다.

昔堯誅四凶以懲惡, 周公殺管蔡以弭亂, 子產殺鄧析以威侈, 孔子斬少正卯以變衆, 佞賊之人而不誅, 亂之道也. 易曰: “不威小, 不懲大, 此小人之福也.”

15-26

오제삼왕(五帝三王)은 어짊과 마땅함으로 백성을 가르쳐서 천하가 달라졌는데, 공자 또한 어짊과 마땅함으로 백성을 가르쳤건만 천하가 따르지 않은 것은 어째서인가?

옛날에 눈 밝은 왕은 관작(官爵)을 내리는 권한이 있어 이로써 뛰어난 이를 높였고, 부월(斧鉞)이 있어 이로써 악한 자를 주벌했다. 그래서 그 상이 지극히 무겁고 그 형벌이 지극히 엄격했기에 천하가 달라질 수 있었다. (그러나) 공자는 안연(顏淵)이 뛰어나다고 여겼으나 상

016 이는 공자가 지은 「계사하전」에 나오는 말인데 원문은 이렇다. ‘공자가 말했다. “소인은 어질지 못함[不仁]을 부끄러워하지 않고[不恥], 마땅하지 못함[不義]을 두려워하지 않고[不畏], 이익을 보지 않으면 힘쓰지 않고[不勸], 위협하지 않으면 징계되지 않는다. (그러나) 조금 징계해 크게 경계시키는 것, 이것이 소인에게는 복(福)이다. 역(易)에 이르기를 ‘나무 차꼬를 채워 발꿈치를 상하게 하니 허물이 없다[屨校 滅趾 无咎]’라고 한 것은 이를 말한 것이다.”’ 이는 서합괘(噬嗑卦, ䷔) 초구(初九-맨 아래 양효)에 대한 풀이다.

을 내릴 수가 없었고, 유비(孺悲)를 낮춰 보았으나 벌을 내릴 수가 없었다. 그래서 천하가 따르지 않은 것이다. 이 때문에 도리는 권력이 없으면 세워지지 못하고 세력이 없으면 행해지지 않는다. 이는 곧 도리란 높여진 연후에야 행해질 수 있다는 뜻이다.

五帝三王教以仁義而天下變也, 孔子亦教以仁義而天下不從者, 何也? 昔明王有紱冕以尊賢, 有斧鉞以誅惡, 故其賞至重, 而刑至深, 而天下變. 孔子賢顏淵, 無以賞之, 賤孺悲, 無以罰之, 故天下不從. 是故 道非權不立, 非勢不行. 是道尊然後行.

15-26에서 언급한 유비라는 인물이 『논어』「양화(陽貨)」편에도 등장한다. 이 대목을 보면 그는 공자가 만나기조차 꺼렸던 인물임을 알 수 있다.

(한때 제자였던) 유비가 공자를 만나보려고 하자 공자는 병을 핑계로 사양했고, 얼마 후 명을 전하러 온 자가 문밖으로 나가자 비파를 타고 노래를 부름으로써 그 사람으로 하여금 비파 소리와 노랫소리를 듣도록 했다.

즉 일부러 만나보지 않았다는 사실을 간접적으로 전달한 것이다.

15-27

공자가 노나라 사구(司寇)가 되고서 7일 만에 소정묘(少正卯)를 동관(東觀) 아래에서 주살하자 제자들이 그 소식을 듣고 달려왔다. 거기에 이른 자들은 말은 하지 않았지만, 그 속내는 모두 똑같았다. 자공

(子貢)이 뒤늦게 도착해서 종종걸음으로 나아와 말했다.

"무릇 소정묘란 자는 노나라에서 이름난 사람[聞人]입니다! 스승님께서는 처음 정사를 행하시면서 어찌 먼저 이 사람을 주살하십니까?"

공자가 말했다.

"사(賜-자공 이름)야! 이것은 네가 미칠 수 있는 바가 아니다. 무릇 임금다운 임금이 주살하는 자에는 다섯 가지가 있는데, 도둑질하는 자는 그 안에 들지 않는다. 첫째는 마음이 도의를 거스르면서 음험한 자, 둘째는 거짓말을 하면서 달변인 자, 셋째는 편벽되게 일을 하면서 완고해 고칠 생각이 없는 자, 넷째는 뜻이 어리석으면서 지식만 많은 자, 다섯째는 잘못을 합리화해 번지르르하게 꾸며대는 자다. 이 다섯 가지는 모두 달변에 지혜롭고 총명하고 통달했다는 명성을 얻고 있지만, 실상은 그렇지 못한 자들이다. 이들은 거짓으로 일을 행하니, 그들의 지혜는 충분히 대중의 마음을 옮겨가게 하고 그들의 완고함은 세상에서 홀로 설 수가 있다. 이는 간사한 자 중에서도 우뚝 선 자이므로 주살하지 않을 수 없는 것이다. 무릇 다섯 가지 중에 하나만 갖고 있어도 주살을 면할 수 없는데, 지금 소정묘는 그 다섯 가지를 모두 겸해서 갖고 있으므로 가장 먼저 주살했던 것이다.

옛날에 당왕은 촉목(蠋沐)을 주살했고 태공은 반지(潘阯)를 주살했으며 (주공은 관숙(管叔)을 주살했고)[017] 관중은 사부리(史附里)를 주살했고 자산은 등석(鄧析)을 주살했으니, 이 다섯 사람은 주살하지 않을 수 없었다. 이들을 주살해야 하는 까닭은, 낮에는 공격해서 도둑질하고 밤에는 담을 뚫거나 넘어가서 도둑질하기 때문이 아니라 모

017 소정묘를 주살한 이야기는 원래 『순자(荀子)』에 실려 있는데, 『설원』에는 주공과 관숙의 사례가 빠졌다. 이를 포함하면 다섯 사람이 된다.

두 나라를 기울게 하고 엎어버릴 무리이기 때문이다. 이는 진실로 군자에게 의심이 들게 하고 어리석은 이들에게는 미혹함이 생겨나게 하는 이들이다. 『시경』(「패풍(邶風)·백주(柏舟)」편)에 이르기를 '근심하는 마음 초조한데, 여러 소인이 노여워하네'라고 한 것은 이를 일러서 하는 말이다."

孔子爲魯司寇, 七日而誅少正卯於東觀之下, 門人聞之, 趨而進. 至者不言, 其意皆一也. 子貢後至, 趨而進, 曰: "夫少正卯者, 魯國之聞人矣! 夫子始爲政, 何以先誅之?" 孔子曰: "賜也, 非爾所及也. 夫王者之誅有五, 而盜竊不與焉. 一曰心逆而險; 二曰言僞而辯; 三曰行辟而堅; 四曰志愚而博; 五曰順非而澤. 此五者皆有辨知聰達之名, 而非其眞也. 苟行以僞, 則其知足以移衆, 強足以獨立, 此姦人之雄也, 不可不誅. 夫有五者之一, 則不免於誅, 今少正卯兼之, 是以 先誅之也. 昔者湯誅蠋沐; 太公誅潘阯; 管仲誅史附里; 子產誅鄧析, 此五子未有不誅也. 所謂誅之者, 非爲其晝則攻盜, 暮則穿窬也, 皆傾覆之徒也! 此固君子之所疑, 愚者之所惑也. 詩云: '憂心悄悄, 慍于群小', 此之謂矣."

15-27은 『논어』의 여러 구절과 연관이 있다. 먼저 「양화(陽貨)」편에 나오는 구절이다.

공자가 말했다.

"시골에서 덕망이 있다는 소리를 듣는 사람[鄕原=鄕愿]은 (잘 알고 보면 대부분) 덕을 해치는 자이다."

공자가 볼 때 소정묘는 바로 향원(鄕原)이었던 것이다. 또 바로 그 앞에 천유(穿窬)라는 표현도 등장한다.

공자가 말했다.

"얼굴빛은 위엄을 보이면서 내면이 유약한 것은, 소인에 비유해 말하자면 벽을 뚫고 담을 넘는(穿窬) 도둑놈과 같다고 할 것이다."

15-28

제나라 사람 왕만생(王滿生)이 주공(周公)을 만나고자 하니, 주공이 나와서 그를 만나보고 말했다.

"선생이 먼 길을 고생하며 오셨는데, 무엇을 나에게 가르쳐주겠소?"

왕만생이 말했다.

"조정 안의 일은 안에서 말해야 하고 조정 밖의 일은 밖에서 말해야 합니다. 지금은 조정 안의 일을 말해야 합니까, 조정 밖의 일을 말해야 합니까?"

주공이 그를 이끌어 안으로 들어가자 왕만생이 말했다.

"삼가 따르겠습니다."

자리를 펴기만 하고 주공이 그를 이끌지 않자 왕만생이 말했다.

"대사를 말하는 자는 앉아서 하고 소사를 말하는 자는 선 채로 기대어 말합니다. 지금은 대사를 말해야 합니까, 소사를 말해야 합니까?"

주공이 이끌어 앉혔다.

왕만생이 앉자 주공이 말했다.

"선생은 무엇을 나에게 가르쳐주겠소?"

왕만생이 말했다.

"신이 듣건대 빼어난 이는 말해주지 않아도 알아차리고 빼어나지 못한 이는 말해주어도 알지 못한다고 합니다. 지금 말을 할까요, 말을 하지 말까요?"

주공이 머리를 숙인 채 한동안 생각만 하고 아무런 대답도 하지 않았다. 왕만생이 붓과 목간을 빌려 "사직이 장차 위태롭습니다"라고 쓰고서 그것을 가슴에 붙였다. 주공이 머리를 들어 그 글을 보고는 말했다.

"예! 예! 삼가 명을 듣겠소."

다음날 (친형제) 관숙(管叔)과 채숙(蔡叔)을 주살했다.

齊人王滿生見周公, 周公出見之曰: "先生遠辱, 何以教之?" 王滿生曰: "言內事者於內, 言外事者於外. 今言內事乎? 言外事乎?" 周公導入, 王滿生曰: "敬從." 布席, 周公不導坐, 王滿生曰: "言大事者坐, 言小事者倚. 今言大事乎? 言小事乎?" 周公導坐, 王滿生坐. 周公曰: "先生何以教之?" 王滿生曰: "臣聞聖人不言而知, 非聖人者雖言不知. 今欲言乎? 無言乎?" 周公俛念, 有頃, 不對. 王滿生藉筆牘書之曰: "社稷且危", 傅之於膺. 周公仰視見書曰: "唯! 唯! 謹聞命矣." 明日誅管蔡.

권16

담총[談叢]

일의 이치에 관한 이야기 모음

16-1

임금다운 임금이 아래 신하들에게 임하고 뭇 백성을 다스리는 이치를 알면 여러 신하가 경외하며 복종하고, 신하들이 하는 말을 제대로 듣고 일을 제대로 받아들이는 이치를 알면 신하들이 가리거나 속이지 못하며, 만백성을 편안하고 이롭게 하는 이치를 알면 온 나라가 반드시 안정된다. (더불어) 충효로써 윗사람을 섬기는 이치를 알면 신하 된 자의 행실이 갖춰진다. 무릇 겁박과 살인으로 다스리는 자는 바로 도술(道術-유학의 도리)이 자기 신하들에 임하는 방법임을 알지 못하는 것이다.

王者知所以臨下而治衆, 則群臣畏服矣; 知所以聽言受事, 則不蔽欺矣; 知所以安利萬民, 則海內必定矣; 知所以忠孝事上, 則臣子之行備矣. 凡所以劫殺者, 不知道術以御其臣下也.

이곳 「담총(談叢)」편은 임금과 신하 사이에 반드시 알아야 할 일의 이치[事理], 즉 예(禮)를 짤막짤막하게 열거해서 모아둔 편이다. 그래서 일[事]에 관한 언급이 많이 나온다.

16-2

모름지기 관리가 그 직무를 잘 감당하면 일이 다스려지고, 일이 다스려지면 (백성에게) 이로움이 생겨난다. 그 직무를 잘 감당하지 못하면 일이 어지러워지고, 일이 어지러워지면 (백성에게) 해로움이 생겨난다.

凡吏勝其職則事治, 事治則利生; 不勝其職則事亂, 事亂則害成也.

16-3

온갖 일은 만 가지 변화에 따라 떼 지어 일어난다[鋒出=蜂出]. 어떤 이는 허정(虛靜)함을 고수하고 어떤 이는 실상을 고수하며, 어떤 이는 둥둥 떠다니며 노닐기를 좋아하고 어떤 이는 신실함을 반드시 지키기를 좋아하며, 어떤 이는 편안하고 느긋하게 일을 하고 어떤 이는 급하고 빠르게 일을 한다.

이로써 본다면 천하를 하나로 통일할 수는 없지만 빼어난 왕이 천하를 다스리면 능히 그것을 하나로 만든다.

百方之事, 萬變鋒出. 或欲持虛, 或欲持實, 或好浮遊, 或好誠必, 或行安舒, 或爲飄疾. 從此觀之, 天下不可一, 聖王臨天下而能一之.

16-3은 공자가 『주역』에서 말한, 임금은 이(易)로써 부리고 신하는 간(簡)으로써 일한다는 말과 통한다. 이(易)나 간(簡)은 같은 뜻으로, 간명함 혹은 쉬움으로써 일을 한다는 말이다. 그것은 천하 일의 본질에 적중[中]할 때 가능하다.

16-4

뜻이란 양쪽에 대해 동시에 날카로울 수 없고 일이란 양쪽에 대해 동시에 두 방면으로 잘할 수 없다. 저쪽이 성대하면 반드시 이쪽

이 쇠퇴하고, 왼쪽에서 긴 것은 반드시 오른쪽에서 짧다. 밤늦게까지 누워 있기를 좋아하는 사람은 아침 일찍 일어날 수 없다.

意不並銳, 事不兩隆. 盛於彼者必衰於此, 長於左者必短於右. 喜夜臥者不能蚤起也.

16-5

난(鸞) 방울은 말의 재갈에 달고 화(和) 방울은 수레 앞 가로막대에 다니, 말이 움직이면 난 방울이 울리고 난 방울이 울리면 화 방울이 호응한다.

이것이 바로 일을 행하는 절조(節操)다.

鸞設於鑣, 和設於軾, 馬動而鸞鳴, 鸞鳴而和應, 行之節也.

이는 『대대례기』에 나오는 말을 압축한 것인데, 이때 행(行)은 그냥 말이 행차하는 규율이라고 봐도 무방하다. 그러나 결국은 사람들이 일을 행하는 방식과 절차에 대한 지침이라고 봐야 할 것이다.

16-6

재물이 풍부하지 않으면 남을 위할 수 없고, 베풀지 않으면 친족을 화합시킬 수 없다. 친족이 소원해지면 해가 되고, 무리를 잃으면 일은 실패하게 된다.

가르치지 않고서 주살하는 것을 일러 학정(虐政)이라 하고, 경계시키지 않고서 완성되라고 책망하는 것을 일러 폭정(暴政)이라 한다.

不富無以爲人, 不予無以合親; 親疏則害, 失衆則敗; 不教而誅謂之虐, 不戒責成謂之暴也.

16-6의 후반부는 『논어』 「요왈(堯曰)」편에 나오는 공자의 말 그대로다.

공자가 말했다.
"(미리) 가르치지 않고서 (죄를 지었다고) 죽이는 것을 잔학(虐)이라 하고, (미리) 경계하지 않고 성과만 책망하는 것을 포악(暴惡)이라 한다(不教而殺謂之虐, 不戒視成謂之暴)."

"무리를 잃으면 일이 실패한다(失衆則敗)"와 관련해서, 공자는 『논어』 「양화(陽貨)」편에서 "너그러우면 무리(의 마음)를 얻게 된다(寬則得衆)"라고 해 득중(得衆)의 조건으로 '관(寬)', 즉 너그러움을 언급하고 있다.

16-7

무릇 강은 산에서 나와 바다로 들어가고 곡식은 논밭에서 자라나 창고에 저장되니, 빼어난 이는 난 곳을 보고 그 돌아갈 곳을 안다.

夫水出於山而入於海, 稼生於田而藏於廩, 聖人見所生則知所歸矣.

16-7은 일의 이치의 기본, 즉 인과성을 말하고 있다.

16-8

하늘과도 같은 도리는 펴서 순리대로 하는 것이고 사람이 하는 일은 취하고 주는 것이니, 많이 쌓아두기만 하고 쓰지 않는다면 이를 일러 원망을 쌓는 창고라고 부른다. 그래서 재물은 긁어모으기만 해서는 안 된다.

天道布順, 人事取予; 多藏不用, 是謂怨府, 故物不可聚也.

16-9

한 아름의 나무가 1,000균(鈞-30근) 나가는 집을 지탱하고 다섯 치 길이의 빗장이 문을 여닫음을 통제하니, 이것이 어찌 나무나 쇠의 재질이 담당하기에 족해서이겠는가? 그것은 대개 그것이 처해 있는 위치가 긴요하기 때문이다.

一圍之木持千鈞之屋, 五寸之鍵而制開闔, 豈材足任哉? 蓋所居要也.

16-9는 일의 경중(輕重)을 가려야 함을 말한다. 일의 경중은 그 자체로 결정되는 것이 아니라 처한 상황에 따라 결정된다.

16-10

무릇 작은 쾌락이나 통쾌함은 마땅함을 해치고, 작은 은혜는 도리를 해치며, 소소한 일을 잘게 따지면 큰 다스림을 해치며, 구차스러운 마음은 다움[德]을 상하게 한다.

큰 정치일수록 험악함이 없다.

夫小快害義, 小慧害道, 小辨害治, 苟心傷德. 大政不險.

16-10과 관련해서는 『논어』「위령공(衛靈公)」편에서 공자가 이렇게 말했다.

> 여럿이 거처하면서 하루 종일 말이 마땅함에 미치지 않고 작은 지혜를 행하기를 좋아한다면 환란이 있을 것이다.

그러나 이보다 더 좋지 않은 것은 아예 마음을 쓰지 않는 것이다. 그래서 공자는「양화(陽貨)」편에서 이렇게 말했다.

> 배불리 먹고 종일 뭔가에 마음을 쓰는 바[用心]가 없다면 뭔가 유익한 일을 하기 어렵다. 장기나 바둑이라도 있지 않은가? 이런 놀이를 하는 것이 오히려 (아무것도 하지 않는 것보다) 낫겠다.

16-11

교룡(蛟龍-전설상의 뱀이나 용)이 비록 신령스럽기는 해도 대낮에 그 무리를 떠나 하늘로 올라갈 수 없고, 회오리바람이 비록 빠르기는 해도 궂은비 내리는 날에는 티끌 하나 날릴 수 없다.

蛟龍雖神, 不能以白日去其倫; 飄風雖疾, 不能以陰雨揚其塵.

16-11은 시(時), 즉 상황의 중요성을 보여준다. 그것이 바로 시중(時中)이다. 이는 사리(事理)보다는 사세(事勢)에 초점을 둔 말이다.

16-12

읍의 이름이 어머니를 이긴다는 뜻의 승모(勝母)라 해 증자(曾子)가 그 읍에 들어가지 않았고 샘의 이름이 도둑 샘이라는 뜻의 도천(盜泉)이라 해 공자가 그 샘의 물을 마시지 않았던 것은, 그 명칭을 더럽게 여겼기 때문이다.

邑名勝母, 曾子不入; 水名盜泉, 孔子不飮, 醜其聲也.

16-12는 일을 함에 있어 삼감[謹=敬]의 중요성을 일깨워준다.

16-13

아녀자의 입은 남을 내쫓아 달아나게 할 수 있고, 아녀자의 주둥아리는 남을 죽이거나 일을 그르치게 할 수 있다.

婦人之口可以出走, 婦人之喙可以死敗.

16-13에 나온 아녀자란 여성 일반이 아니라 권력자 아내를 가리킨다.

16-14

자신을 닦지 않은 채 남에게 쓰이기를 요구하는 것, 이를 일러 실륜(失倫-차례를 잃음)이라 하고, 자기 내면을 다스리지 않은 채 외면만 꾸미는 것, 이를 일러 대폐(大廢-크게 망가짐)라 한다.

수레에 무겁게 실어 위태롭게 만들고서 채찍을 들고 뒤를 따라가는 것은 온전할 수 있는 도리가 아니다.

不脩其身, 求之於人, 是謂失倫; 不治其內, 而脩其外, 是謂大廢. 重載而危之, 操策而隨之, 非所以爲全也.

16-14는 일을 행하는 차례를 잃은 것이다. 이 점을 가장 잘 보여주는 말이 바로 『대학』에 나오는 "격물치지성의정심(格物致知誠意正心) 수신제가치국평천하(修身齊家治國平天下)"의 팔조목이다. 무엇보다 앞에서부터 차례대로 닦고 쌓아감이 필수다.

16-15

선비가 길을 가다가 죽었는데 사지가 묻히지 못한다면, 이는 그 선비의 잘못이 아니라 나라를 소유한 임금의 수치다.

士橫道而偃, 四支不掩, 非士之過, 有士之羞也.

16-15는 방무도(邦無道), 즉 나라에 도리가 없는 상황을 말한다. 방무도란 임금이 임금답지 못하고 신하가 신하답지 못한 나라 상황을 가리킨다.

16-16

나라의 임금이 장차 창성해지려 할 때는 하늘이 그 도리를 내려주고, 대부가 장차 창성해지려 할 때는 하늘이 그 선비를 내려주며, 일반 서민이 장차 창성해지려 할 때는 반드시 훌륭한 아들이 있다.

邦君將昌, 天遺其道; 大夫將昌, 天遺其士; 庶人將昌, 必有良子.

16-17

뛰어난 스승과 훌륭한 벗이 그 곁에 있고 『시경』·『서경』·『예기』·『악기』가 앞에 있으면 이를 내버리고 좋지 못한 짓을 하는 경우가 드물다.

賢師良友在其側, 詩書禮樂陳於前, 棄而爲不善者, 鮮矣.

16-17이 제시한 조건이야말로 『논어』「학이(學而)」편에서 말한 "애쓰는 법을 배워 그것을 시간 나는 대로 익히면 정말로 기쁘지 않겠는가!"에 딱 들어맞는다.

16-18

의로운 선비는 자기 마음을 속이지 않고, 어진 사람은 (아무렇게나) 생명을 해치지 않는다.

계책이 새면 공로를 이룰 수 없고, 계책을 세우지 않으면 일을 이루지 못한다.

뛰어난 이는 그릇된 바를 일삼지 않고, 일삼는 바는 그릇 되지 않다. 어리석은 자는 많이 본 척하지만 실은 더욱 편협하고, 비루한 이는 꾸며서 속이지만 더욱 촌스럽고 거칠다.

소리는 작다고 해서 들리지 않는 것이 아니고, 행한 일은 숨긴다고 해서 드러나지 않는 것이 아니다.

지극한 신묘함은 바꾸지 못하는 것이 없고, 지극한 뛰어남은 달라지지 못하게 하는 것이 없다.

윗사람이 신임하지 않으면 아래는 충성을 다하지 않으니, 위아래가 불화하면 잠깐은 안정되어 보여도 반드시 위태로워진다.

도리로써 구하면 얻지 못할 것이 없고, 때에 맞게 하면 이루지 못할 일이 없다.

義士不欺心, 仁人不害生. 謀泄則無功, 計不設則事不成. 賢士不事所非不非所事, 愚者行閒而益固, 鄙人飾詐而益野. 聲無細而不聞, 行無隱而不明. 至神無不化也, 至賢無不移也. 上不信, 下不忠, 上下不和, 雖安必危. 求以其道則無不得, 爲以其時則無不成.

16-18은 결국 일을 하는 마음가짐과 관련된다는 점에서 『논어』「학이(學而)」편에 나오는 경사(敬事), 즉 "삼가는 마음으로 일을 한다"에 대한 자세한 풀이다.

16-19

때가 이르지 못하면 (곡식을) 억지로 자라게 할 수 없듯이, 일을 깊이 탐구하지 않으면 억지로 성공을 구할 수 없다.

時不至, 不可強生也; 事不究, 不可強求也.

16-19 역시 일에 대한 언급이다.

16-20

(사람됨이) 반듯하고 훌륭한데도 망하는 것은 조상들이 남긴 재앙 때문이고 제 마음대로 날뛰는데도 잘사는 것은 조상들이 남긴 공덕 때문이니, 권세는 중함을 취해야 하고 은택은 오래감을 취해야 한다.

재주가 뛰어난 사람이 맡은 바가 가벼우면 명성을 누릴 수 있고, 불초한 자가 큰일을 맡으면 몸이 죽고 명성이 땅에 떨어진다.

貞良而亡, 先人餘殃, 猖獗(창궐)而活, 先人餘烈; 權取重, 澤取長. 才賢而任輕, 則有名, 不肖任大, 身死名廢.

16-21

뜻을 지킬 줄 아는 선비는 이익 때문에 뜻을 바꾸지 않고 우환이 두려워 지조를 고치지 않으며, 효도하고 공경하고 충성하고 신의를 지키는 일이 세워지면 죽더라도 후회하지 않는다.

士不以利移, 不爲患改, 孝敬忠信之事立, 雖死而不悔.

16-21은 선비에 관한 이야기다. 『논어』에 등장하는 이런 선비의 상(像)에 관한 이야기를 모아보자.

공자가 말했다.
"선비라 자처하는 사람이 말로는 도에 뜻을 두었다고 하면서 나쁜 옷을 입고 나쁜 음식을 먹는 것을 부끄럽게 생각한다면, 그런 자와는 더불어 일에 관해 이야기할(與議) 수 없다."
"뜻있는 선비(志士)와 어진 사람(仁人)은, 목숨을 구걸하고자 어짊을 해치는 일은 없고 몸을 죽여서라도 어짊을 이루는 경우는 있다(有殺身以成仁)."
증자가 말했다.
"선비는 도량이 넓고 뜻이 굳세지 않으면 안 되니, 맡은 바가 무겁고 가야 할 길이 멀기 때문이다. 어짊을 자신의 맡은 바로 삼으니 또한 무겁지 않겠는가? (그 길은) 죽은 뒤에라야 끝나니 또한 멀지 않겠는가?"
자장이 물었다.
"선비는 어떠해야 경지에 이르렀다(達) 할 수 있습니까?"
공자가 되물었다.
"무슨 말인가? 네가 말하는 달(達)이라는 것이."
자장이 답했다.
"나라에 있어도 반드시 그의 명예에 관한 소문이 나고, 집 안에 있어도 반드시 소문이 나는 것입니다."

공자가 말했다.

"그것은 소문이 나는 것(聞)이지 통달한 것(達)이 아니다. 무릇 통달한 사람이란 바탕이 곧고 의리를 좋아하며 남의 말을 가만히 살피고 얼굴빛을 관찰하며 사려 깊게 몸을 낮추는 것이니, 나라에 있어도 반드시 이르게 되고 집 안에 있어도 반드시 이르게 된다. (이에 반해) 무릇 소문만 요란한 사람이란 얼굴빛은 어진 듯하나 행실이 어질지 못해 머물러 있으며 자신의 행실에 대해서는 아무런 의문도 던지지 않으니, 나라에 있어도 반드시 소문이 나고 집 안에 있어도 반드시 소문이 난다."

자공이 물었다.

"어찌해야 선비라 이를 수 있습니까?"

공자가 말했다.

"몸가짐에 부끄러움이 있으며 사방으로 사신이 되어 가서는 임금의 명에 욕됨이 없게 한다면 선비라 이를 수 있다."

자로가 물었다.

"어찌해야 선비라 이를 수 있습니까?"

공자가 말했다.

"간곡히 꾸짖음이 장엄하며 화순(和順)한 모습을 가져야 선비라 이를 만하다. 친구에게는 간곡히 꾸짖음이 장엄하고, 형제에게는 화순한 모습을 가져야 한다."

공자가 말했다.

"선비로서 거처의 편안함만을 생각한다면 선비라 하기에 부족하다."

이를 통해 볼 때, 선비는 무엇보다 뜻을 지킬 줄 아는 사람을 말한다.

16-22

지혜로움을 사사로이 쓰는 것은 어리석음을 사사로이 쓰는 것만 못하다. 그래서 말하기를 말을 교묘하게 하고 거짓을 말하는 것은 서툴지만 거짓이 없는 것만 못하다고 하는 것이다.

배우고 묻기를 조금도 게을리하지 않는 것은 자기를 다스리는 방법이고, 가르치고 일깨워주기를 게을리하지 않는 것은 남을 다스리는 방법이다.

텅 비움을 귀하게 여기는 까닭은 (그래야만) 변화에 적응하며 때에 부합할 수 있기 때문이다.

관이란 아무리 오래되어도 반드시 머리에 써야 하고 신은 아무리 새로운 것이라도 반드시 발에 신어야 하니, 위아래는 구분이 있어 서로 어겨서는 안 된다.

한결같은 마음으로 수많은 임금을 섬길 수는 있지만 여러 마음으로는 한 임금도 섬길 수 없다. 그래서 말하기를, 마음은 바르게 하고 또 말은 적게 하라고 한 것이다.

智而用私, 不如愚而用公, 故曰巧僞不如拙誠. 學問不倦, 所以治己也; 教誨不厭, 所以治人也. 所以貴虛無者, 得以應變而合時也. 冠雖故, 必加於首, 履雖新, 必關於足, 上下有分, 不可相倍. 一心可以事百君, 百心不可以事一君, 故曰正而心, 又少而言.

16-23

만물은 그 뿌리를 얻은 것만 생장하고, 온갖 일은 그 도리를 얻은 경우에만 이뤄진다. 도리가 있으면 천하가 귀의해 오고, 다움이 있으면 천하가 귀하게 여기고, 어짊이 있으면 천하가 사랑하고, 마땅함이 있으면 천하가 두려워한다.

집에 물이 새면 백성이 그곳을 떠나고, 물이 얕으면 물고기가 달아나고, 나무가 높으면 새가 깃들이고, 다움이 두터우면 선비들이 추종하고, 예가 있으면 백성이 경외하고, 충신하면 선비들이 그를 위해 죽는다.

萬物得其本者生, 百事得其道者成. 道之所在, 天下歸之; 德之所在, 天下貴之; 仁之所在, 天下愛之; 義之所在, 天下畏之. 屋漏者民去之, 水淺者魚逃之, 樹高者鳥宿之, 德厚者士趨之, 有禮者民畏之, 忠信者士死之.

16-23에서는 도리, 다움, 어짊, 마땅함의 중요성을 강조한다. 모두 『논어』에서 공자가 강조했던 개념들이다.

16-24

옷이 비록 낡았다고 해도 그 행실은 반드시 닦아야 하고, 머리카락이 비록 헝클어졌다고 해도 그 말은 반드시 제대로 다스려져야 한다. 때란 잘 호응하는 데 달렸고 행위는 이치에 기반하는 데 달렸다. 정벌함이 마땅하면 그 복이 5배이고, 정벌함이 마땅하지 않으면 그

화가 10배이다.

衣雖弊, 行必脩; 頭雖亂, 言必治. 時在應之, 爲在因之. 所伐而當其福五之, 所伐不當其禍十之.

16-25

반드시 귀해지고자 한다면 천함을 근본으로 삼아야 하고, 반드시 높아지고자 한다면 낮음을 기반으로 삼아야 한다. 천하가 장차 어떤 이에게 큰일을 맡기려 한다면 반드시 먼저 고달프게 하고, 천하가 장차 어떤 이를 무너뜨리려 한다면 반드시 먼저 악을 쌓게 한다.

必貴以賤爲本, 必高以下爲基. 天將與之, 必先苦之; 天將毁之, 必先累之.

16-26

부모에게 효도하고 벗들에게 믿음을 주어야 한다. 사방 열 걸음 되는 작은 연못에도 반드시 향기 나는 풀이 있듯이, 열 집 정도의 마을에도 반드시 충직한 선비가 있다.

孝於父母, 信於交友. 十步之澤, 必有香草; 十室之邑, 必有忠士.

16-26은 『논어』 「공야장(公冶長)」편에 나오는 공자의 다음 말과 대비

해서 읽으면 된다.

열 집 정도 되는 작은 마을에도 나만큼 충신한 사람이 반드시 있겠지만, (그런 사람도) 나만큼 배우기를 좋아하지는 못할 것이다.

공자의 말이 한 걸음 더 나아간 것임을 알 수 있다.

호학(好學)은 그만큼 중요하다. 충신(忠信)은 질(質-바탕)이고 호학은 문(文-애씀)이다.

16-27

초목은 가을이 되면 말라 죽지만, 소나무·잣나무는 홀로 푸르고, 물이 온갖 물건을 떠내려가게 하지만 옥석은 그 자리에 머물러 있다.

굶주리고 목마를 때 음식을 얻으면 누군들 기뻐하지 않으랴! 곤궁한 사람을 진휼해주고 위급한 사람을 구해준다면 어찌 자기가 아무것도 가진 것이 없음을 근심하랴!

그가 행하는 바를 살펴보고 그가 사람을 부리는 바를 깊이 들여다보면 이에 그 사람의 사람됨을 알 수 있다.

草木秋死, 松柏獨在; 水浮萬物, 玉石留止. 饑渴得食, 誰能不喜? 賑窮救急, 何患無有? 視其所以, 觀其所使, 斯可知已.

16-27의 마지막 구절은 고스란히 『논어』「위정(爲政)」편에 나오는 말을 압축해놓았다.

공자가 말했다.

"(사람을 알고 싶을 경우) 그 사람이 행하는 바를 잘 보고(視其所以), 그렇게 하는 까닭이나 이유를 잘 살피며(觀其所由), 그 사람이 편안해하는 것을 꼼꼼히 들여다본다(察其所安). 이와 같이 한다면 사람들이 어찌 그 자신을 숨길 수 있겠는가? 사람들이 어찌 그 자신을 숨길 수 있겠는가?"

16-28

수레나 말을 타면 힘들이지 않고 1,000리를 갈 수 있고, 배를 타면 헤엄을 치지 않고서도 강과 바다를 건널 수 있다. 지혜로움 중에 의심나는 것을 제쳐두는 것보다 큰 것이 없고, 일을 행함에 있어 뉘우침이 없도록 하는 것만큼 큰 것은 없다.

집 안을 다스리고 자식을 기르는 것을 통해 그 선비의 (공적인) 다움을 얼마든지 살펴볼 수 있다.

이익이 실상보다 더 커서는 안 되고, 상이 배가 되어서는 안 된다. 경솔하게 세운 계책은 행해질 수 없고, 사사로이 걱정하고 근심하는 마음가짐으로는 어떤 일을 오래가게 할 수 없다.

乘輿馬不勞致千里, 乘船楫不游絕江海; 智莫大於闕疑, 行莫大於無悔也. 制宅名子, 足以觀士. 利不兼, 賞不倍. 忽忽之謀, 不可爲也; 惕惕之心, 不可長也.

16-28을 읽어내는 지침이 바로 『논어』「위정(爲政)」편에 나오는 자장과 공자의 대화 속에 있다.

자장이 벼슬자리를 구하는 법을 배우고 싶다고 하자 공자가 말했다.

"많이 듣고서(들되) 의심나는 것은 제쳐놓고 그 나머지에 대해서만 신중하게 이야기한다면 허물이 적을 것이요, 많이 보고서 위태로운 것은 제쳐놓고 그 나머지를 신중하게 행한다면 후회가 적을 것이니, 말에 허물이 적고 행실에 후회할 일이 적으면 벼슬자리는 절로 따라오게 될 것이다."

하나는 말하는 법, 또 하나는 일하는 법이다. 16-28에서 "지혜로움 중에 의심나는 것을 제쳐두는 것보다 큰 것이 없고, 일을 행함에 있어 뉘우침이 없도록 하는 것만큼 큰 것은 없다"라는 부분은 이를 압축해서 말한 것이다.

16-29

하늘이 내려주는 것을 받지 않으면 도리어 그 허물을 받게 되고, 때가 찾아왔는데도 맞아들여 일을 행하지 않으면 도리어 그 재앙을 받게 된다.

天與不取, 反受其咎; 時至不迎, 反受其殃.

16-30

하늘과도 같은 도리는 따로 친한 이가 없으니, 늘 좋은 사람과 함께한다.

天地(道)無親, 常與善人.

16-30은 『노자』에 나오는 말인데, 거기에는 지(地)가 아니라 도(道)로 되어 있다.

내용상으로도 천도(天道)라 해야 맞다.

16-31

하늘과도 같은 도리에는 일정함이 있으니, 요(堯)임금 때문에 존속하는 것도 아니요, 걸왕(桀王) 때문에 없어지는 것도 아니다.

天道有常, 不爲堯存, 不爲桀亡.

16-31은 『순자』 「천론(天論)」편에 나오는 말이다. 이어지는 부분을 보면 이 구절의 뜻이 더욱 분명해진다.

참고로 『순자』에는 '천도(天道-하늘과 같은 도리)'가 '천행(天行)'으로 되어 있다.

다스림으로 호응하면 길하고 어지러움으로 호응하면 흉하다. 농사에 힘쓰고 재용을 절약하면 하늘도 가난하게 할 수 없고, 잘 보양하고 제때 움직이면 하늘도 병들게 할 수 없으며, 올바른 도리를 닦아 도리에 어긋나지 않으면 하늘도 재앙을 내릴 수 없다.

하늘보다는 사람이 하는 일, 즉 인사(人事)가 훨씬 중요함을 강조하는 문맥이다.

16-32

좋은 일을 쌓은 집 안에는 반드시 그로 인한 경사가 있고, 좋지 못한 일을 많이 한 집 안에는 반드시 그로 인한 재앙이 있다.

積善之家, 必有餘慶; 積惡之家, 必有餘殃.

16-32는 『주역』 곤괘(坤卦) 초륙(初六)에 대한 공자의 풀이 중에 나온 것이다. 공자의 말이다.

> 좋은 일을 쌓은 집 안〔積善之家〕에는 반드시 그로 인한 경사〔餘慶〕가 있고, 좋지 못한 일을 많이 한 집 안에는 반드시 그로 인한 재앙〔餘殃〕이 있다.
> 신하가 그 임금을 시해하고〔弑〕 자식이 아버지를 시해하는 것은 하루아침 하룻저녁에 일어나는 변고가 아니라, 그렇게 된 원인〔所由來〕이 점점 쌓이는데도〔漸〕 그것을 빨리 분별하지 않았기 때문이다.
> 역(易)에 이르기를 "(초륙(初六)은) 서리를 밟으면 단단한 얼음이 이르게 된다〔履霜堅氷至〕"라고 했으니, 이는 대개 이치가 그러함을 말한 것이다.

역시 인사(人事)의 중요성을 말하고 있다. 아버지를 죽이고 임금을 죽이는 것을 살(殺)이라 하지 않고 시(弑)라고 한 것은, 그만큼 나쁘다고 여겼기 때문이다. 이는 바로 군군신신부부자자(君君臣臣父父子子)의 정신과 이어진다.

난신적자(亂臣賊子)가 바로 이런 정신을 해치는 자이니, 이들이 하는 짓을 살(殺)이 아닌 시(弑)로 불러서 더욱 경계시킨 것이다.

16-33

한 번 목이 메면 곡물을 끊고서 밥을 먹지 않고, 한 번 넘어지고 나면 길을 가지 않는다.

이것은 사리를 모르는 짓이다.

一噎之故, 絕穀不食; 一蹶之故, 卻足不行, 惑也.

16-33은 『회남자』「수무훈(脩務訓)」편에 나오는 말인데, 유향의 원문에는 '혹야(惑也)'가 생략돼 있으나 『회남자』에 따라 포함해 옮겼다. 이곳의 해석에 근거할 때 '불혹(不惑)'이란 사리를 잘 안다는 말이다.

16-34

마음이 하늘과도 같은 사람은 눈 밝고, 행동이 먹줄 같은 사람은 품행이 반듯하게 드러난다.

心如天地者明, 行如繩墨者章.

16-34에서 마음이 하늘과 같다는 것은 공심(公心)을 가리킨다. 눈 밝은 일 처리 능력의 전제가 바로 공심이다.

이어지는 먹줄은 곧 사리(事理)를 말한다. 사리는 예(禮)다. 예에 맞게 행동하니 반듯할 수밖에 없다.

16-35

지위가 높고 도리가 큰 사람은 (길해) 남들이 따르게 되고, 맡은 일은 큰데 도리가 작은 사람은 흉하게 된다. 말에 의심스러운 바가 있거든 그 사람을 가까이하지 말고, 일을 행함에 의심스러운 바가 있거든 그 사람을 따르지 말라. 좀벌레가 기둥과 대들보를 (속에서 갉아먹어) 넘어뜨리고, 모기와 등에가 소와 양을 (귀찮게 해서) 도망치게 한다.

位高道大者從, 事大道小者凶; 言疑者無犯, 行疑者無從; 蠹蝝仆柱梁, 蚊虻走牛羊.

16-35 이하에서는 미리 상대방의 말을 알아차리는 문제가 나온다. 이를 위해서는 공자가 『주역』에 대한 총론적 풀이인 「계사전(繫辭傳)」을 마무리하면서 한 말이 중요한 지침이 된다.

장차 배반할 사람은 그 말에 부끄러움이 있고, 마음속에 의혹을 품고 있는 사람은 그 말이 갈라지고, 뛰어난 이는 말이 적고 초조해하는 사람은 말이 많으며, 위선적인 사람은 그 말이 둥둥 떠다니고, 지켜야 할 절의를 잃은 사람은 그 말이 비굴하다.

16-36

사사로이 청탁하는 말과 까다롭게 하는 말에는 응답하지 말고, 괴이한 말과 공허한 이야기에는 대꾸하지 말라.

謁問析辭勿應, 怪言虛說勿稱.

16-36의 '석사(析辭)'라는 표현은 『순자』「해폐(解蔽)」편에 나온다. '해폐'란 가려진 마음을 열어서 밝힌다는 뜻이다.

말을 까다롭게 들어 놓으면서(析辭) 이를 잘 살피는 것이라 일컫고 사물에 대해 말하면서 이를 잘 가린다(辨)고 하는데, 군자는 이를 천하게 여긴다. 널리 들어 알고 많은 것을 기억하고 있다고 해도, 임금다운 임금의 제도에 맞지 않으면 군자는 이를 천하게 여긴다.

16-37

먼저 계획을 세운 다음에 일을 하면 창대해지고, 먼저 일을 한 다음에 계획을 세우면 실패한다.

謀先事則昌, 事先謀則亡.

16-37은 앞에서 살폈던 "신시이경종(愼始而敬終)"의 '신시'에 해당한다. 또 공자는 안회를 칭찬하며 호모(好謀), 즉 계책을 잘 세워서 일을 성공으로 이끌어갈 인물이라고 평한 바 있다.

16-38

방종함으로 본업을 내팽개쳐서는 안 되고, 빈천함을 이유로 스스로를 가벼이 보아서는 안 되며, 좋아하는 것 때문에 몸을 해쳐서는 안 되고, 기호와 욕심 때문에 생명을 해쳐서는 안 되며, 사치함을 명예로 삼아서는 안 되고, 부귀함 때문에 교만이 넘쳐서는 안 된다.

無以淫泆棄業, 無以貧賤自輕, 無以所好害身, 無以嗜欲妨生, 無以奢侈爲名, 無以貴富驕盈.

16-38은 『논어』「학이(學而)」편에 나오는 다음 구절과 비교해가면서 음미해볼 필요가 있다.

자공이 말했다.
"가난하지만 비굴하게 아첨(諂)하지 않는 것(사람)과 부유하지만 교만하지 않는 것(사람)은 어떠합니까?"
공자가 말했다.
"그것도 좋다.
하나 가난하지만, 즐거이 살 줄 아는 것(사람)과 부유하지만 예를 좋아하는 것(사람)에는 비할 바가 못 된다."
자공이 말했다.
"『시경』에 '잘라내 문지르듯, 갈듯, 쪼고 다듬듯, 그리고 또 갈듯'이라 했으니, 바로 스승님께서 말씀하시려는 바를 말한 것입니다."
공자가 말했다.
"사(賜-자공)야!
비로소 (너와) 더불어 시를 말할 수 있게 되었구나! 이미 지나간 것을 일깨워주자 앞으로 올 것도 아는구나!"

마지막 문장은 '미뤄 헤아림[推]'을 칭찬한 것이다.

16-39

기쁨과 노여움이 (실상과) 맞아떨어지지 않으면 이를 일러 밝지 못하다[不明]고 하고, 포학함이 실상보다 지나치게 되면 도리어 자신이 해를 받게 된다.

원망은 보답하지 않는 데서 생겨나고, 화는 복을 너무 많이 누리는 데서 생겨난다.

喜怒不當, 是謂不明, 暴虐不得, 反受其賊. 怨生不報, 禍生於福.

16-39는 모두 일의 이치[事理=禮]에 관한 언급들로, 부당(不當)은 부중(不中)과 같은 뜻이다.

16-40

한마디 말이 잘못되면 말 4마리로도 쫓아가 되돌릴 수 없고, 한마디 말이 다급하면 말 4마리로도 따라잡을 수 없다.

一言而非, 四馬不能追; 一言而急, 四馬不能及.

16-40에 해당하는 『논어』 「안연(顔淵)」편의 구절이다.

극자성이 말했다.

"군자라면 바탕(質)만 중시하면 되지, 꾸밈(文)을 어디에다가 쓰겠는가?"

이에 자공이 말했다.

"안타깝구나! 그대의 말이 군자답기는 하나 말 4마리(駟=四馬)로도 쫓아가 잡을 수가 없다."

말을 조심하라는 경계다.

16-41

기러기가 바람 부는 방향으로 날아가는 것은 기력을 아끼기 위함이고, 갈대를 물고 날아가는 것은 사냥꾼의 주살에 대비하기 위함이다.

(雁)順風而飛, 以助氣力; 銜葭(함가)而翔, 以備矰弋(증익).

16-42

거울은 정밀하고 밝아야 아름다움과 추함이 스스로 드러나고, 저울대는 공평하고 치우침이 없어야 가벼움과 무거움이 스스로 들어맞는다.

鏡以精明, 美惡自服; 衡平無私, 輕重自得.

16-42는 척도로서의 예(禮)가 먼저 서야 함을 말한다. 그것이 바로 이립(而立)이다.

16-43

쑥이 모시풀 속에 있으면 지탱해주지 않더라도 스스로 곧게 자라고, 흰 모래가 진흙 속에 들어가면 더불어서 모두 검게 된다.

蓬生枲中, 不扶自直; 白砂入泥, 與之皆黑.

16-43은 『논어』「공야장(公冶長)」편에 나오는 공자의 말과 연결된다. 주변 환경의 중요성을 강조하는 일화다.

> 공자가 자천(子賤)에 대해 이렇게 평했다.
> "군자구나, 이 사람이여! 노나라에 군자들이 없었다면 이 사람이 어디에서 이 군자다움을 취했겠는가?"

16-44

때로다, 때로다! 도모할 겨를도 없구나! 지극히 긴급한 때 이르면 잠깐 숨 쉴 겨를도 없다.

時乎, 時乎! 間不及謀; 至時之極, 間不容息.

16-44의 전반부는 사마천의 『사기』「이사열전(李斯列傳)」에 나오는 환관 조고(趙高)의 말이다.

뒷부분은 이렇다.

양식을 둘러메고 말을 내달려 가도 오히려 때에 늦을까 걱정이다〔贏糧躍馬, 唯恐後時〕.

16-45

부지런히 일만 하고 쉬지 않더라도 실로 장차 저절로 쉬게 되고, 일만 하고 쉬지 않더라도 실로 장차 저절로 휴식을 얻게 된다.

勞而不休, 亦將自息; 有[=爲]而不施[=弛], 亦將自得.

16-46

일을 착수하지 않고서는 한 가지도 이룰 수 없고, 간절하게 바라지 않고서는 한 가지도 얻을 수 없다.

無不爲者, 無一能成也; 無不欲者, 無一能得也.

16-47

바른 행동이 쌓이면 복이 이르지 않는 경우가 없고, 그릇된 행동이 쌓이면 화가 찾아오지 않는 경우가 없다.

衆正之積, 福無不及也; 衆邪之積, 禍無不逮也.

16-47은 『여씨춘추』「명리(明理)」편에 나오는 말이다.

16-48

노력은 가난을 이기고, 부지런함은 화란을 이기며, 조심함은 재해를 이기고, 경계함은 재난을 이긴다.

力勝貧, 謹勝禍, 愼勝害, 戒勝災.

16-48의 앞 두 구절은 왕충의 『논형』에 나온다. 내용은 모두 인사(人事)가 천재(天災)를 이겨낼 수 있다는 뜻이다.

16-49

좋은 일을 하는 사람은 하늘이 은덕으로 보답하고, 좋지 못한 일을 하는 사람은 하늘이 재앙으로 보답한다.

爲善者天報以德, 爲不善者天報以禍.

16-50

군자는 때를 얻으면 물처럼 고요하고, 소인은 때를 얻으면 불처럼 활활 타오른다.

君子得時如水, 小人得時如火.

16-51

남들이 자신을 비방하는 말을 하는 것은 마음을 닦지 않은 죄 때문이고, 남들이 자신을 높이고 뛰어나다고 여기는 것은 마음을 닦은 힘 때문이다.

謗道己者, 心之罪也; 尊賢己者, 心之力也.

16-51에서 도(道)는 말하다(言)의 뜻이다.

16-52

마음을 얻으면 세상만사를 내 마음대로 할 수 있지만, 마음을 잃으면 내 마음 하나도 제대로 지킬 수 없다.

心之得, 萬物不足爲也; 心之失, 獨心不能守也.

16-53

자식이 효도하지 않으면 내 자식이 아니요, 벗과 사귀는데 믿음이 없다면 내 벗이 아니다.

子不孝, 非吾子也; 交不信, 非吾友也.

16-53은 다움(德)의 문제와 연관된다. 『논어』「안연(顔淵)」편에는 "군군신신부부자자(君君臣臣父父子子)"라는 말이 나온다. 임금은 임금다워야 하고, 신하는 신하다워야 하고, 부모는 부모다워야 하고, 자식은 자식다워야 한다. 임금이 임금다우려면 관(寬)이 있어야 하고, 신하가 신하다우려면 충(忠)이나 직(直)이 있어야 하며, 부모가 부모다우려면 자(慈)가 있어야 하고, 자식이 자식다우려면 효(孝)가 있어야 한다. 벗들 간에는 신(信)이 있어야 한다.

16-54

그 입에 음식을 주면 모든 관절이 튼튼해지고, 그 뿌리에 물을 주면 가지와 잎이 무성해진다. 뿌리가 상하면 가지가 마르고, 뿌리가 깊으면 곁가지까지 굵다.

食其口而百節肥, 灌其本而枝葉茂; 本傷者枝槁, 根深者末厚.

16-55

좋은 일을 하면 도리를 얻게 되고, 나쁜 일을 하면 도리를 잃는다.

爲善者得道, 爲惡者失道.

16-56

나쁜 말은 입 밖에 내지 말고, 구차한 말은 귀에 담아두지 말라. 허위에 힘쓰는 사람은 오래갈 수 없고, 허망한 것을 좋아하는 사람도 오래갈 수 없다.

惡語不出口, 苟言不留耳; 務僞不長, 喜虛不久.

16-57

의로운 선비는 자기 마음을 속이지 않고, 염치를 아는 선비는 함부로 남의 것을 차지하지 않는다. 재물을 풀처럼 여기고 몸을 보배처럼 여기기 때문이다.

義士不欺心, 廉士不妄取; 以財爲草, 以身爲寶.

16-58

어린 사람을 자애롭게 대하고 나이 든 사람을 공경하라.

慈仁少小, 恭敬耆老.

16-59

개가 짖어도 놀라지 않는 것을 일러 금성(金城)[018]이라 하고, 늘 위태로움을 피하는 것을 불회(不悔)라고 한다.

犬吠不驚, 命曰金城; 常避危殆, 命曰不悔.

16-60

부유할 때 반드시 가난을 생각하고, 장년일 때 반드시 노년을 생각해야 한다. 나이가 비록 어리더라도 반드시 일찍부터 염두에 둬야 한다.

富必念貧, 壯必念老, 年雖幼少, 慮之必早.

018 금성탕지(金城湯池)란 말로, 매우 튼튼한 요새를 가리킨다.

16-61

무릇 예가 있는 사람은 (위태로움을 당해) 서로를 위해 죽고, 예가 없는 사람도 (순간적으로 욱하는 마음에) 서로를 위해 죽는다.

夫有禮者相爲死, 無禮者亦相爲死.

16-62

부귀해지면 교만을 기약하지 않아도 교만이 절로 찾아오고, 교만하면 패망을 기약하지 않아도 패망이 절로 찾아온다.

貴不與驕期, 驕自來; 驕不與亡期, 亡自至.

16-63

앉은뱅이는 밤낮으로 한 번만이라도 일어서기를 바라고, 맹인은 눈으로 보고자 함을 잊지 않는다.

사리를 아는 사람은 처음에는 거스르다가도 끝에 가서는 화해하지만, 어리석은 자는 처음에는 즐거워하다가도 끝에 가서는 슬퍼한다.

踒人日夜願一起, 盲人不忘視. 知者始於悟(忤), 終於諧; 愚者始於樂, 終於哀.

16-64

높은 산은 우러러볼 만하고 큰길은 따라갈 만하다.

高山仰止, 景行行止.

16-65

힘이 비록 모자란다 해도 마음은 반드시 힘써 행해야 한다.

力雖不能, 心必務爲.

16-65를 새겨야 할 사람은 공자의 제자인 염유(冉有)다. 『논어』「옹야(雍也)」편이다.

염유가 말했다.
"저는 스승님의 도리를 열렬히 좋아하지 않는 것은 아니지만, 그것을 향해 나아가기에는 힘이 달립니다(力不足)."
공자가 말했다.
"힘이 부족하다고 말하는 자는 대부분 중도에 포기하는 자이니, 지금 너는 스스로 자신의 한계를 긋고 있는 것이다."

16-66

신중하게 마침을 시작할 때처럼 해서 늘 경계로 삼고, 늘 두려워하고 또 두려워하며 날마다 그 일을 신중하게 처리해야 한다.

愼終如始, 常以爲戒; 戰戰慄慄, 日愼其事.

16-66은 그대로 신시이경종(愼始而敬終)이다. 주도면밀하고 치밀해야 한다는 말이다.

16-67

빼어난 이의 정치 중에는 편안하고 고요함만 한 것이 없고, 뛰어난 이의 다스림은 그래서 일반인들과는 다르다.

聖人之政, 莫如安靜; 賢者之治, 故與衆異.

16-68

다른 사람의 나쁜 점을 들추기를 좋아하면 그 사람도 자기의 나쁜 점을 말하고, 다른 사람을 미워하기를 좋아하면 또한 그 사람으로부터 미움을 받게 된다.

好稱人惡, 人亦道其惡; 好憎人者, 亦爲人所憎.

16-69

입고 먹을 것이 풍족해야 영예와 치욕을 알고, 창고가 가득 차야 예의와 절도를 안다.

衣食足, 知榮辱; 倉廩實, 知禮節.

16-69는 『관자』 「목민(牧民)」편에 나오는 말인데, 앞뒤 순서만 바뀌었다.

16-70

장강과 황하의 범람도 사흘을 넘지 못하고, 회오리바람과 폭우도 잠깐이면 그친다.

江河之溢, 不過三日; 飄風暴雨, 須臾而畢.

16-71

복은 미미한 선행에서 생겨나고, 화는 조금이라도 소홀히 하는 데서 생겨난다. 밤낮으로 두려워해야 하니, 오직 잘 마치지 못하면 어떻게 할까 두려워해야 한다.

福生於微, 禍生於忽; 日夜恐懼, 唯恐不卒.

16-72

이미 조각하고 이미 쪼고 나면 도리어 질박함으로 돌아가듯이, 일이나 사물이 서로 반대로 가게 되면 다시 근본으로 돌아간다.

已雕已琢, 還反於樸, 物之相反, 復歸於本.

16-73

물의 흐름을 따라서 내려가면 쉽게 도달하고, 바람을 등지고 내달리면 쉽게 멀리 간다.

循流而下, 易以至; 倍風而馳, 易以遠.

16-73에서 물의 흐름이나 바람은 형세를 말한다. 일의 형세를 잘 활용해야 한다는 말이다.

16-74

전쟁은 이미 정해두지 않으면 제대로 대적할 수 없고, 일에 앞서 계책을 미리 세워두지 않으면 돌발 사태에 대응할 수 없다.

兵不豫定, 無以待敵; 計不先慮, 無以應卒.

16-75

마음이 방정하지 않고 이름이 아름답지 않으며 외면이 원만하지 않은 것은 재앙으로 들어가는 문이다.

中不方, 名不章, 外不圜, 禍之門.

16-76

곧기만 하고 능히 굽힐 수 없으면 대임을 맡길 수 없고, 반듯하기만 하고 능히 원만하지 못하면 더불어 오래 함께 존속할 수 없다.

直而不能枉, 不可與大任; 方而不能圜, 不可與長存.

16-77

몸가짐을 신중히 하고 쓸데없이 이러쿵저러쿵하지 말라.

愼之於身, 無曰云云.

16-78

사리분별 못하는 사람의 말이라도 빼어난 이는 (그중에서) 들을 만한 말을 가려낸다.

狂夫之言, 聖人擇焉.

16-79

부끄러움을 능히 참아낼 수 있는 자는 편안하고, 치욕을 능히 참아낼 수 있는 자는 존속된다.

能忍恥者安, 能忍辱者存.

16-79에서 말하는 부끄러움은, 염치(廉恥)라고 할 때의 부끄러움이 아니라 치욕(恥辱)이라고 할 때의 부끄러움이다.

16-80

입술이 없으면 이가 시리다.
하수(河水)가 깊은 것은 그 흙이 산에 있어서다.

脣亡而齒寒. 河水深, 其壤在山.

16-81

지혜에 독이 되는 것으로는 술보다 심한 것이 없고, 일을 그르치게 하는 것으로는 향락보다 심한 것이 없으며, 청렴을 해치는 것으로는 여색보다 심한 것이 없고, 강직함을 꺾는 것은 도리어 자기의 유약함이다.

毒智者莫甚於酒, 留事者莫甚於樂, 毁廉者莫甚於色, 摧剛者反己於弱.

16-82

부유함은 만족할 줄 아는 데 달렸고, 존귀함은 물러서려 함에 달렸다.

富在知足, 貴在求退.

16-83

먼저 일을 걱정하는 사람은 뒤에 즐겁고, 먼저 일을 오만하게 처리하는 사람은 뒤에 근심이 있다.

先憂事者後樂, 先傲事者後憂.

16-83에서 일을 걱정하는 사람의 마음가짐을 보여주는 것이 바로

『논어』「위령공(衛靈公)」편에 나오는 공자의 말이다.

어떻게 할까 어떻게 할까라고 말하지 않는 사람은 나도 어떻게 할 도리가 없다.

16-84

(임금의) 복은 간언을 받아들이는 데 달렸으니, (이것이 바로 그 임금이) 존속할 수 있는 이유다.

福在受諫, 存之所由也.

16-85

공손하고 삼가고 겸손하고 사양하며 주도면밀하고 청렴하면 비방을 당하지 않고, 인자해 다른 사람을 사랑하면 반드시 그에 대한 보상을 받는다.

恭敬遜讓, 精廉無謗, 慈仁愛人, 必受其賞.

16-86

간언을 하는데도 임금이 따르지 않으면 뒤에는 더불어 간쟁하는 사람이 없고, 하는 일이 이치에 맞지 않으면 백성에게 비방을 당한다.

후회는 망령된 행동에서 생겨나고, 근심은 크게 떠들어대는 데서 생겨난다.

諫之不聽, 後無與爭; 擧事不當, 爲百姓謗. 悔在於妄, 患在於唱.

16-87

(초나라의 명사수) 포저가 주살을 매는 끈을 손질하면 물오리와 기러기가 슬피 울었고, (명사수) 방몽이 활을 쓰다듬으면 호랑이와 표범이 새벽부터 울부짖었다.

蒲且(저)脩繳, 鳧鴈(부안)悲鳴; 逄蒙撫弓, 虎豹晨嗥.

16-88

황하는 구불구불하기 때문에 능히 멀리 흐를 수 있고, 산은 비탈이 완만하므로 능히 높을 수 있으며, 도리는 여유롭고 야박하지 않기 때문에 능히 백성을 교화시킬 수 있고, 다움은 순수하고 도타우므로 능히 커질 수 있다.

河以委蛇故能遠, 山以凌遲故能高, 道以優游故能化, 德以純厚故能豪.

16-89

남의 좋은 점을 말하는 것은 머릿기름보다 윤택하고, 남의 나쁜 점을 말하는 것은 창으로 찌르는 것보다 아프다.

言人之善, 澤於膏沐; 言人之惡, 痛於矛戟.

16-89는 『논어』 「안연(顔淵)」편에 나오는 공자의 말과 짝을 이룬다.

군자는 남의 좋은 점을 이뤄주고 남의 나쁜 점을 이뤄주지 않으니, 소인은 이와 정반대로 한다.

16-90

좋은 일을 하면서 (마음속이) 곧지 않으면 반드시 끝에 가서는 굽게 되고, 좋지 않은 일을 그치지 않으면 반드시 끝에 가서는 악하게 된다.

爲善不直, 必終其曲; 爲醜不釋, 必終其惡.

16-90의 전반부는 『논어』 「학이(學而)」편에 나오는 공자의 다음 말과 통한다.

교언영색(巧言令色)하는 자 중에 마음속이 정말로 어진 이는 드물다.

16-91

한 번 죽고 한 번 살아봐야 마침내 정상(情狀)이 교통함을 알게 되고, 한 번 가난하고 한 번 부유해봐야 마침내 세태(世態)가 교통함을 알게 되며, 한 번 귀하고 한 번 천해져봐야 마침내 정상의 교통함이 드러나게 되고, 한 번 성하고 한 번 쇠해봐야 정상의 교통함이 마침내 나타나게 된다.

一死一生, 乃知交情; 一貧一富, 乃知交態; 一貴一賤, 交情乃見; 一浮一沒, 交情乃出.

16-92

(외국에 대해서는) 다움과 마땅함을 먼저 하고 군대를 동원하는 것은 뒤로하라.

德義在前, 用兵在後.

16-92는 일의 선후본말(先後本末)을 알아야 한다는 뜻이다.

16-93

새로 머리를 감는 사람은 반드시 갓을 닦고, 새로 목욕하는 사람은 반드시 옷의 먼지를 털어낸다.

初沐者必拭冠, 新浴者必振衣.

16-94

패한 군대의 장수는 용맹을 입에 올려서는 안 되고, 망한 나라의 신하는 지혜를 입에 올려서는 안 된다.

敗軍之將, 不可言勇; 亡國之臣, 不可言智.

16-95

우물에 자라와 악어가 없는 이유는 좁기 때문이고, 동산에 숲이 생겨나지 않는 것은 작기 때문이다.

원 타
坎井無黿鼉者, 隘也; 園中無脩林者, 小也.

16-96

작은 충성은 큰 충성을 해치고, 작은 이익은 큰 이익을 손상시킨다.

小忠, 大忠之賊也; 小利, 大利之殘也.

16-97

자기에게서 구하는 것은 아주 쉽고, 남에게서 구하는 것은 아주 어렵다.

自請絕易, 請人絕難.

16-98

물이 튀어 오르면 사납고, 화살이 튀어 나가면 멀리 간다. 사람이 지나치게 명예를 구하면 실로 그동안의 평가가 훼손된다.

水激則悍, 矢激則遠; 人激於名, 亦毁爲聲.

16-99

낮은 선비는 벼슬자리를 얻느라 죽게 되지만, 높은 선비는 벼슬자리를 얻어 오래 산다.

下士得官以死, 上士得官以生.

16-100

복과 화는 땅속에서 나오는 것도 아니고 하늘로부터 내려오는 것도 아니다. 자기 스스로 빚어내는 것이다.

禍福非從地中出, 非從天上來, 己自生之.

16-101

궁벽진 시골에는 그릇된 학설이 많은데, 소소한 변설은 큰 지혜를 해치고 교묘한 말은 믿음을 저버리게 하며 작은 은혜는 큰 마땅함에 이르는 것을 방해한다.

窮鄕多曲學: 小辯害大智, 巧言使信廢, 小惠妨大義.

16-101은 『논어』「위령공(衛靈公)」편에 나오는 공자의 말과 통한다.

여럿이 거처하면서 종일 그 하는 말이 마땅함에 미치지 않고 작은 지혜를 행하기를 좋아한다면 환란이 있을(혹은 잘되기를 바라기 어려울) 것이다.

16-102

곤란함에 빠지지 않는 것은 미리 사려 하는 데 달렸고, 곤궁함에 빠지지 않는 것은 미리 예비하는 데 달렸다.

不困在於早慮, 不窮在於早豫.

16-103

남이 알지 못하게 하려는 것보다는 아예 하지 않는 것이 낫고, 남이 듣지 못하게 하려는 것보다는 아예 말을 하지 않는 것이 낫다.

欲人勿知, 莫若勿爲; 欲人勿聞, 莫若勿言.

16-103은 16-102와 연결되는 내용으로 신시(愼始), 즉 매사 사전에 조심해야 함을 말하고 있다. 다음에도 비슷한 내용이 이어진다.

16-104

말을 해서는 안 되는 것은 결코 말하지 않음으로써 환난을 피하고, 해서는 안 되는 일은 결코 하지 않음으로써 위험을 피하며, 취해서는 안 되는 것은 결코 취하지 않음으로써 범죄를 피하고, 다퉈서는 안 되는 것은 결코 다투지 않음으로써 오명을 피한다.

非所言勿言, 以避其患; 非所爲勿爲, 以避其危; 非所取勿取, 以避其詭; 非所爭勿爭, 以避其聲.

16-104를 한마디로 요약하면 마땅함(義=宜=誼)이다. 해야 하는 것을 반드시 하고 해서는 안 되는 것을 결코 하지 않는 것이 바로 마땅함이다. 『논어』「위정(爲政)」편에 나오는 공자의 말은 16-104를 고스란히 담아내고 있다.

공자가 말했다.
"마땅히 제사 지내서는 안 되는 귀신을 향해 제사 지내는 것은 아첨이요, (반대로) 마땅한 일을 보고서도 행동하지 않는 것은 용기라 할 수 없다."

16-105

눈 밝은 자는 어둠 속에서도 잘 보고, 사리에 밝은 자는 일이 형체를 이루기 전에 도모하며, 귀 밝은 자는 소리가 없는 데서도 잘 듣고, 사려 깊은 자는 일이 이뤄지기 전에 미리 경계한다.

明者視於冥冥, 知者謀於未形; 聰者聽於無聲, 慮者戒於未成.

16-105는 고스란히 『중용』에 나오는 리더의 덕목인 "총명예지(聰明睿知)"와 상응하며, 총명예지의 '예(睿)'는 일에 밝다는 뜻으로서 이곳의 려(慮-사려)에 해당한다.

16-106

세상이 혼탁해도 나 홀로 깨끗하고, 모두가 다 취해 있어도 나 홀로 깨어 있도다.

世之溷濁而我獨淸, 衆人皆醉而我獨醒.

16-106은 『초사(楚辭)』에서 굴원(屈原)이 한 말이다. 그러나 이런 마음가짐은 자칫 독선(獨善)에 빠질 수 있음을 경계해야 한다.

16-107

도리에서 어긋나거나 벗어남으로 인한 허물은 어디서나 언제나 생겨나기 마련인데, 일이 허물어지거나 패망하는 실마리가 바로 여기에서 비롯된다. 장강과 황하의 둑이 크게 무너지는 것은 개미구멍에서부터 비롯되고, 산은 작은 무너짐 때문에 크게 무너진다.

乖離之咎, 無不生也; 毁敗之端, 從此興也. 江河大潰從蟻穴, 山以小阤而大崩.

16-108

음란함은 아주 작은 데서 시작해 점점 커지면서 변화하고, 수·화·금·목은 돌아가면서 서로를 이긴다.

淫亂之漸, 其變爲興, 水火金木轉相勝.

16-109

낮지만 바르면 늘어날 수 있고, 높지만 기울어지면 장차 무너진다. 화살처럼 곧은 자는 죽고, 먹줄처럼 바른 자는 칭송을 받는다.

卑而正者可增, 高而倚者且崩; 直如矢者死, 直如繩者稱.

16-109는 『논어』 「태백(泰伯)」편에서 공자가 한 말과 통한다.

곧기만 하고 사리를 알지 못하면 강팍해진다〔絞〕.

16-110

화는 얻고자 하는 욕심에서 생겨나고, 복은 스스로 욕심을 제어하는 데서 생겨난다. (그래서) 빼어난 이는 마음으로 눈과 귀를 인도하고, 소인은 눈과 귀로 마음을 인도한다.

禍生於欲得, 福生於自禁; 聖人以心導耳目, 小人以耳目導心.

16-110에서 마음은 안이고 눈과 귀는 밖을 수용하는 기관이다.

16-111

남들의 위에 있는 사람(임금)은 그 근심이 눈 밝지 못함에 있고, 남의 아래에 있는 사람(신하)은 그 근심이 충직하지 못함에 있다.

爲人上者, 患在不明; 爲人下者, 患在不忠.

16-111은 『논어』의 일관된 군신관, 즉 명군(明君)과 직신(直臣)의 메시지와 그대로 통한다.

16-112

사람들은 밭에 거름 주는 것은 알면서도 마음에 거름 줄 줄은 모른다.

人知糞田, 莫知糞心.

16-113

몸을 반듯하게 하고 마음을 바르게 해서 지금에 이르기까지 자신을 보전했다. 이는 망함을 보고서 보존하는 법을 알고 서리를 보고서 얼음이 언다는 것을 알았기 때문이다.

端身正心, 全以至今. 見亡知存, 見霜知冰.

16-113은 『주역』 곤괘(坤卦, ䷁) 맨 아래 효인 초륙(初六)의 효사 "서리를 밟으면 단단한 얼음이 어는 때가 찾아온다(履霜堅氷至)"와 통한다. 어떤 일이 생기기 전에 미리 조짐을 살펴 대처한다는 뜻이다.

16-114

(재물이) 광대함은 이익을 좋아하는 데 달렸고, 공경은 부모를 섬기는 데 달렸다.

廣大在好利, 恭敬在事親.

16-115

상황에 맞으면 어짊을 행하기가 쉽고, 도리에 맞으면 사람을 도리에 이르게 하기가 쉽다.

因時易以爲仁, 因道易以達人.

16-115는 예(禮)와 명(命), 사리(事理)와 사세(事勢)에 관한 언급이다. 상황에 맞는다는 것은 곧 명과 사세에 관한 것이고, 도리에 맞는다는 것은 예와 사리에 관한 것이다. 예를 들어, 모르는 이성의 손을 잡으면 안 된다는 것은 예이자 도리이자 사리다. 그러나 그 모르는 사람이 물에 빠졌을 때 그 사람 손을 잡아 구하는 것은 명이자 사세이며, 그것은 어짊을 행하는 것이 된다.

16-116

이익을 도모하는 사람은 근심이 많고, 가벼이 허락하는 사람은 신용이 적다.

營於利者多患, 輕諾者寡信.

16-117

남보다 낫고자 하는 것보다는 남에게 자신을 낮추는 것이 낫고, 재물을 탐하는 것보다는 몸을 보전하는 것이 낫다. 재물은 높은 의로움만 못하고, 권세는 다움을 높이는 것만 못하다.

欲賢者莫如下人, 貪財者莫如全身; 財不如義高, 勢不如德尊.

16-118

아버지라고 해서 무익한 자식을 사랑할 수는 없고, 임금이라고 해서 법도를 어긴 백성까지 사랑할 수는 없다. 임금이라고 해서 공로가 없는 신하에게 상을 줄 수는 없고, 신하라고 해서 아무런 임금다움도 없는 임금을 위해 죽을 수는 없다.

父不能愛無益之子, 君不能愛不軌之民; 君不能賞無功之臣, 臣不能死無德之君.

16-118은 『논어』「안연(顏淵)」편에서 제나라 경공이 공자에게 정치에 관해 물었을 때 했던 공자의 답변이 실마리가 된다.

임금은 임금답고 신하는 신하답고 부모는 부모답고 자식은 자식다워야 합니다〔君君臣臣父父子子〕.

이때 임금다움은 관(寬), 신하다움은 직(直), 부모다움은 자(慈), 자식다움은 효(孝)다.

16-119

누가 말을 잘 모는지 물어보려면 말에게 물어보는 것만 한 것이 없듯이, 누가 나라를 잘 다스리는지를 물어보려면 백성에게 물어보는 것만 한 것이 없다. (그러므로 빼어난 이는) 낮춤을 귀하게 여기고 굽힘을 폄으로 여긴다.

問善御者莫如馬, 問善治者莫如民. 以卑爲尊, 以屈爲伸.

16-119는 다스림의 성패는 결국 백성을 척도로 삼아야 한다는 말이다.

이는 『논어』「위령공(衛靈公)」편에 나오는 공자의 말과 그대로 통한다.

내가 다른 사람에 대해서 누구를 헐뜯고 누구를 높이겠는가? 만일 높이는 경우가 있다면 분명 그 실상을 따져보았을 것이다. 이 백성이다, 삼대에서 도리를 곧게 해 정치를 행하던 바탕은.

16-120

빼어난 이가 기틀로 여기는 것은 위로 하늘(과도 같은 도리)을 본받는 것이다.

聖人所因, 上法於天.

16-121

군자는 다움을 행해 그 몸을 보전하고, 소인은 탐욕을 행해 그 몸을 망친다.

君子行德以全其身, 小人行貪以亡其身.

16-122

일의 이치로써 서로를 권면하고 어짊으로써 서로를 격려해야 한다. 도리는 자기 몸에서 얻고 명예는 남에게서 얻는다.

相勸以禮, 相強以仁. 得道於身, 得譽於人.

16-122에서, 도리는 자기 몸에서 얻는다는 말은 『논어』「위령공(衛靈公)」편에 나오는 공자의 말과 연결된다.

사람이 도리를 크게 하는 것이지[弘道] 도리가 사람을 크게 하는 것은 아니다.

이는 도리란 저절로 커지는 것이 아니라 닦음[修]을 수반해야 커진다는 말이다.

16-123

일의 형세를 아는 자는 하늘을 원망하지 않고, 자기 자신을 아는 사람은 남을 원망하지 않는다.

知命者不怨天, 知己者不怨人.

16-123에서 앞부분은 명(命), 즉 사세(事勢)를 아는 사람이고 뒷부분은 예(禮), 즉 사리(事理)를 아는 사람이다. 이 부분은 정확히 『논어』 「헌문(憲問)」편에 나오는 공자의 말과 겹친다.

공자가 말했다.
"나를 알아주는 이가 아무도 없구나!"
자공이 물었다.
"어찌하여 스승님을 알아주는 이가 없다는 것입니까?"
공자가 말했다.
"하늘을 원망하지 않고 다른 사람을 탓하지 않으며 아래로 인간사를 배우고 위로 하늘의 이치에 이르렀으니, 나를 알아주는 것은 바로 하늘뿐이다."

16-124

사람이 남을 사랑할 줄 모르면 어짊을 행할 수 없고, 말재주를 부리면서 잘 가려서 하지 못하면 믿음을 줄 수 없다.

人而不愛則不能仁, 佞而不巧則不能信.

16-124의 전반부는 인(仁)을 애인(愛人)으로 정의한 공자의 생각 그대로다.

『논어』「안연(顔淵)」편에서 공자는 제자 번지(樊遲)가 인(仁)을 묻자 애인(愛人)이라고 답하고, 지(知)를 묻자 지인(知人)이라고 답했다.

16-125

좋은 일을 말할 때는 자기에게 미치지 말고, 나쁜 일을 말할 때는 남에게 미치지 말라.

言善毋及身, 言惡毋及人.

16-125는『논어』「안연(顔淵)」편에 나오는 공자의 말과 겹친다.

군자는 남들의 좋은 점을 이뤄주고 남들의 나쁜 점을 이뤄주지 않는다. 소인은 이와 정반대로 한다.

16-126

윗사람(임금)이 맑아서 욕심이 없으면 아랫사람(신하)이 바르게 되고 백성이 순박해진다.

上淸而無欲, 則下正而民樸.

16-126은 『논어』「안연(顔淵)」편에서 공자가 계강자(季康子)에게 해주었던 세 가지 말과 그대로 통한다.

계강자가 정치에 관해 묻자 공자가 말했다.
"바로잡는 것(正)입니다. 대부께서 바로잡는 것으로써 통치를 한다면 감히 누가 바르게 되지 않겠습니까?"
계강자가 도둑을 걱정해 공자에게 대책을 묻자 공자가 말했다.
"진실로 대부께서 백성의 도적이 되려고 하지 않는다면, 설사 그들에게 상을 주면서 도둑질하라고 해도 결코 도둑질하지 않을 것입니다."
계강자가 공자에게 정치에 관해 물으면서 이런 질문을 던졌다.
"만일 무도한 자를 죽여 없애 나라가 도리가 있는 데로 나아간다면 그것은 어떻습니까?"
공자가 말했다.
"대부여! 정치를 하면서 어찌 죽임을 쓸 수 있겠습니까? 대부께서 선하고자 한다면 자연스레 백성이 선해질 것이니, 군자의 덕은 바람이요 소인의 덕은 풀입니다. 풀에 (죽임과 같은) 거센 바람이 가해지면 풀은 반드시 쓰러지고 말 것입니다."

16-127

앞으로 올 일은 쫓아갈 수 있지만 지나간 일은 따라잡을 수 없다.

來事可追也, 往事不可及.

16-127은 미래와 과거의 일 차이를 말한다. 앞으로 다가올 일은 과거를 거울삼아 바로 나아갈 수 있지만, 이미 지나간 일에 대해서는 이래라 저래라 해야 아무런 소용이 없다는 말이다. 관련된 구절이 『논어』에 두 번 나온다.

먼저 「팔일(八佾)」편이다.

애공이 재아에게 사직에 관해 묻자 재아가 이렇게 대답했다.
"하후씨(夏后氏=우왕)는 소나무로 사직의 신주(神主)를 만들어 썼고, 은나라 사람들은 잣나무를 썼고, 주나라 사람들은 밤나무를 썼습니다. 밤나무를 써서 백성으로 하여금 전율(戰慄)을 느끼게 하려 함이었습니다."
공자가 이 말을 전해 듣고는 다른 제자들에게 이렇게 한탄했다.
"이미 다 끝난 일[成事]이라 아무 말 않겠으며, 제 마음대로 이룬 일[遂事]이라 이래라저래라 간(諫)하지 않겠으며, 다 지나간 일[旣往]이라 허물을 탓하지 않겠다."

다음은 「미자(微子)」편이다.

초나라의 미치광이 은둔자 접여가 노래를 부르며 공자 앞을 지나갔다.
"봉(鳳)이여! 봉이여! 어찌하여 덕이 쇠했는가? 지나간 일에 대해서는 간언할 수 없지만 앞으로 다가올 일에 대해서는 쫓을 수 있으니, 그만둘지어다! 그만둘지어다! 오늘날 정치에 몸을 담고 있는 사람들은 위태롭다."

이에 공자가 수레에서 내려 그와 더불어 말씀을 나누려 했으나 빨리 걸어가서 피하니, 함께 말씀을 나누지 못했다.

16-128

생각하는 마음이 없으면 도달하지 못하고, 담론하는 말이 없으면 즐겁지 않다.

無思慮之心則不達, 無談說之辭則不樂.

16-129

선은 거짓으로는 오게 할 수 없고 악은 말로는 없앨 수 없다.

善不可以僞來, 惡不可以辭去.

16-130

시장은 가까운데 가게가 없고 농지는 있는데 농막이 없으니, 선해 도리를 어기지 않더라도 어짊과 마땅함이 없으면 강한 무력으로도 천하를 평정할 수 없다.

近市無賈, 在田無墅; 善不據旅非仁義, 剛武無以定天下.

16-131

물이 원천을 등지면 냇물이 마르고, 사람이 신의를 등지면 명성을 날리지 못한다.

水倍源則川竭, 人倍信則名不達.

16-132

마땅함이 사사로운 근심을 이기면 길하고, 사사로운 근심이 마땅함을 이기면 멸망한다.

義勝患則吉, 患勝義則滅.

16-132는 『논어』「이인(里仁)」편에 나오는 공자의 다음 말과 통한다.

군자는 의리에서 깨닫고, 소인은 이익에서 깨닫는다.

같은 「이인」편에서 공자는 또 이렇게 말했다.

자기 이익에 따라서만 행동할 경우 많은 사람으로부터 큰 원망을 듣게 된다.

그래서 패망하게 되는 것이다.

16-133

신농·요·순·우·탕 다섯 빼어난 임금의 모책이라 하더라도 때를 제대로 만나는 것만 못하고, 뛰어난 변별력과 눈 밝은 지혜라 하더라도 좋은 세상을 만나는 것만 못하다.

五聖之謀, 不如逢時; 辯智明慧, 不如遇世.

16-134

비루한 마음을 가진 사람에게는 편리한 형세가 주어져서는 안 되고, 바탕이 어리석은 자에게는 날카로운 무기가 주어져서는 안 된다.

有鄙心者, 不可授便勢; 有愚質者, 不可予利器.

16-135

자주 바꾸게 되면 자주 패하고, 말을 많이 하면 실수를 많이 한다.

多易多敗, 多言多失.

16-136

관과 신발은 함께 보관할 수 없고, 뛰어난 이와 불초한 자는 함께 벼슬자리에 있어서는 안 된다.

冠履不同藏, 賢不肖不同位.

16-137

벼슬이 높은 자는 근심이 깊고, 녹봉이 많은 자는 책임이 크다.

官尊者憂深, 祿多者責大.

16-138

은덕을 쌓을 때는 작음이 없고 원망을 쌓을 때는 큼이 없으니, 많든 적든 반드시 보응이 있는 것은 실로 그 형세가 그러하기 때문이다.

積德無細, 積怨無大, 多少必報, 固其勢也.

16-139

올빼미가 비둘기를 만나니, 비둘기가 말했다.

“자네는 장차 어디로 가려는가?”

올빼미가 말했다.

“나는 장차 동쪽으로 옮겨 가려고 하네.”

비둘기가 말했다.

“무엇 때문인가?”

올빼미가 말했다.

“마을 사람들이 모두 내 울음소리를 싫어하기 때문에 동쪽으로 옮기는 것이라네.”

비둘기가 말했다.

“자네는 울음소리를 고치는 것이 좋을 것일세. 울음소리를 고치지 않으면 동쪽으로 옮겨 가도 여전히 자네 울음소리를 싫어할 것이네.”

梟(효)逢鳩(구), 鳩曰: “子將安之?” 梟曰: “我將東徙.” 鳩曰: “何故?” 梟曰: “鄕人皆惡我鳴, 以故東徙.” 鳩曰: “子能更鳴可矣. 不能更鳴, 東徙猶惡子之聲.”

16-140

빼어난 이가 입는 옷은 신체에 편해 몸을 안락하게 하고 빼어난 이가 먹는 음식은 뱃속을 편안하게 하니, 신체에 맞는 옷을 입고 음식을 절제할 뿐 입과 눈에 좋은 것을 따르지 않는다.

聖人之衣也便體以安身, 其食也安於腹; 適衣節食不聽口目.

16-141

증자(曾子)가 말했다.

"새매와 솔개는 산도 낮다고 여겨 더 높이 그 위에 둥지를 틀고, 큰 자라와 악어와 물고기와 자라는 깊은 못도 얕다고 여겨 그 속에 구멍을 판다. 결국 그들이 잡히는 까닭은 미끼 때문이다.

군자가 구차스럽게 복록을 구하지 않는다면 그 몸을 해치지 않을 것이다."

曾子曰: "鷹鷲以山爲卑, 而增巢其上; 黿鼉魚鱉以淵爲淺, 而穿穴其中. 卒其所以得者, 餌也. 君子苟不求利祿, 則不害其身."

16-142

증자가 말했다.

"친밀함이 심하면 서로 간의 거리가 멀어지고, 장중하게 대함이 심하면 친근할 수 없다. 이 때문에 군자의 친근함은 서로 즐거움을 나눌 정도면 충분하고, 장중함은 예를 갖추는 정도에서 그칠 뿐이다."

曾子曰: "狎甚則相簡也, 莊甚則不親; 是故 君子之狎足以交懽, 莊足以成禮而已."

16-143

증자가 말했다.

"한 나라에 들어가서, 나의 말이 여러 신하에게 믿음을 받거든 그 나라에 머물러도 좋고, 나의 충직함이 여러 신하에게 인정을 받거든 벼슬하는 것도 좋으며, 나의 은택이 백성에게 베풀어지면 그 나라에 편안히 살아도 좋다."

曾子曰: "入是國也, 言信乎群臣, 則留可也; 忠行乎群臣, 則仕可也; 澤施乎百姓, 則安可也."

16-144

입은 빗장이요 혀는 뇌관이니, 내뱉는 말이 마땅하지 않으면 말 4마리로도 따라잡을 수가 없다. 입은 빗장이요 혀는 병기이니, 내뱉는 말이 마땅하지 않으면 도리어 자신을 해친다. 말은 자기 입에서 나오지만, 남에게서 그치게 할 수 없고, 행동은 가까운 데서 일어나지만 먼 곳에서도 그치게 할 수 없다. 무릇 말과 행동이란 군자의 추기(樞機)이니, 추기의 발현은 곧 영욕의 뿌리가 된다. 조심하지 않을 수 있겠는가? 그래서 괴자우(蒯子羽)가 말했다.

"말은 활쏘기와 같다. 화살이 활시위를 떠나고 나면 설사 후회한다고 해도 따라잡을 수 없다."

『시경』에서 말했다.

"백규(白珪-백옥)의 흠은 오히려 갈아 없앨 수 있지만, 이 말에 담긴 흠은 어떻게 할 수가 없다."

口者, 關也; 舌者, 機也. 出言不當, 四馬不能追也. 口者, 關也; 舌者, 兵也; 出言不當, 反自傷也. 言出於己, 不可止於人; 行發於邇, 不可止於遠. 夫言行者君子之樞機, 樞機之發, 榮辱之本也, 可不愼乎? 故蒯子羽曰: "言猶射也. 栝既離弦, 雖有所悔焉, 不可從而追已." 詩曰: "白珪之玷, 尙可磨也, 斯言之玷, 不可爲也."

16-144는 여러 가지로 『논어』 및 『주역』과 관련 있다. 먼저 『주역』 「계사상전(繫辭上傳)」이다.

"집 안의 뜰(戶庭)을 나가지 않으면 허물이 없다(无咎)." 공자가 말하기를 "어지러움이 생겨나는 것은 언어가 사다리가 된다. 임금이 주도면밀하지 못하면 (좋은) 신하를 잃게 되고, 신하가 주도면밀하지 못하면 몸을 잃게 된다. (특히) 기밀을 요하는 일(幾事)을 하면서 주도면밀하지 못하면 해로움이 이뤄지니, 이 때문에 군자는 신중하면서도 주도면밀해 함부로 말을 입 밖에 내지 않는다"라고 했다.

이는 절괘(節卦, ䷻)의 맨 아래 양효인 초구 효사에 대한 풀이다. 이제 『논어』 「선진(先進)」편에 나오는 언급이다.

남용이 백규(白珪)를 읊은 시를 매일 세 번씩 반복하니, 공자께서 그 형님의 딸을 주어 조카사위로 삼았다.

남용이란 언행을 조심했던 인물이다. 이번에는 「태백(泰伯)」편에 나오는 공자의 말이다.

그 지위에 있지 않으면 그에 해당하는 정사에 대해 도모하지 않는다.

증자는 여기서 한 걸음 더 나아간다.

「헌문(憲問)」편이다.

군자는 생각하는 바가 그 지위를 벗어나서는 안 된다.

애초에 생각의 차원부터 그 지위에 해당하지 않으면 아예 관련된 생각을 하지 말라는 뜻이다.

16-145

나비 애벌레는 누에와 비슷하고, 드렁허리는 뱀과 비슷하다. 사람들이 뱀이나 나비 애벌레를 보았을 때는 화들짝 놀라지 않는 경우가 없지만, 여공이 누에를 치고 어부가 드렁허리를 잡았을 때 싫어하지 않는 것은 어째서인가? 돈을 얻으려 하기 때문이다.

물고기를 쫓는 사람은 옷이 젖고 짐승을 쫓는 사람은 내달리는데, 이는 즐거워서가 아니라 일의 형세가 그러하기 때문이다.

蠋(촉)欲類蠶, 鱓(선)欲類蛇. 人見蛇蠋, 莫不身灑然(쇄연), 女工脩蠶, 漁者持鱓, 不惡何也? 欲得錢也. 逐魚者濡, 逐獸者趨; 非樂之也, 事之權也.

16-145는 일의 형세(事勢)에 관한 언급이나.

16-146

높은 곳에 오르면 사람으로 하여금 멀리 바라보고 싶게 만들고, 깊은 연못에 임하면 사람으로 하여금 깊은 곳을 엿보고 싶게 만드는 것은 어째서인가? 처해 있는 곳이 그러하기 때문이다. 말을 몰면 사람으로 하여금 공손하게 만들고, 활을 쏘면 사람으로 하여금 반듯하게 만드는 것은 어째서인가? 그렇게 자세를 취해야만 편안하기 때문이다.

登高使人欲望, 臨淵使人欲窺, 何也? 處地然也. 御者使人恭, 射者使人端, 何也? 其形便也.

16-147

백성에게는 다섯 가지 죽음이 있는데, 빼어난 임금은 그중 셋은 능히 없앨 수 있지만 그중 둘은 없앨 수가 없다. 굶주리고 목말라 죽은 것은 없앨 수 있고, 추위에 얼어 죽는 것도 없앨 수 있으며, 전쟁을 만나 죽는 것도 없앨 수 있다. 수명이 다해 죽는 것은 없앨 수 없고, 등창이나 종기 같은 질병으로 죽는 것도 없앨 수 없다. 굶주리고 목말라 죽는 것은 배를 제대로 채우지 못하기 때문이고, 추위에 얼어 죽는 것은 외부 추위가 몸의 온기를 이기기 때문이며, 전쟁을 만나 죽는 것은 임금의 임금다움이 충실하지 못했기 때문이다. 수명이 다해 죽는 것은 세수가 끝났기 때문이고, 등창이나 종기 같은 질병으로 죽는 것은 혈기가 다했기 때문이다. 그러므로 말하기를, 마음이 안정되지 않으면 외부의 음사(淫邪)가 일어나고, 외부의 음사가 일어나면 괴이한 원망이 많고, 괴이한 원망이 많으면 질병이 생겨나니, 따라서 맑고 고요한 마음으로 억지스러운 짓을 행하지 않아야 혈기가 마침내 평온해진다고 한다.

民有五死, 聖人能去其三, 不能去其二. 饑渴死者, 可去也; 凍寒死者, 可去也; 罹五兵死者, 可去也. 壽命死者, 不可去也; 癰疽死者, 不可去也. 饑渴死者, 中不充也; 凍寒死者, 外勝中也, 罹五兵死者, 德不忠也. 壽命死者, 歲數終也; 癰疽死者, 血氣窮也. 故曰中不止, 外淫作; 外淫作者, 多怨怪; 多怨怪者, 疾病生. 故淸靜無爲, 血氣乃平.

16-148

온갖 행위의 근본은 한마디 말이다. 한마디 말이 적절하면 적도 물리칠 수 있고, 한마디 말이 적합하면 나라도 보전할 수 있다. 메아리는 혼자서 소리를 낼 수 없고, 그림자는 굽은 실체를 등지고서 곧게 될 수 없다. 일과 사물이란 반드시 같은 부류끼리 모이니, 그래서 군자는 말을 낼 때 조심하는 것이다.

百行之本, 一言也. 一言而適, 可以卻敵; 一言而得, 可以保國. 響不能獨爲聲, 影不能倍曲爲直, 物必以其類及, 故君子愼言出己.

16-149

돌을 짊어지고 깊은 연못에 뛰어드는 것은 실행하기에 어려운 일이다. 그러나 신도적(申屠狄)이 이를 행했음에도 군자는 이를 귀하게 여기지 않는다. 도척(盜跖)은 흉악하고 탐욕스러워 그 이름이 해와 달처럼 드러나서 순임금이나 우왕과 나란히 전해져 없어지지 않았으나 군자는 귀하게 여기지 않는다.

負石赴淵, 行之難者也, 然申屠狄爲之, 君子不貴之也; 盜跖凶貪, 名如日月, 與舜禹並傳而不息, 而君子不貴.

16-150

군자에게는 다섯 가지 부끄러움이 있다. 조정에 앉지 못하고 잔치 자리에서 정사에 관한 의견을 내지 못하는 것을 군자는 부끄럽게 여기고, 그 지위에 있으면서 그에 어울리는 말을 하지 못하는 것을 군자는 부끄럽게 여기고, 그 말을 하고서도 그에 해당하는 일을 하지 못하는 것을 군자는 부끄럽게 여기고, 이미 얻고서 다시 그것을 잃어버리는 것을 군자는 부끄럽게 여기고, 자기 땅은 여유가 있는데도 백성은 입고 먹을 것이 부족한 것을 군자는 부끄럽게 여긴다.

君子有五恥: 朝不坐, 燕不議, 君子恥之; 居其位, 無其言, 君子恥之; 有其言, 無其行, 君子恥之; 既得之, 又失之, 君子恥之; 地有餘, 而民不足, 君子恥之.

16-151

군자는 설사 곤궁해도 망할 형세의 나라에는 처하지 않고 설사 가난해도 어지러운 임금의 녹봉은 받지 않으니, 어지러운 세상에서 존귀해지고 폭군과 함께하는 것을 군자는 부끄럽게 여긴다. 뭇사람들은 몸을 훼손하는 것을 부끄럽게 여기는데 군자는 마땅함을 훼손하는 것을 치욕으로 여기니, 뭇사람들은 이익을 중하게 여기지만 깐깐한 선비는 이름을 중하게 여긴다.

君子雖窮不處亡國之勢, 雖貧不受亂君之祿; 尊乎亂世, 同乎暴君, 君子恥之也. 衆人以毁形爲恥, 君子以毁義爲辱; 衆人重利, 廉士重名.

16-152

눈 밝은 임금의 제도를 보면, 상은 무거운 쪽을 따르고 벌은 가벼운 쪽을 따른다.

백성을 먹일 때는 장정이 먹는 양을 표준으로 삼고, 사람을 섬길 때는 노인 섬기는 것을 표준으로 삼는다.

明君之制: 賞從重, 罰從輕; 食人以壯爲量, 事人以老爲程.

16-153

군자의 말은 적지만 알차고, 소인의 말은 많지만, 텅 비어 있다. 군자의 배움은 귀로 들어와서 마음속에 간직되어 몸으로 실행되고, 군자의 다스림은 시작은 봐줄 만한 것이 없지만 끝은 미칠 수가 없다. 군자는 생각이 복에는 미치지 않고 재앙에 대해서는 백 배로 염려하며, 군자는 취할(-얻을) 때는 사람을 가리고 줄 때는 사람을 가리지 않으며, 군자는 꽉 차 있어도 비어 있는 것처럼 하고 있어도 없는 것처럼 한다.

君子之言寡而實, 小人之言多而虛. 君子之學也, 入於耳, 藏於心, 行之以身; 君子之治也, 始於不足見, 終於不可及也. 君子慮福弗及, 慮禍百之; 君子擇人而取, 不擇人而與; 君子實如虛, 有如無.

16-153의 마지막 부분은 『논어』 「태백(泰伯)」에 나오는 증자의 말과 연결된다.

증자가 말했다.
"능하면서 능하지 못한 이에게 묻고, 학식이 풍부하면서 (학식이) 적은 이에게 묻고, 있으면서 없는 듯이 하고, 꽉 차 있으면서 비어 있는 듯이 하며, 남에게 침범을 당해도 보복하지 않는 것(혹은 잘못을 범해도 따지지 않는 것)을 옛날에 나의 벗이 몸소 보여주었습니다."

16-154

군자가 미리 준비를 잘하면 뒤에 아무 탈이 없다.

君子有其備則無事.

16-155

군자는 부끄러운 음식을 먹지 않고 치욕스러운 물건을 받지 않는다.

君子不以愧食, 不以辱得.

16-156

군자는 그 뜻을 얻는 것을 즐겁게 여기고, 소인은 자기의 사사로움을 이루는 것을 즐겁게 여긴다.

君子樂得其志, 小人樂得其事.

16-156은 '기사(其事)'는 '기사(其私)'로 풀어야 한다. 『예기』「악기(樂記)」편에 다음과 같은 구절이 있기 때문이다.

> 군자는 그 뜻을 얻는 것을 즐겁게 여기고, 소인은 그 욕심을 이루는 것을 즐겁게 여긴다(君子樂得其志, 小人樂得其欲).

16-157

군자는 자기가 사랑하지 않는 바로써는 하지(-미치지) 않고, 자기가 사랑하는 바를 미쳐간다.

君子不以其所不愛, 及其所愛也.

16-158

군자는 종신토록 해야 할 근심은 있어도 하루아침의 근심은 없다. (그래서 군자는) 도리에 고분고분해서 행하며 이치에 따라 말한다. 기뻐도 경솔해지지 않고 분노해도 어려움에 빠지지 않는다.

君子有終身之憂, 而無一朝之患. 順道而行, 循理而言; 喜不加易, 怒不加難.

16-158의 첫 문장은 『예기』「단궁(檀弓)」편에 나오는 말이다. 종신토록 해야 할 근심이란 공적인 근심으로, 이를 우환의식(憂患意識)이라고 한다. 하루아침의 근심이란 사사로운 욕심에서 나오는 근심이니, 군자는 이런 근심이 없어야 한다. 그래서 『논어』에서는 인자불우(仁者不憂), 지자불혹(知者不惑), 용자불구(勇者不懼)라고 해서 바로 다음에 지자와 용자의 문제가 이어지고 있으며, 16-159에서도 지자와 용자의 문제를 말하고 있다. 기쁘면 곧 경솔해지고 분노해서 어려움에 빠지는 것이 바로 혹(惑)이다.

16-159

군자의 허물은 마치 일식이나 월식과 같으니, 해와 달의 밝음에 무슨 방해가 되겠는가? 소인은 옳은 일을 해도 오히려 개가 도둑을 보고 짖는 것이나 이리가 밤에 보이는 것과 같으니, 좋은 일에 무슨 도움이 되겠는가? 무릇 사리를 아는 자는 함부로 행동하지 않고, 용기가 있는 자는 함부로 사람을 죽이지 않는다.

君子之過猶日月之蝕也, 何害於明? 小人可也, 猶狗之吠盜, 狸之夜見, 何益於善? 夫智者不妄爲, 勇者不妄殺.

16-160

군자는 마땅함을 척도로 삼고, 농부는 곡식을 척도로 삼는다.

君子比義, 農夫比穀.

16-161

임금을 섬기면서 간언하는 말을 올릴 수 없다면 그 벼슬에서 물러나야 하고, 그에 맞는 마땅함을 행할 수 없다면 그 녹봉을 사양해야 한다.

事君不得進其言, 則辭其爵; 不得行其義, 則辭其祿.

16-162

사람들은 모두 자기가 취해야만 취하는 것인 줄을 알고, 남에게 주는 것이 취하는 것인 줄은 모른다.

人皆知取之爲取也, 不知與之爲取之.

16-163

정치가 도적을 불러들일 수 있고, 일을 행하는 것이 부끄러움을 불러들일 수 있다. 아무것도 하지 않았는데 저절로 찾아오는 경우는 천하에 없다.

政有招寇, 行有招恥. 弗爲而自至, 天下未有.

16-164

맹수라 하더라도 의심하고 머뭇거리면 벌이나 전갈이 독을 쏘는 것만 못하고, 고담준론만 일삼고 실행으로 옮기지 못하면 품격 낮은 논의가 공로를 세우는 것만 못하다.

猛獸狐疑不若蜂蠆之致毒也; 高議而不可及, 不若卑論之有功也.

16-165

진(秦)나라는 동성을 믿어 왕으로 삼았는데, 쇠퇴하기에 이르러서도 동성을 바꾸지 않다가 몸은 죽고 나라는 망했다. 그러므로 왕이 천하를 다스리는 것은 법제를 행하는 데 달려 있지, 동성을 믿는 데 달려 있지 않다.

秦信同姓以王, 至其衰也, 非易同姓也, 而身死國亡. 故王者之治天下在於行法, 不在於信同姓.

16-165에서 진(秦)나라는 주(周)나라의 잘못이다. 진나라는 동성을 신임하지 않았기에 군현제를 했다.

16-166

높은 산꼭대기에 아름다운 나무가 없는 것은 너무 많은 햇볕에 해를 입었기 때문이고, 큰 나무 아래에 아름다운 풀이 없는 것은 너무 많은 그늘에 해를 입었기 때문이다.

高山之巓無美木, 傷於多陽也; 大樹之下無美草, 傷於多陰也.

16-166은 일의 형세에 관한 언급이다.

16-167

종자기(鍾子期)가 죽자 백아(伯牙)가 거문고의 줄을 끊고 거문고를 부숴버린 것은 이제 세상에는 거문고를 제대로 연주할 사람이 없다는 것을 알았기 때문이고, 혜시(惠施)가 죽자 장자(莊子)가 눈을 꼭 감고 아무 말도 하지 않았던 것은 이제 세상에는 자신과 더불어 말을 할 사람이 없다는 것을 알았기 때문이다.

鍾子期死而伯牙絶絃破琴, 知世莫可爲鼓也; 惠施卒而莊子深瞑不言, 見世莫可與語也.

16-168

몸을 닦는 것은 사리를 아는 것의 창고이고, 사랑을 베푸는 것은 어짊의 실마리이며, 주고받는 것은 마땅함의 창고이고, 능욕당함을 부끄럽게 여기는 것은 용기의 결단이며, 명성을 날리는 것은 일을 행함의 극치이다.

脩身者智之府也, 愛施者仁之端也, 取予者義之符也, 恥辱者勇之決也, 立名者行之極也.

16-168은 사마천이 쓴 「보임소경서(報任少卿書)」라는 글에 나오는 말이다.

16-169

뛰어난 이를 나아오게 하면 최고의 상을 받고 뛰어난 이를 막아서 가리면 공개 처형당하는 것은 예로부터 두루 통하는 마땅함이다.

조정에서는 사람에게 벼슬을 내리고 시장에서는 사람을 처형하는 것은 예로부터 두루 통하는 법도이다.

進賢受上賞, 蔽賢蒙顯戮(현륙), 古之通義也; 爵人於朝, 論人於市, 古之通法也.

16-170

도리는 미미한 듯해도 밝고 묽은 듯해도 공로가 있다. 도리가 아닌데도 얻고 때가 아닌데도 자라나는 것, 이를 일러 망령되이 이루었다고 한다. 이렇게 되면 얻어도 잃고 안정되었다가도 다시 기운다.

道微而明, 淡而有功. 非道而得, 非時而生, 是謂妄成. 得而失之, 定而復傾.

16-171

복이란 재앙의 문이고, 옳음은 그름의 어른이며, 다스림은 어지러움의 조상이다. 일의 시작과 끝을 잘하지 않고서 환란이 이르지 않는 경우는 들어본 적이 없다.

福者禍之門也, 是者非之尊也, 治者亂之先也. 事無終始而患不及者, 未之聞也.

16-172

가지는 그 뿌리를 잊지 않고, 은덕은 그 보답을 잊지 않으며, 이익을 보면 반드시 자기 몸에 해가 될 수 있음을 염두에 둬야 한다. 그러므로 군자가 이 세 가지에 정신을 두고 마음을 기울이면 길함과 상서로움이 자손에까지 미칠 것이다.

枝無忘其根, 德無忘其報, 見利必念害身. 故君子留精神, 寄心於三者, 吉祥及子孫矣.

16-173

높은 것 2개는 서로 겹칠 수 없고 큰 그릇 2개는 서로 담을 수 없으며 두 세력은 함께할 수 없고 두 존귀함은 나란할 수 없으니, 무릇 겹치고 담아주고 함께하고 나란히 하는 것은 반드시 그 공로를 다투게 된다. 그러므로 군자는 기욕(嗜欲)을 절제해서 각각 그 만족함을 지켜내니, 마침내 능히 장구할 수 있다. 무릇 기욕(嗜欲)을 절제하고 간언을 따르며 뛰어난 이를 존경하고 오만하지 말아서, 능력 있는 사람을 부리되 천시하지 말아야 한다. 남의 임금 된 자가 능히 이 세 가지를 행할 수 있다면 나라가 강대해지며 백성이 떠나가고 흩어지지 않을 것이다.

兩高不可重, 兩大不可容, 兩勢不可同, 兩貴不可雙; 夫重容同雙, 必爭其功. 故君子節嗜欲, 各守其足, 乃能長久. 夫節欲而聽諫, 敬賢而勿慢, 使能而勿賤; 爲人君能行此三者, 其國必強大而民不去散矣.

16-174

침묵하면 잘못하는 말이 없고 성실하면 잘못하는 일이 없다. 목마는 달릴 수는 없으나 또한 먹이를 허비하지 않지만, 천리마는 하루에 1,000리를 달리지만, 채찍이 그 등에서 떠나지 않는다.

默無過言, 愨無過事. 木馬不能行, 亦不費食; 騏驥日馳千里, 鞭箠不去其背!

16-175

한 치 단위로 재어보면 장(丈-길)에 이르러서 반드시 차이가 나고 수(銖-무게 단위) 단위로 달아보면 석(石)에 이르러서 반드시 잘못이 생겨나니, 석으로 달고 장으로 재면 간편하고 잘못이 작다. 실을 한 올씩 가려내고 쌀을 한 알씩 세면 번거로워서 제대로 살필 수가 없다. 그러므로 대략 재면 쉽게 지혜로워지고, 하나하나 다 따지게 되면 지혜로워지기가 어렵다.

寸而度之, 至丈必差; 銖而稱之, 至石必過; 石稱丈量, 徑而寡失. 簡絲數米, 煩而不察. 故大較易爲智, 曲辯難爲慧.

16-176

배를 삼킬 정도의 큰 물고기가 제 마음대로 놀다가도 물이 없어지면 땅강아지나 개미에게 제압당하는데, 이는 자기 사는 곳을 떠났기 때문이다. 원숭이가 나무에서 떠나면 여우나 담비에게 사로잡히게 되는데, 이는 자기 사는 곳이 아니기 때문이다. 등사(螣蛇-운무를 일으켜 몸을 감춘다는 상상 속의 뱀)는 안개 속을 헤엄쳐서 살아가고, 등룡(螣龍)은 구름을 타고서 하늘로 오르고, 원숭이는 나무를 얻어서 몸을 솟구치고, 물고기는 물을 얻어서 빨리 헤엄치는데, 이는 그 처해 사는 곳이 마땅하기 때문이다.

吞舟之魚, 蕩而失水, 制於螻蟻者, 離其居也; 猿猴失木, 禽於狐貉者, 非其處也. 螣蛇遊霧而生, 螣龍乘雲而擧, 猿得木而挺, 魚得水而騖, 處地宜也.

16-177

군자는 널리 배웠으면 그것을 익히지 못할까를 걱정하고, 이미 익혔으면 그것을 능히 일에서 행하지 못할까를 걱정하며, 이미 일에서 행했으면 능히 겸양하지 못할까를 걱정한다.

君子博學, 患其不習; 既習之, 患其不能行之; 既能行之, 患其不能以讓也.

16-177은 『논어』 「학이(學而)」편 첫 구절 "애씀(文)을 배워서 시간 나는 대로 익히면 정말로 기쁘지 않겠는가(學而時習之, 不亦說乎)"의 문맥을 형성해준다. 일을 잘하는 태도는 곧 겸손(謙) 혹은 겸양이기 때문이다.

16-178

군자는 남에게 배우는 것을 부끄러워하지 않고, 남에게 묻는 것을 부끄러워하지 않는다. 묻는 것은 앎의 근본이요, 깊이 생각하는 것은 앎을 얻는 방법이다. 이는 곧 남의 앎을 통해 내 앎을 늘리는 것을 귀하게 여길 뿐, 다만 홀로 자기 앎만을 써서 앎을 얻어내는 것은 귀하게 여기지 않음을 말한다.

君子不羞學, 不羞問. 問訊者知之本, 念慮者知之道也. 此言貴因人知而加知之, 不貴獨自用其知而知之.

16-178은 『논어』 「공야장(公冶長)」편에 나오는 다음 내용과 맥이 통한다.

자공이 공자에게 물었다.
"위나라 대부인 공문자(孔文子)에게 문(文)이라는 시호를 내린 이유는 무엇입니까?"
공자가 말했다.
"공문자는 일을 행하는 데 주도면밀하고 배우기를 좋아했으며〔好學〕 아랫사람에게 묻기를 부끄러워하지 않았으니〔不恥下問〕, (그래서) 문(文)이라 일컬었다."

배우기를 좋아한다〔好學〕는 것과 묻기를 좋아한다〔好問〕는 것은 사실상 같은 뜻이다. 그것을 한 글자로 문(文-애씀)이라고 한다.

16-179

하늘과 땅의 도리는 극에 이르면 되돌아오고 가득 차면 덜어진다. 오채(五彩)는 눈부시게 현란하지만 때가 되면 달라지고, 무성한 나무와 풍성한 풀도 때가 되면 떨어진다. 일과 사물에는 성하고 쇠함이 있으니, 어찌 늘 그대로 있을 수 있으랴!

天地之道: 極則反, 滿則損. 五采曜眼有時而渝, 茂木豐草有時而落. 物有盛衰, 安得自若.

16-180

백성이란 삶이 고달프면 어질지 못하게 되고, 힘들면 속이는 마음이 생겨나고, 안정되고 평안하면 가르칠 만하고, 위태로우면 꾀를 내고, 극에 이르면 되돌아오고, 가득 차면 덜어진다. 그래서 군자는 가득 차지 않게 하고 극에 이르지 않게 한다.

民苦則不仁, 勞則詐生, 安平則教, 危則謀, 極則反, 滿則損. 故君子弗滿弗極也.

16-180에서는 일에 적중하는 중(中)의 중요성을 일깨워준다.

권17

잡언[雜言]

몸을 닦는 문제와 군신의 만남에 관한 이야기

17-1

뛰어난 이나 군자는 번성과 쇠퇴의 때에 통달하고 성공과 실패의 실마리에 밝으며 다스려짐과 어지러워짐의 갈림길을 꿰뚫어 보고 사람의 마음을 깊이 살펴서 물러나고 나아갈 때를 안다. 그러므로 군자는 설사 곤궁해도 나라가 망할 형세에 처하지 않고, 설사 가난해도 더러운 임금의 녹봉은 받지 않는다.[019] 이 때문에 태공(太公)은 나이 70살이 되도록 스스로 자리를 구하지 않았고, 손숙오(孫叔敖)는 세 번 재상에서 물러나면서도 스스로 후회하지 않았으니, 어째서인가? 부적절한 임금에게 억지로 영합하지 않은 것이다. 태공이 한 번 주나라와 뜻을 합치자 후손들은 700년 동안 제후 노릇을 했고, 손숙오가 한 번 초나라와 뜻을 합치자 10대에 걸쳐 봉토를 소유했다. (반면) 대부 문종(文種)은 망해가던 월나라를 보존시켜 패업을 이루었으나 구천(句踐)은 자기 앞에서 문종에게 죽음을 내렸고, 이사(李斯)는 진(秦)나라에 많은 공로를 쌓았으나 결국 오형(五刑-사형)을 당했다.

충성을 다하고 임금을 걱정하고 자기 몸을 위태롭게 하면서도 나라를 안정시킨 점에서는 이들의 공이 똑같다. 그런데 어떤 이는 제후에 봉해져서 대대로 끊어지지 않았고, 어떤 이는 죽음을 내려받고 사형을 당했으니, 이는 사모한 도리와 지나온 길이 달랐기 때문이다. 그래서 기자(箕子)는 나라를 떠나 거짓으로 미친 척했고, 범려(范蠡)는 월나라를 떠나면서 이름을 바꾸었으며, 지과(智過)는 임금의 동생이라는 신분을 버리고 성(姓)을 바꿨다. 이들은 모두 멀리 내다보고 일의 기미를 알아서 어진 도리로 능히 부귀와 권세를 떠남으로써 싹터

019 15-50에 이와 거의 같은 구절이 나왔다. 차이는 어지러운 임금과 더러운 임금의 차이일 뿐이다.

오는 재앙을 피할 수 있었다. 사납고 어지러운 임금의 경우 누가 그에게 구애되어 몸을 던져 일하면서 환란에 관여하겠는가? 그래서 뛰어난 이는 죽음을 두려워해 해악을 피하는 정도에서 그치지 않을 뿐이니, 이는 몸을 희생해도 아무런 유익함이 없이 자기 임금의 사나움만 훤히 드러내기 때문이다. 비간(比干)은 주왕(紂王)에게 죽으면서 능히 주왕의 행실을 바로잡지 못했고 자서(子胥)는 오나라 임금에게 죽으면서 능히 그 나라를 보존시키지 못했으니, 이 두 사람은 굳세게 간언하다가 죽음으로써 단지 임금의 사나움만을 세상에 드러냈을 뿐 애초에 털끝만큼의 유익한 실마리도 남기지 못했다. 이 때문에 뛰어난 이는 자기 지혜를 감추고 능력을 꼭꼭 숨긴 채 적절한 임금이 나오기를 기다린 다음에야 뜻을 합친다. 그래서 말을 하면 들어주지 않는 바가 없고 일을 행하면 아무런 의심을 받지 않으니, 임금과 신하가 함께하면서 종신토록 아무런 근심이 없는 것이다.

(만약에) 지금 그런 때를 얻지 못했고 또 그런 임금이 없는데 단지 사사로운 뜻을 그치지 못해 세상의 어지러움을 안타까워하고 임금의 위태로움을 걱정해서, 값을 따질 수 없는 귀한 몸을 갖고서 가려지고 막혀 있는 벼슬길을 가고자 참소꾼들 앞을 지나고 도량이 없는 임금에게 나아가 헤아릴 수 없는 죄를 지음으로써 자신의 천성을 해친다면 어찌 미혹된 일이 아니겠는가?[020] 문신후(文信侯-여불위)와 이사는 천하에서 말하는 뛰어난 이로, 나라를 위한 계책을 세워 은미한 것들까지 살피고 헤아렸으니 이른바 계책에 아무런 잘못이 없었고, 전쟁을 하면 승리하고 공격하면 차지하니 이른바 그들 앞에는 강한 적이 없었다. 이들은 공로를 쌓은 것이 심히 컸고 권세와 부가 심히 높았

020 이는 다른 말로 '사리를 안다[不惑]고 할 수 있겠는가?'라는 말이다.

으나, 뛰어난 이는 쓰이지 못했고 참소꾼들이 권력을 제 마음대로 했다. 스스로 크게 쓰이지 못할 것임을 알면서도 그 (알량한) 어진 마음 때문에 능히 떠나지 못했으니, 적을 제압해 공로를 쌓을 때는 털끝만 한 잘못도 하지 않았지만, 환란을 피하고 해악을 피할 때는 언덕이나 산처럼 큰데도 보지를 못했다. 이는 자기의 욕심을 쌓아 자기가 싫어하는 곳에 이른 것이니, 어찌 권세와 이익에 미혹되었기 때문이 아니랴! 『시경』(「소아(小雅)·소민(小旻)」편)에 이르기를 "사람들이 하나만 알고 다른 것들을 알지 못하는구나!"라고 했으니, 바로 이를 두고 이른 말이다.

賢人君子者, 通乎盛衰之時, 明乎成敗之端, 察乎治亂之紀, 審乎人情, 知所去就. 故雖窮不處亡國之勢, 雖貧不受汙君之祿; 是以 太公七十而不自達, 孫叔敖三去相而不自悔; 何則? 不強合非其人也. 太公一合於周而侯七百歲, 孫叔敖一合於楚而封十世; 大夫種存亡越而霸, 句踐賜死於前; 李斯積功於秦, 而卒被五刑. 盡忠憂君, 危身安國, 其功一也; 或以封侯而不絕, 或以賜死而被刑; 所慕所由異也. 故箕子去國而佯狂, 范蠡去越而易名, 智過去君弟而更姓, 皆見遠識微, 而仁能去富勢, 以避萌生之禍者也. 夫暴亂之君, 孰能離縶以役其身, 而與于患乎哉? 故賢者非畏死避害而已也, 爲殺身無益而明主之暴也. 比干死紂而不能正其行, 子胥死吳而不能存其國; 二子者強諫而死, 適足明主之暴耳, 未始有益如秋毫之端也. 是以 賢人閉其智, 塞其能, 待得其人然後合; 故言無不聽, 行無見疑, 君臣兩與, 終身無患. 今非得其時, 又無其人, 直私意不能已, 閔世之亂, 憂主之危; 以無貲之身, 涉蔽塞之路; 經乎讒人之前, 造無量之主, 犯不測之罪; 傷其天性, 豈不惑哉? 故文信侯·李斯, 天下所謂賢也, 爲國計揣微射隱, 所謂無過策也; 戰勝攻取, 所謂無強敵也. 積功甚大, 勢利甚高, 賢人不用, 讒人用事, 自知不用, 其仁不能去; 制敵積功, 不失秋毫; 避患去害, 不見丘山. 積其所欲, 以至其所惡, 豈不爲勢利惑哉? 詩云: "人知其一, 莫知其他", 此之謂也.

17-2

자석(子石)이 오산(吳山)에 올라 사방을 바라보다가 크게 한숨을 쉬면서 탄식해 말했다.

"아 슬프도다! 세상에는 일의 실정에는 밝으면서도 남(-임금)의 마음에 부합하지 못하는 경우도 있고, 남의 마음에 부합하면서도 일의 실정에 밝지 못한 경우도 있구나!"

제자가 물었다.

"무슨 뜻입니까?"

자석이 말했다.

"옛날에 오왕(吳王) 부차(夫差)는 오자서(伍子胥)가 충성을 다해 지극히 간언을 했으나 눈알을 뽑는 벌을 시행했다. (반면에) 태재(太宰) 비(嚭)와 공손락(公孫雒)은 구차스럽게 영합해 인정받기를 구함으로써 부차의 뜻에 고분고분해 제나라를 쳤다가, 두 사람은 강물에 몸이 던져지고 머리는 월나라 깃대 위에 매달려야 했다. (또) 옛날에 비중(費仲), (비렴(飛廉)), 악래혁(惡來革)과 코가 길고 귀가 찢어진 숭후호(崇侯虎)는 주왕(紂王)의 마음에 고분고분해 그 뜻에 영합했다가, 무왕(武王)이 주왕을 칠 때 네 사람의 몸은 목야(牧野)에서 죽고 머리와 다리가 잘리어 각기 다른 곳에 내던져졌다. (반면에) 비간은 충성을 다하다가 심장이 갈라져 죽었다.

지금 일의 실정에 밝고자 하면 눈알이 뽑히고 심장이 갈라지는 재앙이 있을까 두렵고, 임금의 마음에 부합하고자 하면 머리와 다리가 각기 다른 곳에 내던져지는 환란이 있을까 두렵다. 이로 말미암아 살펴보건대, 군자가 가는 길은 좁을 뿐이다. 진실로 눈 밝은 임금을 만나지 못할 경우 좁은 길 가운데서 다시 장차 위험하거나 막히게 되어 빠져나갈 방법이 없을 것이다."

子石登吳山而四望, 喟然而歎息曰: "嗚呼悲哉! 世有明於事情, 不合於人心者; 有合於人心, 不明於事情者." 弟子問曰: "何謂也?" 子石曰: "昔者吳王夫差不聽伍子胥, 盡忠極諫, 抉目而辜; 太宰嚭·公孫雒, 偷合苟容, 以順夫差之志而伐齊, 二子沈身江湖, 頭懸越旗. 昔者費仲·惡來革·長鼻決耳崇侯虎順紂之心, 欲以合於意, 武王伐紂, 四子身死牧之野, 頭足異所, 比干盡忠剖心而死. 今欲明事情, 恐有抉目剖心之禍, 欲合人心, 恐有頭足異所之患. 由是觀之, 君子道狹耳. 誠不逢其明主, 狹道之中, 又將危險閉塞, 無可從出者."

17-3

기사자(祁射子)가 진(秦)나라 혜왕(惠王)을 만나보자 혜왕이 기뻐했다. 이에 당고(唐姑)가 그를 중상모략하니, 다시 만나볼 때 혜왕은 분노하는 마음으로 그를 대했다. 이는 기사자의 말이 바뀐 것이 아니라, 듣는 쪽에서 달라진 것이다. 그러므로 치(徵)음을 우(羽)음으로 여기는 것은 현의 잘못이 아니고, 단맛을 쓰다고 하는 것은 맛 자체의 잘못이 아니다.

祁射子見秦惠王, 惠王說之. 於是 唐姑讒之, 復見, 惠王懷怒以待之. 非其說異也, 所聽者易也. 故以徵爲羽, 非絃之罪也; 以甘爲苦, 非味之過也.

17-4

미자하(彌子瑕)가 위(衛)나라 임금에게 총애를 받았다. 위나라 법에 임금이 타는 수레를 몰래 훔쳐서 타면 발꿈치를 자르는 형벌에 처했는데, 미자하의 어머니가 병이 나자 어떤 사람이 그것을 듣고 밤에 달려가서 그에게 알려주니 미자하가 제 마음대로 임금의 수레를 타고서 대궐을 나갔다. 임금이 그것을 듣고는 훌륭하다고 여겨 말했다.

"효자로다. 어머니 때문에 발꿈치 자르는 죄를 범했구나!"

임금이 과수원에 놀러 갔는데, 미자하가 복숭아를 먹다가 맛이 달자 다 먹지 않고 임금에게 바쳤다. 임금이 말했다.

"나를 사랑해서 좋은 맛마저 잊었구나."

미자하의 용모가 쇠하자 그에 대한 임금의 애정도 식었다. 임금에게 죄를 짓자 임금이 말했다.

"이자는 옛날에 일찍이 내 수레를 내 이름을 대고 속여서 탔고, 또 일찍이 제가 먹던 복숭아를 나에게 먹게 했다."

자하가 행한 것은 처음과 전혀 달라지지 않았는데도 전에는 뛰어나다고 평해졌다가 뒤에는 죄를 얻게 된 것은, 사랑하고 미워함에 변화가 생겨난 때문이다.

彌子瑕愛於衛君. 衛國之法, 竊駕君車罪刖, 彌子瑕之母疾, 人聞, 夜往告之, 彌子瑕擅駕君車而出. 君聞之, 賢之曰: "孝哉! 爲母之故犯刖罪哉!" 君遊果園, 彌子瑕食桃而甘, 不盡而奉君. 君曰: "愛我而忘其口味." 及彌子瑕色衰而愛弛, 得罪於君, 君曰: "是故 嘗矯吾車, 又嘗食我以餘桃." 故子瑕之行未必變初也, 前見賢後獲罪者, 愛憎之生變也.

17-4는 널리 알려진 이야기로, 『한비자』 「세난(說難)」편과 사마천의

『사기』「노장신한열전(老莊申韓列傳)」에 나온다. 17-3의 사례 역할을 하고 있다.

17-5

순(舜)이 농사를 지을 때는 그 이웃에게조차 이로움을 주지 못했으나, 천자가 되자 천하가 그를 받들었다. 그러므로 군자는 몸이 곤궁할 때는 자기 몸을 좋게 닦고, 현달하면 천하를 이롭게 한다.

舜耕之時不能利其鄰人, 及爲天子, 天下戴之. 故君子窮則善其身, 達則利於天下.

17-6

공자(孔子)가 말했다.

"계손씨(季孫氏)가 나에게 녹봉 1,000종(鍾)을 준 이래로 벗들은 나를 더욱더 가까이했고, 남궁경숙(南宮敬叔)이 나에게 수레를 준 이래로 나의 도리는 더욱더 행해졌다.

그러므로 도리란 때를 얻은 다음이라야 중시되고 세력이 있은 다음이라야 행해진다. 저 두 사람이 내려주지 않았더라면 나의 도리는 거의 폐기되었을 것이다."

孔子曰: "自季孫之賜我千鍾, 而友益親, 自南宮敬叔之乘我車也, 而道加行. 故道有時而後重, 有勢而後行. 微夫二子之賜, 丘之道幾於廢也."

17-6에 나오는 계손씨와 관련된 이야기가 『논어』「위정(爲政)」편에 나온다.

맹의자(孟懿子)가 효에 관해 묻자 공자가 말했다.

"어기지 않는 것이다."

번지(樊遲)가 공자가 타는 수레를 몰고 있을 때였다. 이때 공자는 문득 맹의자와의 문답이 떠올랐다. 그래서 공자가 이르기를, 맹의자가 자신에게 효를 묻길래 답하기를 "어기지 않는 것"이라고 했노라고 말했다. 번지가 다시 "어기지 않는다는 것은 무슨 뜻입니까"라고 묻자 공자가 말했다.

"아버지가 살아 계실 적에는 예로써 섬기고, 돌아가시면 예로써 장사 지내고 예로써 제사 지내는 것을 말한다."

이를 보면 어기지 않는다는 것은 예(禮), 즉 일의 이치〔事理〕를 어기지 않는다는 뜻임을 알 수 있다.

맹의자는 공자의 고국인 노(魯)나라의 대부(大夫)로 성은 중송(仲孫), 이름은 하기(何忌)이다. 그의 아버지 맹희자(孟僖子)가 공자의 위대함을 알고서 세상을 떠날 적에 두 아들로 하여금 공자의 제자가 되도록 유언을 남겼는데, 큰아들은 남궁경숙(南宮敬叔)이고 작은아들이 맹의자이다.

17-7

태공은 농사지을 때 종잣값도 제대로 갚지 못했고 물고기를 잡을 때는 수입이 그물 사이에도 부족했지만, 천하를 다스릴 때는 지혜가 넘쳤다. 진(晉)나라 문공(文公)은 쌀을 심었고, 증자(曾子)는 수레에

(말이 아니라) 양을 매었으며, 손숙오(孫叔敖)는 초나라 재상이 되었지만 3년 동안 멍에가 끌채 끝의 가로막대 뒤에 있는 줄도 몰랐다. 큰일에 힘쓰는 자는 실로 작은 일은 잊는 법이다.

지백(智伯)은 주방 사람이 고기 구울 때 쓰는 대바구니를 잃어버린 것까지 (세세하게) 알았으나 (정작) 한(韓)나라와 위(魏)나라가 배반하는 것을 알지 못했고, 한단자양(邯鄲子陽)은 동산지기가 복숭아를 잃어버린 것까지 알았으나 자기가 망하는 것을 알지 못했다. 작은 일에 힘쓰는 자는 실로 큰일은 잊는 법이다.

太公田不足以償種, 漁不足以償網, 治天下有餘智. 文公種米, 曾子架羊, 孫叔敖相楚, 三年不知軛在衡後. 務大者固忘小. 智伯廚人亡炙(자선)而知之, 韓魏反而不知; 邯鄲子陽園人亡桃而知之, 其亡也不知. 務小者亦忘大也.

17-8

(제나라의 달변가) 순우곤(淳于髡)이 맹자(孟子)에게 일러 말했다.

"명예와 공적을 앞세우는 자는 남(의 시선)을 위하고, 명예와 공적을 뒤로하는 자는 자기 자신(의 수양)을 위한다고 했습니다. 선생께서는 (제나라) 삼경(三卿) 중의 한 명으로 계시면서도 명예와 공적을 위로는 임금께, 아래로는 백성에게 제대로 이룩하지도 못한 채 떠나려 하십니다. (선생처럼) 어진 사람들은 원래 이런 식으로 하는 것입니까?"

맹자가 답했다.

"낮은 지위에 있으면서도 자신의 뛰어남으로 못난 임금을 섬기려 하지 않았던 사람은 백이(伯夷)였고, 다섯 번이나 탕왕(湯王)에게 나아가고서는 다시 다섯 번이나 걸왕(桀王)에게 나아갔던 사람은 이윤(伊尹)이었고, 더러운 임금을 싫어하지 않고 미관말직이라도 사양하지 않은 사람은 유하혜(柳下惠)였네. 이 세 사람이 취한 길은 달랐지만, 그 방향은 하나였으니, 그 같은 방향이라는 것이 무슨 뜻이겠는가? 셋 다 어짊이었네. 군자란 어질면 그만이지, 어찌 방향까지 반드시 같아야 하는가?"

말했다.

"노(魯)나라 목공(繆公)이 통치할 때, (뛰어나다는 소리를 들었던) 공의자(公儀子)가 (정승이 되어) 정사를 맡았고 자사(子思)와 자경(子庚)이 신하가 되어 (폭군에 가까운) 목공을 보필했지만, 국토를 침탈당한 것이 심했습니다. 이처럼 뛰어난 이는 나라에 아무런 득이 되지 못합니다."

말했다.

"우(虞)나라는 백리해(百里奚)를 쓰지 않았기에 망했고, 진(秦)나라 목공(穆公)은 그를 써서 패자(霸者)가 되었네. 그러므로 뛰어난 이를 쓰지 않으면 곧 망하게 되니, 어찌 국토를 침탈당하는 정도만을 얻을 수 있겠는가(정도에서 그치겠는가)?"

말했다.

"옛날에 (위(衛)나라의 명창) 왕표(王豹)가 기수(淇水)가에서 살자 주변 지역 사람들이 모두 노래를 잘하게 되었고, (제나라의 명창) 면구(綿駒)가 고당(高唐)이란 마을에서 살자 제나라 서쪽 지역 사람들이 모두 노래를 잘하게 되었으며, (제나라 사람으로서 전쟁터에서 죽은) 화주(華周)와 기량(杞梁)의 아내들이 그들의 남편을 위해 곡을 애달프게 잘 부르자 나라의 풍속이 바뀌었습니다.

(이처럼) 안에 있는 것은 반드시 겉으로 모습을 드러냅니다. 어떤 일을 했는데 그 공적이 없다는 것을 저는 아직 본 적이 없으니, 그러므로 (지금 세상에는) 뛰어난 이가 없는 것입니다. 만일 있다면 제가 반

드시 그를 알아볼 것입니다."

말했다.

"공자께서 노나라의 사구(司寇-오늘날로 치면 법무부 장관이나 검찰총장에 해당한다)로 계실 때, (자신의 뜻이) 쓰이지 않고 이어서 나라에 제사가 있었으나 (끝난 후에 당연히 오게 돼 있는) 제사 고기가 자신에게 오지 않자 면류관을 쓴 채로 떠나셨다. (당시에) 전후 사정을 모르는 자들은 고기 때문에 그렇게 하셨다고 했고, 사정을 아는 자들은 무례(無禮)했기 때문에 그렇게 하셨다고 했다. 그러나 공자께서는 사소한 죄를 구실삼아 떠나려 하신 것이니, 이는 구차스럽게 떠나지 않으려고 그렇게 하신 것이다. 군자가 행하는 바는 본래 일반 대중이 알 수가 없다."

淳于髡謂孟子曰: "先名實者, 爲人者也; 後名實者, 自爲者也. 夫子在三卿之中, 名實未加上下而去之, 仁者固如此乎?" 孟子曰: "居下位, 不以賢事不肖者, 伯夷也; 五就湯, 五就桀者, 伊尹也; 不惡汙君, 不辭小官者, 柳下惠也. 三子者不同道, 其趣一也. 一者何也? 曰仁也. 君子亦仁而已, 何必同?" 曰: "魯穆公之時, 公儀子爲政, 子思·子庚爲臣, 魯之削也滋甚. 若是乎賢者之無益於國也." 曰: "虞不用百里奚而亡, 秦穆公用之而霸. 故不用賢則亡, 削何可得也." 曰: "昔者王豹處於淇, 而河西善謳; 綿駒處於高唐, 而齊右善歌; 華舟杞梁之妻, 善哭其夫而變國俗. 有諸內必形於外, 爲其事, 無其功, 髡未睹也. 是故 無賢者也, 有則髡必識之矣." 曰: "孔子爲魯司寇而不用, 從祭膰肉不至, 不脫冕而行, 其不善者以爲爲肉也, 其善者以爲爲禮也. 乃孔子欲以微罪行, 不欲爲苟去, 故君子之所爲, 衆人固不得識也."

17-8은 『맹자』「고자하(告子下)」편에 실려 있는 글이다.

17-9

양(梁)나라의 재상이 죽자 혜자(惠子)가 양나라에 가려고 서둘러 황하를 건너다가 물속에 빠졌는데, 뱃사람이 그를 구해주었다. 뱃사람이 말했다.

"그대는 어디를 가시려고 그렇게 서두르는 것입니까?"

말했다.

"양나라에 재상이 없으니 내가 가서 재상이 되려는 것이네."

뱃사람이 말했다.

"그대는 좁은 배 안에서도 곤란을 당해, 내가 없었으면 죽었을 것입니다. 그런 그대가 어찌 능히 양나라 재상이 된다는 말입니까?"

혜자가 말했다.

"그대가 배 안에 있을 때는 내가 그대만 못하지만, 나라를 편안케 하고 사직을 온전히 하는 일에서는 그대를 나에게 견준다면 마치 앞을 보지 못하는 개처럼 앞이 캄캄할 뿐이라네."

梁相死, 惠子欲之梁, 渡河而遽墮水中, 船人救之. 船人曰: "子欲何之而遽也?" 曰: "梁無相, 吾欲往相之." 船人曰: "子居船(선)檝(극)之間而困, 無我則子死矣, 子何能相梁乎?" 惠子曰: "子居艘(소)楫(즙)之間則吾不如子; 至於安國家, 全社稷, 子之比我, 蒙蒙如未視之狗耳."

17-9에 나오는 혜자는 11-8에 등장한 바 있다. 비슷한 이야기가 연속해서 이어진다.

17-10

(전국시대의 책사) 서려과(西閭過)가 동쪽으로 가서 황하를 건너다가 물 가운데 빠졌는데, 뱃사람이 접근해 그를 꺼내주면서 물었다.

"지금 그대는 어디를 가려고 하십니까?"

서려과가 말했다.

"동쪽으로 가서 제후와 왕들에게 유세하려는 길이네."

뱃사람이 입을 가리고 웃으면서 말했다.

"그대는 강을 건너다가 물 가운데 빠져도 스스로를 구할 수 없었는데, 어찌 능히 제후들에게 유세할 수 있다는 말입니까?"

서려과가 말했다.

"그대가 능한 것을 가지고 남을 깎아내리지 말게. 그대 혼자 화씨(和氏)의 벽(璧-옥) 이야기를 듣지 못한 것인가? 천금의 가치가 있어도 그것으로 방추(紡錘)를 만들면 기와 조각이나 벽돌 조각만도 못한 법이고, 수후(隨侯)의 구슬이 나라의 보배이지만 그것을 탄환으로 쓴다면 진흙 탄환만도 못한 법이네. 기기(騏驥)와 녹이(騄駬) 같은 명마를 가로막대에 의지해 멍에를 지고 내달리게 하면 하루에 1,000리를 가니 이는 지극히 빠른 것이지만, 그러나 쥐를 잡게 할 경우 100전 주고 산 고양이만도 못하다네. 간장(干將)과 막야(鏌鎁) 같은 명검은 종을 두드려도 아무 소리가 나지 않고 물건을 베어도 알아차릴 수 없으며 그 칼날은 다른 금속을 베고 깃털을 가르며 도끼를 자를 수 있으니 이는 지극히 날카로운 것이지만, 그러나 이것으로 신발을 수리할 경우 2전을 주고 산 송곳만 못하다네. 지금 그대는 노를 잡고 배를 몰아 넓은 물 가운데에서 (파도와 물결의 신) 양후(陽侯)가 일으키는 파도를 타고서 깊이 흐르는 물을 바라보고 있으니 딱 그대 능력에 맞는 일이지만, 만약에 진실로 그대와 함께 동쪽으로 가서 제후와 왕들에게 유세해서 한 나라의 임금을 알현하게 되면 그대의 몽매함은 앞을 보지 못하는 개와 아무런 차이가 없을 뿐이네."

西閭過東渡河中流而溺, 船人接而出之, 問曰: "今者子欲安之?" 西閭過曰: "欲東說諸侯王." 船人掩口而笑曰: "子渡河中流而溺, 不能自救, 安能說諸侯乎?" 西閭過曰: "無以子之所能相爲傷也. 子獨不聞和氏之璧乎? 價重千金, 然以之間紡, 曾不如瓦磚; 隨侯之珠, 國寶也, 然用之彈, 曾不如泥丸; 騏驥騄駬, 倚衡負軛而趨, 一日千里, 此至疾也, 然使捕鼠, 曾不如百錢之狸; 干將·鏌鋣拂鐘不錚, 試物不知, 揚刃離金斬羽契鐵斧, 此至利也, 然以之補履, 曾不如兩錢之錐. 今子持楫乘扁舟, 處廣水之中, 當陽侯之波, 而臨淵流, 適子之所能耳, 若誠與子東說諸侯王, 見一國之王, 子之蒙蒙, 無異夫未視之狗耳."

17-11

(전국시대 진(秦)나라 사람) 감무(甘茂)가 제(齊)나라에 사신으로 가면서 황하를 건너게 되었다. 뱃사람이 말했다.

"황하는 시냇물과 같을 뿐인데도 그대는 스스로 건너지 못하는데, 능히 왕을 위해 유세할 수 있겠습니까?"

감무가 말했다.

"그렇지 않다. 너무 모른다. 일이란 각각 못하는 부분과 잘하는 부분이 있다. 성실하고 도타운 사람은 임금을 잘 섬길 수 있으나 군사의 일을 맡을 수가 없고, 기기(騏驥)와 녹이(騄駬) 같은 명마는 1,000리를 달릴 수 있으나 집 안에 둬 쥐를 잡게 하면 고양이만 못하며, 간장(干將) 같은 명검은 날카로워 천하에 이름났으나 목수가 그것으로 나무를 손질하려면 자귀나 도끼만도 못하다. 지금 노를 잡고서 물결을 따라 오르내리는 것은 내가 그대만 못하겠지만, 천승의 제후와 만승의 황제에게 유세하는 일은 그대 또한 나만 못하다."

甘戊使於齊, 渡大河. 船人曰: "河水間(澗)耳, 君不能自渡, 能爲王者之說乎?" 甘戊曰: "不然, 汝不知也. 物各有短長. 謹愿敦厚, 可事主不施用兵; 騏驥·騄駬, 足及千里, 置之宮室, 使之捕鼠, 曾不如小狸; 干將爲利, 名聞天下, 匠以治木, 不如斤斧. 今持楫而上下隨流, 吾不如子; 說千乘之君, 萬乘之主, 子亦不如戊矣."

17-12

지금 무릇 세상이 달라지면 일이 변하고, 일이 변하면 때가 바뀌며, 때가 바뀌면 풍속이 옮겨간다. 이 때문에 군자는 먼저 그 토지를 살펴서 그에 맞는 도구를 마름질하고, 그곳의 풍속을 살펴서 그 풍속을 조화시키며, 많은 사람의 의견을 종합해서 가르침의 방향을 정한다. (반면에) 어떤 어리석은 사람이 활을 멀리 쏘는 법을 배우는데, 하늘을 향해 활을 쏘아 이미 다섯 걸음 안에 떨어졌는데도 (변화할 줄 모르고) 다시 하늘을 향해 활을 쏘았다. 세상이 바뀌었는데도 그 태도를 바꾸지 않는 것은, 비유하자면 이 어리석은 사람이 활을 멀리 쏘는 법을 배우는 것과도 같다.

눈으로 가는 털의 끝은 보면서도 태산을 보지 못하고, 귀로 맑은 음과 흐린 음을 구별하면서도 우렛소리를 듣지 못하는 것은 어째서인가? 단지 그 마음이 옮겨간 바가 있기 때문이다. 백 사람이 (짐승 뿔 모양으로 만들어 매듭을 푸는 도구인) 뿔송곳을 갖고 있으면 노끈을 단단하게 묶을 수 없고, 천 사람이 옥사에 대해 비방을 하면 곧은 판결을 할 수 없으며, 만 사람이 모두 잘못이라고 말하면 이름난 선비가 될 수 없다.

今夫世異則事變, 事變則時移, 時移則俗易. 是以 君子先相其土地, 而裁其器, 觀其俗, 而和其風, 總衆議而定其教. 愚人有學遠射者, 參天而發, 已射五步之內, 又復參天而發; 世以易矣, 不更其儀, 譬如愚人之學遠射. 目察秋毫之末者, 視不能見太山; 耳聽淸濁之調者, 不聞雷霆之聲, 何也? 唯其意有所移也. 百人操觿, 不可爲固結; 千人謗獄, 不可爲直辭, 萬人比非, 不可爲顯士.

17-13

고라니와 사슴이라도 무리를 지으면 호랑이나 표범이 그들을 피하고 날아가는 새가 대열을 이루면 솔개나 새매가 공격하지 못하듯이, 뭇사람들이 모여 있으면 빼어난 이도 그들을 범하지 못한다. 등사(騰蛇)는 구름과 이슬 속에서 노닐다가 비바람을 타고 날아갈 때는 1,000리가 아니고서는 멈추지 않지만, 날이 저물면 미꾸라지나 드렁허리가 판 구멍에 기숙한다. 그렇게 된 까닭은 무엇인가? 마음 씀이 한결같지 않기 때문이다. 저 지렁이는 몸 안에 강한 근육이나 뼈가 없고 몸 밖에 날카로운 손톱이나 이빨이 없지만, 아래로 내려가 황천(黃泉) 물을 마시고 위로 올라와 마른 흙을 뒤집어 엎는다. 그렇게 된 까닭은 무엇인가? 마음 씀이 한결같기 때문이다.

麋鹿成群, 虎豹避之; 飛鳥成列, 鷹鷲不擊; 衆人成聚, 聖人不犯. 騰蛇遊於霧露, 乘於風雨而行, 非千里不止; 然則暮託宿於鰍鱣之穴. 所以然者, 何也? 用心不一也. 夫蚯蚓內無筋骨之強, 外無爪牙之利; 然下飲黃泉, 上墾晞土. 所以然者, 何也? 用心一也.

17-14

귀 밝은 사람은 스스로 듣고 눈 밝은 사람은 스스로 보니, 귀 밝고 눈 밝으면 어짊과 사랑이 형체를 드러내고 청렴함과 부끄러움[廉恥]이 나뉘게 된다. 그래서 길이 아닌 곳으로 가면 수고롭기만 하고 목적지에 도달할 수 없으며, 자기 소유가 아닌데 그것을 구하게 되면 비록 힘쓰더라도 얻을 수가 없다. 일의 이치를 아는 사람은 이치에 맞는 일이 아니면 하지를 않고, 염치가 있는 사람은 자기 소유가 아니면 구하지 않는다. 이 때문에 해악이 멀어지고 이름이 밝게 드러난다. 『시경』(「패풍(邶風)·웅치(雄雉)」편)에 이르기를 "남을 해치지 않고 남의 것을 탐하지 않는다면 어찌 좋다고 하지 않을 수 있겠는가?"라고 했으니, 이를 두고 하는 말이다.

聽者自聞, 明者自見, 聰明形則仁愛著, 廉恥分矣. 故非其道而行之, 雖勞不至; 非其有而求之, 雖強不得. 智者不爲非其事, 廉者不求非其有; 是以 害遠而名章也. 詩云: "不忮不求, 何用不臧", 此之謂也.

17-14와 직접 연결된 구절이 『논어』「자한(子罕)」편에 나온다.

공자가 말했다.

"솜으로 된 남루한 옷을 입고서 여우나 담비 가죽으로 만든 귀한 옷을 입은 자와 나란히 서 있으면서도 부끄러워하지 않는 자는 다름 아닌 자로일 것이다. 『시경』에 이르기를 '남을 해치지 않고 남의 것을 탐하지 않는다면 어찌 좋다고 하지 않을 수 있겠는가?'라고 했다."

자로가 이 말을 듣고서 늘 이 시구를 읊고 다니자, 공자가 꾸짖어 말했다.

"그렇게 달달 외우기만 한다면 그것이 어찌 족히 좋다고 할 수 있겠는가?"

17-15

초(楚)나라 소왕(昭王)이 공자를 불러 장차 정사를 맡기고 사방 700리 서사(書社) 당을 봉해주려고 했다.

자서(子西)가 말했다.

"왕의 신하 중에 용병(用兵)함에 있어 자로(子路)만 한 이가 있습니까? 제후들에게 보낼 사신으로 재여(宰予)만 한 이가 있습니까? 백관을 통솔하는 관리 중에 자공(子貢)만 한 이가 있습니까? 옛날에 문왕(文王)이 풍(酆) 땅에 있었고 무왕(武王)이 호(鎬) 땅에 있었습니다. 둘 다 병거 100대 정도를 거느릴 수 있는 작은 땅이었지만 윗사람을 토벌하고 임금을 죽여서 스스로를 세워 천자가 되었는데, 세상에서는 모두 빼어나다고 합니다. 왕께서 지금 공자가 뛰어나다고 해서 사방 700리 서사 땅을 소유하게 하고 이들 세 사람으로 하여금 보좌하게 하는 것은 초나라에 이롭지 않습니다."

초왕이 마침내 중지했다.

무릇 선과 악을 분별하기란 어려우니, (공자 같은) 빼어난 이도 홀로 의심을 받는데 (그보다 못한) 뛰어난 이임에랴! 이 때문에 뛰어난 이와 빼어난 이는 좋은 임금을 만나기가 어렵고, 아첨하는 사람은 늘 흥성하게 된다. 그래서 천년의 어지러운 시대는 있어도 백 년의 다스려지는 시대는 없었으니, 공자가 의심을 받은 이 일이 어찌 애통하지 않겠는가!

楚昭王召孔子, 將使執政而封以書社七百. 子西謂楚王曰: "王之臣用兵有如子路者乎? 使諸侯有如宰予者乎? 長官五官有如子貢者乎? 昔文王處酆·武王處鎬之間, 百乘之地, 伐上殺主立爲天子, 世皆曰聖. 王今以孔子之賢而有書社七百里之地, 而三子佐之, 非楚之利也." 楚王遂止. 夫善惡之難分也, 聖人獨見疑, 而況於賢者乎! 是以 賢聖罕合, 諂諛常興也. 故有千歲之亂而無百歲之治, 孔子之見疑, 豈不痛哉!

17-15에 등장하는 자서에 대한 언급이 『논어』「헌문(憲問)」편에 나온다.

어떤 사람이 (정나라) 자산(子產)의 사람됨에 관해 묻자 공자가 말했다.
"은혜를 베풀 줄 아는 사람이다."
자서에 관해 묻자 공자가 말했다.
"그 사람이여, 그 사람이여."

공자가 자서에 대해 이렇게 말한 이유를 주희는 다음과 같이 풀이했다.

소왕을 세워서 정치를 개혁하고 기강을 세웠으니 또한 뛰어난 대부이나, 왕(王)을 참칭하는 칭호를 고치지 못했다. 또 소왕이 공자를 등용하려 하자 이를 저지했고, 그 후에 마침내 백공(白公)을 불러들여 화란(禍亂)을 초래했다. 그렇다면 그의 사람됨을 알 수 있으니, '그 사람이여'라고만 한 것은 외면하신 말씀이다.

17-16

노(魯)나라 애공(哀公)이 공자에게 물었다.

"일의 이치를 아는 사람이 장수를 하는가?"

공자가 말했다.

"그렇습니다.

사람에게는 자기 수명이 아닌데 죽는 경우가 세 가지 있는데, 이는 사람들이 스스로 불러들이는 것입니다. 무릇 잠자고 거처하기를 제때 하지 않으면서 음식을 절제하지 않고 안일함과 수고로움을 지나치게 하는 사람은 모두 질병으로 죽게 됩니다. 낮은 지위에 있으면서 위로 자기 임금을 거스르고 기욕(嗜欲)에 싫증 낼 줄 몰라서 그것을 탐하기를 그치지 않는 사람은 모두 형벌로 죽게 됩니다. 약소한 세력이면서 강대한 세력을 깔보고 분노로 인해 자기 역량을 헤아리지 못하는 사람은 모두 전란으로 죽게 됩니다. 이 세 가지는 명이 아니라 사람들이 스스로 불러들이는 것입니다."

『시경』(「용풍(鄘風)·상서(相鼠)」편)에 이르기를 "사람이면서 위의(威儀)가 없는데 죽지 않고 어쩌겠는가"라고 했으니, 이를 두고 하는 말이다.

魯哀公問於孔子曰: "有智者壽乎?" 孔子曰: "然. 人有三死而非命也者, 人自取之. 夫寢處不時, 飮食不節, 佚勞過度者, 疾共殺之; 居下位而上忤其君, 嗜欲無厭, 而求不止者, 刑共殺之; 以少犯衆, 弱以侮強, 忿怒不量力者, 兵共殺之. 此三者, 非命也, 人自取之." 詩云: '人而無儀, 不死何爲?' 此之謂也.

17-17

공자가 진(陳)나라와 채(蔡)나라의 국경에서 어려움을 만났으니, 식량이 다 떨어지고 제자들은 모두 굶주린 기색이 있었다. 이때 공자가 양 기둥 사이에서 노래를 불렀다. 자로가 들어와서 뵙고 말했다.

"스승님께서 이렇게 노래를 부르시는 것이 일의 이치에 맞습니까?"

공자는 대답하지 않고 곡을 다 마친 다음에 말했다.

"유(由-자로)야! 군자가 음악을 좋아하는 것은 교만함을 없애기 위함이고 소인이 음악을 좋아하는 것은 두려움을 없애기 위함인데, 그 누가 이런 것을 알겠는가? 너는 나를 알지 못한 채로 나를 따르는 자인가?"

자로가 기분이 나빠 방패를 잡고서 춤을 추다가, 세 곡이 끝나자 나가버렸다. 7일이 되도록 공자가 음악을 연주하며 그치질 않으니, 자로가 서운한 안색을 드러내며 말했다.

"스승님께서 이렇게 음악을 연주하시는 것이 때에 맞습니까?"

공자는 대답하지 않고 음악 연주를 다 마친 다음에 말했다.

"유야! 옛날에 제나라 환공(桓公)은 거(莒)나라에 망명했을 때 패자(霸者)가 되려는 마음을 품었고, 구천(句踐)은 회계산(會稽山)에서 곤욕을 당할 때 패자가 되려는 마음을 품었으며, 진나라 문공(文公)은 여씨(驪氏)에게 모함을 당할 때 패자가 되려는 마음을 품었다. 유폐와 같은 곤경에 처해보지 않으면 사려함이 원대하지 못하고, 몸이 제약을 당해보지 않으면 지혜가 넓지 못한 법이다. 어찌 네가 나의 불우함을 알겠는가?"

이에 일어났고, 다음날 곤액에서 벗어났다. 자공이 고삐를 쥐고서 말했다.

“저희들이 스승님을 따랐는데도 이런 어려움을 만났으니, 이에 결코 잊지 못할 것입니다.”

공자가 말했다.

“어찌 이런 말을 하는가? 옛말에 이런 말이 있지 않던가? 팔이 세 번 부러져봐야 양의(良醫)가 된다고 했다. 저 진나라와 채나라 사이에서 겪은 일은 나에게는 다행이고, 너희들 중에 나를 따르는 사람들도 모두 행운아들이다. 내가 듣건대 임금이 고생하지 않으면 임금다운 임금이 될 수 없다고 했고, 선비가 고생하지 않으면 행실을 이룰 수 없다고 했다. 옛날에 탕왕(湯王)은 여(呂)에서 고생했고, 문왕(文王)은 유리(羑里)에서 고생을 했으며, 진(秦)나라 목공(穆公)은 효산(殽山)에서 고생을 했고, 제나라 환공은 장작(長勺)에서 고생했으며, 구천(句踐)은 회계산에서 고생했고, 진나라 문공은 여씨에게 고생했다. 무릇 고생이 도리를 이룸은 찬 것에서 따뜻한 것이 나오고 따뜻한 것에서 찬 것이 나오는 이치와 같다. 오직 뛰어난 이만이 이를 알지만, 말로 표현하기는 어려운 것이다. 『주역』에 이르기를 ‘곤(困-곤경 고생)이란 형통하고 반듯하다. 대인이라 길하고 허물이 없으니, 말이 있으면 믿지 않는다’[021]라고 했으니, 빼어난 이가 다른 사람에게 말로 해주기란 어렵다고 한 것은 믿을 만하다.”

孔子遭難陳·蔡之境, 絕糧, 弟子皆有饑色. 孔子歌兩柱之間, 子路入見曰: “夫子之歌, 禮乎?” 孔子不應, 曲終而曰: “由, 君子好樂爲無驕也, 小人好樂爲無懾也, 其誰知之? 子不我知而從我者乎?” 子路不悅, 援干而舞, 三終而出. 及至七日, 孔子脩樂不休, 子路慍見曰: “夫子之脩樂, 時

021 이는 곤괘(困卦, ䷮) 전체에 대한 문왕의 단사(彖辭)다.

乎?" 孔子不應, 樂終而曰: "由, 昔者齊桓霸心生于莒, 句踐霸心生於會稽, 晉文霸心生於驪氏. 故居不幽則思不遠, 身不約則智不廣. 庸知而不遇之." 於是 興, 明日免於厄. 子貢執轡曰: "二三子從夫子而遇此難也, 其不可忘已!" 孔子曰: "惡是何也? 語不云乎? 三折肱而成良醫. 夫陳·蔡之間, 丘之幸也, 二三子從丘者皆幸人也. 吾聞人君不困不成王, 列士不困不成行. 昔者湯困於呂, 文王困於羑里, 秦穆公困於殽, 齊桓困於長勺, 句踐困於會稽, 晉文困於驪氏. 夫困之爲道, 從寒之及煖, 煖之及寒也. 唯賢者獨知, 而難言之也. 易曰: '困亨貞, 大人吉, 無咎. 有言不信', 聖人所與人難言信也."

17-18

공자가 진나라와 채나라 사이에서 곤경을 당해 좁고 누추한 집에 거처하며 세 줄로 엮은 보잘것없는 자리에 앉아 이레 동안 제대로 먹지를 못했다. 명아주나물국에는 쌀가루조차 들어가지 않았고 제자들이 모두 굶주린 기색이 있었는데, 공자는 『시경』과 『서경』을 읽고 예(禮)를 다스리는 일을 쉬지 않았다.

자로가 나아와 간언해 말했다.

"무릇 좋은 일을 하는 사람은 하늘이 복으로 갚아주고, 좋지 못한 일을 하는 사람은 하늘이 재앙으로 갚아준다고 했습니다. (그런데) 지금 선생님께서는 다움과 행실을 쌓고 좋은 일을 하신 지 오래입니다. 혹시 무슨 잘못한 일을 하신 적이 있으십니까? 어찌 이런 곤궁한 처지에 놓이게 되었습니까?"

공자가 말했다.

"유야! 이리 오너라. 너는 알지 못한다. 앉아라, 내가 너에게 말해주겠다.

너는 저 지자(知者)가 알지 못하는 것이 없다고 여기느냐? 그렇다면 왕자 비간(比干)은 어째서 심장이 갈려져 죽었느냐? 간언(諫言)하는 말은 반드시 들어주어야 한다고 여기느냐? (그렇다면) 오자서(伍子胥)는 어째서 눈알이 뽑힌 채 오나라 동문에 걸렸겠느냐? 너는 자서처럼 깐깐한 사람은 반드시 중용되어야 한다고 여기느냐? (그렇다면) 백이(伯夷)·숙제(叔齊)는 어째서 수양산 아래에서 굶어 죽었느냐? 너는 충직한 자는 반드시 중용되어야 한다고 여기느냐? 그렇다면 포장(鮑莊)은 어째서 말라 죽었느냐? 형공(荊公) 자고(子高)는 죽을 때까지 현달하지 못했고, 포초(鮑焦)는 나무를 안고서 선 채로 말라 죽었으며, 개자추(介子推)는 산에 올라 불에 타서 죽었다. 그러므로 무릇 군자 중에는 널리 배우고 깊은 모책이 있으면서도 때를 만나지 못한 사람들이 많았으니, 어찌 나 혼자 그렇겠느냐?

뛰어나고 불초함은 재주에 달린 것이고, 큰일을 하고 못 하고는 사람에 달린 것이고, 자기를 알아주는 이를 만나느냐 못 만나느냐는 때에 달린 것이고, 죽고 사는 것은 명에 달린 것이다. 재주는 있으나 때를 만나지 못하면 그 재주가 쓰일 수 없으니, 만일 때를 만난다면 무슨 어려움이 있겠는가? 그래서 순(舜)은 역산(歷山)에서 농사짓고 황하 강가에서 질그릇을 굽다가 세워져 천자가 되었으니, 요임금을 만난 때문이다. 부열(傅說)은 흙을 져 담을 쌓다가 판과 공이를 내던지고 세워져 천자를 보필했으니, 무정(武丁)을 만났기 때문이다. 이윤(伊尹)은 유신씨(有莘氏)의 잉신(媵臣)이었다가 솥과 도마를 짊어지고서 다섯 가지 맛으로 요리를 만들어 천자를 보좌했으니, 성탕(成湯)을 만난 때문이다. 여망(呂望)은 50세에 극진(棘津)에서 밥장사를 하고 70세에 조가(朝歌)에서 소를 잡다가 90세에 천자의 스승이 되었으니, 문왕(文王)을 만난 때문이다. 관이오(管夷吾-관중)는 결박당한 채 눈이

가려져 함거(檻車) 안에 있다가 함거에서 일어나 (제나라 환공의) 중보(仲父)가 되었으니, 제나라 환공을 만난 때문이다. 백리해(百里奚)는 스스로를 양가죽 5마리에 팔고 진백(秦伯)의 양치기가 되었다가 경대부가 되었으니, 진나라 목공을 만난 때문이다. 심윤(沈尹)은 이름이 천하에 알려져 (초나라 재상인) 영윤(令尹)이 되었으면서도 손숙오에게 영윤 자리를 양보했으니, 초나라 장왕(莊王)을 만난 때문이다. 오자서가 전에 많은 공을 세웠으면서도 뒤에 죽임을 당한 것은, 그의 지혜가 전보다 쇠퇴해서가 아니라 전에는 합려(闔閭)를 만났고 뒤에는 부차(夫差)를 만났기 때문이다.

무릇 천리마가 액운을 만나 소금 수레를 끄느라 피폐해진 것은, 천리마의 모습이 없어서가 아니라 세상에 알아보는 사람이 없었기 때문이다. 만일 천리마가 왕량(王良)이나 조보(造父)를 만났다면 천리마에게 하루에 1,000리를 달리는 발이 없었겠는가? 지란(芝蘭-그윽한 향을 내는 난초)이 깊은 숲속에서 자랄 때, 감상하는 사람이 없다 해서 향기를 내지 않는 것은 아니다. 그러므로 배우는 사람은 세상에 알려지기 위해 배우는 것이 아니다. 곤궁함에 처해서도 고생스러워하지 않으며 근심이 있어도 뜻이 쇠퇴하지 않아야 하니, 이것이 바로 화복이 시작되는 지점을 알아서 마음이 미혹되지 않는 것[不惑]이다. 빼어난 이는 깊이 생각해 홀로 알고 홀로 본다. 순임금 또한 뛰어나고 빼어난 이이지만 남면하고서 천하를 다스릴 수 있었던 것은 다만 요임금을 만난 때문이다. 만약에 순이 걸왕(桀王)이나 주왕(紂王)의 세상에 살았다면, 능히 스스로 형륙을 면하는 것은 실로 가능했겠지만, 또 어찌 벼슬을 얻어 나라를 다스릴 수 있었겠는가? 저 걸왕은 관룡방(關龍逄)을 죽였고 주왕은 왕자 비간을 죽였는데, 이런 때를 맞은 것이 어찌 관룡방은 무지하고 비간은 지혜가 없어서였겠는가! 이는 걸과 주의 무도한 세상이 그렇게 만든 것이다. 그러므로 군자는 부지런히 배우고 몸을 닦으며 행실을 반듯하게 해서 그 때를 기다리는 것이다."

孔子困於陳·蔡之間, 居環堵之內, 席三經之席, 七日不食, 藜羹不糝, 弟子皆有饑色, 讀詩書治禮不休. 子路進諫曰: "凡人爲善者天報以福, 爲不善者天報以禍. 今先生積德行, 爲善久矣, 意者尙有遺行乎? 奚居之隱也!" 孔子曰: "由, 來, 汝不知. 坐, 吾語汝. 子以夫知者爲無不知乎? 則王子比干何爲剖心而死? 以諫者爲必聽耶? 伍子胥何爲抉目於吳東門? 子以廉者爲必用乎? 伯夷·叔齊何爲餓死於首陽山之下? 子以忠者爲必用乎? 則鮑莊何爲而肉枯? 荊公子高終身不顯, 鮑焦抱木而立枯, 介子推登山焚死. 故夫君子博學深謀不遇時者衆矣, 豈獨丘哉! 賢不肖者才也, 爲不爲者人也, 遇不遇者時也, 死生者命也. 有其才不遇其時, 雖才不用, 苟遇其時, 何難之有! 故舜耕歷山而陶於河畔, 立爲天子則其遇堯也. 傅說負壤土·釋板築, 而立佐天子, 則其遇武丁也. 伊尹, 有莘氏媵臣也, 負鼎俎調五味而佐天子, 則其遇成湯也. 呂望行年五十賣食於棘津, 行年七十屠牛朝歌, 行年九十爲天子師, 則其遇文王也. 管夷吾束縛膠目, 居檻車中, 自車中起爲仲父, 則其遇齊桓公也. 百里奚自賣取五羊皮, 伯氏牧羊以爲卿大夫, 則其遇秦穆公也. 沈尹名聞天下, 以爲令尹, 而讓孫叔敖, 則其遇楚莊王也. 伍子胥前多功, 後戮死, 非其智益衰也, 前遇闔廬, 後遇夫差也. 夫驥厄罷鹽車, 非無驥狀也, 夫世莫能知也; 使驥得王良·造父, 驥無千里之足乎? 芝蘭生深林, 非爲無人而不香. 故學者非爲通也, 爲窮而不困也, 憂而不衰也, 此知禍福之始而心不惑也. 聖人之深念獨知獨見, 舜亦賢聖矣, 南面治天下, 唯其遇堯也. 使舜居桀紂之世, 能自免於刑戮固可也, 又何官得治乎? 夫桀殺關龍逢而紂殺王子比干, 當是時, 豈關龍逢無知, 而比干無惠哉? 此桀紂無道之世然也. 故君子疾學修身端行, 以須其時也."

17-17과 17-18은 『논어』「위령공(衛靈公)」편에 나오는 다음 구절에 대한 상세한 풀이가 된다.

진나라로 가서 머물렀는데, 그때 먹을거리가 떨어졌다. 그 바람에 따르던 제자들이 병이 들어서 제대로 일어설 기력도 없었다. 자로가 불만이 가득한 얼굴로 말했다.

"군자도 궁할 때가 있습니까?"

이에 공자가 말했다.

"군자는 진실로 궁하니, 소인은 궁하면 넘친다."

17-19

공자가 송(宋)나라에 갔다. 광간자(匡簡子)가 장차 양호(陽虎)를 죽이려 했는데, 공자가 그와 외모가 비슷했다. 갑사들이 공자가 거처하던 집을 에워싸자 자로가 화가 나서 창을 들고 장차 나가서 싸우려고 했다. 공자가 자로를 말리면서 말했다.

"어찌 어짊과 마땅함을 배우면서도 원래의 습속에서 벗어나지 못하느냐! 저 『시경』과 『서경』을 강습하지 못하고 예와 악을 닦지 못한 것, 이는 내 잘못이다. 그러나 외모가 양호를 닮은 것은 내 죄가 아니라 명일 뿐이다. 유야! 노래를 불러라. 내가 너의 노래에 화답하겠다."

자로가 노래를 하자 공자가 화답하기를 세 번 하니, 갑사들이 물러갔다.

孔子之宋. 匡簡子將殺陽虎, 孔子似之. 甲士以圍孔子之舍, 子路怒, 奮戟將下鬥. 孔子止之, 曰: "何仁義之不免俗也? 夫詩·書之不習, 禮·樂之不脩也, 是丘之過也. 若似陽虎, 則非丘之罪也, 命也夫. 由, 歌予和汝." 子路歌, 孔子和之, 三終而甲罷.

17-19는 그대로 『논어』 「자한(子罕)」편에 나오는 다음 이야기와 바로 통한다.

공자께서 광이라는 곳에서 두려워하는 마음을 품었다. 그때 공자가 말했다.
"문왕이 이미 세상을 떠나셨으니, 문왕이 이 몸에 있지 않겠는가? 하늘이 아마도 이 문(文-애씀)을 없애려 했다면 뒤에 죽는 사람(-공자 자신)이 이 문을 체득하지 못했을 것이다. (그런데 이미 나는 이 문을 체득했으니) 하늘이 이 문을 없애지 않으려 할 것이다. 광 땅 사람들이 나를 어찌하겠는가?"

17-20

공자가 말했다.

"높은 언덕 위에서 내려다보지 않으면 어떻게 높은 데서 추락하는 근심을 알겠는가? 깊은 연못에 임해보지 않으면 어떻게 물에 빠지는 근심을 알겠는가? 바닷가에서 바다를 바라보지 않으면 어떻게 풍파로 인한 근심을 알겠는가? 잘못된 사람은 바로 이런 곳에 있었기 때문이 아니겠는가? 선비가 이 세 가지를 조심한다면 남에게 누를 끼치는 일은 없을 것이다."

孔子曰: "不觀於高岸, 何以知顛墜之患; 不臨深淵, 何以知沒溺之患; 不觀於海上, 何以知風波之患. 失之者其不在此乎? 士愼三者, 無累於人."

17-21

증자가 말했다.

"메아리는 소리를 사양하지 않고 거울은 형체를 사양하지 않으니, 군자가 반듯하게 순일(純一)하면 만물 만사가 다 이뤄진다. 무릇 길을 가는 것이 그림자를 위한 것은 아니지만 그림자가 따르고, 큰 소리로 울부짖는 것이 메아리를 위한 것은 아니지만 메아리가 화답한다. 그러므로 군자는 공로를 먼저 이루고, 명예는 그 뒤를 따라온다."

曾子曰: "響不辭聲, 鑑不辭形, 君子正一而萬物皆成. 夫行非爲影也, 而影隨之; 呼非爲響也, 而響和之. 故君子功先成而名隨之."

17-22

자하(子夏)가 중니(仲尼-공자)에게 물었다.

"안연(顔淵)의 사람됨은 어떻습니까?"

말했다.

"안회의 신실함[信]은 나보다 낫다."

말했다.

"자공(子貢)의 사람됨은 어떻습니까?"

말했다.

"자공의 명민함[敏]은 나보다 낫다."

말했다.

“자로(子路)의 사람됨은 어떻습니까?”

말했다.

“자로의 용감함[勇]은 나보다 낫다.”

말했다.

“자장(子張)의 사람됨은 어떻습니까?”

말했다.

“자장의 장엄함[莊]은 나보다 낫다.”

이에 자하가 자리에서 일어나며 물었다.

“그렇다면 이 네 사람은 무엇 때문에 선생님을 섬깁니까?”

말했다.

“앉아라. 내가 너에게 말해주겠다. 안회는 신실하지만, 능히 융통성을 발휘하지 못하고, 자공은 명민하지만, 능히 굽힐 줄을 모르고, 자로는 용감하지만 제대로 겁낼 줄을 모르고, 자장은 장엄하지만, 능히 다른 사람들과 어울리지를 못한다. 이 네 사람의 장점을 다 합쳐 나와 바꾸려 한다면 나는 하지 않을 것이다. 무릇 이른바 지극히 빼어난 선비란 반드시 나아가고 물러나는 때의 이로움과 굽히고 펴는 것의 작용을 잘 아는 사람이다.”

子夏問仲尼曰: “顔淵之爲人也, 何若?” 曰: “回之信, 賢於丘也.” 曰: “子貢之爲人也, 何若?” 曰: “賜之敏, 賢於丘也.” 曰: “子路之爲人也, 何若?” 曰: “由之勇, 賢於丘也.” 曰: “子張之爲人也, 何若?” 曰: “師之莊, 賢於丘也.” 於是 子夏避席而問曰: “然則四者何爲事先生?” 曰: “坐, 吾語汝. 回能信而不能反, 賜能敏而不能屈, 由能勇而不能怯, 師能莊而不能同. 兼此四子者, 丘不爲也. 夫所謂至聖之士, 必見進退之利, 屈伸之用者也.”

17-22에서, 공자가 맨 끝에 한 말의 보충이 되는 것이 바로 『논어』「양화(陽貨)」편의 다음 구절이다.

공자가 말했다.

"유(由)야, 너는 육언(六言)과 육폐(六蔽)에 대해 들어보았느냐?"

이에 자로가 "아직 들어보지 못했습니다"라고 답했다. 그러자 공자가 말했다.

"앉거라! 내가 너에게 말해주마. 어짊(仁)만을 좋아하고 (그에 필요한) 배움(學)을 좋아하지 않는다면 그 폐단은 어리석게 된다. 사람을 평하고 논하기(知=知人)만 좋아하고 배움을 좋아하지 않는다면 그 폐단은 쓸데없는 데 시간과 노력을 탕진하게 된다. 신의(信)라고 해 하나만 잡고서 배움을 좋아하지 않는다면 그 폐단은 잔인해진다. 곧음(直)만을 좋아하고 배우기를 좋아하지 않는다면 그 폐단은 너무 성급해진다. 용맹(勇)만을 하고 배우기를 좋아하지 않는다면 그 폐단은 어지러워진다. 강한 것(剛)만을 하고 배우기를 좋아하지 않는다면 그 폐단은 경솔하게 된다."

17-23

동곽자혜(東郭子惠)가 자공에게 물었다.

"공자의 문하에는 어째서 잡다한 사람들이 모여들었습니까?"

자공이 말했다.

"굽은 나무를 바로잡는 기구 곁에는 굽은 나무들이 많고, 양의의 문전에는 병든 사람들이 많으며, 숫돌 곁에는 무딘 칼들이 많은 법이지요. 스승님께서는 도리를 닦아 천하 사람들을 기다리시니, 오는 사람이 그치지 않아서 이 때문에 잡다한 사람들이 모여든 것이지요. 『시경』(「소아(小雅)·소변(小弁)」편)에 이르기를 '무성한 저 버드나무에는 매미가 맴맴 울어대고, 깊은 연못가에는 갈대가 빽빽이 자라네'라고 했으니, 이는 대인의 곁에는 품어 안지 못하는 바가 없음을 말하는 것입니다."

東郭子惠問於子貢曰: "夫子之門何其雜也?" 子貢曰: "夫隱括之旁多枉木, 良醫之門多疾人, 砥礪之旁多頑鈍. 夫子脩道以俟天下, 來者不止, 是以 雜也. 詩云: '苑彼柳斯, 鳴蜩嘒嘒; 有漼者淵, 莞葦淠淠', 言大者之旁, 無所不容."

17-24

옛날에 남하자(南瑕子)가 정본자(程本子)를 방문했는데, 본자가 예어(鯢魚)를 끓여 접대했다.

남하자가 말했다.

"내가 듣건대 군자는 예어를 먹지 않는다고 했습니다."

정본자가 말했다.

"아니, 군자가 먹지 않는 것이 그대와 무슨 상관이요?"

남하자가 말했다.

"내가 듣건대 군자가 위와 견주는 것은 다움을 넓히는 방도이고, 아래와 견주는 것은 행실을 좁히는 길이라고 했습니다. 좋은 것과 견주는 것은 스스로 나아가는 계단이고, 나쁜 것과 견주는 것은 스스로 물러나는 근원입니다. 『시경』(「소아(小雅)·거할(車舝)」편)에 이르기를 '높은 산을 우러러보며 큰길을 따라간다'라고 했으니, 내 어찌 감히 스스로 군자라 여기겠소? 뜻이 그쪽을 향할 뿐이오. 공자께서도 말씀하셨지요.

'뛰어난 행실(또는 사람)을 보면 그와 같이 하려고 노력해야 하고, 뛰어나지 못한 행실(또는 사람)을 보면 (자신에게도 그런 점이 없는지) 안으로 스스로 돌아보아야 한다.'"

昔者, 南瑕子過程本子, 本子爲烹鯢魚. 南瑕子曰: "吾聞君子不食鯢魚." 程本子曰: "乃君子不食, 子何事焉?" 南瑕子曰: "吾聞君子上比所以廣德也, 下比所以狹行也, 比於善, 自進之階也, 比於惡, 自退之原也. 詩云: '高山仰止, 景行行止', 吾豈敢自以爲君子哉? 志向之而已. 孔子曰: '見賢思齊焉, 見不賢而內自省.'"

17-24 마지막에 나오는 공자의 말은 『논어』「이인(里仁)」편에 그대로 실려 있다. 남의 좋은 점을 보고 배우는 것이 숭덕(崇德)이고, 남의 나쁜 점을 보고서 내 안에 있는 그런 면을 덜어내는 것이 수덕(修德), 좀 더 정확하게는 수특(修慝)이다. 즉 사특한 면들을 덜어낸다는 뜻이다. 『주역』에 나오는 익괘(益卦)와 손괘(損卦)는 각각 숭덕과 수덕에 조응한다.

17-25

공자가 여량(呂梁)에 놀러 갔는데, 폭포가 40길이나 되고 소용돌이 물길이 90리였다. 물고기와 자라도 제대로 지나갈 수 없고, 큰 자라와 악어도 감히 살 수 없을 정도였다. 그런데 한 사내가 바야흐로 막 거기를 건너려 했다. 공자가 사람을 시켜 언덕 가까이로 가서 그를 만류하게 하며 말했다.

“이 폭포는 40길이나 되고 소용돌이 물길이 90리라서 물고기와 자라도 제대로 지나갈 수 없고 큰 자라와 악어도 감히 살 수가 없으니, 생각건대 건너기 어려울 것이오.”

사내는 조금도 개의치 않고 마침내 물을 건너서 언덕으로 나왔다. 공자가 물었다.

“그대는 무슨 비법이 있는 것이오? 무슨 도술이라도 있는 것이오? 이런 물에 들어갔다가 나오는 것이 어찌 가능하오?”

사내가 말했다.

“처음 물에 들어갈 때 충신(忠信)을 다하고, 내가 나올 때 또 충신을 따릅니다. 충신을 갖고서 내 몸을 물결에 그냥 맡길 뿐 나는 감히 사사로운 마음을 쓰지 않았습니다. 내가 능히 들어갔다가 나올 수 있었던 까닭입니다.”

공자가 제자들에게 말했다.

“물도 오히려 충신으로 하면 자신과 친해지는데, 하물며 사람에게야!”

孔子觀於呂梁, 懸水四十仞, 環流九十里, 魚鱉不能過, 黿鼉不敢居. 有一丈夫, 方將涉之. 孔子使人並崖而止之曰: “此懸水四十仞, 圜流九十里, 魚鱉不敢過, 黿鼉不敢居. 意者難可濟也!” 丈夫不以錯意, 遂渡而出. 孔子問: “子巧乎? 且有道術乎? 所以能入而出者何也?” 丈夫曰: “始吾入, 先以忠信, 吾之出也, 又從以忠信. 忠信錯吾軀於波流, 而吾不敢用私. 吾所以能入而復出也.” 孔子謂弟子曰: “水而尙可以忠信, 而身親之, 況於人乎?”

17-25에서 말하는 충신(忠信)은 공자 가르침의 출발점이다. 『논어』「학이(學而)」편이다.

공자가 말했다.

"군자가 되려는 사람이 (내면적으로) 진중하지 못하면 (외면적으로) 위엄을 갖출 수 없고 배워도 견고하지 못하다. (사람을 대하거나 어떤 일을 함에 있어) 거짓 없음[忠]과 믿음직스러움[信]을 위주로 하고, 자기보다 못한 사람과는 벗하지 말며, (자신에게) 허물이 있으면 고치기를 꺼려 해서는 안 된다."

17-26

자로가 옷을 갖춰 입고 공자를 찾아뵈었다. 공자가 말했다.

"유야! 이렇게 잘 차려입은 것은 어째서인가? 옛날에 강수(江水)가 민산(岷山)에서 발원했는데, 그 시작 지점은 커봤자 잔을 띄울 정도였지만 강 하류의 나루에 이르게 되면 배 2척을 나란히 띄우지 않고서는 바람을 피할 수 없어 건널 수가 없을 정도였다. 이는 다만 아래로 흘러내려 가면서 여러 하천이 많은 물을 모아들였기 때문이 아니겠는가? 지금 네 의복이 심히 성대하고 안색은 흡족해하니, 천하의 누가 기꺼이 너에게 도움을 주겠는가?"

자로가 종종걸음으로 달려가서 옷을 갈아입고 들어오니, 대개 예전과 같았다. 공자가 말했다.

"유야! 기억해두거라. 내 너에게 말해주마. 말을 꾸며서 하는 자는 부화(浮華)하고 행동을 과장해서 하는 사람은 자랑하기를 좋아한다. 무릇 자기의 지혜와 유능함을 안색에 드러내는 자는 소인이다. 그래서 군자는 아는 것을 안다고 하고 모르는 것을 모른다고 하니, 이것이 말하는 요령이다. 능한 것을 능하다고 하고 능하지 못한 것을 능하지 못하다고 하니, 이것이 일을 행하는 요령이다. 말이 긴요하면 사리를 아는 것이고, 일을 행하는 것이 긴요하면 어짊을 행하는 것이다. 이미 사리를 알고 이미 어짊을 행한다면, 무릇 여기에 무엇을 더할 것이 있겠느냐! 유야! 『시경』(「상송(商頌)·장발(長發)」편)에 이르기를 '탕왕의 탄신이 늦지 않았으니, 빼어난 가르침이 날마다 솟아오른다'라고 한 것이 그것이다."

子路盛服而見孔子. 孔子曰: "由, 是襜襜者何也? 昔者江水出於岷山; 其始也, 大足以濫觴, 及至江之津也, 不方舟, 不避風, 不可渡也. 非唯下流衆川之多乎? 今若衣服甚盛, 顏色充盛, 天下誰肯加若者哉?" 子路趨而出, 改服而入, 蓋自如也. 孔子曰: "由, 記之, 吾語若: 賁於言者, 華也, 奮於行者, 伐也. 夫色智而有能者, 小人也. 故君子知之爲知之, 不知爲不知, 言之要也; 能之爲能之, 不能爲不能, 行之至也. 言要則知, 行要則仁; 既知且仁, 夫有何加矣哉? 詩曰: '湯降不遲, 聖教日躋', 此之謂也."

17-26과 관련된 『논어』의 구절이 「위정(爲政)」편에 나온다.

공자가 말했다.
"자로야! 너에게 뭔가를 안다는 것이 무엇인지를 일깨워주겠다. 아는 것을 안다고 하고 모르는 것을 모른다고 하는 것, 이것이 바로 진정한 앎(知)이다."

17-27

자로가 공자에게 물었다.
"군자에게도 근심이 있습니까?"

공자가 말했다.

"없다. 군자는 자기 행실을 닦으면서, 벼슬을 얻지 못했을 때는 그 뜻을 즐거워하고 이미 얻게 되면 또 그 앎을 즐거워한다. 이 때문에 평생의 즐거움은 있어도 하루의 근심조차 없다. 소인은 그렇지 않아서, 아직 얻기 전에는 얻지 못함을 근심하고 이미 얻고 나서는 잃게 될까 근심한다. 이 때문에 평생의 근심은 있어도 하루의 즐거움조차 없다."

子路問孔子曰: "君子亦有憂乎?" 孔子曰: "無也. 君子之脩其行未得, 則樂其意; 既已得, 又樂其知. 是以 有終生之樂, 無一日之憂. 小人則不然, 其未之得則憂不得, 既已得之又恐失之. 是以 有終身之憂, 無一日之樂也."

17-27에서 소인과 관련된 부분은 『논어』 「양화(陽貨)」편 그대로다.

공자가 말했다.
"비루한 사람과 함께 임금을 섬기는 것이 과연 가능할 수 있을 것인가? (벼슬을) 얻기 전에는 그것을 얻지 못할까 걱정하고, 이미 얻고 나서는 그것을 잃을까 걱정한다. 정말로 잃을 것을 걱정할 경우 (그것을 잃지 않기 위해) 못하는 짓이 없을 것이다."

17-28

공자가 (춘추시대의 은둔자) 영계기(榮啟期)를 만나보았는데, 사슴 가죽 갖옷을 입고서 거문고를 타며 노래를 부르고 있었다. 공자가 물었다.

"선생은 어째서 이리 즐거우십니까?"

대답해 말했다.

"나의 즐거움은 참으로 많지요. 하늘이 만물을 낳아주었지만, 오직 사람만이 귀한데, 나는 이미 사람이 되었으니 이것이 첫 번째 즐거움이지요. 사람 중에 남자가 귀한데, 나는 이미 남자가 되었으니 이것이 두 번째 즐거움이지요. 사람이 태어나 포대기 안에서 죽는 것을 면하지 못하기도 하는데, 나는 나이가 이미 95세이니 이것이 세 번째 즐거움이지요. 무릇 가난이란 선비의 정상적인 일이요 죽음은 사람이 생을 마치는 것이라, 정상적으로 살면서 마침을 기다리는데 무엇을 근심한단 말입니까?"

孔子見榮啟期, 衣鹿皮裘, 鼓瑟而歌. 孔子問曰: "先生何樂也?" 對曰: "吾樂甚多. 天生萬物唯人爲貴, 吾既已得爲人, 是一樂也. 人以男爲貴, 吾既已得爲男, 是二樂也. 人生不免襁褓, 吾年已九十五, 是三樂也. 夫貧者士之常也, 死者民之終也, 處常待終, 當何憂乎?"

17-29

증자가 말했다.

"나는 스승님께 세 가지 말씀을 들었으나 그중 어느 것도 아직 제대로 행하지 못했다.

스승님께서는 남의 한 가지 좋은 점을 보면 그 사람의 백 가지 잘못은 잊으셨으니, 이 때문에 사람들이 스승님을 섬기기가 쉬웠다. 스승님께서는 남이 좋은 점을 갖고 있으면 마치 자신이 그것을 갖고 있는 것처럼 여기셨으니, 이 때문에 스승님은 남들과 다투지 않으셨다.

좋은 말을 들으면 반드시 몸소 실행하신 다음에 그에 관해 말씀하셨으니, 이 때문에 스승님께서는 부지런히 노력하셨다.

스승님께서 부지런히 노력하신 일, 스승님께서 남과 다투지 않으신 일, 스승님께서 남들이 당신을 쉽게 섬길 수 있게 하신 일, 이 세 가지를 나는 배우기는 했으나 아직 능히 실행하지는 못한다."

曾子曰: "吾聞夫子之三言, 未之能行也. 夫子見人之一善而忘其百非, 是夫子之易事也. 夫子見人有善若己有之, 是夫子之不爭也. 聞善必躬親行之, 然後道之, 是夫子之能勞也. 夫子之能勞也, 夫子之不爭也, 夫子之易事也, 吾學夫子之三言而未能行."

17-29와 관련된 『논어』 구절이 「학이(學而)」편에 나온다.

증자가 말했다.

"나는 매일 세 가지로써 내 자신을 살핀다. 남(=임금)을 위해 일을 도모함에 있어 충성스러운 마음을 다하지 못한 것은 없는가? 벗과 사귐에 믿음을 주지 못한 것은 없는가? 스승으로부터 전수받은 것을 제대로 익히지 못한 것은 없는가?"

17-30

공자가 말했다.

"안회야! 너에게는 군자의 도리 네 가지가 있다. 자기 행실에는 엄격하고, 간언을 받아들임에는 유연하며, 녹봉을 받음에는 두려워하며, 몸가짐에는 조심한다."

孔子說: "回, 若有君子之道四: 強於行己, 弱於受諫, 怵於待祿, 愼於持身."

17-31

중니가 말했다.

"사추(史鰌)에게는 군자의 도리 세 가지가 있다. 벼슬에 나아가지 않더라도 윗사람을 공경했고, 제사를 지내지 않을 때도 귀신을 공경했으며, 본인은 곧으면서도 남들에게 능히 굽힐 줄 알았다."

仲尼曰: "史鰌有君子之道三: 不仕而敬上, 不祀而敬鬼, 直能曲於人."

17-32

공자가 말했다.

"내가 죽고 나면, 상(商-자하)은 날로 더해지고 사(賜-자공)는 날로 덜어질 것이다. 상은 자기보다 뛰어난 이들과 함께 있기를 좋아하고, 사는 자기보다 못한 사람들에 대해 논평하기를 좋아하기 때문이다."

孔子曰: "丘死之後, 商也日益, 賜也日損; 商也好與賢己者處, 賜也好說不如己者."

17-32는 『논어』「선진(先進)」편에서 공자가 왜 다음과 같이 말했는지를 이해할 수 있게 해준다.

자공이 물었다.

"자장과 자하 중에서 누가 더 뛰어납니까?"

공자가 말했다.

"자장은 지나치고, 자하는 미치지 못한다."

다시 자공이 "그렇다면 자장이 더 낫습니까?"라고 묻자, 공자가 답했다.

"지나친 것이나 모자란 것이나 다 문제다[過猶不及]."

17-33

공자가 장차 출타를 하려 했는데 수레 덮개가 없었다. 한 제자가 말했다.

"자하에게 덮개가 있으니 그것을 갖고 가시면 됩니다."

공자가 말했다.

"상(商-자하)의 사람됨은 재물에 있어 매우 인색하다. 내가 듣건대, 다른 사람과 교유하는 자는 그의 장점을 드러내고 그의 단점은 피해야 한다고 했다. 그렇게 해야 능히 오래갈 수 있다."

孔子將行, 無蓋. 弟子曰: "子夏有蓋, 可以行." 孔子曰: "商之爲人也, 甚短於財. 吾聞與人交者, 推其長者, 違其短者. 故能久長矣."

17-33에서 공자는 자하가 거절할 것을 예상하고 이렇게 말한 것이다. 이는 『논어』「옹야(雍也)」편에 나오는 다음 구절과도 조응한다.

공자가 자하에게 말했다.

"너는 군자다운 유자(儒者)가 되어야지, 소인 같은 유자가 되지 말라!"

17-34

자로가 길을 떠나려 하면서, 중니에게 하직 인사를 올리며 말했다.

"감히 묻겠습니다.

새롭게 사람을 사귀면서 그중에서도 제 몸과 같이 여겨야 할 사람을 취하려면 어떻게 해야 합니까? 말은 적게 하고 일을 잘하려면 어떻게 해야 합니까? 오랫동안 좋은 선비가 되어 법도를 범하지 않으려면 어떻게 해야 합니까?"

중니가 말했다.

"새롭게 사람을 사귀면서 제 몸과 같이 여겨야 할 사람을 잘 취하려면 충직해야 한다. 말을 적게 하고 일을 잘하려면 신의를 지켜야 한다. 오랫동안 좋은 선비가 되어 법도를 범하지 않으려면 일의 이치를 따라야 한다."

子路行, 辭於仲尼曰: "敢問, 新交取親若何? 言寡可行若何? 長爲善士而無犯若何?" 仲尼曰: "新交取親, 其忠乎! 言寡可行, 其信乎! 長爲善士而無犯, 其禮乎!"

17-35

자로가 길을 떠나려 하면서 중니에게 하직 인사를 올리니, 중니가 말했다.

"너에게 수레를 줄까, 좋은 말을 해줄까?"

자로가 말했다.

"말씀을 해주시기를 청합니다."

중니가 말했다.

"뜻이 강하지 않으면 멀리 갈 수 없고, 수고하지 않으면 공로를 세울 수 없고, 온 마음을 다하지 않으면 제 몸처럼 여기는 사람을 취할 수 없고, 믿음이 없으면 말이 실천될 수 없고, 공손하지 않으면 예우를 받을 수 없다.

이 다섯 가지를 삼간다면 오래갈 수 있을 것이다."

子路將行, 辭於仲尼, 曰: "贈汝以車乎? 以言乎?" 子路曰: "請以言!" 仲尼曰: "不強不遠, 不勞無功, 不忠無親, 不信無復, 不恭無禮. 愼此五者, 可以長久矣."

17-36

증자가 공자를 따라 제나라에 갔다. 제나라 경공(景公)이 하경(下卿)의 예로써 증자를 초빙하자 증자가 굳게 사양하고 장차 떠나려 했는데, 안자(晏子)가 그를 전송하며 말했다.

"내가 듣건대 군자가 남에게 재물을 주어 송별하는 것은 좋은 말을 해주는 것만 못하다고 했습니다. 지금 저 3년 묵은 난초 뿌리를 사슴고기로 만든 젓갈에 담가서 이미 잘 숙성되고 나면 말 1필과 바꿀 수 있을 것입니다. 이는 난초 뿌리가 좋아서 그런 것이 아닙니다. 바라건대 그대는 자신을 어디에 담글지 잘 생각하기 바랍니다. 그리고 이미 담글 곳을 얻거든 실로 그 담그려 했던 바를 추구하십시오. 내가 듣건대, 군자는 거처할 때 반드시 그 좋은 곳을 가리고 교유할 때는 반드시 선비를 가린다고 했습니다. 거처할 때 반드시 좋은 곳을 가리는 것은 선비가 있는 곳을 구하는 것이요, 교유할 때 반드시 선비를 가리는 것은 도리를 닦기 위함이지요. 내가 듣건대 일정한 도리를 어기고 본성을 바꾸려는 것은 욕심 때문이라고 했습니다. 그러니 매사 조심하지 않을 수 없습니다."

曾子從孔子於齊. 齊景公以下卿禮聘曾子, 曾子固辭, 將行. 晏子送之, 曰: "吾聞君子贈人以財, 不若以言. 今夫蘭本三年, 湛之以鹿醢, 既成則易以匹馬, 非蘭本美也. 願子詳其所湛, 既得所湛, 亦求所湛. 吾聞君子居必擇處, 所以求士也; 遊必擇士, 所以脩道也. 吾聞反常移性者欲也, 故不可不愼也."

17-36에 나오는, 안자가 말한 세 가지 조언 중에서 장소를 가리는 두 번째 조언은 『논어』「이인(里仁)」편의 다음 내용과 그대로 통한다.

공자가 말했다.
"(사람과 마찬가지로) 마을은 어짊이 중요하니, 가려서 어진 마을에 가서 살지 않는다면 어찌 일의 이치를 아는 자이겠는가?"

17-37

공자가 말했다.
"중간쯤 되는 사람의 실상으로 보자면, 이들은 여유가 있으면 사치하고 부족하면 검소하게 생활한다. 금지하지 않으면 함부로 하고, 법도가 없으면 다 풀어놓으며, 제멋대로 욕심을 부리면 패망한다. (그러므로) 음식에는 양이 있고 의복에는 절도가 있으며 사는 집에는 척도가 있고 재물의 축적에는 수가 있으며 수레와 기물에는 한도가 있으니, 그렇게 함으로써 어지러움의 원천을 막아야 한다. 그렇기 때문에 도량형은 명확하지 않으면 안 되고, (도량형과도 같은) 좋은 말은 듣고 따르지 않을 수 없다."

孔子曰: "中人之情, 有餘則侈, 不足則儉. 無禁則淫, 無度則佚, 縱欲則敗. 飮食有量, 衣服有節, 宮室有度, 畜聚有數, 車器有限, 以防亂之源也. 故夫度量不可不明也, 善言不可不聽也."

17-38

공자가 말했다.

"정교하면서도 척도를 좋아하면 반드시 정밀해지고, 용감하면서도 함께하기를 좋아하면 반드시 이기고, 일의 이치를 알면서 계책을 잘 세우면 반드시 일이 성공한다.

(그러나) 어리석은 자는 이와 반대로 한다. 무릇 중요한 지위에서 총애를 독점하고, 일을 독단하면서 뛰어난 이를 질투하는 것이 어리석은 자의 마음이다. (이들은) 뜻이 교만해 예전에 원망을 품었던 사람을 경시하니, 이 때문에 이런 사람은 자리가 높아지면 반드시 위태롭고 중한 임무를 맡으면 반드시 무너지며 총애를 독점하면 반드시 치욕을 당한다."

孔子曰: "巧而好度必工, 勇而好同必勝, 知而好謀必成. 愚者反是, 夫處重擅寵, 專事妒賢, 愚者之情也. 志驕傲而輕舊怨, 是以 位尊則必危, 任重則必崩, 擅寵則必辱."

17-39

공자가 말했다.

"회초리나 몽둥이를 맞고 자란 자식은 아버지의 가르침을 따르지 않고, 형륙을 당한 백성은 임금의 정령을 따르지 않으니, 이는 무엇이든 다급하게 하면 행해지기 어려움을 말한다. 그래서 군자는 서둘러 결단하지 않고 자기 마음대로 사람을 부리지 않으니, 그렇게 하면 어지러움이 일어나는 근원이 되기 때문이다."

孔子曰: "鞭扑之子, 不從父之教; 刑戮之民, 不從君之政, 言疾之難行. 故君子不急斷, 不意使, 以爲亂源."

17-40

공자가 말했다.

"하루 종일 말하더라도 자기에게 근심을 끼치지 않고 하루 종일 일을 행하더라도 자기에게 환란을 끼치지 않는 것은 오직 일의 이치를 아는 사람만이 가지고 있다. 그러므로 두려워하고 또 두려워하는 것은 환란을 없애는 방법이요, 공손하고 삼가는 것은 어려움을 뛰어넘는 방법이다. 평생토록 잘 행하다가도 한마디 말로 패망할 수 있으니, 조심하지 않을 수 있겠는가!"

孔子曰: "終日言不遺己之憂, 終日行不遺己之患, 唯智者有之. 故恐懼所以除患也, 恭敬所以越難也. 終身爲之, 一言敗之, 可不愼乎!"

17-41

공자가 말했다.

“부귀한 몸으로 남들의 아래에 있다면 누가 그와 함께하지 않겠으며, 부귀한 몸으로 남을 공경하고 사랑한다면 누가 그와 더불어 친하지 않겠는가? 많은 이의 말을 거스르지 않으면 ‘말을 안다[知言]’라고 할 만하고, 많은 사람이 그에게 호응하면 ‘때를 안다[知時]’라고 할 만하다.”

孔子曰: “以富貴爲人下者, 何人不與? 以富貴敬愛人者, 何人不親? 衆言不逆, 可謂知言矣, 衆嚮之, 可謂知時矣.”

17-41의 ‘말을 안다’라는 『논어』「요왈(堯曰)」편 끝 구절의 의미를 풀어준다.

공자가 말했다.
“어떤 사람의 말을 제대로 알지 못한다면 그 사람을 제대로 알지 못하는 것이다.”

17-42

공자가 말했다.

“무릇 자기가 부자이면서 남도 부유하게 해주는 사람은 가난하려 해도 그럴 수가 없고, 귀하면서 남도 귀하게 해주는 사람은 천하게 되려 해도 그럴 수가 없고, 통달한 사람이면서 남도 통달하게 해주는 사람은 곤궁해지려 해도 그럴 수가 없다."

孔子曰: "夫富而能富人者, 欲貧而不可得也; 貴而能貴人者, 欲賤而不可得也; 達而能達人者, 欲窮而不可得也."

17-42는 『논어』「옹야(雍也)」편에 나오는 공자와 자공의 대화와 그대로 통한다.

17-42는 고스란히 어짊을 행함(行仁=爲仁)이 된다.

자공이 말했다.
"만일 백성에게 은혜를 널리 베풀어 많은 사람을 구제한다면 그것은 어떠합니까? 그것을 일러 어짊(仁)이라고 할 수 있겠습니까?"
공자가 말했다.
"어찌 어짊에만 그치겠는가? 그것은 반드시 빼어난 이의 경지라 할 만하니, 요순도 오히려 그것을 근심으로 여겼다. 인자(仁者)는 자신이 서고자 함에 남도 서게 하며, 자신이 통달하고자 함에 남도 통달하게 한다."

17-43

공자가 말했다.
"적합지 않은 땅에 나무를 심으면 자라지 못하고, 적합한 임금이 아닌데 말을 하면 들어주지 않는다.

적합한 임금에게 말을 하면 마치 모래더미에 비가 내리는 것과 같지만, 적합지 못한 임금에게 말을 하면 마치 귀머거리를 모아놓고 북을 두드리는 것과 같다."

仲尼曰: "非其地而樹之, 不生也, 非其人而語之, 弗聽也. 得其人, 如聚沙而雨之, 非其人, 如聚聾而鼓之."

17-43은 『논어』 「위령공(衛靈公)」편에 나오는 다음 구절과 정확히 합치한다.

공자는 말했다.
"(임금 입장에서) 더불어 말할 만한 사람인데도 그 사람과 더불어 말을 하지 않는다면 사람을 잃는 것이요[失人], (신하 입장에서) 더불어 말할 만한 사람이 아닌데도 그 사람과 더불어 말을 한다면 말을 잃는 것이니[失言], 사람을 볼 줄 아는 사람은 사람도 잃지 않고 말도 잃지 않는다."

17-44

공자가 말했다.
"배는 물이 없으면 갈 수 없지만, 물이 배 안에 들어오면 침몰한다. 그래서 말하기를, 군자는 엄정하지 않으면 안 되고 소인은 막지 않으면 안 된다고 한 것이다."

孔子曰: "船非水不可行, 水入船中, 則其沒也, 故曰: 君子不可不嚴也, 小人不可不閑也!"

17-45

공자가 말했다.

"뛰어난 이에게 의지하면 진실로 곤경에 빠지지 않고, 부자에게 의지하면 진실로 빈궁에 빠지지 않는다.

노래기가 발이 잘려도 다시 길을 갈 수 있는 것은 어째서인가? 보조하는 발이 많기 때문이다."

孔子曰: "依賢固不困, 依富固不窮; 馬趼斬而復行者何, 以輔足衆也."

17-46

공자가 말했다.

"그 아들을 모르겠거든 그 아들이 사귀는 벗들을 살펴보고, 그 임금을 모르겠거든 그 임금이 부리는 신하들을 살펴보아야 한다."

또 말했다.

"훌륭한 사람과 함께 지내는 것은 마치 난초와 지초가 있는 방에 들어가는 것과 같아서, 오래되면 향기를 맡지 못하게 되니 그 향기에 동화되었기 때문이다. 나쁜 사람과 함께 지내는 것은 마치 절인 생선을 파는 가게에 들어가는 것과 같아서, 오래되면 악취를 맡지 못하게 되니 그 악취에 동화되었기 때문이다. 그래서 말하기를 단사(丹沙)를 보관한 곳은 붉게 되고 검정 물건을 보관한 곳은 검게 된다고 했으니, 군자는 자기 몸을 둘 곳을 신중히 가려야 한다."

孔子曰: "不知其子, 視其所友; 不知其君, 視其所使." 又曰: "與善人居,如入蘭芷之室, 久而不聞其香, 則與之化矣; 與惡人居, 如入鮑魚之肆, 久而不聞其臭, 亦與之化矣. 故曰: 丹之所藏者赤, 烏之所藏者黑, 君子愼所藏."

17-46 역시 『논어』「이인(里仁)」편 메시지의 연장선에 있다.

17-47

자공이 물었다.

"군자가 큰 강을 보면 반드시 구경하는 것은 어째서입니까?"

공자가 말했다.

"무릇 물이란 군자가 다움에 비유하는 것이다. 두루 베풀어주면서도 사사로움이 없는 것은 다움과 비슷하고, 만물 만사에 두루 미쳐 살아갈 수 있게 해주는 것은 어짊과 비슷하고, 낮은 곳으로 굽이굽이 흘러 모두 그 이치를 따르는 것은 마땅함과 비슷하고, 얕은 곳은 그냥 흘러가고 깊은 곳은 헤아릴 수 없는 것은 지혜와 비슷하고, 백 길이나 되는 계곡을 아무런 의심 없이 달려가는 것은 용감함과 비슷하고, 가냘프고 유약하면서도 미세한 곳까지 다 도달하는 것은 잘 살핌과 비슷하고, 더러운 것도 받아들이며 사양하지 않는 것은 어리석음을 포용하는 것[包蒙]과 비슷하고, 깨끗하지 못한 상태로 들어가서 깨끗하게 되어 나오게 해주는 것은 교화를 잘하는 것과 비슷하고, 헤아림을 주관하면서 반드시 공평하게 하는 것은 바름과 비슷하고, 가득 차도 평미레질을 요구하지 않는 것은 법도와 비슷하고, 수많은 굽이를 돌면서도 반드시 동쪽으로 흐르는 것은 큰 뜻과 비슷하다. 이 때문에 군자는 큰 강을 보면 구경하는 것일 뿐이다."

子貢問曰: "君子見大水必觀焉, 何也?" 孔子曰: "夫水者, 君子比德焉. 遍予而無私, 似德; 所及者生, 似仁; 其流卑下句倨, 皆循其理, 似義; 淺者流行, 深者不測, 似智; 其赴百仞之谷不疑, 似勇; 綽弱而微達, 似察; 受惡不讓, 似包蒙; 不清以入, 鮮潔以出, 似善化; 主量必平, 似正; 盈不求概, 似度; 其萬折必東, 似意. 是以 君子見大水觀焉爾也."

17-48

"무릇 일의 이치를 아는 사람은 어째서 물을 좋아합니까?"

말했다.

"샘의 원천이 밤낮없이 힘차게 흐르는 것은 힘센 사람과 비슷하고, 이치를 따라 흘러가면서 작은 틈도 빠뜨리지 않는 것은 공평함을 지키는 사람과 비슷하고, 움직여 아래로 내려가는 것은 예를 갖춘 사람과 비슷하고, 천 길 골짜기를 의심 없이 내달리는 것은 용감한 사람과 비슷하고, 그릇된 것을 막아서 스스로를 맑게 하는 것은 일의 형세를 아는 사람과 비슷하고, 깨끗하지 못한 상태로 들어가서 깨끗하게 되어 나오게 해주는 것은 교화를 잘하는 사람과 비슷하고, 뭇사람들이 공평함을 얻고 만물이 바르게 되어 만물 만사가 그것을 얻으면 살고 그것을 잃으면 죽게 하는 것은 다움을 갖춘 사람과 비슷하고, 맑디맑고 깊어서 헤아릴 수 없는 것은 빼어난 이와 비슷하다. 하늘과 땅 사이를 통하며 윤택하게 해주어 국가가 이로써 형성되게 하니, 이것이 바로 일의 이치를 아는 사람이 물을 좋아하는 까닭이다. 『시경』(「노송(魯頌)·반수(泮水)」편)에 이르기를 '즐거운 반수(泮水)에서 나물을 뜯노라. 노후(魯侯)가 이곳에 와서 술을 마시며 즐기도다'라고 한 것은 물을 좋아함을 일러 말한 것이다."

"무릇 남을 사랑하는 어진 사람은 어째서 산을 좋아합니까?"

말했다.

"무릇 산이란 깎아지르게 높고 가파르게 치솟아 많은 사람이 우러러보는 바이다. 거기에는 초목이 자라고 온갖 나무가 서 있으며, 날짐승들이 모여들고 치달리는 짐승들이 휴식을 취하며, 보물들이 저장되어 있고 기인들이 은거해 있다. 온갖 사물을 길러주면서도 게을리하지 않고, 사방에서 아울러 채취해도 한정이 없다. 구름과 바람을 일으키고 하늘과 땅 사이에 기운을 통하게 해서 국가가 이로써 형성되니, 이것이 바로 남을 사랑하는 어진 사람이 산을 좋아하는 까닭이다. 『시경』(「노송(魯頌) 비궁(閟宮)」편)에 이르기를 '태산이 높디높으니, 노후가 이를 우러러보는구나'라고 한 것은 산을 좋아함을 일러 말한 것이다."

"夫智者何以樂水也?" 曰: "泉源潰潰, 不釋晝夜, 其似力者; 循理而行, 不遺小間, 其似持平者; 動而之下, 其似有禮者; 赴千仞之壑而不疑, 其似勇者; 障防而淸, 其似知命者; 不淸以入, 鮮潔以出, 其似善化者; 衆人取平, 品類以正, 萬物得之則生, 失之則死, 其似有德者; 淑淑淵淵, 深不可測, 其似聖者. 通潤天地之間, 國家以成, 是知之所以樂水也. 詩云: '思樂泮水, 薄採其茆; 魯侯戾止, 在泮飮酒', 樂水之謂也." "夫仁者何以樂山也?" 曰: "夫山巃嵸䍡, 萬民之所觀仰. 草木生焉, 衆木立焉, 飛禽萃焉, 走獸休焉, 寶藏殖焉, 奇夫息焉, 育群物而不倦焉, 四方並取而不限焉. 出雲風通氣于天地之間, 國家以成, 是仁者所以樂山也. 詩曰: '太山巖巖, 魯侯是瞻', 樂山之謂矣."

17-48은 17-47에 이어지는 것으로 보아 자공과 공자의 대화로 봐도 무방할 듯하다.

『논어』「옹야(雍也)」편에 나오는 다음 구절에 대한 상세한 풀이이기도 하다.

공자가 말했다.

"일의 이치를 아는 사람은 물을 좋아하고, 남을 사랑하는 어진 사람은 산을 좋아한다. 일의 이치를 아는 사람은 움직이고, 남을 사랑하는 어진 사람은 맑고 고요하다. 일의 이치를 아는 사람은 즐거워할 줄 알고, 남을 사랑하는 어진 사람은 오래간다."

17-49

옥에는 여섯 가지 아름다움이 있어 군자는 그것을 귀하게 여긴다. 멀리서 바라보면 따스하고 윤택하며, 가까이서 보면 견고하고 무늬가 다양하다. 소리는 가까이에서는 은은하지만 멀리까지 들리고, 절단될지언정 굽어지지 않으며 잔잔한 결점은 있어도 유약하지 않다. 날카로워도 상처를 내지 않고, 흠이 있으면 반드시 밖으로 드러난다. 이 때문에 군자는 옥을 귀하게 여긴다.

멀리서 바라보면 따스하고 윤택하다는 것은 군자의 다움에 비유한 것이고, 가까이서 보면 견고하고 무늬가 다양하다는 것은 군자의 지혜에 비유한 것이다. 소리는 가까이에서는 은은하지만 멀리까지 들린다는 것은 군자의 마땅함에 비유한 것이고, 절단될지언정 굽어지지 않고 잔잔한 결점은 있어도 유약하지 않다는 것은 군자의 용감함에 비유한 것이다. 날카로워도 상처를 내지 않는다는 것은 군자의 어짊에 비유한 것이고, 흠이 있으면 반드시 밖으로 드러난다는 것은 군자의 실정에 비유한 것이다.

玉有六美, 君子貴之. 望之溫潤; 近之栗理; 聲近徐而聞遠; 折而不撓, 闕而不荏; 廉而不劌; 有瑕必示之於外. 是以 貴之. 望之溫潤者, 君子比德焉; 近於栗理者, 君子比智焉; 聲近徐而聞遠者, 君子比義焉; 折而不撓, 闕而不荏者, 君子比勇焉; 廉而不劌者, 君子比仁焉; 有瑕必見於外者, 君子比情焉.

17-49의 맨 마지막 부분을 이해할 때라야 『논어』 「술이(述而)」편에서 공자가 했던 말을 정확히 이해할 수 있다.

나는 행운아다. 만일 나에게 잘못이 있으면 다른 사람들이 반드시 그것을 알아차리는구나.

17-50

도오(道吾)가 공자에게 물었다.

"아는 것이 많은 사람과 아는 것이 없는 사람 중에 어떤 사람이 더 좋습니까?"

대답해 말했다.

"아는 것이 없는 사람은 죽은 사람과 같은 부류이다. 비록 아직 죽지는 않았지만, 남에게 누를 끼치는 일들이 반드시 매우 많다. 그러나 아는 것이 많은 사람은 마음 쓰기를 좋아하는데, 아는 것이 많은 사람이 남을 이롭게 하는 데 마음을 낸다면 좋고 남을 해치는 데 마음을 낸다면 좋지 않다."

도오가 말했다.

"좋은 말씀입니다."

道吾問之夫子: "多所知, 無所知, 其身孰善者乎?" 對曰: "無知者, 死人屬也. 雖不死, 累人者必衆甚矣. 然多所知者, 好其用心也, 多所知者出於利人即善矣, 出於害人即不善也." 道吾曰: "善哉!"

17-50은 공자가 늘 고민했던 배움[學]과 생각[思]의 상관성 문제다. 먼저 『논어』 「위정(爲政)」편이다.

공자가 말했다.
"배우기만 하고 생각은 하지 않는다면 남에게 속임을 당하기 쉽고, (반대로) 생각만 하고 배우지는 않는다면 위태로워질 수 있다."

또 「위령공(衛靈公)」편에서 공자는 이렇게 말했다.

내 일찍이 종일토록 밥을 먹지 않고 밤새도록 잠을 자지 않고 생각해 보았지만 유익함이 없었다. (생각만 하는 것은) 배우는 것만 못하다.

17-51

(춘추시대 제나라 사람) 월석보(越石父)가 말했다.
"불초한 사람은 스스로 뛰어나다고 생각하고, 어리석은 사람은 스스로 많이 안다고 생각하며, 교묘한 말재주를 부리는 사람은 모두 자기 마음을 살피지 못해서 입으로 다 내뱉어버리고는 또 남들에게는 말을 하지 말라고 한다. 이를 비유하자면 목이 마른 뒤에야 우물을 파고 어려움에 임해서야 무기를 주조하는 것과 같으니, 비록 아무리 빨리 한다고 해도 미칠 수가 없다."

불초한 사람은 스스로 뛰어나다고 생각하고 어리석은 사람은 스스로 많이 안다고 생각하니, 망녕된 사람들은 모두 자기 마음을 살피지 못해서…[不肖人, 自賢也; 愚者, 自多也, 佞人者, 皆…].

越石父曰: "不肖人, 自賢也; 愚者, 自多也; 佞人者, 皆莫能相其心口以出之, 又謂人勿言也. 譬之猶渴而穿井, 臨難而後鑄兵, 雖疾從而不及也."

17-52

무릇 재물 앞에서도 가난을 잊어버리고 삶 앞에서도 죽음을 잊어버리면 죄를 멀리할 수 있다.

무릇 군자는 말을 아끼고 공작새는 깃털을 아끼며 호랑이와 표범은 발톱을 아끼니, 이는 모두 몸을 다스리는 방법이다.

윗사람과 잘 사귀는 사람은 녹봉을 잃지 않고, 낮은 사람과 잘 사귀는 사람은 우환에 걸려 고생하지 않는다. 이 때문에 군자는 사람을 가려서 사귀고 농부는 밭을 가려서 농사를 짓는다. 군자는 사람을 심고 농부는 논밭을 가꾸는데, 농사짓는 사람이 종자를 가려서 씨뿌리면 풍년이 들어 반드시 풍성한 곡식을 얻을 것이고 선비가 사람을 가려서 길러주면 성대한 시대에 반드시 녹봉을 얻을 것이다.

夫臨財忘貧, 臨生忘死, 可以遠罪矣.

夫君子愛口, 孔雀愛羽, 虎豹愛爪, 此皆所以治身法也.

上交者不失其祿, 下交者不離於患. 是以 君子擇人以交, 農人擇田而田. 君子樹人, 農夫樹田; 田者擇種而種之, 豐年必得粟; 士擇人而樹之, 豐時必得祿矣.

17-53

천하가 도리를 잃은 다음에야 어짊과 마땅함이 생겨나고, 국가가 다스려지지 않은 다음에야 효자가 생겨나며, 백성의 다툼이 그치지 않은 다음에야 자혜로움이 생겨나고, 도리를 거스르고 때를 어긴 다음에야 권모(權謀)가 생겨난다.

天下失道, 而後仁義生焉, 國家不治, 而後孝子生焉, 民爭不分, 而後慈惠生焉, 道逆時反, 而後權謀生焉.

17-54

무릇 선함이 생겨나는 것은 모두 배움으로 말미암아서다. 한 집 안에는 반드시 집 안을 주장하는 도리가 있으니, 그것은 곧 부모를 말한다. 그래서 임금이 바르면 백성이 다스려지고, 부모가 바르면 자손이 효도하고 자애롭다. 이 때문에 공자 집안의 아이들은 남을 욕할 줄 몰랐고, 증자 집안의 아이들은 화를 낼 줄 몰랐다. 그렇게 된 것은 날 때부터 잘 가르쳤기 때문이다.

凡善之生也, 皆學之所由. 一室之中, 必有主道焉, 父母之謂也. 故君正則百姓治, 父母正則子孫孝慈. 是以 孔子家兒不知罵, 曾子家兒不知怒; 所以然者, 生而善教也.

17-55

무릇 어진 사람은 남들과 화합하기를 좋아하고, 어질지 못한 사람은 남들을 이간질하기를 좋아한다. 그래서 군자가 사람들 사이에 있으면 다스려지고, 소인이 사람들 사이에 있으면 어지러워진다. 군자가 사람들을 화합시키려는 것은, 비유컨대 마치 물과 불이 능히 그러해서 서로를 용납하지 못하지만, 솥이 그 사이에 있으면 물과 불이 혼란하지 않아서 마침내 온갖 맛을 이뤄내는 것과도 같다. 이 때문에 군자는 사람들 사이에 있어야 할 사람을 고르는 데 신중하지 않을 수 없다.

夫仁者好合人, 不仁者好離人. 故君子居人間則治, 小人居人間則亂. 君子欲和人, 譬猶水火不相能然也, 而鼎在其間, 水火不亂, 乃和百味. 是以 君子不可不愼擇人在其間!

17-56

제나라 경공이 안자에게 물었다.

"과인은 스스로 땅에 앉았고 여러 사람도 모두 땅에 앉았는데, 나의 그대만 홀로 풀을 뽑아 앉아 있는 것은 어째서인가?"

안자가 대답해 말했다.

"제가 듣건대, 상을 당했을 때와 감옥에 있을 때만 땅바닥에 앉는다고 했습니다. 지금 감히 상을 당했을 때의 일과 감옥에 있을 때의 일로써 임금을 모실 수는 없기 때문입니다."

齊景公問晏子曰: "寡人自坐地, 二三子皆坐地; 吾子獨搴草(건초)而坐之, 何也?" 晏子對曰: "嬰聞之: 唯喪與獄坐於地. 今不敢以喪獄之事侍於君矣."

17-57

제나라 고정(高廷)이 공자에게 물었다.

"제가 (감히) 산이 막고 있고 땅이 곧은[022] 것을 아랑곳하지 않고서 도롱이 입고 폐백을 갖춰 온 정성을 다해 임금을 섬기는 도리에 관해 묻고자 하니, 바라건대 선생께서는 말씀해주십시오."

공자가 말했다.

"반듯함으로써 일을 주간하고 삼감으로써 임금을 보필하되 사람을 대할 때 조금도 게을리하지 않아서, 군자를 보면 천거하고 소인을 보면 물리치며 너의 나쁜 마음을 버리고 충성을 다하라. 그리하여 일을 행할 때는 주도면밀하게 하고 일의 이치를 잘 닦아서 처리한다면 1,000리 밖이라도 형제처럼 가깝겠지만, 만일 일을 행하는 것이 주도면밀하지 못하고 일의 이치에 부합하지 못하다면 서로 문을 마주하고 있어도 서로 왕래하지 않는 것과 마찬가지이다."

齊高廷問於孔子曰: "廷不曠山不直地, 衣蓑提執精氣, 以問事君之道, 願夫子告之." 孔子曰: "貞以幹之, 敬以輔之, 待人無倦, 見君子則舉之, 見小人則退之, 去爾惡心而忠與之. 敏其行, 脩其禮, 千里之外親如兄弟; 若行不敏, 禮不合, 對門不通矣."

022 먼 길을 왔다는 뜻이다.

권18

변물[辨物]

일과 사물을 판별함

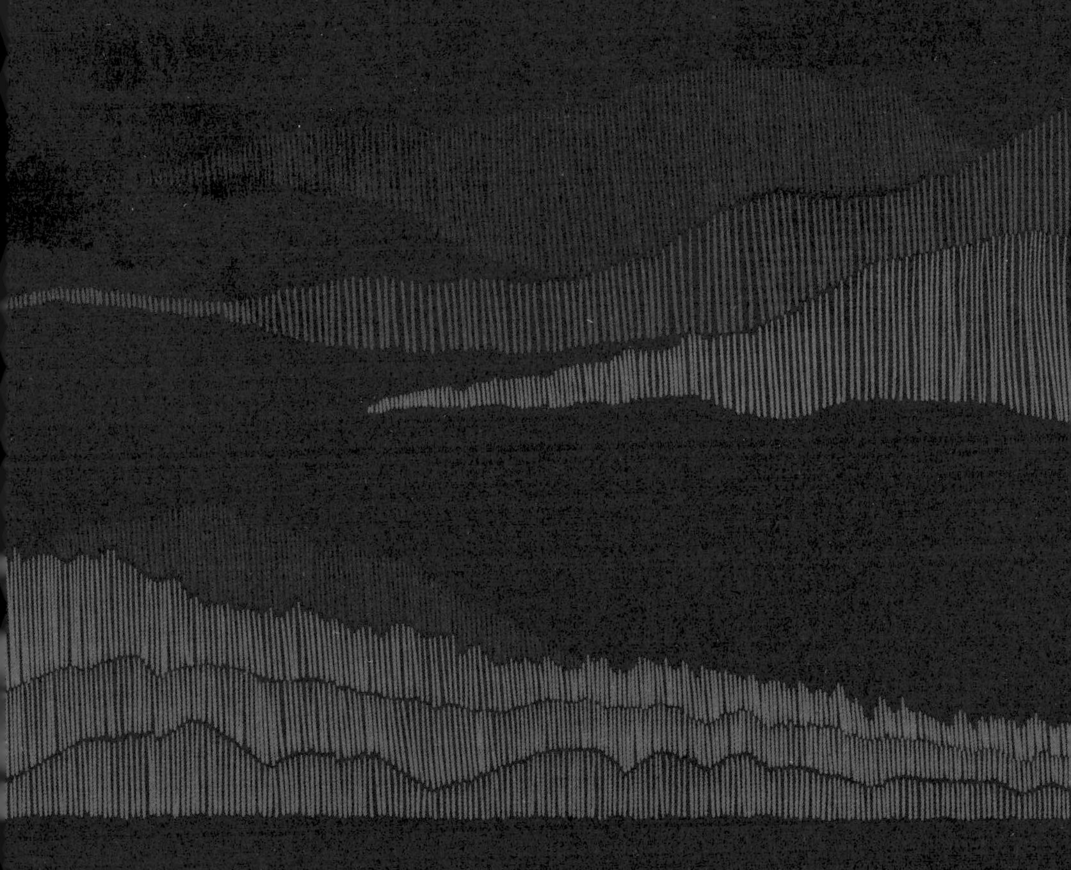

18-1

안연(顔淵)이 중니(仲尼)에게 물었다.

"성인(成人)이 일을 행하는 것은 어떠해야 합니까?"

공자가 말했다.

"성인이 일을 할 때는 사람의 성정(性情)의 이치에 통달하고 온갖 일과 사물의 변화에 능통하며 드러나지 않은 것과 드러난 것의 원인을 잘 알아서 흘러 다니는 기운의 원천을 꿰뚫어 보아야 한다. 이러하다면 성인이라고 할 수 있을 것이다. 이미 하늘과도 같은 도리를 알았다면 어짊과 마땅함을 몸소 실천하며 예와 악으로써 몸을 다잡아야 한다. 무릇 어짊과 마땅함, 예와 악은 성인이 행하는 바이며, 신령스러움을 극대화해 일과 사물의 달라짐을 아는 것은 성인의 성인다움이 성대한 것이다."

顔淵問於仲尼曰: "成人之行何若?" 子曰: "成人之行, 達乎情性之理, 通乎物類之變, 知幽明之故, 睹遊氣之源, 若此而可謂成人. 既知天道, 行躬以仁義, 飭身以禮樂. 夫仁義禮樂成人之行也, 窮神知化德之盛也."

18-1에서 말하는 성인(成人)은 그냥 어른이 아니다. 『논어』「헌문(憲問)」편에는 성인(成人)에 관한 공자의 언급이 나온다.

자로(子路)가 성인(成人)에 관해 묻자 공자가 말했다.

"만일 장무중의 지략과 맹공작의 욕심내지 않음과 변장자의 용맹과 염구의 일 처리 능력을 합친데다가 예악으로써 꾸며낸다면, 이는 실로 성인이라 할 것이다."

공자가 다시 말했다.

"오늘날 성인이라는 것이 어찌 반드시 그런 정도의 인물이어야 하겠는가? 이익을 보면 의리를 생각하고 위태로움을 보면 목숨을 바치며 오랜 약속에 평소의 말을 잊지 않는다면 이 또한 성인이라 할 수 있을 것이다."

결국 성인이란 변물(辨物)에 능한 사람이라 할 수 있다.

18-2

『주역』(「계사상전(繫辭上傳)」)에 이르기를 "우러러 천문(天文)을 살피고 굽혀서 지리(地理)를 깊이 들여다본다"라고 했으니, 이 때문에 드러나지 않는 것과 드러난 것의 원인을 알아낼 수 있다. 천문과 지리 그리고 인정(人情)의 효험을 마음에 보존하게 되면 이는 빼어난 지혜의 창고가 된다. 그렇기에 옛날에 빼어난 임금이 이미 천하에 임하게 되면 반드시 사계절의 변화를 살펴서 악률(樂律)과 역법을 정했고, 천문을 살피고 때의 변화를 추측해서 영대(靈臺)에 올라 길흉의 기운을 전망했다.

그래서 요(堯)임금은 이렇게 말했다.

"아, 너 순(舜)아! 하늘의 역수(歷數)가 네 몸에 달렸으니 진실로 그 중도를 잡아라. 사해가 곤궁해지면 (하늘의 녹이 영원히 끊어질 것이다)."[023]

『서경』(「우서(虞書)·순전(舜典)」편)에서 말하기를 "선기옥형(璿璣玉衡-천문 관찰 기구)으로 천체를 살펴 칠정(七政)을 가지런히 하라"라고 했

023 이 말은 『논어』「요왈(堯曰)」편에도 그대로 나온다.

으니, 선기란 북신(北辰-북극성)과 구진(勾陳)과 추성(樞星)을 말한다. 그 북두칠성의 몸통과 자루가 가리키는 28수(宿)를 갖고서 길흉화복을 정하는데, 천문에 배열된 별자리가 찼다가 줄었다가 하는 변화로 점을 침으로써 각기 해당하는 부류에 따라 징험할 수 있다. 무릇 변화를 점치는 도리는 둘 뿐이니, 이 둘이란 음과 양의 수(數)다. 그러므로 『주역』(「계사상전(繫辭上傳)」)에 이르기를 "한 번은 음이었다가 한 번은 양이었다가 하는 것이 도리이니, 일과 사물의 움직임이 이 도리로 말미암지 않는 것이 없다"라고 했으니, 이 때문에 일(一)에서 일어나서 이(二)에서 이뤄지고 삼(三)에서 갖춰지며 사(四)에서 두루 펴지고 오(五)에서 운행하게 된다. 그러므로 현상(懸象)이 밝게 드러나는 것 중에는 해와 달만 한 것이 없고, 변화의 움직임을 관찰하는 것 중에는 오성(五星)보다 훤히 드러난 것이 없다.

하늘의 오성이 (땅의) 오행의 기운을 운행케 한다. 그 처음에는 오히려 음과 양에서 시작되지만, 변화가 극에 이르면 1만 1,520개 만물만사를 상징하는 수가 된다. 이른바 28수란, 동방의 각(角)·항(亢)·저(氐)·방(房)·심(心)·미(尾)·기(箕)와, 북방의 두(斗)·우(牛)·수녀(須女)·허(虛)·위(危)·영실(營室)·동벽(東壁)과, 서방의 규(奎)·누(婁)·위(胃)·묘(昴)·필(畢)·자(觜)·삼(參)과, 남방의 동정(東井)·여귀(輿鬼)·유(柳)·칠성(七星)·장(張)·익(翼)·진(軫)을 말하는데, 이른바 별자리[宿]란 해와 달과 오성이 머무는 자리다. 이 해와 달과 오성이 머무는 곳에 있으면서 내외로 운행하는 별을 관명(官名)으로 구별하는데, 그 뿌리는 모두 땅에서 나와 하늘에서 밝게 드러난다. 이른바 오성이란 첫째는 세성(歲星-목성), 둘째는 형혹(熒惑-화성), 셋째는 진성(鎭星-토성), 넷째는 태백(太伯-금성), 다섯째는 신성(辰星-수성)이다. 참창(欃槍)·혜패(彗孛)·순시(旬始)·왕시(枉矢)·치우지기(蚩尤之旗)는 모두 오성이 영축(盈縮)하고 변화하는 데서 생겨난 것이다. 오성이 범해지면 각각 금·목·

수·화·토를 갖고서 점을 친다. 봄·여름·가을·겨울에 숨거나 나타나는 것에는 일정한 때가 있으니, 그 상도(常道)를 잃거나 때에서 이탈하면 변이(變異)가 되고 때를 얻거나 상도를 지키면 이를 일러 길상(吉祥)이라고 한다.

옛날에는 사계절을 주관하는 별이 있었다. 봄을 주관하는 별은 장성(張星)인데, 어두워지려 할 때 이 별이 하늘 가운데 있으면 곡식을 심을 수 있는 시기이니 위로 천자에게 보고하고 아래로 백성에게 널리 알린다. 여름을 주관하는 별은 대화성(大火星)인데, 어두워지려 할 때 이 별이 하늘 가운데 있으면 기장과 콩을 심을 수 있는 시기이니 위로 천자에게 보고하고 아래로 백성에게 널리 알린다. 가을을 주관하는 별은 허성(虛星)인데, 어두워지려 할 때 이 별이 하늘 가운데 있으면 보리를 심을 수 있는 시기이니 위로 천자에게 보고하고 아래로 백성에게 널리 알린다. 겨울을 주관하는 별은 묘성(昴星)인데, 어두워지려 할 때 이 별이 하늘 가운데 있으면 농작물을 베어 거두고 사냥을 하며 갈무리를 할 시기이니 위로 천자에게 보고하고 아래로 백성에게 널리 알린다.

그래서 천자는 남쪽을 향해 앉아서 이 네 별이 하늘 가운데 나타나는 것을 살펴서 백성의 농사일이 급한지 아닌지를 알았는데, 급하면 세금을 부과하지 않고 노역을 쓰지 않았다. 『서경』(「우서(虞書)·순전(舜典)」편)에 이르기를 "삼가 백성에게 농사철을 알려주라"라고 했고 『시경』(「소아(小雅)·어려(魚麗)」편)에 이르기를 "만물이 충분히 있으니 오로지 그 때에 맞노라"라고 했으니, 만물이 끊어지지 않는 것은 그 움직임이 모두 때에 맞기 때문이다.

易曰: "仰以觀於天文, 俯以察於地理", 是故 知幽明之故. 夫天文地理·人情之效存於心, 則聖智之府. 是故 古者聖王既臨天下, 必變四時, 定律歷, 考天文, 揆時變, 登靈臺以望氣氛, 故堯曰: "咨爾舜, 天之歷數在爾躬, 允執其中, 四海困窮." 書曰: "在璿璣玉衡, 以齊七政", 璿璣謂北辰勾陳樞星也. 以其魁杓之所指二十八宿爲吉凶禍福; 天文列舍盈縮之占, 各以類爲驗. 夫占變之道, 二而已矣, 二者陰陽之數也. 故易曰: "一陰一陽之謂道, 道也者, 物之動莫不由道也." 是故 發於一, 成於二, 備於三, 周於四, 行於五. 是故 懸象著明, 莫大於日月; 察變之動, 莫著於五星. 天之五星運氣於五行, 其初猶發於陰陽, 而化極萬一千五百二十. 所謂二十八星者: 東方曰角亢氐房心尾箕, 北方曰斗牛須女虛危營室東壁, 西方曰奎婁胃昴畢觜參, 南方曰東井輿鬼柳七星張翼軫. 所謂宿者, 日月五星之所宿也. 其在宿運外內者, 以官名別, 其根荄皆發於地而華形於天. 所謂五星者, 一曰歲星, 二曰熒惑, 三曰鎭星, 四曰太白, 五曰辰星. 欃槍·彗孛·旬始·枉矢·蚩尤之旗, 皆五星盈縮之所生也. 五星之所犯, 各以金木水火土爲占. 春秋冬夏伏見有時, 失其常, 離其時, 則爲變異, 得其時, 居其常, 是謂吉祥. 古者有主四時者: 主春者張, 昏而中, 可以種穀, 上告于天子, 下布之民; 主夏者大火, 昏而中, 可以種黍菽, 上告于天子, 下布之民; 主秋者虛, 昏而中, 可以種麥, 上告于天子, 下布之民; 主冬者昴, 昏而中, 可以斬伐田獵蓋藏, 上告之天子, 下布之民. 故天子南面視四星之中, 知民之緩急, 急則不賦籍, 不擧力役. 書曰: "敬授民時", 詩曰: "物其有矣, 維其時矣", 物之所以有而不絕者, 以其動之時也.

18-3

『주역』(「계사상전(繫辭上傳)」)에 이르기를 "하늘이 상(象)을 드리워 길함과 흉함을 보여주자 빼어난 이가 그것을 본받았다"라고 했다. 옛날에 (은나라) 고종(高宗)과 (주나라) 성왕(成王)은 꿩이 울고 폭풍이 몰아치는 변고에 느낌이 있어, 자기 몸을 닦아 스스로 고쳐서 풍성하고 창대한 복록을 누렸다. (반면에) 진시황제가 자리에 나아갔을 때는 혜성이 네 차례 나타나고 황충이 하늘을 덮었으며 겨울에 우레가 치고 여름에 얼음이 얼었으며 동군(東郡)에 돌이 떨어지고 임조(臨洮)에 거인이 나타나는 등 상서롭지 못한 변고가 한꺼번에 나타난 데다 형혹성이 심수(心宿)를 지키고 혜성이 대각(大角)을 침범해 대각이 그로 인해 없어졌는데도 (진시황제는) 끝내 능히 자기 허물을 고치지 않았다. 2세 황제가 세워져 또 죄악을 더했다. 즉위했을 때 해와 달이 엷어지고 먹혔으며 산림이 무너졌고 진성이 사계절 첫날[四孟]에 나타나고 태백성이 하늘을 가로질러 운행했으며, 구름이 없는데도 우레가 치고 왕시(枉矢)가 밤에 빛나며 형혹이 달을 침범했으니, 상서롭지 못한 불로 화재가 일어나서 궁궐을 태웠고 들새가 대궐 뜰에서 노닐었으며 도성 문이 안에서 무너졌다. 하늘에서는 천변이 나타나고 조정에서는 여러 신하가 어두웠으며 백성이 밑에서 난을 일으키는데도 끝내 살피지 않다가, 이로 인해 멸망했다.

易曰: "天垂象, 見吉凶, 聖人則之." 昔者高宗·成王感於雊雉暴風之變, 脩身自改而享豐昌之福也. 逮秦皇帝即位, 彗星四見, 蝗蟲蔽天, 冬雷夏凍, 石隕東郡, 大人出臨洮, 妖孽並見, 熒惑守心, 星茀大角, 大角以亡; 終不能改. 二世立, 又重其惡; 及即位, 日月薄蝕, 山林淪亡, 辰星出於四孟, 太白經天而行, 無雲而雷, 枉矢夜光, 熒惑襲月, 孽火燒宮, 野禽戲庭, 都門內崩. 天變動於上, 群臣昏於朝, 百姓亂於下, 遂不察, 是以 亡也.

18-3은 동중서(董仲舒)가 제창한 천인감응설(天人感應說)에 입각해 있다.

18-4

팔황(八荒-온 세계) 안에 사해(四海)가 있고 사해 안에 구주(九州)가 있는데, 천자는 가운데 주에 있으면서 팔방(八方)을 제어할 뿐이다. 양하(兩河) 사이를 기주(冀州)라 하고, 황하(黃河)의 남쪽을 예주(豫州)라 하고, 황하의 서쪽을 옹주(雍州)라 하고, 한수(漢水)의 남쪽을 형주(荊州)라 하고, 장강의 남쪽을 양주(揚州)라 하고, 제수(濟水)의 남쪽 사이를 연주(兗州)라 하고, 제수의 동쪽을 서주(徐州)라 하고, 연(燕)(의 북쪽)을 유주(幽州)라 하고, 제수(의 북쪽)를 청주(青州)라 했다.

산과 강, 웅덩이와 늪지대 그리고 산릉과 평지와 언덕 등은 다섯 가지 토질의 특성이 있으니, 빼어난 임금은 그 지세를 살피고 그에 맞는 편리함을 찾아내어 땅의 본성을 잃지 않게 했다.

높은 곳에는 기장을 심게 하고 중간쯤 되는 곳에는 메기장을 심게 했으며 낮은 곳에는 메벼를 심게 했으니, 부들·갈대·사초·기름사초 등이 쓰기에 모자라지 않았고 베·보리·기장·고량 또한 끝없이 생산되었으며 산림의 금수와 천택의 물고기·자라 등이 점점 늘어났다. (이에) 임금이 있는 도성은 사방으로 길이 통해서 각 지역 물자가 다 이르게 되었다.

八荒之內有四海, 四海之內有九州, 天子處中州而制八方耳. 兩河間曰冀州, 河南曰豫州, 河西曰雍州, 漢南曰荊州, 江南曰揚州, 濟南間曰兗州, 濟東曰徐州, 燕曰幽州, 齊曰青州. 山川汙澤, 陵陸丘阜, 五土之宜, 聖王就其勢, 因其便, 不失其性. 高者黍, 中者稷, 下者秔, 蒲葦菅蒯之用不乏, 麻麥黍梁亦不盡, 山林禽獸川澤魚鱉滋殖, 王者京師四通而致之.

18-5

주나라 유왕(幽王) 2년에 서주(西周)의 세 하천 모두에 지진이 일어나자 백양보(伯陽父)가 말했다.

"주나라는 장차 망할 것이다. 무릇 하늘과 땅의 기운이란 그 운행 차례를 잃지 않아야 하니, 만약에 그 차례가 잘못되면 백성이 난을 일으킨다. 양기가 땅 아래에 잠복해서 밖으로 나오지 못하는데 음기가 압박해서 위로 올라갈 수 없으니, 이로 인해 지진이 일어난다. 지금 세 하천에 지진이 일어난 것은 양기가 제자리를 잃고 음기에 막혀 있기 때문이다. 양기가 흘러넘쳐 장성하게 되면 음기의 원천이 막힐 것이니, 이렇게 되면 나라가 반드시 망한다. 무릇 물이 흙을 적셔주어야 백성의 재용이 풍족한데, 흙이 적셔지지 않으면 백성의 재용은 궁핍하게 될 것이니 망하지 않기를 기다려봤자 뭐하겠는가? 옛날에 이수(伊水)와 낙수(雒水)가 마르자 하나라가 망했고 황하가 마르자 상나라가 망했는데, 지금 주나라의 다움은 하나라·은나라의 말세와 같다. 하천의 근원이 막혔으니, 막히면 반드시 마르게 된다. 무릇 국가란 반드시 산천에 의지하는데, 산이 무너지고 하천이 마른다는 것은 멸망의 조짐이다. 하천이 메마르면 산도 반드시 무너지니, 이럴 경우 나라가 망하는 것은 10년을 넘지 못할 것이다. 10이란 수의 끝이기 때문이다. 하늘이 세상 만물을 버릴 때는 그 10년을 넘기지 않는다."

이해에 세 하천이 마르고 기산(岐山)이 무너졌는데, 11년에 유왕이 마침내 죽고 주나라는 드디어 동쪽(-낙읍)으로 옮겨 갔다.

周幽王二年, 西周三川皆震, 伯陽父曰: "周將亡矣. 夫天地之氣, 不失其序, 若過其序, 民亂之也. 陽伏而不能出, 陰迫而不能烝, 於是 有地震. 今三川震, 是陽失其所而塡陰也, 陽溢而壯, 陰源必塞, 國必亡. 夫水土演而民用足也, 土無所演, 民乏財用, 不亡何待? 昔伊雒竭而夏亡, 河竭而商亡, 今周德如二代之季矣. 其川源塞, 塞必竭, 夫國必依山川, 山崩川竭, 亡之徵也. 川竭山必崩, 若國亡不過十年, 數之紀也. 天之所棄不過紀." 是歲也, 三川竭, 岐山崩, 十一年幽王乃滅, 周乃東遷.

18-6

오악(五嶽)이란 어디를 가리키는가? 태산(泰山)은 동악이고, 곽산(霍山)은 남악이고, 화산(華山)은 서악이고, 상산(常山)은 북악이고, 숭고산(嵩高山)은 중악이다. 오악을 어째서 삼공(三公-재상)에 견주는가? 능히 구름과 비를 크게 베풀고, 능히 구름과 비를 크게 거둬들이기 때문이다. 구름이 산에 있는 바위에 부딪혀 일어나서 조금씩 모여들면, 아침나절도 못 되어 천하에 비를 뿌려 널리 크게 은덕을 베푼다. 그래서 삼공에 견주는 것이다.

五嶽者, 何謂也? 泰山, 東嶽也; 霍山, 南嶽也; 華山, 西嶽也; 常山, 北嶽也; 嵩高山, 中嶽也. 五嶽何以視三公? 能大布雲雨焉, 能大斂雲雨焉; 雲觸石而出, 膚寸而合, 不崇朝而雨天下, 施德博大. 故視三公也.

18-7

사독(四瀆)이란 어디를 가리키는가? 장강(長江-양자강), 황하(黃河), 회수(淮水), 제수(濟水)이다. 사독을 어째서 제후에 견주는가? 능히 더럽고 탁한 것들을 깨끗이 씻어내고 능히 온갖 하천이 바다로 통하게 해주며 능히 구름과 비를 사방 1,000리에 뿌려주니, 은덕을 베푸는 것이 매우 크기 때문에 제후에 견주는 것이다.

四瀆者, 何謂也? 江·河·淮·濟也. 四瀆何以視諸侯? 能蕩滌垢濁焉, 能通百川於海焉, 能出雲雨千里焉; 爲施甚大, 故視諸侯也.

18-8

산천을 어째서 자남(子男-공·후·백 다음의 작위)에 견주는가? 능히 만물을 생산해내고 능히 만물을 윤택하게 해주며 능히 구름과 비를 일으키니, 은혜를 베푸는 것이 많지만 그 품목이 백 단위로 셀 만큼 많기에 자남에 견주는 것이다. 『서경』(「우서(虞書) 순전(舜典)」)에서 말했다.

"육종(六宗)에 정성껏 제사를 지냈고, 산천에는 등급에 따라 망제사를 지냈고, 여러 신에게도 두루 제사를 지냈다."

山川何以視子男也? 能出物焉, 能潤澤物焉, 能生雲雨; 爲恩多, 然品類以百數, 故視子男也. 書曰: "禋于六宗, 望秩于山川, 遍于群神矣."

18-9

제(齊)나라 경공(景公)이 노침(路寢)의 누대를 지었는데, 완성을 했는데도 그곳에 오르지 않자 백상건(柏常騫)이 말했다.

"누대를 지을 때는 심히 급하게 하시더니, 완성하고서는 어째서 오르지 않으십니까?"

공이 말했다.

"그렇다. 올빼미가 지난번에 울어대는데, 못 내는 소리가 없었다. 나는 그것을 매우 싫어해서 그 때문에 오르지 않는 것이다."

백상건이 말했다.

"제가 푸닥거리를 해서 쫓아버리겠습니다."

공이 말했다.

"무엇을 갖춰야 하는가?"

대답해 말했다.

"새 방을 지어 거기에 흰 띠를 두십시오."

공은 방을 짓게 하고, 그것을 완성하자 거기에 흰 띠를 가져다 두었다. 백상건이 밤에 기도하고는 다음 날 공에게 물었다.

"지금 지난밤에도 올빼미 소리를 들으셨습니까?"

공이 말했다.

"한 번 울고서는 더는 들리지 않았다."

사람을 시켜 가서 살펴보게 하니, 올빼미가 계단에 닿아서 날개를 편 채 땅에 엎어져 죽어 있었다. 공이 말했다.

"그대 방법이 이처럼 명확하구나. 그러면 과인의 수명도 늘릴 수 있겠는가?"

대답해 말했다.

"가능합니다."

공이 말했다.

"얼마나 늘릴 수 있는가?"

대답해 말했다.

"천자는 9년, 제후는 7년, 대부는 5년입니다."

공이 말했다.

"징조가 나타나는 것이 있는가?"

대답해 말했다.

"늘어난 수명을 얻게 되면 땅이 장차 움직일 것입니다."

공이 기뻐하면서 백관을 시켜 백상건이 요구하는 것들을 서둘러 갖춰 주라고 했다. 백상건이 대궐을 나왔다가 길에서 안자(晏子-안영)를 만났는데, 말 앞에 나아가 절을 하고 말했다.

"제가 임금을 위해 푸닥거리를 해서 올빼미를 죽였더니, 임금께서 말씀하시기를 '그대 방법이 이처럼 명확하구나. 그러면 과인의 수명도 늘릴 수 있겠는가?'라고 하시기에 가능하다고 했습니다. 지금 큰 굿을 벌여 임금의 수명을 늘려달라고 기도할 것입니다. 그래서 상(相)께 가서 이를 말씀드리려 했습니다."

안자가 말했다.

"아 실로 좋도다, 임금의 수명을 늘려달라고 기도를 한다니. 그럼에도 불구하고 내가 듣건대, 오직 정사와 임금다움이 신명에게 고분고분해야만 수명이 늘어날 수 있다고 했다. 지금 한갓 굿이나 벌인다고 해서 수명을 늘릴 수 있겠는가? 그렇게 하면 장수의 복을 받을 조짐이 나타나는가?"

대답해 말했다.

"늘어난 수명을 얻게 되면 땅이 장차 움직일 것입니다."

안자가 말했다.

"건아! 지난번에 내가 유성(維星)이 끊어지고 추성(樞星)의 빛이 흩어진 것을 보았으니 땅이 움직이려는 징조였다. 너는 이것을 갖고서 뭔가를 해보려는 것이냐?"

백상건이 고개를 숙인 채 한동안 있다가 고개를 들고서 대답했다.

"그렇습니다."

안자가 말했다.

"굿을 한들 아무런 도움이 없고 하지 않는다 한들 아무런 손해가 없다. 세금 징수를 엷게 하고 백성의 힘을 허비하지 말아야 하니, 장차 임금께서 이를 아시게끔 하라."

齊景公爲露寢之臺, 成而不踊焉, 柏常騫曰: "爲臺甚急, 臺成, 君何爲不踊焉?" 公曰: "然. 梟昔者鳴, 其聲無不爲也. 吾惡之甚, 是以 不踊焉." 柏常騫曰: "臣請禳而去之!" 公曰: "何具?" 對曰: "築新室, 爲置白茅焉." 公使爲室, 成, 置白茅焉. 柏常騫夜用事, 明日問公曰: "今昔聞梟聲乎?" 公曰: "一鳴而不復聞." 使人往視之, 梟當陛布翼伏地而死. 公曰: "子之道若此其明也! 亦能益寡人壽乎?" 對曰: "能." 公曰: "能益幾何?" 對曰: "天子九·諸侯七·大夫五." 公曰: "亦有徵兆之見乎?" 對曰: "得壽, 地且動." 公喜, 令百官趣具騫之所求. 柏常騫出, 遭晏子於塗, 拜馬前, 辭曰: "騫爲君禳梟而殺之, 君謂騫曰: 子之道若此其明也, 亦能益寡人壽乎? 騫曰能. 今且大祭, 爲君請壽. 故將往, 以聞." 晏子曰: "嘻, 亦善矣! 能爲君請壽也. 雖然, 吾聞之: 惟以政與德順乎神, 爲可以益壽. 今徒祭可以益壽乎? 然則福兆有見乎?" 對曰: "得壽地將動." 晏子曰: "騫, 昔吾見維星絕, 樞星散, 地其動. 汝以是乎?" 柏常騫俯有間, 仰而對曰: "然." 晏子曰: "爲之無益, 不爲無損也. 薄賦斂, 無費民, 且令君知之!"

18-10

무릇 수해와 가뭄은 둘 다 하늘과 땅 사이의 음과 양이 행하는 바이다. 큰 가뭄이 들면 기우제를 지내 비를 청하고, 큰 홍수가 나면 북을 쳐서 토지신을 겁주는 것은 어째서인가? 말하겠다.

양이란 음이 자라난 것이다. 그래서 새의 경우에는 수컷이 양이 되고 암컷이 음이 되며, 짐승에 있어서는 수컷이 양이 되고 암컷이 음이 되며, 사람의 경우에는 지아비가 양이 되고 지어미가 음이 되며, 집 안의 경우에는 아버지가 양이 되고 자식들이 음이 되며, 나라에 있어서는 임금이 양이 되고 신하가 음이 된다. 그래서 양은 귀하고 음은 천하며 양은 높고 음은 낮은 것이 하늘과도 같은 도리이다. 지금 큰 가뭄이 드는 것은 양기가 크게 성대해져서 음기를 압박하기 때문이니, 음기는 압박당하고 양기는 견고해서 양기가 음기를 틀어막고 있는 것이다. 이처럼 막고 압박함이 지나치게 심해서 음기가 일어날 수 없게 만드니, 실로 기우제를 지내 절하면서 비를 청할 뿐 감히 음기를 더할 수는 없다. 큰 홍수가 나는 것과 일식이 생겨나는 것은 모두 음기가 크게 성대해져서 위로 양기의 정수를 덜어내기 때문이니, 천함이 귀함을 올라타고 낮은 지위가 높은 지위를 능멸하는 것은 차례를 크게 거스르고 마땅하지 못한 것이다. 그래서 북을 쳐서 으르고 붉은 실을 토지신 사당에 둘러매어 겁을 주는 것이다. 이로 말미암아 보건대, (공자가 지은 역사서) 『춘추』는 바로 하늘과 땅의 지위를 바르게 하고 음과 양의 잘못을 응징한 것으로, 차례를 거스르는 것에 대해 곧바로 꾸짖어 어려움을 피하지 않았으니 이는 실로 『춘추』가 사나운 권력을 두려워하지 않은 것이다. 그래서 장엄한 토지신을 겁박했더라도 신령을 공경해 신이하게 여기지 않은 것이 아니고, 천왕(天王)을 내쫓았더라도 임금을 존귀하게 여기지 않은 것이 아니며, 괴외(蒯聵)의 명을 거절했더라도 그 아버지를 따르지 않은 것이 아니고, 문강(文姜)과의 어머니 관계를 끊었더라도 그 어머니를 사랑하지 않은 것이 아니다. 이는 그 마땅함을 남김없이 다한 것이로다! 그 마땅함을 남김없이 다한 것이로다.

夫水旱俱天地陰陽所爲也. 大旱則雩祭而請雨, 大水則鳴鼓而劫社. 何也? 曰: 陽者陰之長也, 其在鳥則雄爲陽, 雌爲陰; 其在獸則牡爲陽而牝爲陰; 其在民則夫爲陽而婦爲陰; 其在家則父爲陽而子爲陰; 其在國則君爲陽而臣爲陰. 故陽貴而陰賤, 陽尊而陰卑, 天之道也. 今大旱者, 陽氣太盛以厭於陰, 陰厭陽固, 陽其塡也, 惟塡厭之太甚, 使陰不能起也, 亦雩祭拜請而已, 無敢加也. 至於大水及日蝕者, 皆陰氣太盛而上滅陽精, 以賤乘貴, 以卑陵尊, 大逆不義, 故鳴鼓而懾之, 朱絲縈而劫之. 由此觀之, 春秋乃正天下之位, 徵陰陽之失. 直責逆者不避其難, 是亦春秋之不畏強禦也. 故劫嚴社而不爲不敬靈, 出天王而不爲不尊上, 辭蒯聵之命不爲不聽其父, 絶文姜之屬而不爲不愛其母, 其義之盡耶! 其義之盡耶!

18-11

제나라에 큰 가뭄이 들었을 때 경공이 여러 신하를 불러서 물었다.

"하늘이 비를 내리지 않은 지 오래되었으므로 백성에게 장차 굶주린 기색이 있을까 해서 내가 사람을 시켜 점을 치게 했더니, 그 빌미[祟]가 높은 산과 넓은 강에 있다고 했다. 과인이 세금을 조금 거둬 그것으로써 영산(靈山)에 제사를 지내려 하는데, 괜찮겠는가?"

여러 신하가 아무도 대답하지 않자, 안자가 나아가 말했다.

"안 됩니다. 여기에 제사를 지내봤자 아무런 도움이 되지 않습니다. 무릇 영산은 실로 돌을 몸으로 삼고 풀과 나무를 머리카락으로 삼고 있습니다. 하늘이 오랫동안 비를 내리지 않아서 머리카락이 장차 타들어가고 몸이 장차 뜨거워지려 하는데, 저 영산 홀로 비가 내리기를 바라지 않을 리 있겠습니까? 그러니 영산에 제사를 지내봤자 아무런 도움이 되지 않을 것입니다."

경공이 말했다.

"그게 안 된다면 나는 하백(河伯-물의 신)에게 제사를 지내고자 하는데, 괜찮겠는가?"

안자가 말했다.

"안 됩니다. 여기에 제사를 지내봤자 아무런 도움이 되지 않습니다. 무릇 하백은 물을 나라로 삼고 물고기와 자라를 백성으로 삼습니다. 하늘이 오랫동안 비를 내리지 않아서 샘물의 수위가 낮아지고 온갖 냇물이 말라붙어 나라가 장차 망하려 하고 백성이 장차 멸망하려 하는데, 저 하백 홀로 비를 필요로 하지 않을 리 있겠습니까? 그러니 하백에 제사를 지내봤자 아무런 도움이 되지 않을 것입니다."

경공이 말했다.

"(그러면) 지금 어떻게 해야 하는가?"

안자가 말했다.

"임금께서 진실로 궁전을 피해서 들판으로 나가 거처하시면서 영산·하백과 함께 가뭄을 걱정하신다면 어쩌면 다행히 비가 내릴지도 모릅니다."

이에 경공이 들판으로 나가 온몸을 햇빛에 드러낸 채 사흘을 지내자 하늘이 과연 큰비를 내려주어 백성이 모두 파종할 수 있었다. 경공이 말했다.

"좋도다. 안자의 말은 쓰지 않을 수가 없다. 그는 참으로 다움이 뛰어나도다!"

齊大旱之時, 景公召群臣問曰: "天不雨久矣, 民且有飢色, 吾使人卜之, 祟在高山廣水. 寡人欲少賦斂以祠靈山可乎?" 群臣莫對, 晏子進曰: "不可, 祠此無益也. 夫靈山固以石爲身, 以草木爲髮. 天久不雨, 髮將焦, 身將熱, 彼獨不欲雨乎? 祠之無益." 景公曰: "不然, 吾欲祠河伯可乎?" 晏子曰: "不可, 祠此無益也. 夫河伯以水爲國, 以魚鱉爲民. 天久不雨, 水泉將下, 百川竭, 國將亡, 民將滅矣, 彼獨不用雨乎? 祠之何益?" 景公曰: "今爲之奈何?" 晏子曰: "君誠避宮殿暴露, 與靈山河伯共憂, 其幸而雨乎!" 於是 景公出野, 暴露三日, 天果大雨, 民盡得種樹. 景公曰: "善哉! 晏子之言可無用乎? 其惟右德也!"

18-11은 『논어』「안연(顔淵)」편에 나오는 구절과 함께 읽어볼 수 있다.

제나라 경공이 공자에게 정치에 관해 묻자 공자가 말했다.
"임금은 임금다워야 하고 신하는 신하다워야 하며 아버지는 아버지다워야 하고 자식은 자식다워야 합니다."
경공이 말했다.
"좋은 말이다. 진실로 임금이 임금답지 못하고 신하가 신하답지 못하고 아비가 아비답지 못하고 자식이 자식답지 못하다면 제아무리 곡식이 많이 있다 한들 내가 그것을 먹을 수 있겠는가?"

18-12

무릇 하늘과 땅(의 기운)이 합쳐지면 만물을 낳아주는 기운에 정기(精氣-생명의 원천)가 있게 되고, 음과 양이 사라졌다 자라났다 하게 되면 변화에 때가 있게 된다. 때를 얻으면 다스려지고, 때를 잃으면 어지러워진다. 이 때문에 사람은 나면서부터 (갖추되) 제대로 갖추지 못한 다섯 가지가 있으니, 눈이 있으나 (제대로) 보지 못하는 것, 제대로 먹지 못하는 것, 제대로 걸어 다니지 못하는 것, 제대로 말하지 못하는 것, 능히 생육하지 못하는 것이 그것이다. 그래서 (태어난 지) 3개월이 되면 눈이 열려 능히 볼 수 있게 되고, 7개월이 되면 이가 나서 음식을 먹게 되고, 1년이 되면 정강이뼈가 생겨나서 걸을 수 있게 되고, 3년이 되면 숨구멍이 닫혀 없어지면서 그런 다음에야 능히 말을 할 수 있게 되고, 16세가 되어 정기가 통한 다음에야 능히 생육할 수 있게 된다.

음이 다하면 양으로 돌아가고, 양이 다하면 음으로 돌아간다. 그러므로 음은 양으로 인해 달라지고, 양은 음으로 인해 달라진다. 그래서 남자는 8개월이 되면 이가 나고 8세가 되면 이를 갈며 16세가 되면 정기가 조금 통하게 되고, 여자는 7개월이 되면 이가 나고 7세가 되면 이를 갈며 14세가 되면 정기가 조금 통하게 되는데, 불초한 자는 정기가 막 자라나 생육하는 기운을 느끼게 되면 정욕에 촉발되어 욕망을 마구 풀어놓기 때문에 생육하는 절도가 어지러워진다. 그래서 『시경』(「용풍(鄘風)·체동(蝃蝀)」편)에 이르기를 "이 같은 사람이여, 혼인을 생각하는구나! 크게 믿음이 없으니 명을 알지 못하는구나"라고 했다.

뛰어난 이는 그렇지 않아서 정기가 꽉 채워진 다음에야 적절한 때를 만나지 못할까 걱정하고, 적절한 실마리를 만나지 못했을 때는 마침내 정욕을 표출해서 노래를 부른다. (그래서) 『시경』(「패풍(邶風)·정녀(靜女)」)에 이르기를 "얌전한 여인 아름다운데, 성 모퉁이에서 나를 기다리네. 사랑하는데도 만나지를 못하니, 머리 긁적이며 주저주저하도다"라고 했고, (「패풍(邶風)·웅치(雄雉)」에서는) 또 "저 해와 달을 우러러보니 아득히 그리움이 밀려드는구나. 길이 멀다고 하니 언제나 내게 오려나"라고 했다. 이는 때를 잃을까 초조해하기를 매우 심하게 한 것이니, 그래서 해와 달을 언급했던 것이다.

夫天地有合, 則生氣有精矣; 陰陽消息, 則變化有時矣. 時得而治矣, 時失而亂矣. 是故 人生而不具者五: 目無見, 不能食, 不能行, 不能言, 不能施化. 故三月達眼而後能見, 七月生齒而後能食, 期年生臏而後能行, 三年合而後能言, 十六精通而後能施化. 陰窮反陽, 陽窮反陰, 故陰以陽變, 陽以陰變. 故男八月而生齒, 八歲而毀齒, 二八十六而精小通; 女七月而生齒, 七歲而毀齒, 二七十四而精化小通. 不肖者精化始至, 而生氣感動, 觸情縱欲, 故反施亂化. 故詩云: "乃如之人, 懷婚姻也; 大無信也, 不知命也." 賢者不然, 精化填盈後, 傷時之不可遇也, 不見道端, 乃陳情欲以歌. 詩曰: "靜女其姝, 俟我乎城隅; 愛而不見, 搔首踟躕." "瞻彼日月, 遙遙我思; 道之云遠, 曷云能來?" 急時之辭也, 甚焉, 故稱日月也.

18-13

도량권형(度量權衡)은 기장 알을 기준으로 생겨났다. (길이는) 기장 10알을 1푼으로 하고, 10푼을 1치로 하며, 10치를 1자로 하고, 10자가 1장이 된다. (무게는) 기장 16알이 1두가 되고, 5두가 1수가 되며, 24수가 1냥이 되고, 16냥이 1근이 되며, 30근이 1균이 되고, 4균이 1석이 된다. (부피는) 기장 1,200알이 1약이 되고, 2약이 1홉이 되며, 10홉이 1되가 되고, 10되가 1말이 되며, 10말이 1섬이 된다.

度量權衡以黍生之 十粟爲一分, 十分爲一寸, 十寸爲一尺, 十尺爲一丈. 十六黍爲一豆, 六豆爲一銖, 二十四銖重一兩, 十六兩爲一斤, 三十斤爲一鈞, 四鈞重一石. 千二百黍爲一龠, 合龠爲合, 十合爲一升, 十升爲一斗, 十斗爲一石.

18-14

무릇 육경(六經)이란 제왕이 지은 것인데, 영험한 동물 네 가지가 찾아오지 않음이 없었다. 임금다움이 성대하면 그에 해당하는 동물이 길러지는 것으로 여겼으니, 다스려져 태평하면 그 때에 맞는 기운이 찾아오게 된다.

그러므로 기린(麒麟)은 고라니의 몸통에 소의 꼬리를 하고서 둥근 이마에 외뿔이 달렸는데, 어짊과 마땅함[仁義]을 품어 안고 소리는 율려(律呂)에 딱 들어맞으며 걸음걸이는 척도에 딱 들어맞고 몸을 굽히고 도는 것은 잣대에 딱 들어맞는다. 땅을 잘 가려서 밟고 자리가 평평한 곳이라야 머무르며 무리 지어 살지 않고 떼 지어 다니지 않는다. 현란하도다, 기린이 바탕과 문채[質文]를 갖고 있음이여! 가만히 있으면 이치에 고분고분하고, 움직이면 장엄한 용모가 드러난다.

황제가 즉위해 오직 빼어난 은혜를 베풀며 하늘을 받들었고, 도리를 밝히며 한결같이 자신을 닦았으며, 오직 어짊을 행해 온 천하가 화평했다.

그러나 아직 봉황(鳳凰)을 보지 못했으니, 봉황의 모습을 사모해 밤낮으로 그리워하다가 이에 마침내 천로(天老)에게 물었다.

"봉황의 모습은 어떻게 생겼는가?"

천로가 말했다.

"저 봉황은 앞은 큰 기러기 모양이고 뒤는 기린 모습으로, 목은 뱀 같고 꼬리는 물고기 같고 이마를 보면 원앙이 떠올려지며 무늬는 용 같고 몸은 거북 같고 턱은 제비 같고 부리는 닭 같으며 짝을 이룬 두 날개는 몸의 가운데에 모여 있습니다. 머리는 다움을 이고 있고 정수리는 마땅함을 들어 올리며 등은 어짊을 지고 있고 마음은 뜻을 품고 있습니다. 먹을 때는 바탕이 있고 마실 때는 위엄이 있으며, 갈 때는 문채가 있고 올 때는 아름다움이 있습니다. 새벽에 우는 것을 발명(發明)이라 하고 낮에 우는 것을 보장(保長)이라 하며 날아가면서 우는 것을 상상(上翔)이라 하고 모여들어 우는 것을 귀창(歸昌)이라고 합니다. 날개는 마땅함을 끼고 있고 마음속은 충직함을 품었으며, 발은 바른 도리를 밟고 있고 꼬리는 무(武)를 달고 있으며, 작은 소리는 징에 부합하고 큰 소리는 북에 부합합니다. 목을 늘려 날개를 펼치면 다섯 색깔이 모두 드러나는데, 이 빛이 팔풍(八風)을 일으키고 기운이 때에 맞는 비를 내리게 합니다. 이것이 봉황의 모습입니다. 무릇 오직 봉황만이 능히 만물 만사를 끝까지 궁구(窮究)할 수 있고 하늘의 복과 통하며 온갖 형상을 드러내고 도리에 통달했으니, 봉황이 떠나가면 재앙이 있고 나타나면 복이 있게 됩니다. 구주(九州)를 두루 살피고 팔극(八極)을 관찰하며 문과 무를 갖추고서 왕의 나라를 바로잡고 사방을 위엄 있게 비추니, 어진 사람과 빼어난 사람 모두 봉황 앞에서 엎드려 복종합니다. 그래서 제왕 중에 봉황의 모습 한 가지를 얻은 자에게는 봉황이 지나가고, 모습 두 가지를 얻은 자에게는 봉황이 내려오고, 모습 세 가지를 얻은 자에게는 봉황이 봄가을에 내려오고, 모습 네 가지를 얻은 자에게는 봉황이 계절마다 내려오고, 모습 다섯 가지를 얻은 자에게는 봉황이 종신토록 곁에 머물러 있습니다."

황제가 말했다.

"아, 성대하도다!"

이에 황색 면관(冕冠)을 갖추고 황색 띠를 하고서 궁 안에서 재계를 하니, 봉황이 마침내 태양을 가리며 내려왔다. 황제가 동쪽 계단으로 내려가서 서쪽을 향해 머리를 조아리고 말했다.

"황천이 이를 내려주시니, 감히 명을 받들지 않을 수 있겠나이까!"

이에 봉황이 마침내 드디어 동쪽 동산에 모여들어서 황제의 정원에서 자란 죽실(竹實)을 먹고 황제의 오동나무에 서식하며 종신토록 떠나지 않았다.

『시경』(「대아(大雅)·권아(卷阿)」)에 이르기를 "봉황이 우네, 저 높은 산마루에서. 오동나무가 자라네, 저 아침 햇살 비치는 산 동쪽에서. 오동나무 무성한데 화락하도다! 봉황의 울음소리여"라고 한 것은 바로 이를 가리키는 말이다.

영험한 거북[靈龜]은 오색 무늬가 있어 옥과 비슷하고 금과 비슷한데, 음을 등지고 양을 향해 있다. 등이 솟아오른 것은 하늘을 본받은 것이고 아래가 평평한 것은 땅을 본받은 것이다. 구불구불 사방으로 뻗은 것은 산을 본받았고, 네발의 움직임은 사계절에 호응하며, 등의 무늬는 28수(宿)를 본받았다. 뱀의 머리와 용의 목을 하고 있으니, 왼쪽 눈동자는 해를 본뜨고 오른쪽 눈동자는 달을 본떠서 천년의 변화를 알며, 아래의 기운을 위로 통하게 해서 능히 길흉과 존망의 변화 원인을 알아낸다. 편안할 때는 몸을 쭉 펴고, 움직일 때는 모든 것이 훤히 드러난다.

신령스러운 용[神龍]은 능히 높이 올라갈 수도 있고 아래로 내려갈 수도 있으며 능히 크게 될 수도 있고 작게 될 수도 있으며 능히 어둡게 감출 수도 있고 훤히 밝게 드러낼 수도 있고 능히 짧아질 수도 있고 길어질 수도 있다. 밝도다, 높은 하늘에 있음이여! 깊도다, 저 낮은 연못에 있음이여! 넓도다, 하늘의 빛이여! 높도다, 그 드러냄이여! 한 번 있다가 한번 없어짐이 한순간이니, 화려하게 무늬를 이루었도다! 아무것도 안 할 때는 온화하다가 일단 일을 하게 되면 신령스럽게 변화를 이뤄낸다. 아 진실하도다! 군자가 이를 신령에 비유하니, 저 위엄 있는 거동을 잘 살펴서 그윽하고 한가로이 노닌다면 봉황과도 같은 점들이 있을 것이다.

『서경』(「우서(虞書)·익직(益稷)」편)에 이르기를 "새와 짐승들이 너울 너울 춤추니, 봉황이 와서 함께 춤추도다"라고 한 것은 바로 이를 가리키는 말이다.

凡六經帝王之所著, 莫不致四靈焉. 德盛則以爲畜, 治平則時氣至矣. 故麒麟麇身牛尾, 圓頂一角, 合仁懷義, 音中律呂, 行步中規, 折旋中矩, 擇土而踐, 位平然後處, 不群居, 不旅行. 紛兮其有質文也, 幽閒則循循如也, 動則有儀容. 黃帝即位, 惟聖恩承天, 明道一脩, 惟仁是行, 宇內和平, 未見鳳凰. 維思影像, 夙寐晨興, 於是 乃問天老曰: "鳳儀如何?" 天老曰: "夫鳳, 鴻前麟後, 蛇頸魚尾, 鸛顙鴛思, 龍文龜身, 燕頷雞喙, 駢翼而中注, 首戴德, 頂揭義, 背負仁, 心信志, 食則有質, 飮則有儀, 往則有文, 來則有嘉. 晨鳴曰發明, 晝鳴曰保長, 飛鳴曰上翔, 集鳴曰歸昌. 翼挾義, 衷抱忠, 足履正, 尾繫武, 小聲合金, 大音合鼓; 延頸奮翼, 五色備舉, 光興八風, 氣降時雨, 此謂鳳像. 夫惟鳳爲能究萬物, 通天祉, 象百狀, 達于道. 去則有災, 見則有福, 覽九州, 觀八極, 備文武, 正王國, 嚴照四方, 仁聖皆伏. 故得鳳之像一者鳳過之, 得二者鳳下之, 得三者春秋下之, 得四者四時下之, 得五者終身居之." 黃帝曰: "於戲盛哉!" 於是 乃備黃冕, 帶黃紳, 齋於中宮, 鳳乃蔽日而降. 黃帝降至東階, 西面啟首曰: "皇天降玆, 敢不承命?" 於是 鳳乃遂集東囿, 食帝竹實, 棲帝梧樹, 終身不去. 詩云: "鳳凰鳴矣, 于彼高岡; 梧桐生矣, 于彼朝陽. 菶菶萋萋, 雍雍喈喈", 此之謂也. 靈龜五色, 似玉似金, 背陰向陽, 上隆象天, 下平法地, 槃衍象山, 四趾轉運應四時, 文著象二十八宿. 蛇頭龍脰, 左精象日, 右精象月, 千歲之化, 下氣上通, 能知吉凶存亡之變. 寧則信信如也, 動則著矣. 神龍能爲高, 能爲下, 能爲大, 能爲小, 能爲幽, 能爲明, 能爲短, 能爲長. 昭乎其高也, 淵乎其下也, 薄乎天光, 高乎其著也. 一有一亡忽微哉, 斐然成章, 虛無則精以和, 動作者靈以化. 於戲允哉! 君子辟神也, 觀彼威儀, 遊燕幽間, 有似鳳也. 書曰: "鳥獸鶬鶬, 鳳凰來儀", 此之謂也.

18-14는 『논어』 「자한(子罕)」편에 나오는 다음 구절을 이해하는 데 도움을 준다.

공자가 말했다.
"봉황새가 오지 않고 황하에서는 용마의 그림이 나오지 않으니, 나는 끝났구나!"

봉황새(鳳鳥)가 오지 않는다는 것은 순(舜)임금 때 봉황새가 와서 춤을 추었고 주나라 문왕(文王) 때 봉황새가 기산(岐山)에서 울었다는 고사와 관련이 있으니, 봉황새가 왔다는 것은 상서로운 일이 있었다는 뜻이다. 황하(黃河)에서 하도(河圖)가 나오지 않는다는 것은 복희(伏羲) 때 황하에서 용마가 나왔는데 등에 그림이 그려져 있었다는 고사와 관련이 있으니, 이 또한 마찬가지로 상서로운 일이 있었음을 뜻한다.

결국 이 말은 복희 때와 순임금, 문왕 때와 같은 상서로운 일이 더는 일어나지 않았다는 것이다. 그렇기에 공자는 "나는 끝났도다(吾已矣夫)"라며 탄식한다. 자신은 임금이 될 만한 다움(德)을 갖췄으나 상서로운 조짐이 없다고 하면서 더는 임금 자리를 차지할 수 없게 되었음을 받아들이는 순간이다. 이처럼 임금다움을 갖췄지만, 임금이 되지 못한 사람을 소왕(素王)이라고 했다.

18-15

(주나라) 성왕(成王) 때 세 가지 곡식의 싹이 뽕나무를 뚫고 자라나서 하나의 이삭으로 합쳐졌는데, 그 크기가 거의 수레를 가득 채울 정도가 되니 백성이 이를 가져다가 성왕에게 바쳤다. 성왕이 주공(周

公)에게 물었다.

"이것이 무엇이오?"

주공이 말했다.

"세 가지 곡식의 싹이 하나의 이삭으로 합쳐져서 하나가 되었다는 것은 천하가 이에 화합해 하나가 된다는 뜻일 것입니다."

3년 후에 월상씨(越裳氏)가 여러 차례 통역을 해가면서 찾아와 조현하며 말했다.

"길이 아득히 멀고 산천이 험하고 깊어서 한 사람의 사신으로는 뜻이 통하지 못할까 두려워, 그래서 이중삼중으로 통역하며 찾아와 조현하는 것입니다."

주공이 말했다.

"덕택을 더해주지 않았으면 군자는 그 폐물을 받지 않고, 정령을 시행하지 않았으면 군자는 그 사람을 신하로 삼지 않는다."

역관이 말했다.

"제가 우리나라 노인으로부터 오래전에 들은 말이 있는데, 하늘이 매서운 바람과 장맛비를 내리지 않는 것을 보니 아마도 중국에 빼어난 이가 있을 것이라고 했습니다. 빼어난 이가 있다면 어찌 조현하지 않을 수 있겠습니까?"

그런 다음에야 주공은 그들이 갖고 온 폐물을 삼가 받았다.

成王時有三苗貫桑而生, 同爲一秀, 大幾盈車, 民得而上之成王. 成王問周公: "此何也?" 周公曰: "三苗同秀爲一, 意天下其和而爲一乎?" 後三年則越裳氏重譯而朝, 曰: "道路悠遠, 山川阻深, 恐一使之不通, 故重三譯而來朝也." 周公曰: "德澤不加, 則君子不饗其質(贄); 政令不施, 則君子不臣其人." 譯曰: "吾受命於吾國之黃髮久矣, 天之無烈風淫雨, 意中國有聖人耶? 有則盍朝之!" 然後周公敬受其所以來矣.

18-16

주나라 혜왕(惠王) 15년에 어떤 귀신이 신(莘) 땅에 내려오는 일이 있었다. 왕이 내사(內史) 과(過)에게 물었다.

"이는 어떤 연유인가? 이런 일이 원래 있는 것인가?"

대답해 말했다.

"있습니다. 나라가 장차 흥하려 하면 그 임금은 몸과 마음을 가다듬고 눈을 밝혀서 중정(中正)하고 정결하게 은혜를 베푸니, 그 다움은 족히 향기로운 향기가 신명에게까지 밝게 닿게 하고 그 은혜는 족히 그 백성을 하나로 단결시킵니다. 신명이 흠향하고 백성은 임금을 따르니, 백성과 신명 모두 원망함이 없게 됩니다. 그래서 밝은 신명이 내려와 그 임금의 정사와 다움을 살펴서 복을 고르게 펴주는 것입니다. (반면에) 나라가 장차 망하려 하면 그 임금은 탐욕스럽고 음란하며 편벽되어서 그릇되고 안일하며 방종하고 게을러지게 되니 거칠고 추악하며 사납고 모질어집니다. 그 정치는 썩어 문드러져 악취가 나서 좋은 향기가 하늘로 올라가지 못하고, 그 형벌은 법률을 속이고 없는 죄를 만들어서 백성으로 하여금 뿔뿔이 흩어지게 하고 두 마음을 품게 만듭니다. 그러므로 밝은 신명이 흠향하지 않고 백성이 멀리 떠날 생각만 해서, 백성과 신명이 모두 미워하고 원망하니 마음 둘 곳이 없습니다. 그래서 신이 또 내려와 그 가혹하고 그릇된 정치를 살펴서 재앙을 내려줍니다. 이 때문에 어떤 때는 귀신이 나타나 흥하기도 하고, 또 어떤 때는 그로 인해 망하기도 하는 것입니다. 옛날에 하(夏)나라가 흥하려 할 때는 축융(祝融-불과 여름의 신)이 숭산(崇山)에 내려왔고, 망하려 할 때는 회록(回祿)이 정수(亭隧)에서 이틀 밤을 묵었습니다. 상(商)나라가 흥하려고 할 때는 도올(檮杌)이 비산(丕山)에 머물렀고, 망하려 할 때는 이양(夷羊)이 목야(牧野)에 있었습니다. 주(周)나라가 흥하려고 할 때는 악작(鸑鷟-신령스러운 봉황)이 기산(岐山)에서 울었고, 쇠망하려 할 때는 두백(杜伯)의 신이 호(鎬-호경)에서 선왕(宣王)을 활로 쏘아 맞혔습니다. 이는 모두 신명이 나타났던 것을 기록한 것입니다."

왕이 말했다.

"신 땅에 내려온 신명은 어떤 귀신인가?"

대답해 말했다.

"옛날에 소왕(昭王)이 방(房)나라의 딸을 아내로 맞아들였는데, 이를 방후(房后)라고 했습니다. 방후는 다움을 잃은[爽德=失德] 것이 (요임금의 아들) 단주(丹朱)에 필적했으니, 단주의 귀신이 방후의 몸에 붙어서 짝이 되어 목왕(穆王)을 낳았습니다. 이 귀신은 주나라 자손들의 다움을 살펴서 복을 내리거나 화를 내립니다. 무릇 하나의 신은 사람에게 머물며 멀리 옮겨가지 않습니다. 이로 말미암아 보건대, 이는 아마도 단주의 귀신일 것입니다."

왕이 말했다.

"그 누가 복과 화를 받게 되는가?"

대답해 말했다.

"괵(虢)나라입니다."

왕이 말했다.

"그렇다면 어째서인가?"

대답해 말했다.

"신이 듣건대, 도리를 행해 귀신을 얻으면 이를 일러 풍복(豐福)이라 하고 음란을 행해 귀신을 얻으면 이를 일러 탐화(貪禍)라고 한다고 했습니다. 지금 괵나라 임금이 제법 황음(荒淫)하니 아마도 망할 것입니다."

왕이 말했다.

"나는 이에 어찌해야 하는가?"

대답해 말했다.

"태재(太宰)로 하여금 태축(太祝)과 태사(太史)를 데리고 이성(狸姓)의 사람을 대동하고서 희생(犧牲)과 자성(粢盛-새 곡식)과 옥백(玉帛)을 받들고 가서 신령에게 바치게 하되, 뭔가를 구하려 하지 말고 맑은 마음으로 빌게 하십시오."

왕이 말했다.

"괵나라는 얼마나 가겠는가?"

대답해 말했다.

"옛날에 요(堯)임금은 (오기(五器)·오덕(五德)·오복(五服)·오례(五禮)·오형(五刑) 등) 다섯으로써 백성을 다스렸는데 지금 그 후예가 나타났으니, 귀신이 나타나면 반드시 그에 해당하는 일이 일어나게 됩니다. 이를 통해 보건대 5년을 넘기지 못할 것입니다."

왕이 태재 기보(己父)를 시켜 부씨(傅氏)와 태축을 데리고 가서 희생과 옥으로 만든 잔을 바치게 했다. 내사 과가 태재 일행을 따라 괵나라에 갔는데, 괵공이 또 태축과 태사를 시켜서 땅을 더 달라고 요청하게 했다. 내사 과가 돌아와 왕에게 고해 말했다.

"괵나라는 반드시 망할 것입니다. 귀신에게 깨끗한 마음으로 제사를 올리지 않는 채[不禋] 복을 구하기만 하면 귀신이 반드시 화를 내리고, 백성을 제 몸과 같이 여기지 않는 채[不親] 백성을 부리려고만 하면 백성이 반드시 명을 어깁니다. 정성을 다해 제사를 지내는 것이 인(禋)이고, 자애로운 마음으로 백성을 보호하는 것이 친(親)입니다. (그런데) 지금 괵공은 궁핍한 백성을 내몰아서 그릇된 욕망을 채우고 있습니다. 백성 마음을 떠나게 하고 귀신을 화나게 하면서 이익만 구하고 있으니, 실로 (나라를 보존하기란) 어렵지 않겠습니까!"

혜왕 19년에 진(晉)나라가 괵나라를 차지했다.

周惠王十五年, 有神降于莘. 王問於內史過曰: “是何故, 有之乎?” 對曰: “有之. 國將興, 其君齋明衷正, 精潔惠和, 其德足以昭其馨香, 其惠足以同其民人, 神饗而民聽, 民神無怨, 故明神降焉, 觀其政德而均布福焉. 國將亡, 其君貪冒淫僻, 邪佚荒怠, 蕪穢暴虐; 其政腥臊, 馨香不登, 其刑矯誣, 百姓攜貳, 明神不蠲, 而民有遠意, 民神痛怨, 無所依懷, 故神亦往焉, 觀其苛慝而降之禍. 是以 或見神而興, 亦有以亡. 昔夏之興也, 祝融降于崇山; 其亡也, 回祿信[=再宿]於亭隧. 商之興也, 檮杌次於丕山; 其亡也, 夷羊在牧. 周之興也, 鸑鷟鳴於岐山; 其衰也, 杜伯射宣王於鎬. 是皆明神之紀者也.” 王曰: “今是何神耶?” 對曰: “昔昭王娶于房曰房后, 是有爽德協于丹朱, 丹朱憑身以儀之, 生穆王焉. 是監燭周之子孫而福禍之. 夫一神不遠徙遷, 若由是觀之, 其丹朱耶?” 王曰: “其誰受之?” 對曰: “在虢.” 王曰: “然則何爲?” 對曰: “臣聞之. 道而得神, 是謂豐福; 淫而得神, 是謂貪禍. 今虢少荒, 其亡也.” 王曰: “吾其奈何?” 對曰: “使太宰以祝史率狸姓, 奉犧牲粢盛玉帛往獻焉, 無有祈也.” 王曰: “虢其幾何?” 對曰: “昔堯臨民以五, 今其胄見; 鬼神之見也, 不失其物. 若由是觀之, 不過五年.” 王使太宰己父率傅氏及祝, 奉犧牲玉觴往獻焉. 內史過從至虢, 虢公亦使祝史請土焉. 內史過歸告王曰: “虢必亡矣. 不禋於神, 而求福焉, 神必禍之; 不親於民, 而求用焉, 民必違之. 精意以享, 禋也; 慈保庶民, 親也. 今虢公動匱百姓以盈, 其違離民怒神, 而求利焉, 不亦難乎?” 十九年, 晉取虢也.

18-17

제나라 환공(桓公)이 북쪽으로 가서 고죽국(孤竹國)을 정벌할 때, 비이산(卑耳山) 계곡에서 10리쯤 못 미쳐서는 갑자기 멈추고서 놀란

눈으로 바라보았다. 얼마 후에 화살을 쥐고서도 감히 쏘지 못하더니, 크게 탄식하며 말했다.

"이번 일은 아마도 성공하지 못할 것이다. 키가 1자쯤 되는 사람이 면류관을 쓴 채 사람 모습을 하고서 왼쪽 옷깃을 걷어 올린 채 말 앞을 달려갔다."

관중(管仲)이 말했다.

"이번 일은 반드시 성공할 것입니다. 이 사람은 도리를 아는 귀신입니다. 말 앞으로 달려갔다는 것은 인도한다는 뜻이고, 왼쪽 옷깃을 걷어 올렸다는 것은 앞에 물이 있으니 왼쪽 방면으로 건너라는 뜻입니다."

행군을 해서 10리쯤 가자 과연 요수(遼水)라는 강이 나왔다. (수심을 재어) 표시를 하고 왼쪽 방면을 따라서 물을 건너자 물이 복사뼈까지 차올랐는데, 오른쪽 방면을 따라 물을 건너보니 무릎까지 차올랐다. 이미 강을 건너자 전쟁에서 과연 승리했다. 환공이 관중의 말 앞에서 절을 하며 말했다.

"중보(仲父)의 빼어남이 이와 같으니, 과인이 (그것을 몰라본) 죄를 지은 지가 오래되었구려."

관중이 말했다.

"이오(夷吾)가 듣건대, 빼어난 사람은 일이 형체를 드러내기에 앞서 먼저 안다고 했습니다. (그런데) 지금 저는 이미 형체가 드러나고 나서야 마침내 그것을 알았으니, 이는 이오가 (임금의) 가르침을 잘 받들었기 때문이지 빼어나서가 아닙니다."

齊桓公北征孤竹, 未至卑耳谿中十里, 闟然(흡연)而止, 瞠然而視. 有頃奉矢未敢發也, 喟然歎曰: "事其不濟乎! 有人長尺, 冠冕而人物具焉, 左袪衣走馬前者." 管仲曰: "事必濟, 此人知道之神也. 走馬前者, 導也, 左袪衣者,

前有水也, 從左方渡." 行十里果有水, 曰遼水. 表之, 從左方渡至踝(과), 從右方渡至膝. 已渡, 事果濟. 桓公拜管仲馬前曰: "仲父之聖至如是, 寡人得罪久矣." 管仲曰: "夷吾聞之, 聖人先知無形. 今已有形乃知之, 是夷吾善承教, 非聖也."

18-18

오나라가 월나라를 쳐서 회계산성(會稽山城)을 무너뜨리고 수레를 가득 채울 만큼의 큰 뼈를 얻게 되자, 사자를 시켜 공자에게 물었다.

"뼈가 무엇이길래 이렇게 큽니까?"

공자가 말했다.

"우왕이 회계산에 여러 귀신을 모이게 했을 때 방풍씨(防風氏)가 가장 늦게 도착하자 우왕이 그를 죽여 처벌했는데, 그의 뼈가 수레를 가득 채웠습니다. 이것이 그 큰 뼈입니다."

사자가 말했다.

"(우왕이 부른) 귀신들은 누구입니까?"

공자가 말했다.

"산천의 신령들이니, 천하의 기강을 잡기에 충분해서 산천을 지키는 귀신들이었습니다. 사직을 주관하는 귀신은 공후(公侯)가 되고 산천의 토지신은 제후가 되니, 모두 왕에게 속합니다."

"방풍씨는 무엇을 지켰습니까?"

공자가 말했다.

"방풍씨는 왕망씨(汪芒氏)의 임금으로서 봉산(封山)과 우산(嵎山)을 지키던 귀신입니다. 그 귀신은 희성(釐姓)이었는데, 우하(虞夏-순임금과 하나라) 때 방풍씨가 되었고 상나라 때 왕망씨라 했으며 주나라에서는 장적씨(長狄氏)라 했고 지금은 대인(大人)이라 합니다."

사자가 말했다.

"사람의 키가 얼마나 됩니까?"

공자가 말했다.

"초요씨(僬僥氏)가 3척으로 가장 작고, 큰 사람(-종족)도 10자를 넘지는 않으니 10이란 수의 정점이기 때문입니다."

사자가 말했다.

"훌륭합니다. 빼어난 이시여!"

吳伐越, 隳(휴)會稽, 得骨專車, 使使問孔子曰: "骨何者最大?" 孔子曰: "禹致群臣(神)會稽山, 防風氏後至, 禹殺而戮之, 其骨節專車. 此爲大矣." 使者曰: "誰爲神?" 孔子曰: "山川之靈. 足以紀綱天下者, 其守爲神. 社稷爲公侯, 山川之祀爲諸侯, 皆屬於王者." 曰: "防風氏何守?" 孔子曰: "汪芒氏之君守封嵎之山者也, 其神爲釐姓, 在虞夏爲防風氏, 商爲汪芒氏, 於周爲長狄氏, 今謂之大人." 使者曰: "人長幾何?" 孔子曰: "僬僥氏三尺, 短之至也; 長者不過十, 數之極也." 使者曰: "善哉! 聖人也."

18-18부터 18-21까지는 공자의 박식함에 관한 이야기가 이어진다.

18-19

중니가 진(陳)나라에 있을 때 새매가 진나라 임금[陳侯]의 뜰에 앉아서 죽었는데, 호시(楛矢-싸리나무 화살)가 새매를 관통해 있었다. 돌화살촉의 길이가 한 자 여덟 치 되는 화살이었다. 진나라 임금이 사람을 시켜 공자에게 물으니 공자가 말했다.

"새매가 먼 곳에서 왔는데, 이는 숙신씨(肅愼氏) 화살입니다. 옛날에 무왕이 상나라를 이기고 구이(九夷)와 백만(百蠻)으로 이르는 길을 통해 각국이 그 지방의 재물들을 가지고 와서 바치게 함으로써 직무를 잊지 않고 늘 생각하게 했습니다. 이에 숙신씨는 호시를 바쳤는데, 돌화살촉을 썼고 화살의 길이는 한 자 여덟 치였습니다. 선왕(-무왕)께서는 자신의 아름다운 임금다움이 먼 곳까지 이르렀음을 밝히시고자 그 화살의 오늬에 '숙신씨가 공물로 바친 호시이다'라고 새겨 태희(大姬)에게 주어 위로하면서 우호공(虞胡公)에게 시집보내고 진나라에 봉해주었습니다. 동성에게 진귀한 옥을 주는 것은 친족을 중시하는 것이고, 이성에게 먼 지방에서 바친 공물을 주는 것은 직무를 잊지 않게 하기 위함입니다. 그 때문에 이성인 진나라에 숙신씨가 바친 호시를 주었던 것입니다."

시험 삼아 옛 창고에서 호시를 찾아보게 했더니 과연 그 호시를 찾을 수 있었다.

仲尼在陳, 有隼(준)集於陳侯之廷而死, 楛矢貫之, 石砮矢長尺有咫. 陳侯使問孔子, 孔子曰: "隼之來也遠矣, 此肅愼氏之矢也. 昔武王克商, 通道九夷百蠻, 使各以其方賄來貢, 思無忘職業. 於是 肅愼氏貢楛矢石砮長尺有咫, 先王欲昭其令德之致, 故銘其栝曰: 肅愼氏貢楛矢, 以勞大姬, 配虞胡公而封諸陳. 分同姓以珍玉, 展親也; 分別姓以遠方職貢, 使無忘服也. 故分陳以肅愼氏之矢." 試求之故府, 果得焉.

18-20

(노나라 대부) 계환자(季桓子)가 우물을 파다가 흙 항아리를 얻었는

데 그 속에 양이 있었다. 사람을 보내 그것을 갖고서 공자에게 묻되, 개가 나왔다고 말하라고 시켰다. 공자가 말했다.

"내가 들은 바로는 개가 아니라 곧 양이네. 나무의 요정은 기(夔)와 망량(罔兩=魍魎)이고 물의 요정은 용과 망상(罔象)이며 흙의 요정은 분양(羵羊)이니, 개가 아닐 것이네."

환자가 말했다.

"좋도다!"

季桓子穿井得土缶, 中有羊, 以問孔子, 言得狗. 孔子曰: "以吾所聞, 非狗, 乃羊也. 木之怪夔罔兩, 水之怪龍罔象, 土之怪羵羊也, 非狗也." 桓子曰: "善哉!"

18-21

초나라 소왕(昭王)이 강을 건너는데, 크기가 말[斗]만 한 물건이 (강에) 떠 있다가 곧바로 왕이 탄 배와 닿자 배 안으로 들어와 멈추었다. 소왕은 크게 이상하게 여겨 사람을 보내 공자에게 물어보게 하니, 공자가 말했다.

"이것의 이름은 평실(萍實-부평초 열매)로, 쪼개서 먹을 수 있소. 오직 패자(霸者)만이 능히 그것을 얻을 수 있으니, 이는 길하고 상서로운 조짐이오."

그 후에 제나라에 다리가 하나뿐인 새가 날아와서 전 앞에 머물며 날개를 펼친 채 폴짝폴짝 뛰었다. 제나라 임금이 크게 이상하게 여겨 역시 사람을 보내 공자에게 물어보게 하니, 공자가 말했다.

"이것의 이름은 상양(商羊)인데, 서둘러 백성에게 알려서 빨리 수로를 손질하시오. 하늘이 장차 큰비를 내릴 것이오."

이에 공자 말대로 하자 하늘이 과연 큰비를 내렸는데, 다른 나라들은 모두 수해를 당했고 제나라 홀로 평안했다. 공자가 돌아오자 제자들이 질문을 청하니, 공자가 말했다.

"예전에 어린아이들이 노래 부르기를 '초나라 왕이 강을 건너다가 평실을 얻었는데, 크기는 말만 하고 붉기는 태양과 같았다네! 쪼개서 먹으니 단맛이 꿀과 같도다'라고 했으니, 이는 초나라에 응험이 있는 것이었다. 아이들이 또 둘씩 짝을 이뤄 한쪽 다리를 들고 뛰면서 '하늘이 장차 큰비를 내리려고 하니 상양이 일어나 춤을 추네'라고 했는데, 제나라가 상양을 얻었으니 실로 그에 호응한 것이다. 무릇 동요를 부르고 나면 일찍이 호응이 따르지 않은 적이 없었다."

그러므로 빼어난 이는 도리를 지킬 뿐 아니라 많은 일을 보고 기억해 곧바로 그에 상응하는 일을 알아차린다.

楚昭王渡江, 有物大如斗, 直觸王舟, 止於舟中; 昭王大怪之, 使聘問孔子. 孔子曰: "此名萍實, 可剖而食之. 惟霸者能獲之, 此吉祥也." 其後齊有飛鳥一足來下, 止於殿前, 舒翅而跳, 齊侯大怪之, 又使聘問孔子. 孔子曰: "此名商羊, 急告民趣治溝渠, 天將大雨." 於是 如之, 天果大雨, 諸國皆水, 齊獨以安. 孔子歸, 弟子請問, 孔子曰: "異時小兒謠曰: 楚王渡江得萍實, 大如斗, 赤如日, 剖而食之, 美如蜜. 此楚之應也. 兒又有兩兩相牽, 屈一足而跳, 曰: 天將大雨, 商羊起舞. 今齊獲之, 亦其應也. 夫謠之後, 未嘗不有應隨者也." 故聖人非獨守道而已也, 睹物記也, 即得其應矣.

18-21은 『논어』 「자한(子罕)」편에 나오는 공자의 모습과 대비가 된다.

공자가 말했다.

"솜으로 된 남루한 옷을 입고서 여우나 담비 가죽으로 만든 귀한 옷을 입은 자와 나란히 서 있으면서도 부끄러워하지 않는 자는 다름 아닌 자로일 것이다. 『시경』에 이르기를 '남을 해치지 않고 남의 것을 탐하지 않는다면 어찌 좋다고 하지 않을 수 있겠는가?'라고 했다."

자로가 이 말을 듣고서 늘 이 시구를 읊고 다니자 공자가 꾸짖었다.

"그렇게 달달 외우기만 한다면 그 방법이 어찌 족히 좋다고 할 수 있겠는가?"

「자로(子路)」편에도 자로를 꾸짖는 듯한 공자의 말이 나온다.

"『시경』 300편을 외운다 하더라도 정사를 맡겼을 때 잘하지 못하고 외국에 사신으로 나가서는 혼자 응대해 처결하지 못한다면, 비록 많이 배웠다 한들 또한 어디에다 쓰겠는가?"

18-22

정나라 간공(簡公)이 공손성자(公孫成子-자산)를 보내 진(晉)나라에 빙문하게 했으니, 평공(平公)이 병을 앓고 있었기 때문이다. 한선자(韓宣子)가 사신들을 이끌어 객관을 정해주자 손님(-자산)이 임금의 병세를 물었다. 이에 (한선자가) 대답했다.

"임금께서 질병을 앓으신 지 오래되었습니다. 위아래 하늘과 땅의 귀신에게 두루 제사를 지내며 고하지 않은 바가 없었는데도 병이 낫지를 않습니다. 지금 꿈에서 누런 곰이 침실 문에 들어왔다고 하니, 죽은 사람의 귀신인지 악귀인지 모르겠습니다."

(정나라) 자산(子産)이 말했다.

"임금께서 눈 밝고 그대가 정치를 잘하고 있는데 무슨 악귀가 있겠습니까? 내가 듣건대, 옛날에 곤(鯀)이 요임금의 명을 어기어 우산(羽山)으로 유배되었다가 죽은 뒤 누런 곰으로 바뀌어 우연(羽淵)으로 들어갔는데, 이 곤이 하나라 교제(郊祭)의 귀신이 되어 하·은·주 삼대에 걸쳐 제사를 받았다고 합니다. 무릇 귀신이 영향을 미치는 것은 그 족류가 아니면 그와 같은 지위를 가진 사람까지 포함되니, 이 때문에 천자는 상제에게 제사를 지내고 공후는 백신(百神)에게 제사를 지내며 경(卿)으로부터 그 이하는 자기 조상의 범위를 넘지 않습니다. 지금은 주나라 왕실이 조금 미미해져서 진(晉)나라가 실로 그 뒤를 이었는데, 혹시 하나라 교제를 올리지 않은 적이 있습니까?"

선자가 그 내용을 고하고 하나라 교제사를 지내면서 동백(董伯)을 시동으로 삼으니, 닷새 만에 평공의 병이 나았다. 평공이 자산을 만나 보고 그에게 거(莒)나라에서 만든 세 발 쇠솥을 내려주었다.

鄭簡公使公孫成子來聘於晉, 平公有疾. 韓宣子贊受館客, 客問君疾, 對曰: "君之疾久矣. 上下神祇, 無不遍諭也, 而無除. 今夢黃熊入於寢門, 不知人鬼耶? 亦厲鬼耶?" 子產曰: "君子明, 子爲政, 其何厲之有? 僑聞之: 昔鯀違帝命, 殛之于羽山, 化爲黃熊, 以入于羽淵, 是爲夏郊, 三代舉之. 夫鬼神之所及, 非其族類, 則紹其同位, 是故 天子祠上帝, 公侯祠百神, 自卿以下不過其族. 今周室少卑, 晉實繼之, 其或者未舉夏郊也?" 宣子以告, 祀夏郊, 董伯爲尸, 五日瘳. 公見子產賜之莒鼎.

18-23

괵공(虢公)이 꿈에서 사당에 있었는데, 한 귀신이 사람 얼굴을 하고 흰 털에 호랑이 발톱을 갖추고서 도끼를 쥔 채 사당의 서쪽 언덕에 있었다.

공이 두려워 달아나자 귀신이 말했다.

"달아나지 말라. 상제께서 오늘 진(晉)나라를 시켜 너희 문을 습격하게 하셨다."

공이 절하고 머리를 조아렸다. 잠에서 깨어나 사효(史嚚)를 불러 점을 치게 하니, 효가 말했다.

"임금께서 말씀하신 대로라면 그것은 욕수(蓐收)입니다. 욕수는 하늘의 벌을 주관하는 귀신이니, 하늘은 복과 화를 내릴 때 그 일을 관장하는 신을 내보이어 자기의 뜻을 드러냅니다."

공이 사효를 가두게 하고, 또 신하들을 시켜 꿈을 축하하게 했다. 주지교(舟之僑)가 여러 친족에게 일러 말했다.

"괵나라가 오래가지 못할 것이라는 말의 뜻을 나는 마침내 이제야 알았다. 임금이 헤아리지 못해 대국이 자기에게 습격해 오는 것을 축하하라고 하니, 우리에게 무슨 도움이 되겠는가? 내가 듣건대 큰 나라가 도리가 있어 작은 나라가 거기로 들어가는 것을 복종이라고 했고, 작은 나라가 오만해 큰 나라가 거기로 들어가는 것을 주벌이라고 했다. 백성은 임금이 사치하는 것을 싫어해서 드디어 명을 거스르게 되는데, 지금 그 꿈을 좋다고 여기고 있으니 사치가 반드시 더 심해질 것이다. 이는 하늘이 경계로 삼을 거울을 빼앗아서 그 죄악을 늘리려는 것이니, 백성은 그런 작태를 미워하고 하늘도 또한 그를 나쁜 쪽으로 유혹할 것이다. 큰 나라가 와서 주벌하려 하는데 내리는 명령마다 일의 이치를 거스르고 있고, 종실이 이미 미약하고 제후들은 우리를 멀리하니 안팎으로 친한 나라가 없다. 이에 누가 구해주겠는가? 나는 차마 망하는 것을 기다릴 수 없으니 장차 떠날 것이다."

자기의 종족들을 데리고 진나라로 가서 살았는데, 3년이 지나자 괵나라는 마침내 멸망했다.

虢公夢在廟, 有神人面白毛虎爪執鉞, 立在西阿. 公懼而走, 神曰: “無走! 帝今日使晉襲于爾門.” 公拜頓首. 覺, 召史嚚占之, 嚚曰: “如君之言, 則蓐收也. 天之罰神也, 天事官成.” 公使囚之, 且使國人賀夢. 舟之僑告其諸侯(族)曰: “虢不久矣, 吾乃今知之. 君不度, 而賀大國之襲於己也, 何瘳? 吾聞之曰: 大國道, 小國襲焉, 曰服; 小國傲, 大國襲焉, 曰誅. 民疾君之侈也, 是以 遂於逆命. 今嘉其夢, 侈必展, 是天奪之鑑而益其疾也! 民疾其態, 天又誑之; 大國來誅, 出令而逆. 宗國既卑, 諸侯遠己, 外內無親, 其誰云救之? 吾不忍俟, 將行.” 以其族適晉, 三年虢乃亡.

18-23은 조짐을 보고서 미리 떠나는 군자의 모습이다.

18-24

진나라 평공이 사기궁(虒祁宮)을 지을 때 말하는 돌이 있다는 이야기가 떠돌았다.

평공이 사광(師曠)에게 물었다.

“돌이 어떻게 말을 하는가?”

대답해 말했다.

“돌은 말을 할 수 없으니 아마도 귀신이 돌에 빙의되어 말을 했거나, 그렇지 않다면 백성이 잘못 들은 것일 터입니다. 신이 듣건대, 일을 일으키는 것이 때에 맞지 않아서 백성 사이에 원망과 비방이 일어나게 되면 말하지 않는 사물들도 말을 한다고 했습니다. 지금 궁실을 높고 사치스럽게 지어 백성의 힘이 고갈되었습니다. 백성이 미워하고 원망해 그 삶이 편안치 못하니, 돌이 말을 하는 것도 얼마든지 가능하지 않겠습니까!"

晉平公築虒祁之室, 石有言者. 平公問於師曠曰: "石何故言?" 對曰: "石不能言, 有神憑焉; 不然民聽之濫也. 臣聞之, 作事不時, 怨讟(원독)動於民, 則有非言之物而言. 今宮室崇侈, 民力屈盡, 百姓疾怨, 莫安其性, 石言不亦可乎?"

18-25

진나라 평공이 젖먹이 호랑이가 엎드린 채 꼼짝도 하지 않는 것을 보고는 사광을 돌아보며 말했다.

"내가 듣건대, 패업이나 왕업을 이룬 임금이 나타나면 맹수는 엎드린 채 감히 일어나지 않는다고 했다. 지금 과인이 밖으로 나갔다가 젖먹이 호랑이가 엎드린 채 꼼짝도 하지 않는 것을 보았는데, 이것도 혹 맹수인가?"

사광이 말했다.

"까치는 고슴도치를 잡아먹고, 고슴도치는 꿩의 일종인 준의를 잡아먹고, 준의는 표범을 잡아먹고, 표범은 박(駮)을 잡아먹고, 박은 호랑이를 잡아먹는다고 했습니다. 저 박은 얼룩말과 모양이 비슷하니, 지금 임금께서는 출타하실 때 분명 검은 말을 타고서 사냥 나오지 않으셨습니까?"

공이 말했다.

"그렇다."

"신이 듣건대, 한 번 자신을 속인 자는 궁해지고 두 번 자신을 속인 자는 치욕을 당하며 세 번 자신을 속인 자는 죽는다고 했습니다. 그런데 저 호랑이가 꼼짝도 하지 않은 것은 검은 말 때문이지, 진실로 주군의 다움과 마땅함 때문이 아닙니다. 임금께서는 어찌 자신을 한 번 속이십니까?"

평공이 훗날 나와서 조회를 보는데, 새들이 평공을 에워싼 채 떠나가지 않자 사광을 돌아보며 말했다.

"내가 듣건대, 패업이나 왕업을 이룬 임금이 나오면 봉황이 내려온다고 했다. 지금 나와서 조회를 보는데 새들이 나를 에워싼 채 아침이 끝나도록 떠나가지 않으니, 이것이 혹 봉황인가?"

사광이 말했다.

"동방에 새가 있는데 이름을 간가(諫珂)라고 합니다. 그 새는 몸에 문채가 있고 발이 붉은데, 새를 미워하고 여우를 좋아합니다. 지금 우리 임금께서는 분명 여우 갖옷을 입고 조회에 나오셨습니까?"

평공이 말했다.

"그렇다."

사광이 말했다.

"신이 이미 일찍이 말씀드린 바 있듯이, 한 번 자신을 속인 자는 궁해지고 두 번 자신을 속인 자는 치욕을 당하고 세 번 자신을 속인 자는 죽는다고 했습니다. 지금 새들이 임금을 에워싼 것은 여우 갖옷 때문이지, 우리 임금의 다움과 마땅함 때문이 아닙니다. 임금께서는 어찌 자신을 두 번 속이십니까?"

평공이 불쾌해했다. 훗날 사기궁 누대에서 술자리를 베풀고 낭중 마장(馬章)을 시켜서 계단 위에 가시풀이 있는 남가새[蒺藜]를 깔아놓게 한 뒤 사람을 지켜 사광을 불렀다. 사광이 도착해서는 신을 신은 채 당에 오르자 평공이 말했다.

"어찌 남의 신하 된 자가 신을 신은 채로 당에 오를 수 있는가?"

사광이 신발을 벗고 남가새 위를 걸어가니 가시가 발을 찔렀고, 엎드려 기어가니 가시가 무릎을 찔렀다. 사광이 하늘을 우러러보며 탄식하자, 공이 일어나 그를 이끌면서 말했다.

"지금 노인네와 장난을 쳐본 것인데, 노인께서 갑자기 근심을 하시는가?"

대답해 말했다.

"근심스럽습니다. 무릇 살 속에 스스로 벌레가 생기면 도리어 살을 파먹고, 나무에 스스로 좀이 생기면 도리어 나무를 갉아 먹으며, 사람에게 스스로 요사스러움이 생기면 도리어 자기 생명을 해칩니다. 다섯 쇠솥 제기에 쥐눈이콩 같은 음식을 담는 것이 마땅하지 않듯이, 임금의 당에 질려가 자라는 것은 마땅하지 않습니다."

평공이 말했다

"지금 어떻게 해야 하겠는가?"

사광이 말했다.

"요사스러운 기운이 이미 앞에 있으니 어찌할 도리가 없습니다. 다음 달 초8일에 백관을 거느리고서 태자를 세우십시오. 임금께서는 장차 죽을 것입니다."

다음 달 8일 아침이 되자 평공이 사광에게 일러 말했다.

"노인네는 오늘이 내가 죽는 날이라고 했는데, (아직도 죽지 않은) 과인의 모습이 어떠한가?"

사광은 기분이 좋지 않아 하직을 아뢰고 돌아갔는데, 돌아간 지 얼마 안 되어 평공이 죽으니 마침내 사람들은 사광이 신령스럽고 눈 밝다는 것을 알게 되었다.

晉平公出畋, 見乳虎伏而不動, 顧謂師曠曰: "吾聞之也, 霸王之主出, 則猛獸伏不敢起. 今者寡人出, 見乳虎伏而不動, 此其猛獸乎?" 師曠曰:

"鵲食猬, 猬食鵕鸃, 鵕鸃食豹, 豹食駮(얼룩말), 駮食虎. 夫駮之狀有似駮馬, 今者君之出必驂駮馬而出畋乎?" 公曰: "然." 師曠曰: "臣聞之, 一自誣者窮, 再自誣者辱, 三自誣者死. 今夫虎所以不動者, 爲駮馬也, 固非主君之德義也. 君奈何一自誣乎?" 平公異日出朝, 有鳥環平公不去, 平公顧謂師曠曰: "吾聞之也, 霸王之主, 鳳下之. 今者出朝有鳥環寡人, 終朝不去, 是其鳳鳥乎?" 師曠曰: "東方有鳥名諫珂, 其爲鳥也, 文身而朱足, 憎鳥而愛狐. 今者吾君必衣狐裘, 以出朝乎?" 平公曰: "然." 師曠曰: "臣已嘗言之矣, 一自誣者窮, 再自誣者辱, 三自誣者死. 今鳥爲狐裘之故, 非吾君之德義也. 君奈何而再自誣乎?" 平公不悅. 異日置酒虒祁之臺, 使郎中馬章布蒺藜於階上, 令人召師曠. 師曠至, 履而上堂, 平公曰: "安有人臣履而上人主堂者乎?" 師曠解履刺足, 伏刺膝, 仰天而歎. 公起引之曰: "今者與叟戲, 叟遽憂乎?" 對曰: "憂. 夫肉自生蟲, 而還自食也; 木自生蠹, 而還自刻也; 人自興妖, 而還自賊也. 五鼎之具不當生藜藿, 人主堂廟不當生蒺藜." 平公曰: "今爲之奈何?" 師曠曰: "妖已在前, 無可奈何. 入來月八日, 脩百官, 立太子, 君將死矣." 至來月八日得旦, 謂師曠曰: "叟以今日爲期, 寡人如何?" 師曠不樂謁歸, 歸未幾而平公死, 乃知師曠神明矣.

18-26

조간자(趙簡子)가 적(翟)나라 사람 봉도(封荼)에게 물었다.

"내가 듣건대 적나라에 사흘 동안 곡식이 비처럼 내렸다는데, 정말 그랬소?"

말했다.

"그랬습니다."

"또 듣건대 사흘 동안 피가 비처럼 내렸다는데, 정말 그랬소?"

말했다.

"그랬습니다."

말했다.

"또 듣건대 말이 소를 낳고 소가 말을 낳았다는데, 정말 그랬소?"

말했다.

"그랬습니다."

간자가 말했다.

"큰일이오! 요얼(妖孽-요상한 징조)이 실로 나라를 망하게 하기에 충분하오."

대답해 말했다.

"사흘 동안 곡식이 비처럼 내린 것은 세찬 바람에 날려 위로 올라갔다가 내려온 것이고, 사흘 동안 피가 비처럼 내린 것은 사나운 새들이 하늘 위에서 격전을 벌이다 피가 떨어진 것이며, 말이 소를 낳고 소가 말을 낳은 것은 말과 소를 섞어서 길렀기 때문입니다. 이는 적나라의 요얼이 아닙니다."

간자가 말했다.

"그렇다면 적나라의 요얼은 무엇이오?"

대답해 말했다.

"그 나라가 자주 분열되고, 그 임금이 유약하고, 그 경들이 재물만 밝히고, 그 대부들이 당파를 이뤄 작록을 얻으려고만 하고, 그 백관들이 제멋대로 일을 결단하나 (백성은) 호소할 곳이 없고, 그 정령이 끝까지 시행되지를 않은 채 자주 바뀌고, 그 선비들이 속이고 탐욕스러우며 서로 원망하는 것, 이것이 우리나라의 요얼입니다."

趙簡子問翟封荼曰: "吾聞翟雨穀三日, 信乎?" 曰: "信." "又聞雨血三日,信乎!" 曰: "信." "又聞馬生牛, 牛生馬, 信乎?" 曰: "信." 簡子曰: "大哉, 妖亦足以亡國矣!" 對曰: "雨穀三日, 虻風之所飄也; 雨血三日, 鷙鳥擊於上也; 馬生牛, 牛生馬, 雜牧也. 此非翟之妖也." 簡子曰: "然則翟之妖奚也?" 對曰: "其國數散, 其君幼弱, 其諸卿貨, 其大夫比黨以求祿爵, 其百官肆斷而無告, 其政令不竟而數化, 其士巧貪而有怨, 此其妖也."

18-27

(노나라) 애공(哀公)이 활을 쏘아 직신(稷神)을 맞추고는 입에 병이 나서 고기를 먹지 못했다. 직신에게 제사를 지내면 나을까 싶어 무관(巫官)에게 점을 치게 하니, 무관이 점괘를 가려서 말했다.

"직신이 다섯 가지 곡식을 짊어지고 곡식 줄기를 받쳐 들고서 하늘로부터 내려오다가 아직 땅에 이르지도 못했는데 줄기가 부러졌으니, 엽곡(獵谷)의 노인이 옷자락을 활짝 펴서 그것을 받았습니다. 어째서 그 노인에게 고해 제사를 지내지 않으십니까?"

공이 그 말을 따르자 입병이 사라졌다.

哀公射而中稷, 其口疾不肉食. 祠稷而問善卜之巫官, 巫官變曰: "稷負五種, 託株而從天下, 未至於地而株絕, 獵谷之老人張衽以受之. 何不告祀之?" 公從之, 而疾去.

18-28

편작(扁鵲)이 조나라 왕궁을 지나갈 때 왕의 태자가 갑작스러운 질병으로 죽었다. 편작이 궁궐 문에 이르러 말했다.

"내가 듣건대 도성 안에 갑자기 매장할 일이 생겼다고 하는데, 급한 병으로 죽은 것이 아니오?"

중서자(中庶子) 중에 의술을 잘하는 사람이 응답해 말했다.

"그렇소. 왕의 태자가 갑작스러운 질병으로 죽었소."

편작이 말했다.

"궁 안에 들어가 정나라 의원 진월인(秦越人)이 능히 태자를 살릴 수 있다 하더라고 말해주시오."

중서자가 따지며 물었다.

"내가 듣건대 상고시대 의원 중에 묘보(苗父)라는 자가 있었는데, 묘보가 환자를 치료할 때는 골풀[菅]로 자리를 깔고 꼴풀로 개의 모양을 만들어 북쪽을 향해 기도하면서 단지 열 마디만 했을 뿐인데도 여러 부축 받아 온 사람, 들것에 실려 온 사람들이 모두 전과 같이 완쾌되었다고 했소. 그대의 의술도 능히 이와 같이 할 수가 있소?"

편작이 말했다.

"불가능하오."

또 말했다.

"내가 듣건대 중고시대 의원 중에 유부(兪柎)라는 자가 있었는데, 유부가 환자를 치료할 때는 뇌수를 누르고 황막(肓莫)을 묶은 뒤 아홉 구멍[九竅=九穴]을 불로 지져 경락(經絡)을 안정시킴으로써 죽은 사람을 다시 살아나게 했으니, 그래서 유부라고 불린다고 했소. 그대의 의술도 능히 이와 같이 할 수가 있소?"

편작이 말했다.

"불가능하오."

중서자가 말했다.

"그대의 의술이 이러하니, 비유하자면 대롱으로 하늘을 보고 송

곳으로 땅을 찌르는 것과도 같소. 보아야 할 하늘은 심히 큰데 보는 대롱은 너무 작지요. 헤아려보건대, 그대의 이 같은 의술로 어찌 동자(童子)의 죽음을 바꿀 수 있겠소?"

편작이 말했다.

"그렇지 않소. 일이란 본래 어두운 데서 돌을 던져도 모기의 정수리에 맞는 경우가 있고, 눈을 가리고도 흑백을 구별하는 경우가 있지요. 태자의 질병은 시궐(尸厥)이라는 것인데, 혹시 그렇지 않다고 여기거든 시험 삼아 들어가서 진단해보시오. 태자의 두 허벅지는 당연히 따뜻할 것이고 귓속에서는 휘휘 하는 소리가 마치 휘파람 소리처럼 들릴 것이니, 모두 치료할 수 있는 것들이오."

중서자가 들어와서 조나라 왕에게 보고하자 왕이 맨발로 문밖으로 내달려 와서 말했다.

"선생께서 먼 길을 와서 다행히 과인을 만나주셨군요. 선생이 다행히 살려주신다면 저 똥흙 같은 내 자식은 하늘이 덮어주고 땅이 실어주는 큰 은혜를 입어 오랫동안 삶을 살아갈 수 있겠지만, 선생께서 불행히도 살려내지 못하신다면 저보다 먼저 죽어 시신이 골짜기나 도랑을 메우게 될 것입니다."

말을 다 마치지 않았는데도 눈물이 흘러 옷깃을 적셨다. 편작이 드디어 태자를 위해 진료했다. 먼저 헌광(軒光)의 부엌을 만들어 팔성탕(八成湯)을 달이고, 침석(鍼石)을 갈아서 삼양(三陽)과 오수(五輸)의 경혈에 침을 놓았다. 자용(子容)이 약재를 찧고, 자명(子明)이 귀에 약을 불어넣고, 양의(陽儀)가 정신을 되돌리고, 자월(子越)이 몸을 부축하고, 자유(子遊)가 안마했다. (이에) 태자가 드디어 다시 살아나니, 천하 사람들이 이를 듣고서 모두 말했다.

"편작은 죽은 사람도 능히 살려낸다."

편작이 말했다.

"내가 죽은 사람을 능히 살려낸 것이 아니라, 단지 마땅히 살 수 있는 사람을 살린 것일 뿐이다. 무릇 죽은 사람은 오히려 약을 써도 살려낼 수 없다."

슬프도다! (이와 마찬가지로) 어지러운 임금의 정치는 약으로도 구제할 수 없다. 『시경』(「대아(大雅)·판(板)」)에 이르기를 "저지른 악행이 너무나도 많아 약으로도 구제할 수가 없구나!"라고 했으니, 잘못된 정치의 해악이 너무도 심함을 말한 것이다.

扁鵲過趙王, 王太子暴疾而死. 鵲造宮門曰: "吾聞國中卒有壞土之事, 得無有急乎?" 中庶子之好方者應之曰: "然, 王太子暴疾而死." 扁鵲曰: "入言鄭醫秦越人能活太子." 中庶子難之曰: "吾聞上古之爲醫者曰苗父, 苗父之爲醫也, 以菅爲席, 以芻爲狗, 北面而祝, 發十言耳, 諸扶而來者, 輿而來者, 皆平復如故. 子之方能如此乎?" 扁鵲曰: "不能." 又曰: "吾聞中古之爲醫者曰俞柎, 俞柎之爲醫也, 搦腦髓, 束肓莫, 炊灼九竅[구규]而定經絡, 死人復爲生人, 故曰俞柎. 子之方能若是乎?" 扁鵲曰: "不能." 中庶子曰: "子之方如此, 譬若以管窺天, 以錐利地. 所窺者甚大, 所見者甚少, 鈞若子之方, 豈足以變童子哉?" 扁鵲曰: "不然. 物故有味揥而中蚊頭, 掩目而別白黑者. 太子之疾, 所謂尸厥者也, 以爲不然, 試入診之. 太子股陰當溫, 耳中焦焦如有嘯[소]者聲然者, 皆可治也." 中庶子入報趙王, 趙王跣而趨出門曰: "先生遠辱幸臨寡人. 先生幸而有之, 則糞土之息, 得蒙天履地而長爲人矣. 先生不有之, 則先犬馬填溝壑矣." 言未已, 涕泣沾襟. 扁鵲遂爲診之, 先造軒光之竈, 八成之湯, 砥針礪石, 取三陽五輸; 子容擣藥, 子明吹耳, 陽儀反神, 子越扶形, 子游矯摩. 太子遂得復生, 天下聞之皆曰: "扁鵲能生死人." 鵲辭曰: "予非能生死人也, 特使夫當生者活耳. 夫死者猶不可藥而生也." 悲夫, 亂君之治, 不可藥而息也. 詩曰: "多將熇熇, 不可救藥!" 甚之之辭也.

18-29

공자가 새벽에 당 위에 서 있다가 너무도 슬프게 곡하는 사람의 소리를 듣고는 거문고를 가져다가 연주했는데, 그 소리가 똑같았다. 공자가 나오자 제자 중에 슬퍼하는 사람이 있었으니, 공자가 물었다.

"누구인가?"

말했다.

"안회(顏回)입니다."

공자가 말했다.

"회는 어째서 이렇게 슬퍼하는가?"

회가 말했다.

"지금 곡을 하는 사람이 있어 그 소리가 참으로 슬픈데, 이는 단지 죽은 자만을 위해서 곡하는 것이 아니라 또한 생이별 때문에 곡하는 것입니다."

공자가 말했다.

"어떻게 그것을 아는가?"

회가 말했다.

"완산(完山)의 새 울음소리와 비슷합니다."

공자가 말했다.

"어떻길래?

회가 말했다.

"완산의 새가 새끼 4마리를 낳았는데, 날개가 이미 다 자라나서 마침내 사해로 흩어지려 하자 어미 새가 슬피 울면서 보냈습니다. 이렇게 가버리고 나면 다시는 돌아오지 않기 때문입니다."

공자가 사람을 시켜 곡하는 사람에게 물어보았더니, 곡하는 사람이 말했다.

"아버지가 돌아가셨는데, 집 안이 가난해서 자식들을 팔아 장례를 치렀으니 장차 자식들과 이별하게 되었습니다."

공자가 말했다.

"훌륭하도다, 빼어난 안회여!"

孔子晨立堂上, 聞哭者聲音甚悲, 孔子援琴而鼓之, 其音同也. 孔子出, 而弟子有吒者, 問: "誰也?" 曰: "回也." 孔子曰: "回何爲而吒?" 回曰: "今者有哭者其音甚悲, 非獨哭死, 又哭生離者." 孔子曰: "何以知之?" 回曰: "似完山之鳥." 孔子曰: "何如?" 回曰: "完山之鳥生四子, 羽翼已成乃離四海, 哀鳴送之. 爲是往而不復返也." 孔子使人問哭者, 哭者曰: "父死家貧, 賣子以葬之, 將與其別也." 孔子曰: "善哉, 聖人也!"

18-30

(제나라) 경공이 오구(梧丘)에서 사냥할 때 아침이 되기에는 아직 이른 시간이어서 일단 앉아서 졸고 있었는데, 꿈에서 다섯 사내가 북쪽을 향해 자신들은 죄가 없다고 말하는 장면을 보았다. 공이 꿈에서 깨어나서 안자를 불러 꿈에서 본 장면들을 이야기하면서 말했다.

"내가 일찍이 죄 없는 사람을 죽이거나 처벌한 일이 있는가?"

안자가 대답했다.

"옛날에 선군 영공(靈公)께서 사냥하실 때 다섯 사내가 그물을 치다가 짐승들을 놀라게 하자 그들을 죽이고서는 머리를 잘라 매장했으니, 다섯 장부의 무덤이라고 불렀습니다. 아마도 이곳 같습니다."

공이 사람들에게 영을 내려 무덤을 찾아서 파 오게 하니, 다섯 사람의 머리가 한 구덩이에 같이 있었다. 공이 아! 하고 탄식하고는 관리에게 영을 내려 제대로 장사지내게 해주었다. 나라 사람들은 그 꿈은 알지 못한 채 이렇게 말했다.

"임금께서는 백골도 가련히 여기시는데 하물며 산 사람임에랴!"

(그때부터 나랏일이라고 하면) 힘을 남김없이 다했고 지혜를 남김없이 다했다. 그래서 말하기를 임금이 좋은 일을 하기는 쉽다고 하는 것이다.

景公畋於梧丘, 夜猶蚤, 公姑坐睡而夢有五丈夫, 北面倖盧, 稱無罪焉. 公覺, 召晏子而告其所夢, 公曰: "我其嘗殺不辜而誅無罪耶?" 晏子對曰: "昔者先君靈公畋, 五丈夫罟而駭獸, 故殺之斷其首而葬之, 曰五丈夫之丘. 其此耶?" 公令人掘而求之, 則五頭同穴而存焉. 公曰嘻, 令吏葬之. 國人不知其夢也, 曰: "君憫白骨, 而況於生者乎?" 不遺餘力矣, 不釋餘智矣. 故曰, 人君之爲善易矣.

18-31

자공(子貢)이 공자에게 물었다.

"죽은 사람은 지성이 있습니까, 없습니까?"

공자가 말했다.

"죽은 사람도 지성이 있다고 말하려 하니, 효자나 순손(順孫)들이 자기의 생명을 해치면서까지 (두텁게) 장례를 치러 죽은 이를 보낼까 걱정이다. 지성이 없다고 말하려 하니, (그렇게 되면) 불효하는 자손들이 죽은 부모의 시신을 버리고 장례를 치르지 않을까 걱정이다. 자공아! 죽은 사람이 지성이 있는지 없는지를 알고 싶으냐? 죽은 뒤에 서서히 스스로 알게 되어도 오히려 늦지 않을 것이다."

子貢問孔子: "死人有知無知也?" 孔子曰: "吾欲言死者有知也, 恐孝子順孫妨生以送死也; 欲言無知, 恐不孝子孫棄不葬也. 賜欲知死人有知將無知也? 死徐自知之, 猶未晚也!"

18-31은 『논어』「선진(先進)」편에 나오는 자로와 공자의 대화와 그대로 통한다.

계로(季路-자로)가 공자에게 귀신을 섬기는 것에 관해 묻자 공자가 말했다.
"사람도 제대로 섬길 수 없는데 어찌 귀신을 능히 섬기겠는가?"
계로가 "감히 죽음에 관해 묻겠습니다"라고 하자 공자가 말했다.
"삶을 모르는데 어찌 죽음을 알겠는가?"

18-32

(춘추시대 말기 초나라 평왕의 태자인) 왕자 건(建)이 도성을 나가 성보(城父)를 지키러 가다가, 도중에 삼밭에서 성공건(成公乾)을 만나 그에게 물었다.
"이곳은 어떤 곳입니까?"
성공건이 말했다.
"농사짓는 밭입니다."
"밭이란 뭐 하는 곳입니까?"
말했다.
"삼을 기르는 곳입니다."
"삼이란 무엇입니까?"

말했다.

"옷을 짓는 재료입니다."

그러고는 성공건이 말했다.

"옛날에 (초나라) 장왕(莊王)께서 진(陳)나라를 칠 때 유소씨(有蕭氏)의 땅에 가서 머무셨는데, 객사 관리인에게 '이 골목은 손을 보지 않아서 좋지 못하도다. 어찌 도랑을 쳐서 통하게 하지 않는가'라고 하셨습니다. 장왕께서는 오히려 골목의 좋지 못함과 도랑을 손보지 않음에 대해서도 아셨는데 지금 우리 그대께서는 밭에 있는 (좋은) 삼과 삼이 옷을 짓는 (좋은) 재료라는 것조차 알지 못하시니, 우리 그대는 아마도 사직을 주관하지 못할 것입니다."

왕자는 과연 왕으로 세워지지 못했다.

王子建出守於城父, 與成公乾遇於疇中, 問曰: "是何也?" 成公乾曰: "疇也." "疇也者, 何也?" 曰: "所以爲麻也." "麻也者, 何也?" 曰: "所以爲衣也." 成衣乾曰: "昔者莊王伐陳, 舍於有蕭氏, 謂路室之人曰: '巷其不善乎! 何溝之不浚也?' 莊王猶知巷之不善, 溝之不浚, 今吾子不知疇之爲麻, 麻之爲衣, 吾子其不主社稷乎?" 王子果不立.

권19

수문[修文]

애쓰는 법을 닦음

19-1

천하에 도리가 있으면 예악(禮樂)을 제작하는 일과 정벌의 권한이 천자로부터 나온다. 무릇 공업을 이루고 나면 예를 제정하고 다스림이 안정되고 나면 악을 지으니, 예와 악이란 교화를 행하는 데 있어 가장 큰 것이다.

(『효경』에서) 공자가 말했다.

"풍속을 좋게 바꾸는 데는 악보다 좋은 것이 없고, 윗사람을 편안케 하고 백성을 잘 다스리는 데는 예보다 좋은 것이 없다."

이 때문에 빼어난 왕은 예문(禮文)을 잘 정비하고 학교[庠序]를 설치했으며 종과 북 같은 악기를 진열했다. 천자의 학궁을 벽옹(辟雍)이라 하고 제후들의 학궁을 반궁(泮宮)이라 하니, 다움과 교화를 행하기 위한 곳이다. 『시경』(「대아(大雅)·문왕유성(文王有聲)」)에 이르기를 "호경(鎬京)에 벽옹을 세우자 서쪽으로부터, 동쪽으로부터, 남쪽으로부터, 북쪽으로부터 마음으로 복종하지 않는 자가 없었다네"라고 한 것은 이를 두고 한 말이다.

天下有道, 則禮樂征伐自天子出. 夫功成制禮, 治定作樂, 禮樂者, 行化之大者也. 孔子曰: "移風易俗, 莫善於樂; 安上治民, 莫善於禮." 是故 聖王修禮文, 設庠序, 陳鍾鼓, 天子辟雍, 諸侯泮宮, 所以行德化. 詩云: "鎬京辟雍, 自西自東, 自南自北, 無思不服", 此之謂也.

19-1의 첫 문장은 그대로 『논어』 「계씨(季氏)」편에 나오는 공자의 말과 일치한다. 결국 수문(修文)을 가장 필요로 하는 사람은 무엇보다 임금이다. 제례작악(制禮作樂)의 주관자이기 때문이다.

공자가 말했다.

"천하에 도리가 있으면 예악(禮樂)을 제작하는 일과 정벌의 권한이 천자로부터 나오고, 도리가 없으면 천자가 아닌 그 아래 제후들로부터 나온다. 제후로부터 명이 나오게 되면 10대 안에 정권을 잃지 않는 경우가 드물고, 그 아래 대부로부터 나오면 5대 안에, 그리고 가신이 나라의 명을 잡으면 3대 안에 잃지 않는 경우가 드물다. 천하에 도리가 있다면 정사(의 주도권)가 대부에게 있지 않고, 천하에 도리가 있다면 (정사가 제대로 될 것이므로) 아랫사람들이 함부로 정사에 대해 의견을 내지 않는다."

19-2

은덕을 쌓으면 사랑이 되고 사랑을 쌓으면 어짊이 되며 어짊을 쌓으면 신령스러움이 되니, 영대(靈臺)가 신령스러운 까닭은 어짊을 쌓았기 때문이다. 신령스러움이란 하늘과 땅의 근본이고 만물 만사의 시작이다. 이 때문에 (주나라) 문왕(文王)이 처음으로 어짊으로써 백성을 대하자 천하에 어짊을 행하지 않는 사람이 없었다. (문왕의) 문(文)이란 다움이 지극한 것이니, 다움이 지극하지 않으면 능히 (백성을 위해) 애쓸 수 없다.

積恩爲愛, 積愛爲仁, 積仁爲靈, 靈臺之所以爲靈者, 積仁也. 神靈者, 天地之本, 而爲萬物之始也. 是故 文王始接民以仁, 而天下莫不仁焉. 文, 德之至也, 德不至則不能文.

19-2는 정확히 『논어』「자한(子罕)」편에서 공자가 한 말과 통한다.

공자가 광(匡) 땅에서 두려워하는 마음을 품었다.

그때 공자가 말했다.

"문왕이 이미 세상을 떠나셨으니 문왕이 이 몸에 있지 않겠는가? 하늘이 아마도 이 문(文)을 없애려 했다면 뒤에 죽는 사람(-공자 자신)이 이 문을 체득하지 못했을 것이다. (그런데 이미 나는 이 문을 체득했으니) 하늘이 이 문을 없애지 않으려 할 것이다. 광 땅 사람들이 나를 어찌하겠는가?"

공자가 평생 노력하며 쌓은 것이 바로 문덕(文德)이다.

19-3

상(商)은 일정함[常]이고 일정함이란 질(質-바탕)이니, 질은 하늘을 주관한다. 하(夏)란 크다는 것이고 큰 것은 문(文-애씀)이니, 문은 땅을 주관한다. 그래서 왕조가 한 번은 상나라가 되고 한 번은 하나라가 됨으로써 한 번은 질을 위주로 하고 한 번은 문을 위주로 했으니, 문질은 두 번에 걸쳐서 돌아오고 정삭(正朔)과 복색(服色)은 세 번에 걸쳐서 돌아온다.

맛으로는 단맛을 높이고 소리로는 궁성(宮聲)을 높이는 것과 같은 것은 한결같아서 돌아오지 않으니, 그래서 하·은·주 삼왕의 통치술은 순환과 같은 것을 중시했다. 그러므로 하후씨(夏后氏)는 백성을 충(忠-거짓됨이 없음)으로써 가르쳤는데, 군자들은 충직해졌으나 소인들이 충을 잃고 거칠어졌다[野]. 거친 것을 바로잡는 것 중에는 삼감[敬]만 한 것이 없다. 그러므로 은나라 임금들은 백성을 삼감으로써 가르쳤는데, 군자들은 삼가게 되었으나 소인들이 삼감을 잃고 귀신을 맹신하게 되었다. 귀신을 맹신하는 것을 바로잡는 것 중에는 사람다워지려 애쓰는 것[文=人文]만 한 것이 없다. 그러므로 주나라 임금들은 백성을 애씀으로써 가르쳤는데, 군자들은 문덕(文德)을 갖추었으나 소인들이 애씀을 잃고 경박함[薄]에 빠졌다. 경박함을 바로잡는 것 중에는 (다시) 충(忠)만 한 것이 없다. 그러므로 빼어난 이들이 서로 이어가면서 계속 빼어난 것은, 자나 그림쇠처럼 세 단계를 밟아 한 바퀴를 돌고 나면 다시 시작하게 된다. 다하게 되면 근본으로 되돌아가는 것이다. 『시경』(「대아(大雅)·역박(棫樸)」)에 이르기를 "아로새겨 다듬은 문채[章=文]요 금과 옥 같은 바탕[相=質]이로다"라고 한 것은 문과 질의 아름다움을 말한 것이다.

商者, 常也, 常者質, 質主天; 夏者, 大也, 大者, 文也, 文主地. 故王者一商一夏, 一質一文, 文質再而復者也, 正色三而復者也. 味尙甘, 聲尙宮, 一而不復者, 故三王術如循環. 故夏后氏教以忠, 而君子忠矣, 小人之失野. 救野莫如敬. 故殷人教以敬, 而君子敬矣, 小人之失鬼. 救鬼莫如文. 故周人教以文, 而君子文矣, 小人之失薄. 救薄莫如忠. 故聖人之與聖也, 如矩之三雜, 規之三雜, 周則又始, 窮則反本也. 詩曰: "彫琢(조탁)其章, 金玉其相", 言文質美也.

19-3은 문질이 빛나게 조화를 이뤄야 함[文質彬彬]을 말하고 있으니 『논어』「옹야(雍也)」편의 다음 구절과 바로 통한다.

공자가 말했다.
"바탕[質]이 꾸밈이나 애씀[文]을 이기면 거칠고[野], 꾸밈이 바탕이나 애씀을 이기면 번지레하니[史], 바탕과 꾸밈이 잘 어우러진 뒤에야 군자라고 할 수 있다."

또 하·은·주의 특징을 한 글자로 잡아낸 이 구절을 구체적인 문물로 표현한 것이 바로 「위령공(衛靈公)」편에 나오는 공자의 말이다.

안연이 나라를 잘 다스리는 방책에 관해 묻자 공자가 말했다.

"하나라의 책력을 시행하고, 은나라의 수레를 타고, 주나라의 면류관을 써야 한다. (그런 연후에) 음악은 순임금의 음악인 소무로 하고, 정나라의 음악을 추방하며, 말재주 있는 사람을 멀리해야 한다. (왜냐하면) 정나라 음악은 음탕하고, 말 잘하는 사람은 위태롭기 때문이다."

즉 하나라 책력이란 하나라가 하늘에 충직해(忠) 책력이 정확함을 말하고, 은나라 수레란 은나라가 질박함(質=質朴)을 숭상해서 그 수레가 튼튼함을 말하며, 주나라 면류관이란 주나라가 애씀과 꾸밈(文)을 높이니 예악과 문화가 빛남을 말한다. 여기서도 그다음에 음악을 바로잡는 문제를 말하고, 끝으로 말재주나 부리는 자(佞人)를 경계할 것으로 이어진다.

19-4

전(傳)에서 말했다.

"정감에 촉발되어 욕망을 마구 풀어놓는 사람을 일러 금수(禽獸)라고 하고, 구차스럽게 그냥저냥 지내는 사람을 일러 야인(野人)이라 하고, 옛것을 편안히 여겨 새로운 것으로 옮겨 가기를 어렵게 여기는 사람을 일러 일반 서민이라 하고, 옳고 그름을 분별하고 고금의 도리에 통달한 사람을 일러 사(士)라고 하고, 뛰어난 이를 (관직에) 나아가게 해주고 유능한 이를 천거하는 사람을 대부(大夫)라고 하고, 위(-천자)를 공경하고 아래를 사랑하는 사람을 일러 제후(諸侯)라고 하고,

하늘처럼 덮어주고 땅처럼 실어주는 사람을 일러 천자(天子)라고 한다. 이 때문에 사(士)는 도끼 무늬가 있는 보(黼)를 입고, 대부는 아자(亞字)무늬가 있는 불(黻)을 입고, 제후는 불꽃무늬가 있는 옷을 입고, 천자는 산과 용의 무늬가 있는 옷을 입는다. 다움이 더욱 성대한 사람은 옷의 문채(文彩-문)가 더욱 화려하고, 마음이 이치에 더욱 적중한 사람은 옷의 문채가 더욱 빛난다."

傳曰: "觸情縱欲謂之禽獸, 苟可而行謂之野人, 安故重遷謂之衆庶, 辨然否通古今之道謂之士, 進賢達能謂之大夫, 敬上愛下謂之諸侯, 天覆地載謂之天子. 是故 士服黼, 大夫黻, 諸侯火, 天子山龍; 德彌盛者文彌縟, 中彌理者文彌章也."

19-5

『시경』(「소아(小雅)·상상자화(裳裳者華)」)에 이르기를 "왼쪽에서 왼쪽 일을 도울 때 군자는 그에 마땅하게 하고, 오른쪽에서 오른쪽 일을 도울 때 군자는 빠짐없이 다 갖춘다"라고 했으니, 전(傳)에 이르기를 "군자란 마땅치 않게 일을 행하는 바가 없다는 말이다"라고 했다. 그러므로 조복인 필면(韠冕)을 잘 갖추고서 엄격히 스스로를 경계하며 묘당(廟堂-재상의 근무처) 위에 서 있으면 유사(有司-해당 부서)와 직무를 맡은 자 중에 존경하지 않는 이가 없고, 상복인 참최복(斬衰服)을 입고 상장(喪杖)을 짚은 채로 상주 여막에 서 있으면 빈객들이 조문하면서 슬퍼하지 않는 이가 없으며, 갑옷을 입고 투구 끈을 매고서 전투를 지휘하는 북 사이에 서 있으면 사졸 중에 용감하게 싸우지 않는 이가 없다. 이 때문에 어짊은 백성을 품어줄 수 있고, 용기는 위태로운 나라를 안정시킬 수 있으며, 믿음은 제후들을 굳게 연결시킬 수 있고, 굳셈은 환난을 막을 수 있고, 위엄은 삼군을 통솔할 수 있는 것이다. 그러므로 말하기를 "왼쪽 일을 도울 때도 실로 마땅하고 오른쪽 일을 도울 때도 실로 마땅하니, 군자에게는 마땅하지 않은 바가 없다"라고 한 것은 바로 이를 두고 한 말이다.

詩曰: "左之左之, 君子宜之; 右之右之, 君子有之", 傳曰: "君子者, 無所不宜也." 是故 韠冕(필면)厲戒, 立于廟堂之上, 有司執事無不敬者; 斬衰裳, 苴絰杖, 立于喪次, 賓客弔唁無不哀者; 被甲攖冑立于桴鼓之間, 士卒莫不勇者. 故仁(者)足以懷百姓, 勇足以安危國, 信足以結諸侯, 強足以拒患難, 威足以率三軍. 故曰爲左亦宜, 爲右亦宜, 爲君子無不宜者, 此之謂也.

19-6

제(齊)나라 경공(景公)이 사대(射臺)에 올라 활을 쏠 때, 안자(晏子)가 예의를 갖추고서 기다렸다. 공이 말했다.

"사람을 골라 활을 쏘는 예는 번잡해 과인이 싫어하오. 나는 천하의 용사를 얻어 그들과 함께 나라의 큰일을 도모하고 싶소."

안자가 대답해 말했다.

"군자에게 예가 없으면 이는 서인과 같고, 서인에게 예가 없으면 이는 금수와 같습니다. 무릇 신하가 용력이 많으면 자기 임금을 시해하게 되고 어린 사람이 힘이 많으면 그 어른을 시해하게 되는데, 그런데도 감히 그렇게 하지 못하는 것은 오로지 예가 있어서입니다. 예란 백성을 제어하는 방법이고, 고삐는 말을 제어하는 수단입니다. 예가 없는데도 능히 국가를 잘 다스린 자에 대해서는 저는 아직 들어본 적이 없습니다."

경공이 말했다.

"좋은 말이다."

마침내 활 쏘는 예를 다잡고 자리를 바꿔 안자를 상객(上客)으로 삼아서 종일 일의 이치인 예에 관해 물었다.

齊景公登射, 晏子脩禮而待. 公曰: "選射之禮, 寡人厭之矣. 吾欲得天下勇士, 與之圖國." 晏子對曰: "君子無禮, 是庶人也; 庶人無禮, 是禽獸也. 夫臣勇多則弑其君, 子力多則弑其長, 然而不敢者, 惟禮之謂也. 禮者所以御民也, 轡者所以御馬也. 無禮而能治國家者, 嬰未之聞也." 景公曰: "善." 乃飭射更席以爲上客, 終日問禮.

19-6에서 예(禮)를 말한 것은, 문(文)을 행하는 구체적 방법이 바로 예이기 때문이다. 『논어』 「학이(學而)」편에 나오는 학이시습지(學而時習之)의 학(學)은 곧 '문(文)'을 배운다는 말임과 동시에 이를 구체적으로 상황에 맞게 행할 수 있게 해주는 '예(禮)'를 배운다는 말도 된다. 학례(學禮)라는 말이 있는 것도 그 때문이다. 「계씨(季氏)」편이다.

진강이 공자의 아들 백어에게 물었다.

"그대는 실로 (공자에게서) 특이한 것을 들은 적이 있는가?"

이에 백어가 답했다.

"(그런 특별한 것은) 들은 적이 없다. 일찍이 홀로 서 계실 때 내가 종종걸음으로 뜰을 지나가는데, '시를 배웠느냐?'라고 물으시기에 '아직 배우지 못했습니다' 했더니 '시를 배우지 않았으면 말을 할 수 없다[無以言]'라고 하셨다. 이에 나는 물러 나와 시를 배웠다. 다른 날에 또 홀로 서 계실 때 종종걸음으로 뜰을 지나가는데, '예를 배웠느냐[學禮]?'라고 물으시기에 '아직 배우지 못했습니다' 했더니 '예를 배우지 않으면 설 수 없다[無以立]'라고 하셨다. 이에 나는 물러 나와 예를 배웠다. 이 두 가지를 들었을 뿐이다."

여기서 또 주목해야 할 점은, 예(禮)는 세우거나 남을 세워줌[立]의 문제와 직결된다는 점이다. 이는 「요왈(堯曰)」편에서도 확인할 수 있다.

공자가 말했다. "예를 알지 못하면 설 수가 없다[不知禮 無以立也]."

또한 남을 세워줄 수도 없다. 본문에서 안자는 바로 예를 갖고서 경공을 세워주고 있다.

19-7

『서경』(「주서(周書)·홍범(洪範)」편)에 이르기를 "다섯 가지 일[五事] 중에서 첫 번째는 용모이다"라고 했다. 용모란 남자가 공경을 드러내는 곳이고, 부인이 아름다운 여인의 다움을 드러내는 곳이다. 걸어갈 때는 곱자[矩]에 딱 들어맞아야 하고, 꺾어서 돌 때는 그림쇠[規]에 딱 들어맞아야 하며, 서 있을 때는 경쇠처럼 조금 굽혀야 하고, 두 손을 모으고 있을 때는 북을 껴안듯이 해야 한다. 이런 용모를 갖추고서 임금의 조정에 들어가면 존귀해 엄숙하게 되고, 이런 용모를 갖추고서 종묘에 들어가면 공경함으로써 충직하게 되고, 이런 용모를 갖추고서 고향 마을에 들어가면 온화해 고향 어른들에게 고분고분하게 되고, 이런 용모를 갖추고서 고향 친족들 속으로 들어가면 온화해 그들을 제 몸과 같이 여기게 된다. 『시경』(「대아(大雅)·억(抑)」)에서 이르기를 "따뜻하고 공손한 사람, 아 다움의 기초로다"라고 했고, (『논어』「학이(學而)」편에서) 공자가 말하기를 "공손함이 예에 가까우면 치욕을 멀리할 수 있다"라고 했다.

書曰: 五事一曰貌. 貌者, 男子之所以恭敬, 婦人之所以姣好也. 行步中矩, 折旋中規, 立則磬折, 拱則抱鼓. 其以入君朝, 尊以嚴; 其以入宗廟, 敬以忠; 其以入鄉曲, 和以順; 其以入州里族黨之中, 和以親. 詩曰: "溫溫恭人, 惟德之基", 孔子曰: "恭近於禮, 遠恥辱也."

19-7은 『논어』「위정(爲政)」편에 나오는 다음 구절에 대한 해설이다.

유자(有子)가 말했다.
"개인적 차원의 약속이 (공적인 차원의) 마땅함에 가까울 경우 약속했을 때의 말(言)은 이행될 수 있다. 공손함이 예에 가까우면 치욕을 멀리할 수 있다."

이처럼 『논어』에는 이 말이 공자가 아닌, 유자의 말로 나온다. 이는 맞고 틀리고의 문제는 아니고, 공자가 했던 말을 유자가 다시 인용했을 수도 있다.

19-8

의복과 용모는 눈을 즐겁게 해주고, 소리와 응답은 귀를 즐겁게 해주며, 기욕(嗜欲)과 호오(好惡)는 마음을 즐겁게 해준다. 군자의 의

복이 몸에 알맞고 용모가 예에 맞으면 백성의 눈이 즐겁고, 군자의 말이 순리에 맞고 응대하는 것이 민첩하면 백성의 귀가 즐거우며, 군자가 어짊으로 나아가고 어질지 못함을 없앤다면 백성의 마음이 즐겁다. 이 세 가지를 마음에 잘 보존하고 온몸에 가득 차게 해서 움직일 때나 가만히 있을 때나 행동으로 드러나게 한다면, 설사 높은 지위에 있지 않다고 해도 이를 일러 소행(素行-평소 행실)이라고 한다. 그러므로 충심으로 선을 좋아해서 날로 그것을 새롭게 한다면 혼자 있어도 즐겁고 다움이 가득 차서 밖으로 드러나게 된다. 『시경』(「패풍(邶風)·모구(旄丘)」편)에 이르기를 "어찌 그리 편안한가? 반드시 함께하는 이가 있으리라! 어찌 그리 오래 유지하는가? 반드시 그에 맞는 이유가 있으리라!"라고 했다. 이런 이유가 있는 자는 오로지 능히 오래 생존해 외부 사물에 얽매이지 않는다.

衣服容貌者, 所以悅目也; 聲音應對者, 所以悅耳也; 嗜慾好惡者, 所以悅心也. 君子衣服中, 容貌得, 則民之目悅矣; 言語順, 應對給, 則民之耳悅矣; 就仁, 去不仁, 則民之心悅矣. 三者存乎心, 暢乎體, 形乎動靜, 雖不在位, 謂之素行. 故忠心好善而日新之, 則獨居而樂, 德充而形. 詩曰: "何其處也? 必有與也; 何其久也? 必有以也." 惟有以者, 惟能長生久視, 而無累於物也.

19-8에서 말하는 '이런 이유'란 곧 예(禮)다.

19-9

하늘의 도리를 아는 사람은 술관(術冠)을 쓰고, 땅의 도리를 아는 사람은 짚신을 신으며, 능히 번잡한 일을 잘 다스리고 어지러운 일을 잘 결단하는 사람은 뿔송곳을 차고, 능히 활을 잘 쏘고 말을 잘 모는 사람은 활쏘기용 깍지[韘]를 차며, 삼군을 제대로 바르게 지휘할 줄 아는 사람은 홀을 꽂는다. 옷은 반드시 일정한 원방(圓方)과 촌척이 맞아야 하고 상의와 하의의 꿰맨 부분이 서로 어울려야 하니, 그래서 군자는 의복이 법도에 적중하고 용모가 체통에 맞으면 그 옷을 보고서 그 다움을 알 수 있다. 이 때문에 그의 다섯 가지 용모와 잘 행하는 것을 살펴보면 그가 어떤 사람인지를 알 수 있다. 『시경』(「위풍(衛風)·구란(芄蘭)」)에 이르기를 "새박덩굴 가지여, 동자가 뿔송곳을 찾도다"라고 한 것은 이처럼 잘 행하는 사람을 말한 것이다.

知天道者冠鉥(술), 知地道者履蹻, 能治煩決亂者佩觿(휴), 能射御者佩韘(섭), 能正三軍者搢(진)笏(홀). 衣必荷規而承矩, 負繩而準下, 故君子衣服中而容貌得, 接其服而象其德. 故望五貌而行能, 有所定矣. 詩曰: "芄蘭之枝, 童子佩觿", 說行能者也.

19-10

관을 쓰는 것은 성인임을 구별하기 위함이고, 다움을 닦고 몸을 다잡아서 스스로를 거듭 삼가고 경계하는 것은 그릇된 마음을 다잡고 바른 생각을 지키기 위함이다. 군자가 처음 관을 쓸 때는 반드시 축수하고 관례를 거행해서 관을 씀으로써 그 마음을 엄정하게 바로잡는다. 그래서 군자는 성인이 되면 반드시 관을 쓰고 띠를 맨 차림으로 일을 행하며, (이로써) 어릴 때의 장난스럽고 나태한 마음을 버리고서 화락한 마음으로 다움을 나아가게 하며 일을 닦으려는 뜻을 가진다. 이 때문에 의복에 (성인을 나타내는) 상징물이 없으면 안으로 마음도 변하지 않지만, 안으로 마음을 다해서 다움을 닦고 밖으로 예문(禮文)이 드러나는 옷을 입으면 밝고 아름다운 이름을 이뤄낸다. 이 때문에 피변(皮弁-가죽 고깔)과 소적(素積)은 수많은 왕이 모두 바꾸지 않았으니, 이미 다움을 닦았으면 다시 용모를 바르게 해야 하는 것이다. 공자가 말했다.

"(군자는) 그 의관을 바르게 하고 그 시선[瞻視]을 존엄하게 하니, 엄연해 사람들이 바라보고 두려워한다. 이것이 또한 위엄스럽되 사납지 않은 것이 되지 않겠는가?"

冠者所以別成人也, 脩德束躬以自申飭, 所以檢其邪心, 守其正意也. 君子始冠, 必祝成禮, 加冠以厲其心, 故君子成人, 必冠帶以行事, 棄幼少嬉戲惰慢之心, 而衎衎於進德脩業之志. 是故 服不成象, 而內心不變, 內心脩德, 外被禮文, 所以成顯令之名也. 是故 皮弁素積, 百王不易, 既以脩德, 又以正容. 孔子曰: "正其衣冠, 尊其瞻視, 嚴然人望而畏之, 不亦威而不猛乎?"

19-10은 『논어』 「요왈(堯曰)」편에 나오는 다음 구절과 그대로 겹친다.

자장(子張)이 공자에게 물었다.
"어떻게 해야 제대로 정치에 종사할 수 있습니까?"
공자가 말했다.
"다섯 가지 아름다움을 높이고 네 가지 악을 물리치면 제대로 정치에 종사할 수 있다."
자장이 "다섯 가지 아름다움이 무엇입니까?"라고 묻자 공자가 말했다.

"첫째는 백성에게 은혜를 베풀되 허비하지 않는 것이고, 둘째는 백성을 수고롭게 하되 원망을 사지 않는 것이고, 셋째는 하고자 하되 탐하지 않는 것이고, 넷째는 태연하되 교만하지 않은 것이고, 다섯째는 위엄스럽되 사납지 않은 것이다."

자장이 그 첫 번째인 "백성에게 은혜를 베풀되 허비하지 않는다[惠而不費]"의 뜻을 묻자 (공자는 그 의도를 알아차리고 다섯 가지 모두를 풀어준다) 공자가 말했다.

"백성이 이로워하는 것을 따라서 이롭게 해주니, 이것이 진실로 은혜를 베풀되 허비하지 않는 것이 되지 않겠는가? 수고할 만한 것을 가려서 수고롭게 하니 또한 누가 원망하겠는가? 인(仁)을 행하고자 하다가 인(仁)을 얻었으니 또한 무엇을 탐내겠는가? 군자는 사람이 많거나 적거나, 크거나 작거나 관계없이 감히 (남을) 업신여기지 않으니, 이것이 또한 태연하되 교만하지 않은 것이 되지 않겠는가? 군자는 의관을 바르게 하고 시선[瞻視]을 존엄하게 하니 엄연해 사람들이 바라보고 두려워하는데, 이것이 또한 위엄스럽되 사납지 않은 것이 되지 않겠는가?"

19-11

(주나라) 성왕(成王)이 장차 관례를 치르려 할 때, 주공(周公)이 축옹(祝雍)을 시켜 왕에게 축하를 하게 하면서 말했다.

"축하의 뜻만 전하고 다른 말은 많이 하지 말라."

축옹이 축하해 말했다.

"왕께서는 백성을 가까이하고 말재주꾼[佞]은 멀리하며, 시간을 아끼고 재물로 은혜를 베풀며, 뛰어난 이에게 일을 맡기고 유능한 사람을 부리소서[任賢使能].”

이렇게 처음 관례를 행할 때 축사를 네 차례 말한 뒤에 물러났다.

공(公)이 관례를 행할 때는 스스로 주인이 되고 경(卿)은 손님이 되어, 주인이 손님에게 세 차례 술을 올리는 예로써 대접한다. 공이 처음 관을 쓸 때는 현단복(玄端服)에 피변(皮弁)을 쓰고, 손님들은 모두 반드시 조복에 현관을 쓰며, 네 차례 축사를 한다. 제후(諸侯)의 태자와 여러 아들이 관례를 행할 때는 공이 주인이 되는데, 그 예는 사(士)의 관례와 같다.

조상의 사당에서 관례를 하며 이렇게 말한다.

“좋은 달 길일에 너에게 관[元服]을 씌우니, 너의 어릴 적 생각을 버리고 너의 성인으로서의 다움을 고분고분 따르도록 하라.”

관례는 바른 도리를 알게 되는 19살에 치르는 것이 옛날에 널리 통하던 예법이다.

成王將冠, 周公使祝雍祝王, 曰: “達而勿多也.” 祝雍曰: “使王近於民, 遠於佞, 嗇於時, 惠於財, 任賢使能.” 於此 始成之時, 祝辭四加而後退. 公冠自以爲主, 卿爲賓, 饗之以三獻之禮. 公始加玄端與皮弁, 皆必朝服玄冕四加, 諸侯太子·庶子冠公爲主, 其禮與士同. 冠於祖廟曰: “令月吉日, 加子元服, 去爾幼志, 順爾成德.” 冠禮十九見正而冠, 古之通禮也.

19-11에서 말한 “뛰어난 이에게 일을 맡기고 유능한 사람을 부리기[任賢使能]” 위한 방법을 『논어』「위령공(衛靈公)」편에서 공자가 제시한다.

공자는 말했다.

“군자는 말을 잘한다고 해서 그 사람을 들어 쓰지 않으며, 사람이 나쁘다 해서 그의 좋은 말까지 버리지 않는다.”

말재주나 부리는 사람을 멀리해야 하는 문제는 19-3에서 이미 살펴보았다.

19-12

『춘추』에 이르기를 "여름에 공(公-노나라 장공(莊公))이 제나라에서 여자를 맞이했다"라고 했는데 (『춘추공양전』에서는) "어째서 이 일을 기록했는가? 신부를 직접 가서 맞이한 것이 일의 이치[禮=事理]에 맞았기 때문이다"라고 했다. 그 예란 어떤 것인가? 말하겠다.

제후가 친영할 때는 신발 두 켤레에 종옥(琮玉)을 더해서 준비하고, 대부와 서인이 친영할 때는 신발 두 켤레에 육포 두 꾸러미를 더해서 준비한다. 그리고 이렇게 말한다.

"아무 나라 과소군(寡小君)이 과인을 보내 보잘것없는 종옥과 보잘것없는 신발을 받들어 부인(夫人)의 반듯한 따님에게 예물로 드리게 했습니다."

그러면 부인은 이렇게 말한다.

"그윽한 규방에서 자란 딸이 있어 여러 차례 그대로부터 청혼을 받았는데, 아직 보모의 가르침을 깨우치지 못했으나 의상을 준비하는 일을 받들게 되었으니 감히 경배하지 않을 수 있겠습니까?"

축에게 절하면 축도 답절을 한다. 부인이 종옥과 신발 한 켤레를 가져다가 딸에게 신기고 나서, 비녀를 반듯하게 꽂아주고 의상을 바르게 하고서 타일러 말한다.

"(시댁에) 가거든 네 시부모님을 잘 섬기고 고분고분한 도리로써 집안을 다스리며 두 마음을 품지 말고 감히 돌아올 생각을 하지 말거라."

딸이 절하면 마침내 몸소 그 손을 이끌어 방문 앞에서 신랑에게 넘겨준다. 신랑이 앞서가면 신부는 뒤를 따른다. 당에서 아버지에게 절해 하직하고, 대문에서 제모(諸母)에게 절한다. 신랑이 먼저 수레에 올라 고삐를 잡으면 신부는 마침내 수레에 오르고, 수레바퀴가 세 번 구른 뒤 신랑은 수레에서 내려 앞서가는데, 대부와 사(士), 서인의 친영에서는 그 아버지를 일컬으며 말한다.

"아무개의 아버지와 아무개의 사우(師友)가 저에게 보잘것없는 신발과 보잘것없는 육포를 가지고 가게 했으니, 감히 삼가 아무아무 씨의 반듯한 따님에게 예를 행하지 않을 수 있겠습니까?"

어머니가 말한다.

"초야에서 나고 자란 딸이 있는데, 아직 바느질과 베 짜는 일을 익히지 못했으나 쓰레받기와 빗자루를 들고서 청소하는 일을 받들게 되었으니 감히 경배하지 않을 수 있겠습니까?"

夏, 公如齊逆女, 何以書? 親迎禮也. 其禮奈何? 曰: 諸侯以屨二兩加琮, 大夫庶人以屨二兩加束脩二, 曰: "某國寡小君, 使寡人奉不珍之琮, 不珍之屨, 禮夫人貞女." 夫人曰: "有幽室數辱之產, 未諭於傅母之教, 得承執衣裳之事, 敢不敬拜?" 拜祝, 祝答拜. 夫人受琮取一兩, 屨以履女, 正笄衣裳而命之曰: "往矣, 善事爾舅姑, 以順爲宮室, 無二爾心, 無敢回也." 女拜, 乃親引其手, 授夫乎戶, 夫引手出戶. 夫行女從, 拜辭父於堂, 拜諸母於大門. 夫先升輿執轡, 女乃升輿, 轂(곡)三轉, 然後夫下先行. 大夫士庶人稱其父曰: "某之父, 某之師友, 使其執不珍之屨, 不珍之束脩, 敢不敬禮某氏貞女." 母曰: "有草茅之產, 未習於織紝紡績之事, 得奉執箕帚之事, 敢不敬拜?"

19-12는 혼례 주관자와 관련해 공주(公主)와 옹주(翁主)의 차이를 아

는 데도 도움을 준다. 원래 천자는 천지의 제사를 주관하기 때문에 딸의 혼인은 아래 공에게 맡긴다. 그래서 공주라고 하는 것이다. 옹주의 옹(翁)자는 이때는 아버지라는 뜻이다. 즉 공 이하는 아버지가 혼례를 주관하기 때문에 옹주라고 한 것이다.

여기서 친영(親迎)을 예라고 한 것은, 혼사에서 가장 마음 아픈 이는 바로 딸의 부모이기 때문이다. 그래서 친영에는 신부 쪽 부모를 위로하는 뜻이 담겨 있다.

19-13

『춘추』에서 이르기를 "임신일에 공(노나라 정공(定公))이 고침(高寢)에서 훙했다"라고 했는데, 전(傳-『춘추공양전』)에서는 이를 풀어 "고침이란 무엇인가? 정침(正寢)이다"라고 했다.

어째서 누구는 고침이라 하고 누구는 노침(路寢)이라고 하는가? 말하겠다.

제후는 정침이 3개 있는데, 하나는 고침이고 또 하나는 좌노침이며 또 하나는 우노침이다. 고침이란 처음 제후에 봉해진 군주의 침소이고, 나머지 두 노침은 제후 자리를 뒤이은 군주의 침소다. 2개를 둔 것은 어째서인가? 말하겠다. 자식은 아버지의 침소에 거처하지 못하기에 침소를 2개 두는 것이다. 제후 자리를 뒤이은 임금은 대대로 처음 제후가 된 고조(高祖)의 침소에 거처할 수 없기에 고침을 두었으니, 그래서 이름에 고(高)자가 들어 있는 것이다. 노침은 어떻게 세워지는가? 고침을 가운데에 세우고 노침을 그 좌우에 각각 세운다. 『춘추』에서 말하기를 "천왕(天王-천자)이 성주(成周)로 들어갔다" 했는데, 전(-『춘추공양전』)에서 풀기를 "성주란 어느 곳인가? 동주(東周-동노침)다"

라고 했다.

그렇다면 천자의 침궁은 어떠한가? 말하겠다. 역시 셋인데, 승명(承明)은 왕위를 뒤이어 선왕의 문(文)을 지키는 임금의 침소이니 좌우의 노침이 되는 것이다. 그것을 승명이라고 이름한 것은 어째서인가? 명당(明堂)의 뒤에 이어져 있다는 뜻이다. 그러므로 천자와 제후는 세 침소를 세워야 명분과 실제가 바로잡히고 부자의 마땅함이 드러나며 존비의 일이 구별되고 크고 작은 다움의 차이가 명확해진다.

春秋曰: "壬申, 公薨於高寢", 傳曰: "高寢者何? 正寢也." 曷爲或言高寢, 或言路寢? 曰, 諸侯正寢三: 一曰高寢, 二曰左路寢, 三曰右路寢. 高寢者, 始封君之寢也. 二路寢者, 繼體之君寢也. 其二何? 曰, 子不居父之寢, 故二寢. 繼體君世世不可居高祖之寢, 故有高寢, 名曰高也. 路寢其立奈何? 高寢立中, 路寢立左右. 春秋曰: "天王入于成周", 傳曰: "成周者何? 東周也." 然則天子之寢奈何? 曰, 亦二承明, 繼體守文之君之寢, 曰左右之路寢. 謂之承明何? 曰承乎明堂之後者也. 故天子諸侯三寢立而名實正, 父子之義章, 尊卑之事別, 大小之德異矣.

19-14

천자는 (검은 기장과 울금향으로 빚어낸) 울창주를 예물로 삼는다. 창(鬯)이란 온갖 풀의 근본이라, 위로는 하늘로 뻗어가고 아래로는 땅으로 뻗어가서 두루 통하지 않는 곳이 없다.

제후는 규(圭-옥)를 예물로 삼는다. 규란 옥이라, 얇아도 휘지 않고 모가 나도 베이지 않으며 속에 티가 있으면 반드시 밖으로 드러나게 된다. 그래서 제후들은 옥을 예물로 삼는다.

경은 고(羔-새끼 흑양)를 예물로 삼는다. 고란 양이라, 양은 무리를 지으면서도 파당을 이루지 않는다. 그래서 경은 고를 예물로 삼는다.

대부는 기러기를 예물로 삼는다. 기러기는 열을 지어 날 때 장유(長幼)의 예가 있으니, 그래서 대부는 기러기를 예물로 삼는다.

사는 꿩을 예물로 삼는다. 꿩은 먹이로 유인하거나 새장에 가둬 복종시킬 수 없으니, 그래서 사는 꿩을 예물로 삼는다.

서인은 집오리를 예물로 삼는다. 집오리는 단순하고 소박해서[鶩鶩] 다른 마음이 없으니, 그래서 서인은 집오리를 예물로 삼는다.

예물[贄]이란 질박한 마음을 담은[質] 것이다.

天子以鬯(창)爲贄, 鬯者百草之本也, 上暢於天, 下暢於地, 無所不暢, 故天子以鬯爲贄. 諸侯以圭爲贄, 圭者玉也, 薄而不撓, 廉而不劌(귀), 有瑕於中, 必見於外, 故諸侯以玉爲贄. 卿以羔爲贄, 羔者, 羊也, 羊群而不黨, 故卿以爲贄. 大夫以鴈爲贄, 鴈者行列有長幼之禮, 故大夫以爲贄. 士以雉爲贄, 雉者可不指食, 籠狎而服之, 故士以雉爲贄. 庶人以鶩(목)爲贄, 鶩者鶩鶩也, 鶩鶩無它心, 故庶人以鶩爲贄. 贄者, 所以質也.

19-15

제후는 3년마다 한 번씩 천자에게 사를 추천해야 하니, 추천 인사가 한 번 적합한 것을 일러 호덕(好德)이라 하고 두 번 적합한 것을 일러 존현(尊賢)이라 하며 세 번 적합한 것을 일러 유공(有功)이라 한다. 천자는 (추천 인사가) 한 번 적합하면 상으로 수레·의복·활·화살을 내려주고 두 번 적합하면 상으로 울창주를 내려준다. 세 번 적합하면 상으로 호분(虎賁-날랜 용사) 100명을 내려주는데, 이(-호분을 내려받은 자)를 일러 '명을 받은 제후[命諸侯]'라 불렀다. 명제후(命諸侯)는 이웃 나라에서 신하가 임금을 시해하거나 서자가 적자를 시해하는 일이 생기면 천자에게 따로 청하지 않고도 토벌할 수 있었는데, 다만 토벌을 마친 뒤에는 그 땅을 천자에게 귀속시켜야 했다.

제후가 사를 추천했을 때, 그 추천이 한 번 부적합한 것을 일러 과(過-실수)라 하고 두 번 부적합한 것을 일러 오(傲-오만)라 하며 세 번 부적합한 것을 일러 무(誣-속임)라 한다. 천자는 속인 사람(-무(誣))을 폐출하는데, 첫 번째는 작위를 빼앗고 두 번째는 땅을 빼앗으며 세 번째는 봉국 전체를 빼앗는다.

제후가 사를 추천하지 않은 것을 정도를 따르지 않음[不率正]이라 한다. 불솔정(不率正)한 사람은 천자가 폐출하는데, 첫 번째는 작위를 빼앗고 두 번째는 땅을 빼앗으며 세 번째는 봉국 전체를 빼앗는다.

그런 다음에 천자는 해마다 관리들의 성적을 고과(考課)해, 실적이 없는 자는 폐출하고 제후가 추천한 사람으로 대신한다.

『시경』(「대아(大雅)·문왕(文王)」편)에 이르기를 "많고 많은 인재여, 문왕이 이 때문에 평안했도다"라고 한 것은 이를 두고 한 말이다.

諸侯三年一貢士, 一適謂之好德, 再適謂之尊賢, 三適謂之有功. 有功者, 天子一賜以輿服弓矢, 再賜以鬯, 三賜以虎賁百人, 號曰命諸侯. 命諸侯者, 鄰國有臣弑其君, 孽弑其宗, 雖不請乎天子而征之可也, 已征而歸其地於天子. 諸侯貢士, 一不適謂之過, 再不適謂之傲, 三不適謂之誣. 誣者天子黜之, 一黜以爵, 再黜以地, 三黜而地畢. 諸侯有不貢士, 謂之不率正, 不率正者, 天子黜之, 一黜以爵, 再黜以地, 三黜而地畢. 然後天子比年秩官之無效者而黜之, 以諸侯之所貢士代之. 詩云: "濟濟多士, 文王以寧", 此之謂也.

19-16

옛날에는 반드시 '명을 받은 백성[命民]'이라는 것이 있었다. 백성으로서 능히 어른을 공경하고 고아를 불쌍히 여기며 취하고 버림에 있어 겸양을 좋아하고 일을 할 때 온 힘을 다하는 사람은 자기 임금에게 명을 받게 되는데, 명을 받게 되면 말 2필이 끄는 수레를 탈 수 있었다. 명을 받지 못한 자는 이런 수레를 탈 수 없었고, 타게 될 경우 모두 벌을 받았다. 그러므로 남은 재물과 사치스러운 물건이 있더라도 어짊과 마땅함, 공로와 다움이 없으면 그 남은 재물과 사치스러운 물건을 쓸 데가 없었기 때문에, 백성은 모두 어짊과 마땅함을 높이고 재물과 이익을 천시했다. 재물을 천시하면 다툼이 일어나지 않고, 다툼이 일어나지 않으면 강자가 약자를 능멸하지 않으며 많은 사람이 적은 사람을 사납게 다루지 않는다. 이것이 바로 요순시대 때 상형(象刑)을 제정하자 백성이 감히 법을 어기지 않아서 어지러움이 이에 그치게 된 까닭이다.

『시경』(「대아(大雅)·억(抑)」)에 이르기를 "너희 백성에게 고하노니, 너희 임금의 법도를 조심히 잘 지켜서 뜻밖의 사태에 대비케 하라"라고 했으니, 이를 두고 한 말이다.

古者必有命民, 民能敬長憐孤, 取舍好讓, 居事力者, 命於其君. 命然後得乘飭輿駢馬, 未得命者不得乘, 乘者皆有罰. 故其民雖有餘財侈物, 而無仁義功德者, 則無所用其餘財侈物, 故其民皆興仁義而賤財利. 賤財利則不爭, 不爭則強不凌弱, 衆不暴寡. 是唐虞所以興象刑, 而民莫敢犯法, 而亂斯止矣. 詩云: "告爾民人, 謹爾侯度, 用戒不虞", 此之謂也.

19-17

천자는 순수(巡狩)한다고 하고 제후는 술직(述職)한다고 하니, 순수란 자기가 지키는 영토를 순행하는 것이고 술직이란 자기가 맡은 직무를 진술하는 것이다. 봄에는 경작을 살펴보고서 모자라는 사람을 도와주고, 가을에는 추수를 살펴보고서 모자라는 사람을 돕는다.

천자는 5년에 한 번 순수한다. (순수하는) 그해 2월에 동쪽으로 순수해서 동악(東嶽)에 이르면, 섶을 태워 하늘에 제사 지내고 산천에 망(望)제사를 지낸다. 제후들을 만나보고 100세 노인들을 위문하며, 음악을 담당한 태사에게 명을 내려 백성의 풍속을 살펴서 시로 진술케 하고, 시장 담당자에게 명을 내려 물가를 바치게 함으로써 백성이 좋아하고 싫어하는 물건이 무엇인지를 살펴 백성의 뜻이 음란하고 기이한 것을 좋아하는지 여부를 알아낸다. 전례(典禮)에게 명해 사계절과 달과 날을 고찰해서 바로 정하게 하고, 음율·예악·제도·의복을 모두 같게 해 바로잡는다. 산천의 신령에게 (제때) 제사를 지내지 않는 것을 불경(不敬)이라 하는데, 불경한 제후에 대해 임금은 작위를 빼앗는다. 종묘에 (제때) 제사를 지내지 않는 것을 불효(不孝)라고 하는데, 불효한 제후에 대해 임금은 봉지를 빼앗는다. 백성에게 공로와 은택이 있으면 그다음에 땅을 더해준다. 천자가 제후들의 경내에 들어가서, 토지가 잘 개간되어 있고 노인을 공경하며 뛰어난 이를 높이면 경하하고서 땅을 더해준다. 천자가 제후들의 경내에 들어가서, 토지가 황폐하고 노인들이 내버려져 있으며 뛰어난 이를 버리고 백성의 재물을 긁어모으는 자가 높은 자리에 있으면 땅을 삭감한다. 한 번 조현하지 않으면 작위를 빼앗고, 두 번 조현하지 않으면 봉지를 삭감하며, 세 번 조현하지 않으면 천자의 군대 육사(六師)를 보내 정벌하고 그 제후를 다른 데로 옮긴다.

그해 5월에는 남쪽으로 순수해서 남악(南嶽)에 이르는데, 동쪽으로 순수했을 때의 예와 같이한다.

그해 8월에는 서쪽으로 순수해서 서악(西嶽)에 이르는데, 남쪽으로 순수했을 때의 예와 같이한다.

그해 11월에는 북쪽으로 순수해서 북악(北嶽)에 이르는데, 서쪽으로 순수했을 때의 예와 같이한다.

도정(道程)에서 돌아오면 조상의 사당에 이르러 소 1마리를 희생으로 써서 제사를 올린다.

天子曰巡狩, 諸侯曰述職, 巡狩者, 巡其所守也; 述職者, 述其所職也. 春省耕, 助不給也; 秋省斂, 助不足也. 天子五年一巡狩. 歲二月東巡狩, 至於東嶽, 柴而望祀山川, 見諸侯, 問百年者, 命太師陳詩以觀民風, 命市納賈以觀民之所好惡, 志淫好僻者, 命典禮, 考時月定日, 同律禮樂制度衣服正之. 山川神祇有不擧者爲不敬, 不敬者君黜以爵; 宗廟有不順者爲不孝, 不孝者君削其地; 有功澤於民者, 然後加地. 入其境, 土地辟除, 敬老尊賢, 則有慶, 益其地; 入其境, 土地荒穢, 遺老失賢, 掊克在位, 則有讓, 削其地. 一不朝者黜其爵, 再不朝者黜其地, 三不朝者以六師移之. 歲五月南巡狩, 至于南嶽, 如東巡狩之禮; 歲八月西巡狩, 至于西嶽, 如南巡狩之禮; 歲十一月北巡狩, 至于北嶽, 如西巡狩之禮. 歸格于祖禰, 用特.

19-18

『춘추』에서 말하기를 "정월에 공이 낭(郎)에서 수(狩) 사냥을 했다" 했으니, 『춘추공양전』에서 이를 풀어 "봄 사냥을 수(蒐)라 하고,

여름 사냥을 묘(苗)라 하고, 가을 사냥을 선(獮)이라 하고, 겨울 사냥을 수(狩)라 한다"라고 했다. 묘(苗)란 무엇인가? 말하겠다.

묘란 가려서 잡는다[毛]는 뜻이니, 사냥할 때 늪지를 포위해서 잡지 않고 떼를 덮쳐 다 잡지 않으며 어린 새끼들은 잡지 않고 새끼 밴 짐승을 죽이지 않는 것이다. 봄의 수(蒐) 사냥 때는 어린 새끼와 새끼 밴 짐승을 죽이지 않고, 겨울의 수(狩) 사냥 때는 모두 잡는다. 이때(-사냥의 때)는 백성을 모두 나오게 하되, 마구 달리게 하거나 마구 잡지는 않고 정면에서 쏘지 않으며 속여서 잡지 않고 범위 밖으로 나가서 추격하지 않는다. 이것이 묘·선·수·수의 마땅함이다. 묘·수·수의 예법은 간단히 말하면 군사 훈련이니, 묘에서는 가려서 잡고 수(蒐)에서는 수색해 잡으며 수(狩)에서는 머물러 지키면서 잡는다. 여름에 사냥하지 않는 것은 어째서인가? 말하겠다. 하늘과 땅 사이의 음기와 양기가 자라나는 때이므로, 맹수들도 자기들끼리 두들겨 패지 않고 사나운 새들도 치고 박지 않으며 독사와 전갈도 독을 쏘지 않는다. 새와 짐승들도 하늘에 순응할 줄 아는데 하물며 사람임에랴! 이 때문에 옛날에는 반드시 짐승의 우리가 있었다. 사냥을 전(田)이라고 하는 것은 어째서인가? 빼어난 이는 일을 할 때 반드시 근본으로 돌아가니, 오곡이란 종묘의 제사를 받들며 만백성을 길러주는 것이기 때문에 농작물을 해치는 짐승들을 없애는 것이다. 그래서 사냥을 전(田)이라고 했으니, 빼어난 이가 이름을 지은 데서 일의 마땅함을 알아낼 수 있다.

春秋曰: "正月, 公狩于郎", 傳曰: "春曰蒐, 夏曰苗, 秋曰獮, 冬曰狩." 苗者奈何? 曰苗者毛也, 取之不圍澤, 不揜群, 取禽不麛卵, 不殺孕重者. 春蒐者不殺小麛(미)及孕重者; 冬狩皆取之. 百姓皆出, 不失其馳, 不抵禽, 不詭遇, 逐不出防, 此苗獮蒐狩之義也. 故苗蒐狩之禮, 簡其戎事也; 故苗

者毛取之, 蒐者搜索之, 狩者守留之. 夏不田, 何也? 曰, 天地陰陽盛長之時, 猛獸不攫, 鷙鳥不搏, 蝮蠆不螫, 鳥獸蟲蛇且知應天, 而況人乎哉? 是以 古者必有豢牢. 其謂之田何? 聖人舉事必返本, 五穀者, 以奉宗廟, 養萬民也, 去禽獸害稼穡者. 故以田言之, 聖人作名號而事義可知也.

19-19

천자와 제후는 나라에 아무런 일이 없으면 1년에 세 차례 사냥을 하니, 첫째는 제사에 쓸 건두(乾豆)를 위함이고 둘째는 빈객을 접대하기 위함이며 셋째는 임금의 주방을 채우기 위함이다. 아무런 일이 없는데도 사냥을 하지 않는 것을 일러 불경(不敬)이라 했고, 사냥을 하면서 예법을 지키지 않는 것을 일러 하늘이 내려준 물건을 마구 해친다고 했다. 천자는 사방을 포위해서 잡지 않고, 제후는 짐승 떼를 덮쳐서 다 잡지 않는다. 천자가 사냥감을 죽이면 큰 깃발을 내리고, 제후가 사냥감을 죽이면 작은 깃발을 내리며, 대부가 사냥감을 죽이면 좌거(佐車)를 정지하니, 좌거가 정지하면 백성이 사냥을 시작한다. 수달이 물고기로 제사를 지내는 때가 된 다음에야 물고기 잡는 사람들이 천택(川澤)의 어량에 들어가고, 비둘기가 달라져 새매가 될 때가 된 다음에야 새 잡는 그물[罻羅]을 설치하며, 초목이 시든 다음에야 산림에 들어가 나무를 벤다. 곤충이 겨울잠에 들어가지 않으면 불을 놓아 사냥하지 않고, 어린 짐승을 잡지 않고, 새알을 꺼내지 않고, 어린 새끼를 죽이지 않으며, 새 둥지를 엎지 않는다.

이는 모두 빼어난 이가 임금 자리에 있고 군자가 높은 자리에 있으며 유능한 사람들이 직무를 맡고 있어 큰 다움이 발휘된 것이다. 이 때문에 고요(皐陶)가 대리(大理-법률)를 맡자 백성은 각자 실정에 맞는 판결에 복종했고, 백이(伯夷)가 예를 주관하자 위아래가 모두 겸양했으며, 수(倕)가 공사(工師)가 되자 백공이 다양한 기물을 바쳤고, 익(益)이 산림과 동산을 주관하자 산택이 개발되어 완성되었으며, 기(棄)가 농업을 주관하자 백곡이 때에 맞게 잘 자랐고, 설(契)이 사도(司徒)를 주관하자 백성이 친목하게 되었으며, 용(龍)이 빈객을 주관하자 먼 곳의 사람들까지 귀부했다. (이렇게) 12목(牧-중앙 관직)이 정사를 행하자 구주(九州-지방 행정 체제)에서는 누구도 감히 이를 어기지 못했다. 우(禹)가 구주의 못에 제방을 쌓고 아홉 물길을 뚫어 구주의 행정 체계를 정해서 각기 자기 지역 토산물을 공물로 바치게 함으로써 각기 자기 직책의 마땅함을 잃지 않도록 해주자, 영토가 사방 5,000리로 황복(荒服)에까지 이르렀다. 남쪽으로는 교지(交趾), 대발(大發)에 이르고, 서쪽으로는 석지(析支), 거수(渠搜), 저강(氐羌)에 이르며, 북쪽으로 산융(山戎), 숙신(肅愼)에 이르고, 동쪽으로는 장이(長夷), 도이(島夷)에 이르렀으니, 사해 안의 백성이 모두 순임금의 공로를 높이 받들었다. 이에 우는 마침내 구소(九韶)의 음악을 짓고 온 사방에서 진기한 물건들이 이르렀으며 봉황이 날아와서 천하에 (순임금의) 다움을 밝혔다.

天子諸侯無事則歲三田, 一爲乾豆, 二爲賓客, 三爲充君之庖. 無事而不田, 曰不敬, 田不以禮, 曰暴天物. 天子不合圍, 諸侯不揜群. 天子殺則下大綏, 諸侯殺則下小綏, 大夫殺則止佐轝(좌여), 佐轝止則百姓畋獵. 獺(달)祭魚, 然後漁人入澤梁; 鳩化爲鷹, 然後設罻羅(위라); 草木零落, 然後入山林. 昆蟲不蟄不以火田, 不麛不卵, 不殀夭(요요), 不覆巢. 此皆聖人在上, 君子在位, 能者在職, 大德之發者也. 是故 皋陶爲大理乎, 民各服得其實; 伯夷主禮, 上下皆讓; 倕爲工師, 百工致功; 益主虞, 山澤辟成; 棄主稷, 百穀時茂; 契主司徒, 百姓親和; 龍主賓客, 遠人至. 十二牧行, 而九州莫敢僻違; 禹陂(피)九澤, 通九道, 定九州, 各以其職來貢, 不失厥宜, 方五千里至于荒服,

南撫交趾大發, 西析支·渠搜·氐羌, 北至山戎·肅愼, 東至長夷·島夷, 四海之內皆戴帝舜之功. 於是 禹乃興九韶之樂, 致異物, 鳳凰來翔, 天下明德也.

19-20

활을 쏘는[射] 사람은 반드시 마음을 평온하게 하고 몸을 바르게 하고서 활과 화살을 쥐고 과녁을 향해 몸과 마음을 굳건히 한 다음에야 활을 쏘았을 때 능히 과녁 가운데에 적중할 수 있다. 『시경』(「소아(小雅)·빈지초연(賓之初筵)」)에 이르기를 "큰 과녁을 이미 세우고서 활과 화살을 이에 당기니, 사수들 짝지어 함께 서서 너의 활쏘기 공적을 노래한다"라고 했으니, 이를 두고 한 말이다. 사(射)라는 말은 '미리 대비한다', '미리 헤아리다'라는 뜻이니 미리 준비하는 것은 내 마음속에서 하는 것이다. 그러므로 옛날에는 아들이 태어나면 사흘 만에 뽕나무 활로 쑥대 화살 6개를 천지사방으로 쏘게 했다. 천지사방이란 바로 남자들이 일을 하게 될 곳이다. 반드시 먼저 일하는 데 마음을 둔 다음이라야 감히 곡식을 먹을 수 있다. 그러므로 말하기를 "평소 하는 일이 없으면 밥을 먹지 말라"라고 한 것은 이를 두고 한 말이다.

射者必心平體正, 持弓矢審固, 然後射者能以中. 詩云: "大侯既抗, 弓矢斯張, 射夫既同, 獻爾發功", 此之謂也. 射之爲言豫也, 豫者豫吾意也. 故古者兒生三日, 桑弧蓬矢六射天地四方, 天地四方者, 男子之所有事也, 必有意其所有事, 然後敢食穀. 故曰: "不素飧兮", 此之謂也.

19-20은 『논어』에 등장하는 활쏘기 관련 두 장면에 대한 정확한 풀

이가 된다. 먼저 예(禮)를 집중적으로 다루는 「팔일(八佾)」편이다.

공자가 말했다.

"군자는 다투는 바가 없으나 반드시 활쏘기에서는 경쟁을 한다. 상대방에게 읍하고 사양하며 올라갔다가 내려와 술을 마시니, 이러한 다툼이 군자다운 것이다."

이때 술을 마시는 것은 조금이라도 생겨났을 수 있는, 남과 경쟁하려는 마음을 녹여내기 위함이다.

같은 「팔일」편이다.

공자가 말했다.

"(문물이 번성했던 주나라 때의) 활쏘기는 가죽을 많이 뚫는 것으로 승부를 가리지 않았다. 힘이 사람마다 다 달랐기 때문이다. 이것이 옛날의 활 쏘는 예법이다."

19-21

살아서 서로 오가며 교유하기 때문에 '유빈(留賓)'[024]이라고 하니, 천자에서 사(士)에 이르기까지 각각 차등이 있다. 죽은 사람에게 거마나 물품을 보낼 때 시신이 널에 있을 때 하지 않는 것이나, 산 사람을 조문하면서 비통한 순간에 하지 않는 것은 예가 아니다[非禮]. 그래

024 고례에, 생전에 서로 통교가 있던 사람이 죽었을 때 그의 영구 앞에 머물며 조상하는 빈객을 말한다.

서 옛날에는, 경사(慶事)에는 하루에 50리를 가지만 상을 당해 달려갈 때는 100리를 갔다. 장례를 돕는 물품들을 일에 맞춰 보내는 것을 '때에 맞춘다'라고 하니 때란 일의 이치[事理=禮] 중에서도 가장 큰 것이다.

『춘추』에서 말하기를 "천왕이 집사 훤(咺)을 보내 혜공(惠公)과 중자(仲子)의 상사에 쓸 거마와 물품[賵]을 보냈다"라고 했는데, 봉(賵)이란 무엇인가? 상사에는 봉이 있다. 대개 타는 말, 속백(束帛-비단 뭉치), 수레용 말 등을 봉(賵)이라 하고, 재물을 부(賻), 옷가지를 수(襚-수의), 입에 채우는 것을 함(唅), 기호품을 증(贈)이라 한다. 살아 있는 상주를 아는 사람은 부와 봉을 보내고, 죽은 이를 아는 사람은 증과 수를 보낸다. 증과 수는 죽은 이를 보내주기 위함이고, 부와 봉은 상주를 도우려 함이다.

수레용 말, 속백(束帛), 재화, 의복, 기호품을 보낼 때 그 수량은 얼마인가? 천자는 타는 말 6필, 제후는 4필, 대부는 3필, 원사(元士)는 2필, 하사는 1필이다. 천자는 속백 5필, 검은 비단 3필, 천홍색 비단 2필에 각 50자[尺]이고, 제후는 검은 비단 3필, 천홍색 비단 2필에 각 40자이고, 대부는 검은 비단 1필, 천홍색 비단 2필에 각 30자이고, 원사는 검은 비단 1필, 천홍색 비단 1필에 각 2장(丈)이고, 하사는 채색 비단과 무늬 없는 비단 각 1필이고, 서인은 베와 비단 각 1필이다. 천자의 봉은 타는 말 6필에 승거(乘車)이고, 제후는 4필에 승여(乘輿)이고, 대부는 참여(參輿)이고, 원사와 하사는 수레를 쓰지 않는다. 천자는 무늬 있는 옷과 수놓은 옷 1벌인데, 길이가 땅에 닿는 옷을 보낸다. 제후는 길이가 발등을 덮는 옷을, 대부는 길이가 복사뼈에 닿는 옷을, 사는 길이가 넓적다리에 닿는 옷을 보낸다. 천자는 입을 채울 함으로 진주를, 제후는 옥을, 대부는 작은 구슬을, 사는 조개껍데기를, 서인은 곡식의 낟알을 쓴다.

지위가 높고 다움이 두터우면 가까운 사람에게는 부·봉·함·수를 두텁게 하고, 가난한 사람과 부유한 사람 간에도 차이가 있다. 2·3·4·5의 수는 하늘과 땅에 뿌리를 두고서 홀수·짝수를 만들어 내고 사람의 정을 헤아려 예절의 조문을 만들어냈는데, 이를 일러 근거가 있다고 하니 예의 큰 마루[大宗]이다.

生而相與交通, 故曰留賓, 自天子至士, 各有次. 贈死不及柩尸, 弔生不及悲哀, 非禮也. 故古者, 吉行五十里, 奔喪百里. 贈賵及事之謂時, 時, 禮之大者也. 春秋曰: "天王使宰咺來歸惠公·仲子之賵", 賵者何? 喪事有賵者, 蓋以乘馬束帛輿馬曰賵, 貨財曰賻, 衣被曰襚, 口實曰唅, 玩好曰贈. 知生者賻賵, 知死者贈襚; 贈襚所以送死也, 賻賵所以佐生也. 輿馬·束帛·貨財·衣被·玩好, 其數奈何? 曰, 天子乘馬六匹, 諸侯四匹, 大夫三匹, 元士二匹, 下士一匹; 天子束帛五匹玄三纁二, 各五十尺, 諸侯玄三纁二, 各四十尺, 大夫玄一纁二, 各三十尺, 元士玄一纁一, 各二丈, 下士綵縵各一匹, 庶人布帛各一匹; 天子之賵, 乘馬六匹乘車, 諸侯四匹乘輿, 大夫曰參輿, 元士下士不用輿; 天子文繡衣各一襲到地, 諸侯覆跗, 大夫到踝, 士到髀; 天子唅實以珠, 諸侯以玉, 大夫以璣, 士以貝, 庶人以穀實. 位尊德厚及親者賻賵唅襚厚, 貧富亦有差; 二三四五之數, 本之天地而制奇偶, 度人情而出節文, 謂之有因, 禮之大宗也.

19-22

『춘추』에서 말하기를 "경술일에 천왕이 붕했다"라고 했는데, 전(-『춘추공양전』)에서 이를 풀기를 "어째서 천왕을 장례한 날짜를 기록하지 않았는가? 천자는 붕한 것만 기록하고 장례한 날을 기록하지 않은 것은, 분명하게 장례 시기를 정해놓았기 때문이다. 제후는 졸한 날을 기록하고 장례한 날을 기록한 것은, 천자가 계시기에 반드시 그 시기를 정할 필요가 없기 때문이다"라고 했다.

분명하게 그 시기를 정해놓는 것은 어째서인가? 천자는 7일이 지나면 빈(殯)하고 7개월이 지나면 장례를 하며, 제후는 5일이 지나면 빈하고 5개월이 지나면 장례를 하며, 대부는 3일이 지나면 빈하고 3개월이 지나면 장례를 하며, 사와 서인은 2일이 지나면 빈하고 2개월이 지나면 장례를 한다. 어째서 모두 이렇게 하는가? 예법에 따르면 흉사에 대해서는 미리 준비를 갖추지 못해서 죽고 나서야 상복을 갖출 수 있기 때문이다. 상복을 입고 관과 곽을 준비하며 구덩이를 파서 묘역을 조성하고 난 다음에 상문(喪文)이 완성되고, 외친들이 모두 와서 매장하는 일을 마치고 나서야 효자와 충신은 자신들이 입은 두터운 은혜를 다한 것이 된다. 그래서 천자는 7개월 만에 장례를 거행해서 동궤(同軌-모든 제후국)가 모두 찾아오고, 제후는 5개월 만에 장례를 거행해서 동회(同會-동맹한 제후들)가 모두 찾아오며, 대부는 3개월 만에 장례를 거행해서 동조(同朝-함께 조정에서 벼슬한 사람들)가 모두 찾아오고, 사와 서인은 2개월 만에 장례를 거행해서 외척과 인척들까지 모두 찾아오는 것이다.

春秋曰: "庚戌天王崩", 傳曰: "天王何以不書葬? 天子記崩不記葬, 必其時也; 諸侯記卒記葬, 有天子在, 不必其時也." 必其時奈何? 天子七日而殯, 七月而葬; 諸侯五日而殯, 五月而葬; 大夫三日而殯, 三月而葬; 士庶人二日而殯, 二月而葬. 皆何以然? 曰, 禮不豫凶事, 死而後治凶服, 衣衰飾, 修棺槨, 作穿窆宅兆, 然後喪文成, 外親畢至, 葬墳集, 孝子忠臣之恩厚備盡矣. 故天子七月而葬, 同軌畢至; 諸侯五月而葬, 同會畢至; 大夫三月而葬, 同朝畢至; 士庶人二月而葬, 外姻畢至也.

19-23

(오나라 사람) 연릉계자(延陵季子)가 제나라에 갔다가 돌아올 때 맏아들이 영(嬴)과 박(博) 땅 사이에서 죽었는데, 그곳에서 그대로 장례를 치르자 공자가 그것을 듣고서 말했다.

"연릉계자는 오나라 사람 중에 예를 익힌 사람이다."

자공(子貢)을 시켜 가서 살펴보게 하니, 구덩이를 파면서 깊이가 샘의 원천에 이르지 않게 했고 염은 당시 입던 옷으로 했으며 이미 매장을 마치고 봉분을 올리기를 그 둘레가 구덩이를 덮을 정도이고 높이는 기댈 수 있을 정도로 했다. 이미 봉분을 다 만들고는 왼쪽 어깨를 드러낸 채 그 봉분을 오른쪽으로 돌면서 세 번 곡해 말하기를 "뼈와 살이 다시 흙으로 돌아갔으니 명이로다. 혼령은 가지 않는 곳이 없도다. 가지 않는 곳이 없도다"라고 하고는 드디어 떠나갔다고 했다.

공자가 말했다.

"연릉계자가 아들 장례를 치른 일은 예에 부합한다."

延陵季子適齊, 於其反也, 其長子死於嬴博之間, 因葬焉, 孔子聞之, 曰: "延陵季子吳之習於禮者也." 使子貢往而觀之, 其穿, 深不至泉; 其斂, 以時服; 既葬, 封壙墳掩坎, 其高可隱也; 既封, 左袒右旋, 其封且號者三言曰: "骨肉歸復於土, 命也. 若魂氣則無不之也! 無不之也", 而遂行. 孔子曰: "延陵季子於禮其合矣."

19-23은 검박함이 일을 행하는 이치, 즉 예의 근본임을 보여준다.

19-24

자식은 3년이 지난 다음이라야 부모 품에서 벗어날 수 있으니, 3년상을 제정한 것은 이런 부모의 은혜를 갚기 위함이다. (친족들의) 1년상은 (서인으로부터) 제후들에게까지 통용되고 (부모의) 3년상은 (서인으로부터) 천자에게까지 통용되니, 예의 큰 원칙이다.

子生三年, 然後免於父母之懷, 故制喪三年, 所以報父母之恩也. 期年之喪通乎諸侯, 三年之喪通乎天子, 禮之經也.

19-24에서 말하는 3년상이 생겨난 이유에 대한 보다 상세한 설명이 『논어』「양화(陽貨)」편에 나온다.

(말재주에 능한) 재아가 말했다.
"(기존의) 3년상은 1년만 해도 너무 오래입니다. 군자가 3년 동안 (상을 치르느라고) 예를 행하지 않으면 예가 반드시 무너질 것이고, 또 3년 동안 음악을 하지 않으면 음악이 반드시 무너질 것입니다. (1년이면) 묵은 곡식이 이미 없어지고 새 곡식이 무르익으며 불씨를 취하는 나무도 바뀌니, (상은) 1년이면 그쳐도 됩니다."
공자가 말했다.
"쌀밥을 먹고 비단옷을 입는 것이 네 마음에 편안하냐?"
재아가 "편안합니다"라고 답하자 공자가 말했다.
"네가 편안하거든 그렇게 해라. 군자가 거상할 때는 맛있는 것을 먹어도 달지 않고 음악을 들어도 즐겁지 않으며 거처함에 편안하지 않다. 이 때문에 하지 않는 것인데, 네가 편안하거든 그렇게 해라."
재아가 밖으로 나가자 공자가 말했다.

"재아의 어질지 못함이여! 자식이 태어나서 3년이 된 뒤에야 부모의 품을 벗어난다. 3년상은 천하의 공통된 상이니, 재아에게는 그 부모에 대한 3년의 사랑이 있는가?"

3년은 지나야 부모 품에서 벗어나더라도 혼자서 무언가를 집어삼킬 수 있기 때문이다.

19-25

자하(子夏)가 3년상을 마치고 공자를 만나보았는데, 공자가 거문고를 주어 연주하게 했다. 거문고를 당겨 연주하는데, 화락해 즐거운 기운이 있는 대목에 이르자 얼마 후 일어나서 말했다.

"선왕이 제정한 예법을 감히 따르지 않을 수 없습니다."

공자가 말했다.

"군자답구나!"

민자건(閔子騫)이 3년상을 마치고 공자를 만나보았는데, 공자가 거문고를 주어 연주하게 했다. 거문고를 당겨 연주하는데, 애절해 슬픈 기운이 있는 대목에 이르자 얼마 후 일어나서 말했다.

"선왕이 제정한 예법을 감히 넘을 수 없습니다."

공자가 말했다.

"군자답구나!"

자공이 물었다.

"민자는 슬퍼함을 다하지 않았는데 스승님께서는 군자답다 하셨고, 자하는 슬퍼함을 이미 다했는데 스승님께서는 군자답다 하셨습니다. 제가 의혹되어 어째서 그러셨는지 감히 묻겠습니다."

공자가 말했다.

"민자는 슬픔이 아직 다하지 않았는데 능히 예에 따라 끊어냈으니, 그래서 군자라 한 것이다. 자하는 슬픔이 다했는데 능히 그것을 늘여서 예에 맞춰 3년상을 끝냈으니, 그래서 군자라 한 것이다. 무릇 3년상이란 실로 효심이 깊은 사람은 슬픔을 줄여주고 효심이 모자란 사람은 더 힘쓰게 해주는 것이다."

子夏三年之喪畢, 見於孔子, 孔子與之琴, 使之絃. 援琴而絃, 衎衎而樂, 作而曰: "先生制禮不敢不及也." 孔子曰: "君子也." 閔子騫三年之喪畢, 見於孔子, 孔子與之琴, 使之絃. 援琴而絃, 切切而悲, 作而曰: "先生制禮不敢過也." 孔子曰: "君子也." 子貢問曰: "閔子哀不盡, 子曰君子也; 子夏哀已盡, 子曰君子也. 賜也惑, 敢問何謂?" 孔子曰: "閔子哀未盡, 能斷之以禮, 故曰君子也; 子夏哀已盡, 能引而致之, 故曰君子也. 夫三年之喪, 固優者之所屈, 劣者之所勉."

19-25에서 공자는 민자건과 자하 두 사람 모두에 대해 군자답다고 했지만 실은 민자건을 훨씬 높인 것이다. 민자건은 안회와 어깨를 나란히 하던 제자였다. 『논어』 「선진(先進)」편이다.

공자가 말했다.

"덕행(德行)에는 안연(顏淵)·민자건(閔子騫)·염백우(冉伯牛)·중궁(仲弓)이요, 말〔言語〕에는 재아(宰我)·자공(子貢)이요, 정치〔政事〕에는 염유(冉有)·계로(季路)요, 문학(文學)에는 자유(子游)·자하(子夏)니라."

공자가 말했다.

"효자구나! 민자건이여! 사람들이 그 부모와 형제들이 민자건을 칭찬하는 말 사이에 끼어들 수가 없구나!"

정약용은 민자건의 효행과 관련된 이야기를 이렇게 전하고 있다.

민자건이 일찍이 어머니를 여의자 그의 아버지는 다시 장가를 들어 두 아들을 낳았다. 계모가 유독 민자건에게만 (싸구려) 갈대꽃 솜으로 옷을 만들어 입혔는데, 아버지가 이 사실을 알고는 그 아내를 내쫓으려 했다. 그러자 민자건이 말하기를 '어머니가 계시면 한 아들이 추위에 떨지만, 어머니가 가시면 세 아들이 다 외로워집니다'라고 해 어머니가 쫓겨나는 것을 면할 수 있게 했다. 그 어머니가 이 말을 듣고는 아들들을 공평하게 대우해 드디어 자애로운 어머니가 되었다.

19-26

제나라 선왕(宣王)이 전과(田過)에게 말했다.

"내가 듣건대 유자(儒者)는 부모를 위해 삼년상을 하고 임금을 위해 삼년상을 한다는데, 임금과 아버지 중에서는 누가 더 중한가?"

전과가 말했다.

"아마도 임금이 아버지보다 더 중하지는 않을 것입니다."

왕이 발끈 화를 내며 말했다.

"그렇다면 어째서 부모를 떠나와서 임금을 섬기는가?"

전과가 대답했다.

"임금이 주시는 땅이 없으면 저의 부모가 거처할 곳이 없고, 임금이 주시는 녹봉이 아니면 저의 부모를 봉양할 수 없으며, 임금이 주시는 작위가 없으면 저의 부모를 높일 수가 없습니다. 임금에게 받아서 부모에게 드리는 것이니, 무릇 임금을 섬기는 것은 부모를 위해서입니다."

선왕은 기분이 나빴지만 아무런 대꾸를 할 수 없었다.

齊宣王謂田過曰: "吾聞儒者喪親三年, 喪君三年; 君與父孰重?" 田過對曰: "殆不如父重." 王忿然怒曰: "然則何爲去親而事君?" 田過對曰: "非君之土地無以處吾親, 非君之祿無以養吾親, 非君之爵位無以尊顯吾親. 受之君, 致之親, 凡事君所以爲親也." 宣王邑邑(邑然=憂鬱)而無以應.

19-27

옛날에는 역병이 일어나는 것을 여(厲-재앙의 일종)라고 했다. 이럴 때면 임금은 소복을 입고 해당 부서의 관리들을 시켜 죽은 자를 조문하고 병든 사람을 위문하며 무당과 의사로 하여금 근심을 치유하게 했으니, 온 힘을 다해 구원했고 탕과 죽을 갖고서 구제했다. 구제 사업을 잘하는 사람은 반드시 먼저 홀아비·과부·고아·독거노인부터 했고, 병들어 봉양할 수 없는 사람들을 구제했으며, 죽어서 매장할 사람이 없으면 매장도 해주었다. 부모상을 당한 집 문 앞에서는 큰 소리로 외치지 않았고, 자최(齊衰)나 대공(大功)의 상복을 입은 사람은 5개월 동안 노역에 징발하지 않았으며, 소공(小功) 상복을 입은 사람이 아직 장례를 지내지 못했으면 노역에 징발하지 않았다. 많은 사람이 죽어 시체들이 겹쳐져 있어서 상황이 급하면 사람들을 모으고 동자에게 북을 치게 해서 갈대 횃불을 밝힌 다음에 집 안으로 들어가 역귀를 몰아냈다. 각자 북을 치며 횃불을 들고서 역귀를 몰아낼 때, 집주인은 관을 쓴 채 동쪽 계단[阼]에 서 있다가 일이 끝나고 나면 마을 문을 통해 읍문을 따라 나와 야외에서 전송한다. 이것이 바로 땅바닥을 기듯이 온 힘을 다해 역병을 구제하는 도리다. 군대가 크게 패했을 때 역시 이렇게 한다.

古者有菑者謂之厲, 君一時素服, 使有司弔死問疾, 憂以巫醫, 匍匐以救之, 湯粥以方之. 善者必先乎鰥寡孤獨, 及病不能相養, 死無以葬埋, 則葬埋之. 有親喪者不呼其門, 有齊衰大功, 五月不服力役之征, 有小功之喪者未葬, 不服力役之征. 其有重尸多死者, 急則有聚衆, 童子擊鼓苣火, 入官宮里用之, 各擊鼓苣火, 逐官宮里. 家之主人冠立於阼(조), 事畢出乎里門, 出乎邑門, 至野外. 此匍匐救厲之道也. 師大敗亦然.

19-28에서 주인이 보여주는 모습과 똑같은 장면을 『논어』「향당(鄕黨)」편에서 공자가 보여주고 있다.

(공자는) 시골 사람들이 역귀를 쫓기 위해 굿을 하면 조복(朝服)을 차려 입고서 동쪽 섬돌 위에 서 있었다.

이것이 당시의 예(禮)였던 것이다.

19-28

재계(齋戒)란 제사를 받는 분이 평소 거처하던 모습을 생각하고, 웃고 말하던 모습을 생각하며, 그분이 일하던 모습을 생각하는 것이다. 재계한 지 3일이 되면 마침내 그분의 옛 모습을 떠올리게 되고, 제사 지내는 날 장차 사당 문을 들어가려 할 때는 어렴풋하게[僾然] 그분 모습이 보이는 듯하며, 배회하고 머물다가(즉 제사를 다 지내고) 문을 나올 때는 서글프게 탄식하는 소리가 들리는 듯하다. 돌아가신 선인의 모습이 눈에서 떠나지 않고 말소리와 기침 소리가 귀에서 끊어지지 않으며 즐기시던 것과 좋아하고 싫어하시던 것들이 마음에서 떠나지 않아야 하니, 이것이 바로 효자가 하는 재계이다.

齋者思其居處也, 思其笑語也, 思其所爲也. 齋三日, 乃見其所爲齋者; 祭之日, 將入戶, 僾然若有見乎其容; 盤旋出戶, 喟然若有聞乎嘆息之聲. 先人之色, 不絶於目, 聲音咳唾, 不絶於耳, 嗜欲好惡, 不忘於心; 是則孝子之齋也.

19-28을 간략히 압축한 것이 『논어』 「팔일(八佾)」편에 나타난 공자의 모습이다.

(공자는 선조에게) 제사를 지내실 적에는 (선조가 마치 앞에) 계시듯이 했으며(如在) 신을 제사 지낼 적에는 신이 계시듯이 했다. 공자가 말했다. "내가 제사를 돕지 않으면 (나로서는) 제사를 지내지 않은 것과 같다."

19-29

(천자가 지내는) 봄 제사를 사(祠), 여름 제사를 약(禴), 가을 제사를 상(嘗), 겨울 제사를 증(烝)이라고 하니, 봄에는 부추와 새알을 올리고 여름에는 보리와 물고기를 올리며 가을에는 기장과 돼지를 올리고 겨울에는 벼와 기러기를 올린다.

3년에 한 번 협제(祫祭)를 올리고 5년에 한 번 체제(禘祭)를 올리는데, 협(祫)이란 합해 제사를 지낸다는 뜻이고 체(禘)란 자세히 살핀다는 뜻이다. 협제는 조상의 신주들을 다 모아 종묘에서 제사 지내는 것이고, 체제는 다움을 잘 살펴서 그 우열을 두고 제사 지내는 것이다.

빼어난 임금이 장차 제사를 지내려 할 때는 반드시 몸을 정결하게 해서 재계하고 정밀하게 생각해서 마치 부모가 계신 듯이 여기고, 막 일어나 제단에 오르려 할 때는 공경하고 황홀한 마음으로 전일하게 선친의 용모를 어렴풋하게 생각하니, 이것이 효자의 정성이다. 사방에서 와서 제사를 돕는 사람들은, 빈손으로 왔다가 가득 싣고 돌아가며 빈 마음으로 왔다가 가득 채워 돌아가니, 모두 본받을 법칙을 얻은 것이다.

春祭曰祠, 夏祭曰禴, 秋祭曰嘗, 冬祭曰烝; 春薦韭(구)卵, 夏薦麥魚, 秋薦黍豚, 冬薦稻鴈. 三歲一祫, 五年一禘; 祫者, 合也; 禘者, 諦也. 祫者大合祭於祖廟也, 禘者諦其德而差優劣也. 聖主將祭, 必潔齋精思, 若親之在, 方興未登, 惆惆憧憧, 專一想親之容貌彷彿, 此孝子之誠也. 四方之助祭, 空而來者滿而反, 虛而至者實而還, 皆取法則焉.

19-30

한갈자(韓褐子)가 황하를 건너는데, 뱃사공이 그에게 말했다.

"대개 사람들이 이곳을 건널 때 평안을 비는 제사를 지내지 않는 사람이 없는데, 그대는 어찌 기도를 하지 않습니까?"

한갈자가 말했다.

"천자는 해내의 신들에게 제사를 지내고, 제후들은 봉역 안의 신들에게 제사를 지내고, 대부들은 조상들에게 제사를 지내고, 사는 조부와 아버지에게 제사를 지내는 법입니다. 내가 하백(河伯)에게 제사를 지낼 수는 없지요."

뱃사공이 노를 저어 가는데 배가 강 가운데에서 빙빙 돌았다. 뱃사공이 말했다.

"조금 전 제가 진정코 이미 말씀드렸습니다만 그대께서 이 사람 말을 듣지 않더니, 지금 배가 강에서 빙빙 돌아 매우 위험합니다. 행장과 옷을 챙겨 배에서 내려 헤엄쳐 가야 할 것 같습니다."

한자가 말했다.

"나는 남들이 나를 미워한다고 해서 내 뜻을 바꾸지 않고, 내가 장차 죽을 것이라 해서 내 마땅함을 바꾸지 않소."

말이 미처 끝나기도 전에 배가 편안하게 갔다.

한갈자가 말했다.

"『시경』(「대아(大雅)·한록(旱麓)」)에 이르기를 '무성하도다 칡넝쿨이여, 줄기에 가지에 뻗었구나. 점잖은 군자여, 복을 구하는 방도가 그릇되지 않구나!'라고 했으니, 귀신도 그릇되지 않은데 하물며 사람임에랴!"

韓褐子濟於河, 津人告之曰: "夫人過於此者, 未有不快[襘(회)]用者也; 而子不用乎?" 韓褐子曰: "天子祭海內之神, 諸侯祭封域之內, 大夫祭其親, 士祭其祖禰. 褐也, 未得事河伯也." 津人申楫舟中水而運, 津人曰: "向也, 役人固已告矣, 夫子不聽役人之言也; 今舟中水而運, 甚殆, 治裝衣而下遊乎!" 韓子曰: "吾不爲人之惡我而改吾志, 不爲我將死而改吾義." 言未已, 舟泆然行. 韓褐子曰: "詩云: '莫莫葛藟, 施于條枚; 愷悌君子, 求福不回', 鬼神且不回, 況於人乎?"

19-30은 한마디로 불혹(不惑), 즉 미혹되지 않음이다. 『논어』「술이(述而)」편이다.

공자께서는 괴이한 일과 용력과 도리를 어지럽히는 일과 귀신에 관한 일(怪力亂神)은 말씀하지 않으셨다.

19-31

공자가 말했다.

"억지스러운 동작이 없는 예야말로 (진정한) 삼감이고, 상복이 없이 치르는 상례야말로 (진정으로) 슬퍼함[憂=哀]이며, 악기 소리가 없는 음악(즉 임금이 정치를 잘해 백성이 진정으로 기뻐하는 일)이야말로 (진정한) 즐거움이다. 말을 하지 않아도 백성이 믿고, 움직이지 않아도 백성이 위엄을 느끼며, 은혜를 베풀지 않아도 백성이 어질다고 느끼는 것은 뜻이 통해서다. 종과 북소리는 화가 나서 치면 잔인하고[武], 근심하며 치면 슬프고, 기뻐서 치면 즐겁다. 뜻이 달라지면 그 소리 또한 달라지니, 그 뜻이 열렬하면 금석에도 통하는데 하물며 사람임에랴!"

孔子曰: "無體之禮, 敬也; 無服之喪, 憂也; 無聲之樂, 懽也. 不言而信, 不動而威, 不施而仁, 志也. 鐘鼓之聲, 怒而擊之則武, 憂而擊之則悲, 喜而擊之則樂. 其志變, 其聲亦變, 其志誠, 通乎金石, 而況人乎?"

19-32

(증자의 제자) 공맹자고(公孟子高)가 전손자막(顓孫子莫)을 만나서 말했다.

"감히 군자의 예가 어떠한 것인지 물어도 되겠습니까?"

전손자막이 말했다.

"겉으로 드러나는 너의 엄정함과 속으로 가진 우월감 그리고 자기만 옳다는 고집을 버려라. 이 셋만 버리면 된다."

공맹이 알아듣지 못하고서 그 내용을 그대로 증자에게 고하니, 증자가 낯빛을 바꾸고 머뭇거리다가 말했다.

"크도다, 그 말씀이여! 무릇 외면이 엄정한 사람은 반드시 안으로 잘 꺾이고, 안으로 우월감을 가지거나 자기만 옳다는 고집을 가진 사람은 반드시 남에게 부림을 당한다. 이 때문에 군자는 다움과 행실이 이뤄져도 용모로는 알 수가 없고, 보고 들은 것이 많아도 말로 다투지 않으며, 지모와 사려가 은미한 곳에까지 이르러 능히 어리석지 않다."

公孟子高見顓孫子莫曰: "敢問君子之禮何如?" 顓孫子莫曰: "去爾外厲, 與爾內勝, 而心自取之, 去三者而可矣." 公孟不知以告曾子, 曾子愀然逡巡曰: "大哉言乎! 夫外厲者必內折, 色勝而心自取之必爲人役. 是故 君子德行成而容不知, 聞識博而辭不爭, 知慮微達而能不愚."

19-32에 나오는 증자의 말은 『논어』 「양화(陽貨)」편의 다음 구절에 대한 풀이가 된다.

공자가 말했다.

"얼굴빛은 위엄을 보이면서 내면이 유약한 것(色厲而內荏)을, 소인에 비유해 말하자면 담을 (뛰어넘을 용기도 없어) 뚫고서 들어가는 도둑놈과 같을 것이다."

19-33

증자가 중병에 걸렸을 때 맹의(孟儀)가 병문안을 왔다. 증자가 말했다.

"새가 죽으려 할 때는 반드시 그 울음소리가 슬프고, 군자가 죽으려 할 때는 반드시 말이 이치에 고분고분하다. 예에는 세 가지 거동이 있는데, 그것을 아는가?"

대답해 말했다.

"알지 못합니다."

증자가 말했다.

"앉아보아라. 내가 너에게 말해주겠다.

군자가 예를 닦아서 뜻을 세우면 탐욕스러운 마음이 들어올 곳이 없다. 군자가 예를 생각하며 몸을 닦으면 게으르고 경솔한 태도가 찾아오지 않는다. 군자가 예를 닦아서 어짊과 마땅함을 행하면 분쟁과 난폭한 말이 멀어진다. 그 나머지, 제기의 술잔이나 도마, 변두 등을 진설하는 일은 담당 기관이 할 일이니 군자는 이런 것들을 전혀 하지 못해도 괜찮다."

曾子有疾, 孟儀往問之. 曾子曰: "鳥之將死, 必有悲聲; 君子集大辟, 必有順辭. 禮有三儀, 知之乎?" 對曰: "不識也." 曾子曰: "坐, 吾語汝. 君子脩禮以立志, 則貪慾之心不來; 君子思禮以脩身, 則怠惰慢易之節不至; 君子脩禮以仁義, 則忿爭暴亂之辭遠. 若夫置樽俎·列籩豆, 此有司之事也, 君子雖勿能可也."

19-33은 『논어』「태백(泰伯)」편에 나오는 다음 구절과 대부분 겹친다. 맹의나 맹경자는 모두 같은 사람으로, 증자 제자 공명의(公明儀)를 가리킨다.

증자가 중병에 걸렸을 때 맹경자(孟敬子)가 병문안을 왔다. 증자가 말했다.

"새는 죽으려 할 때 그 울음소리가 슬프고, 사람이 장차 죽을 때는 그 말이 좋다고 했다. 군자라면 귀중하게 여겨야 할 도리가 세 가지 있다. 첫째, 용모를 움직일 때는 사나움과 거만함을 멀리해야 한다. 둘째, 얼굴빛을 바로 할 때는 신실함에 가깝게 해야 한다. 셋째, 말과 소리를 낼 때는 비루함과 도리에 위배됨을 멀리해야 한다. 그 밖에 변두 같은 제기를 다루는 소소한 일은 담당 기관이 있으니 맡겨둬야 한다."

19-34

공자가 말하기를 "그는 대범 소탈[簡]하지만 (군주의 자리를 맡기에) 괜찮다"라고 했다. 간(簡)이란 대범 소탈[易野(이야)]하다는 말이니, 대범 소탈하다는 것은 일의 이치에 맞게 애씀[禮文]이 없다는 뜻이다. 공자가 자상백자(子桑伯子)를 만난 적이 있었는데, 그는 의관을 갖추지 않은 채 지내고 있었다. 제자가 말했다.

"스승님께서는 어찌 이런 사람을 만나십니까?"

말했다.

"그의 바탕은 아름다우나 애쓰는 바가 없으니, 내가 그를 설득해 (사람다움을 위해) 애쓰게 하고 싶구나."

공자가 떠나가자 자상백자에게 그의 제자들이 불쾌해하며 말했다.

"어찌 공자를 만나십니까?"

말했다.

"그의 바탕은 아름다우나 애씀이 번잡스러우니, 내가 그를 설득해 그 번잡한 애씀이나 꾸밈을 없애고 싶구나."

그러므로 말하기를, 애씀과 바탕이 잘 닦인 자를 일러 군자라 하고 바탕은 있으나 애씀이 없는 것을 일러 대범 소탈하다고 한다. 자상백자는 대범 소탈해 사람의 도리를 소나 말과 같게 하려고 했다. 그래서 중궁(仲弓)은 그가 너무 대범 소탈하다고 했다.

위로는 눈 밝은 천자가 없고 아래로는 뛰어난 방백(方伯)이 없어 천하가 무도한 짓을 일삼게 되자 신하가 자기 임금을 시해하고 자식이 자기 아버지를 시해했으니, 만일 토벌할 힘이 있거든 이를 토벌해도 괜찮다. 공자의 시대에는 위로 눈 밝은 천자가 없었다. 그래서 (공자는) 옹(雍-중궁)이 남면(南面)할 만하다고 했으니, 남면하는 자란 천자를 가리킨다. 옹이 (공자로부터) 남면할 만하다는 칭송을 받게 된 것은 이러했다. 즉 옹이 공자에게 자상백자에 관해 묻자 공자는 "그는 대범 소탈[簡]하지만 (군주의 자리를 맡기에) 괜찮다"라고 했고, 이에 중궁이 말했다.

"마음은 늘 삼가면서 일은 대범 소탈하게 해서 이로써 그 백성을 이끈다면 실로 남면할 만하다고 할 수 있지 않겠습니까? (그런데) 마음을 대충대충 하면서 일도 대범 소탈하게 한다면 그것은 지나치게 대범 소탈한 것이 아니겠습니까?"

공자가 말했다.

"옹의 말이 옳다."

중궁은 교화하는 방법에 능통했고 공자는 왕도에 밝았으니, 중궁의 말에 더 보탤 것이 없다.

孔子曰: "可也簡." 簡者, 易野也, 易野者, 無禮文也. 孔子見子桑伯子, 子桑伯子不衣冠而處. 弟子曰: "夫子何爲見此人乎?" 曰: "其質美而無文, 吾欲說而文之." 孔子去, 子桑伯子門人不說, 曰: "何爲見孔子乎?" 曰:

"其質美而文繁, 吾欲說而去其文." 故曰, 文質脩者謂之君子, 有質而無文謂之易野, 子桑伯子易野, 欲同人道於牛馬, 故仲弓曰太簡. 上無明天子, 下無賢方伯, 天下爲無道, 臣弑其君, 子弑其父, 力能討之, 討之可也. 當孔子之時, 上無明天子也, 故言雍也可使南面, 南面者天子也. 雍之所以得稱南面者, 問子桑伯子於孔子, 孔子曰: "可也簡." 仲弓曰: "居敬而行簡以道民, 不亦可乎? 居簡而行簡, 無乃太簡乎?" 子曰: "雍之言然!" 仲弓通於化術, 孔子明於王道, 而無以加仲弓之言.

19-34는 그대로 『논어』 「옹야(雍也)」편에 대한 해설이다.

공자는 말했다.
"중궁은 군주의 자리를 능히 맡을 만하다."
중궁이 자상백자에 관해 묻자 공자가 말했다.
"그는 대범 소탈(簡)하지만 괜찮다."
이에 중궁이 말했다.
"마음은 늘 삼가면서 일은 대범 소탈하게 해서 이로써 그 백성을 대한다면 남면할 만한 자질이 있다고 할 수 있지 않겠습니까? (그런데) 마음을 대충대충 하면서 행동도 대범 소탈하게 한다면 그것은 지나치게 대범 소탈한 것이 아니겠습니까?"
공자가 말했다.
"중궁의 말이 옳다."

자상백자와 같은 견해를 가진 사람들이 그때도 많았던 것 같다. 「안연(顔淵)」편에서는 극자성(棘子成)이라는 사람이 이렇게 말한다.

군자라면 바탕(質)만을 중시하면 되지, 꾸밈(文)을 어디다 쓰겠는가?

19-35

공자가 제나라 성곽 밖에 도착해서는 호리병을 들고 가는 한 아이를 만나 함께 길을 갔는데, 그 아이의 시선은 빛났고 그 마음은 발랐으며 그 행실은 반듯했다. 공자가 수레 모는 사람에게 일러 말했다.

"빨리 몰아라! 빨리 몰아라!"

소악(韶樂-순임금 음악)을 바야흐로 완성했을 때 공자가 그곳에 이르렀는데, 소악을 듣고는 석 달 동안 고기 맛을 알지 못했다. 그러므로 음악은 홀로 자기만 즐거운 것이 아니라 다른 사람도 즐겁게 해주고, 자기만을 바로잡을 뿐만 아니라 다른 사람도 바로잡아 주는구나! (공자가 말했다.)

"오, 이 음악의 즐거움이 여기에까지 이를 줄은 미처 생각지 못했다."

孔子至齊郭門之外, 遇一嬰兒挈一壺, 相與俱行, 其視精, 其心正, 其行端. 孔子謂御曰: "趣驅之, 趣驅之." 韶樂方作, 孔子至彼, 聞韶三月不知肉味. 故樂非獨以自樂也, 又以樂人; 非獨以自正也, 又以正人矣哉! 於此樂者, 不圖爲樂至於此.

19-35는 『논어』 「술이(述而)」편에 나오는 이야기의 전후 맥락을 보여준다.

> 공자가 제나라에 머물 때 소악(韶樂)을 듣고서는 석 달 동안 고기 맛을 알지 못했다.
> 공자가 말했다.
> "음악을 만든다는 것이 여기에까지 이를 줄은 미처 생각지 못했다."

참고로 유향은 악(樂)을 "正己以樂而正人以樂", 즉 "악으로써 자기를 먼저 바르게 하고, 악으로써 남들도 바르게 해준다"로 정리하고 있다. 이는 예(禮)가 "立己以禮而立人以禮", 즉 "일의 이치로써 자기를 먼저 세우고, 일의 이치로써 남들도 세워준다"에 그대로 상응한다. "立己以禮而立人以禮"를 압축한 말이 바로 공자가 나이 30에 이르렀다고 하는 이립(而立)이다.

19-36

황제(黃帝)가 영륜(伶倫)에게 조(詔)해 음률을 짓게 하자, 영륜이 대하(大夏) 서쪽에서 출발해 곤륜산 북쪽으로 가 해곡(嶰谷)에서 대나무를 채취했다. 잘 자라서 구멍이 뚫리고 두께가 고른 것을 골라서 두 마디 사이를 잘라 그 길이가 9촌(치) 되는 것으로써 황종(黃鍾)의 궁조(宮調)로 삼았으니, 이를 함소(含少)라고 한다. 차례로 12개 죽관(竹管)을 만들고는 곤륜산 아래에서 봉황의 울음소리를 듣고 12율(律)의 음조를 구별했다. 그중 수컷 소리가 여섯이고 암컷 소리 또한 여섯이기에, 이를 갖고서 황종의 궁조와 비교해보니 황종의 궁조와 딱 들어맞았다. 이 모두 음률을 만들어낼 수 있었으니, 이 황종이 음률의 근본이다.

그러므로 이렇게 말한다. 황종은 미세하면서 고르고 곱고 온전해 마음을 상하게 하지 않으니, 황종의 궁조는 홀로 존귀해 크게 빼어난 다움을 상징하며 지극히 뛰어난 이의 공업을 밝힐 수 있다. 그래서 그것을 받들어 종묘에 올려서(즉 연주해) 선조의 공로와 다움을 노래함으로써 대대손손 잊지 않게 한 것이다. 이 때문에 황종이 임종(林鍾)을 낳고, 임종이 대려(大呂)를 낳고, 대려가 이칙(夷則)을 낳고, 이칙이 태주(太簇)를 낳고, 태주가 남려(南呂)를 낳고, 남려가 협종(夾鍾)을 낳고, 협종이 무역(無射)을 낳고, 무역이 고선(姑洗)을 낳고, 고선이 응종(應鍾)을 낳고, 응종이 유빈(蕤賓)을 낳는다.[025] (어떤 것은) 3등분해 음률을 만들어내는데 1분씩 더해 위로 생성해가고, (어떤 것은) 3등분해 음률을 만들어내는데 1분씩 덜어내어 아래로 생성해간다. 황종·대려·태주·협종·고선·중려(仲呂)·유빈은 위로 생성하는 음률이고, 임종·이칙·남려·무역·응종은 아래로 생성하는 음률이다.

크게 빼어난 임금이 지극히 잘 다스리는 시대에는 하늘과 땅의 기운이 합쳐져 바람을 일으키는데, 동지와 하지가 되면 태양이 바람을 타고 운행해서 12율을 낳는다. 중동(仲冬-음력 11월)에 해가 가장 짧은 동지가 되면 황종을 생성하고, 계동(季冬-음력 12월)에는 대려를 생성하고, 맹춘(孟春-음력 1월)에는 태주를 생성하고, 중춘(仲春-음력 2월)에는 협종을 생성하고, 중하(仲夏-음력 5월)에 해가 가장 긴 하지가 되면 유빈을 생성하고, 계하(季夏-음력 6월)에는 임종을 생성하고, 맹추(孟秋-음력 7월)에는 이칙을 생성하고, 중추(仲秋-음력 8월)에는 남려를 생성하고, 계추(季秋-음력 9월)에는 무역을 생성하고, 맹동(孟冬-음력 10월)에는 응종을 생성한다. 하늘과 땅의 바람의 기운[風氣]이 바르게 되면 12율이 정해진다.

黃帝詔伶倫作爲音律, 伶倫自大夏之西, 乃之崑崙之陰, 取竹於嶰谷. 以生竅厚薄均者, 斷兩節間, 其長九寸而吹之, 以爲黃鐘之宮, 曰含少. 次制十二管, 以崑崙之下, 聽鳳之鳴, 以別十二律, 其雄鳴爲六, 雌鳴亦六, 以比黃鐘之宮, 適合黃鐘之宮, 皆可生之, 而律之本也. 故曰黃鐘微而均,

025 본문에서 중려(仲呂)는 빠져 있다.

鮮全而不傷, 其爲宮獨尊, 象大聖之德, 可以明至賢之功, 故奉而薦之于宗廟, 以歌迎功德, 世世不忘. 是故 黃鐘生林鐘, 林鐘生大呂, 大呂生夷則, 夷則生太簇, 太簇生南呂, 南呂生夾鐘, 夾鐘生無射, 無射生姑洗, 姑洗生應鐘, 應鐘生蕤賓. 三分所生, 益之以一分以上生; 三分所生, 去其一分以下生. 黃鐘·大呂·太簇·夾鐘·姑洗·仲呂·蕤賓爲上, 林鐘·夷則·南呂·無射·應鐘爲下. 大聖至治之世, 天地之氣, 合以生風, 日至則日行其風以生十二律, 故仲冬日短至則生黃鐘, 季冬生大呂, 孟春生太簇, 仲春生夾鐘, 季春生姑洗, 孟夏生仲呂, 仲夏日長至則生蕤賓, 季夏生林鐘, 孟秋生夷則, 仲秋生南呂, 季秋生無射, 孟冬生應鐘. 天地之風氣正, 十二律定矣.

19-37

빼어난 이가 도(鞉)·고(鼓)·강(椌)·갈(楬)·훈(塤)·지(篪)를 만들었으니, 이 여섯 가지가 내는 소리는 덕화(德化)를 상징하는 음(音)이다. 그런 뒤에 종, 경쇠, 피리, 거문고로 반주해 조화를 이뤄내고, 그런 뒤에 간(干)·척(戚)·모(旄)·적(狄)에 맞춰 춤을 춘다. 이것이 종묘에서 선왕을 제사할 때 쓰는 것이고 연회에서 헌(獻)·초(酢)·윤(酳)·수(酬)에 쓰는 것이니, 벼슬의 위치에 의한 높낮이에 따라 각각 알맞게 쓰임으로써 이를 통해 후세 사람들에게 존비와 장유의 차례가 있음을 보여준다.

聖人作爲鞉鼓椌楬塤篪, 比六者德音之音, 然後鐘磬竽瑟以和之, 然後干戚旄狄以舞之. 此所以祭先王之廟也, 此所以獻酢酳酬也, 所以官序貴賤各得其宜也, 此可以示後世有尊卑長幼之序也.

19-38

종소리는 크고 강해서 호령(號令)을 세울 수 있고, 호령은 용기를 치솟게 하며, 용기는 무위(武威)를 세워준다. 그래서 군자는 종소리를 들으면 무신(武臣)을 떠올린다.

돌로 만든 악기 소리는 굳세고 단단해서 변별함을 세울 수 있고, 변별함은 죽음을 바쳐 헌신하게 만든다. 그래서 군자는 경쇠 소리를 들으면 죽음으로써 강토를 지키는 신하를 떠올린다.

현악기 소리는 구슬퍼서 청렴함을 세울 수 있고, 청렴함은 뜻을 세워준다. 그래서 군자는 거문고나 비파 소리를 들으면 마땅함을 지키는 뜻있는 신하를 떠올린다.

대나무 악기 소리는 거둬들이는 힘이 있어서, 그런 힘으로 사람들을 모아들인다. 그래서 군자는 각종 피리 소리를 들으면 백성을 모아 길러주는 신하를 떠올린다.

북소리는 환호하게 해서 사람들을 움직이고, 이런 격동은 사람들을 진격할 수 있게 한다. 그래서 군자는 북소리를 들으면 군사를 이끄는 신하를 떠올린다.

(이처럼) 군자가 음악을 듣는 것은 단지 그 악기의 쟁쟁거리는 소리뿐만 아니라 그것에 부합하는 실정까지도 찾아서 듣는다.

鐘聲鏗鏗(갱갱)以立號, 號以立橫, 橫以立武, 君子聽鐘聲, 則思武臣. 石聲磬磬(경경)以立辯, 辯以致死, 君子聽磬聲, 則思死封疆之臣. 絲聲哀哀以立廉, 廉以立志, 君子聽琴瑟之聲, 則思志義之臣. 竹聲濫濫以立會, 會以聚衆, 君子聽竽笙簫管之聲, 則思畜聚之臣. 鼓鞞(고비)之聲懽懽以立動, 動以進衆, 君子聽鼓鞞之聲, 則思將帥之臣. 君子之聽音, 非聽其鏗鏘(갱장)而已, 彼亦有所合之也.

19-39

악(樂)이란 빼어난 이가 즐기는 바로 백성의 마음을 좋은 쪽으로 이끌 수 있다. 음악은 사람을 감동시키는 바가 깊기 때문에 기풍을 바꾸고 풍속을 교화하는 일이 쉽다. 그래서 옛날의 훌륭한 임금들[先王]은 (악을 통해) 그 가르침을 밝게 드러냈던 것이다.

무릇 사람에게는 혈기의 본성과 심리의 본성이 있지만 슬퍼하고 즐거워하고 기뻐하고 화를 내는 일정함이 없기 때문에, 감각에 응해 움직인 다음에야 마음이 형태를 드러낸다. 뜻이 아주 섬세해 초췌해진 음이 만들어지면 백성이 근심이 많다는 것이고, 느리고 온화하며 급하지 않고 여유가 있는 음이 만들어지면 백성이 평안해 즐겁다는 것이고, 거칠고 사나우며 시작이 격하고 끝이 솟아오르는 음이 만들어지면 백성이 굳세고 강하다는 것이고, 맑고 곧으며 바르고 진실한 음이 만들어지면 백성이 정중하고 삼간다는 것이고, 너그럽고 여유가 있으며 어우러지고 순조로운 음이 만들어지면 백성이 자애롭다는 것이고, 한쪽으로 흘러 기울어지고 비뚤어져 흩어지는 음이 만들어지면 백성이 음란하다는 것이다.

이 때문에 선왕은 사람의 본성과 정감에 뿌리를 두고서 음률의 도수(度數)를 헤아려 예와 마땅함을 제정했다. 생기의 화평함을 머금고 오상(五常)의 운행을 인도해서, 양기는 흩어지지 않게 하고 음기는 빽빽하게 모여들지 않게 했으며, 굳센 기운은 성내지 않게 하고 부드러운 기운은 겁먹지 않게 했다. 그리하여 이 네 가지가 마음속에서 서로 맘껏 사귀고 밖으로 발산되어 일어나서 모두가 그 자리를 편안케 여기고 서로가 남의 것을 빼앗지 않게 했다. 그런 다음에 배움의 등급을 세워 그 가락을 넓히고 음조의 조화로움[文彩]을 살펴 다움의 두터움 정도를 평가했으며 크고 작은 음률의 명칭을 법도에 맞게 정리하고 끝과 시작의 차례에 비춰 음악으로써 행하는 일을 상징해서, 친소(親疏)·귀천(貴賤)·장유(長幼)·남녀(男女)의 이치가 모두 음악으로 형체를 드러내게 했다. 그래서 말하기를 음악으로 그 깊이를 살펴본다고 한 것이다.

땅이 황폐해지면 초목이 자라지 못하고, 물의 유입이 번잡하면 물고기와 자라가 크지 못하며, 음양의 기운이 쇠하면 생물들이 제대로 자랄 수 없고, 세상이 어지러우면 예가 사특해지고 악이 음란해진다. 이 때문에 그 소리가 구슬프기만 하고 장엄하지 못하며, 즐겁기만 하고 편안하지 못하며, 완만하고 느슨해 절도를 어기고, 방탕하고 절제를 잃어 근본을 잊는다. 이런 음악은 (그래서) 크게는 간사함을 용납하고 작게는 탐욕을 생각하게 만들어서 방탕한 기운에 감응해 화평한 다움을 없애버리게 하니, 이 때문에 군자는 그것을 천시하는 것이다. 무릇 간사한 소리가 사람을 감응시키면 거스르는 기운이 호응하고, 거스르는 기운이 형체를 드러내면 음란한 음악이 일어난다. (반면에) 바른 소리가 사람을 감응시키면 고분고분한 기운이 호응하고, 고분고분한 기운이 형체를 드러내면 화락함이 일어난다. 창화(唱和)하면 호응함이 있어 간사함과 사벽함, 굽음과 곧음이 각각 자기 분수로 돌아가서 만물의 이치는 서로 비슷한 종류끼리 함께 움직이게 된다. 이 때문에 군자는 그 성정을 회복해서 뜻을 화평하게 하고 같은 부류와 나란히 함으로써 행실을 이룬다.

간사한 소리나 어지러운 여색이 귀와 눈에 머물게 하지 않고 음란한 음악과 사특한 예법이 마음에 닿지 않게 하며 게으르고 오만하며 사특한 기운이 몸에 머물게 하지 않음으로써, 귀·눈·코·입·마음·지각·몸으로 하여금 모두 고분고분해서 바른 도리를 따라 그 마땅함을 행하게 한다. 그런 다음에는 그것을 음악으로 발현시켜서, 거문고·비파로 꾸며내고 방패와 도끼를 잡고서 춤을 추며 깃과 소꼬리로 장식하고 각종 피리로 뒤따르게 함으로써 지극한 다움의 광채를 떨치게 하고 사계절의 온화한 기운을 발동시켜 만물 만사의 이치를 드러낸다. 이 때문에 청명한 음악은 하늘을 상징하고, 광대한 음악은 땅을 상징하며, 끝나면 다시 시작함은 사계절을 상징하고, 회전해 도는 것은 바람과 비를 상징한다.

오색(五色-청·황·적·백·흑)은 문채를 이뤄 어지럽지 않고, 팔풍(八風-여덟 가지 악기)은 음률을 따르기에 간사하지 않으니, 온갖 법도가 그에 맞는 도수를 얻어서 일정함이 있다. 크고 작은 악기가 서로를 이뤄주고, 끝과 시작이 서로를 생겨나게 하며, 창화의 맑고 탁한 소리가 서로 교대로 표준이 되어준다. 그래서 바른 음악을 시행하면 인륜이 맑아지고 귀와 눈이 밝아지며 혈기가 화평하게 되고 풍속이 좋은 쪽으로 옮겨가서 천하가 모두 평안해지니, 그러므로 음악이란 사람을 즐겁게 하는 것이라고 한다.

군자는 그 도리를 얻는 것을 즐거워하고 소인은 그 욕망을 얻는 것을 즐거워하니, 도리로써 욕망을 제어하면 즐거우면서도 어지럽지 않지만, 욕망으로 인해 도리를 잊으면 미혹되어 즐겁지 않다. 이 때문에 군자는 성정을 되돌려서 그 뜻을 화락하게 하고 음악을 높여서 교화를 이뤄낸다. 그러므로 바른 음악을 시행하고 백성이 그것을 향하게 되면 그것을 갖고서 다움을 살필 수 있다.

다움이란 본성의 실마리이고, 음악이란 다움이 활짝 핀 것이며, 쇠·돌·실·대나무는 음악의 도구다. 시는 그 사람의 뜻을 말한 것이고 노래는 그 사람의 소리를 읊은 것이며 춤은 그 사람의 동작을 드러낸 것이니, 이 세 가지가 마음에 근본을 둔 다음에야 악기가 그것을 따르게 된다. 이 때문에 정감이 깊으면 문채가 밝아지고, 기운이 성대하면 교화가 신묘하게 이뤄진다. 화평하고 고분고분한 감정이 마음에 쌓이면 꽃부리 속에 감춰져 있던 영화로움[英華]이 밖으로 표출

되니, 실로 음악은 속일 수가 없다.

음악이란 마음의 움직임이고, 소리란 음악이 겉으로 드러난 상징이며, 음색과 절도에 따른 연주는 소리를 꾸며주는 것이다. 군자는 그 근본에 따라 움직이니, 음악이 그것을 상징한 다음에 그것을 아름답게 꾸민다. 이 때문에 먼저 북을 쳐서 경계하고, 세 번 발을 들어 춤추는 방향을 보여주며, 한 절을 마치고 다시 시작해서 가는 곳을 보여주고, 한 곡을 마치면 자신을 다잡아 원래의 자리로 돌아간다. 춤사위가 빠르지만 지나치지 않고, 음악이 지극히 은미하지만 감추지는 않는다. 홀로 그 뜻을 즐거워하고 그 도리를 싫어하지 않으니, 그 도리를 남김없이 실행하면서도 사사로운 욕망을 따르지 않는다. 이 때문에 정감을 드러내자 마땅함이 세워지고 음악이 끝나자 다움이 높아지니, 군자는 음악으로 선을 좋아하고 소인은 음악으로 허물을 바로잡는다. 그러므로 말하기를, 백성을 사람답게 살아가게 하는 도리 중에서 음악이 가장 크다고 하는 것이다.

樂者, 聖人之所樂也, 而可以善民心, 其感人深, 其移風易俗, 故先王著其教焉. 夫民有血氣心知之性, 而無哀樂喜怒之常, 應感起物而動, 然後心術形焉. 是故 感激憔悴之音作, 而民思憂; 嘽奔慢易繁文簡節之音作, 而民康樂; 粗厲猛奮廣賁之音作, 而民剛毅; 廉直勁正莊誠之音作, 而民肅敬; 寬裕肉好順成和動之音作, 而民慈愛; 流僻邪散狄成滌濫之音作, 而民淫亂. 是故 先王本之情性, 稽之度數, 制之禮義; 含生氣之和, 道五常之行, 使陽而不散, 陰而不密, 剛氣不怒, 柔氣不懾; 四暢交於中, 而發作於外, 皆安其位, 不相奪也. 然後立之學等, 廣其節奏, 省其文彩; 以繩德厚, 律小大之稱, 比終始之序, 以象事行, 使親疏貴賤, 長幼男女之理, 皆形見於樂, 故曰樂觀其深矣. 土弊則草木不長, 水煩則魚鱉不大, 氣衰則生物不遂, 世亂則禮慝而樂淫; 是故 其聲哀而不莊, 樂而不安, 慢易以犯節, 流漫以忘本, 廣則容姦, 狹則思慾; 感滌蕩之氣, 滅平和之德, 是以 君子賤之也. 凡姦聲感人而逆氣應之, 逆氣成象而淫樂興焉; 正聲感人而順氣應之, 順氣成象而和樂興焉. 唱和有應, 回邪曲直, 各歸其分, 而萬物之理, 以類相動也. 是故 君子反情以和其志, 比類以成其行, 姦聲亂色, 不留聰明, 淫樂慝禮, 不接心術, 惰慢邪辟之氣, 不設於身體; 使耳目鼻口心智百體, 皆由順正以行其義, 然後發以聲音, 文以琴瑟, 動以干戚, 飾以羽旄, 從以簫管; 奮至德之光, 動四氣之和, 以著萬物之理. 是故 清明象天, 廣大象地, 終始象四時, 周旋象風雨; 五色成文而不亂, 八風從律而不姦, 百度得數而有常. 小大相成, 終始相生, 唱和清濁, 代相爲經, 故樂行而倫淸, 耳目聰明, 血氣和平, 移風易俗, 天下皆寧, 故曰樂者樂也. 君子樂得其道, 小人樂得其欲, 以道制欲, 則樂而不亂; 以欲忘道, 則惑而不樂, 是故 君子反情以和其意, 廣樂以成其教, 故樂行而民向方, 可以觀德矣. 德者性之端也, 樂者德之華也, 金石絲竹, 樂之器也. 詩言其志, 歌詠其聲, 舞動其容, 三者本於心, 然後樂器從之; 是故 情深而文明, 氣盛而化神, 和順積中而英華發外, 惟樂不可以爲僞. 樂者, 心之動也, 聲者, 樂之象也, 文采節奏, 聲之飾也. 君子之動本, 樂其象也, 後治其飾, 是故 先鼓以警戒, 三步以見方, 再始以著往, 復亂以飭歸; 奮疾而不拔, 極幽而不隱, 獨樂其志, 不厭其道, 備擧其道, 不私其欲. 是故 情見而義立, 樂終而德尊, 君子以好善, 小人以飭過. 故曰生民之道, 樂爲大焉.

19-39에는 영화(英華)라는 말이 나오는데, 송나라 유학자 진덕수는 『대학연의』에서 문(文)을 "英華之發見", 즉 "꽃부리 속에 잠재되어 있던 것을 남김없이 꽃피울 수 있도록 발현해주는 것"이라고 정의했다. 이는 예(禮)와 악(樂) 모두에 적용할 수 있다.

19-40

악기 중에서 친밀하게 할 만한 것으로는 거문고가 가장 마땅하니, 군자는 그것으로써 다움을 닦을 수 있기 때문에 가까이한다. 무릇 음이 일어나는 것은 사람의 마음에서 뭔가가 생겨나기 때문이다. 사람의 마음이 움직이는 것은 외물이 그렇게 만드는 것이다. 외물에 감응한 다음이라야 (마음이) 움직이고, 그렇게 해서 소리로 형상화된다. 소리는 서로 호응하기 때문에 변화를 일으키는데, 변화는 일정한 음조를 이뤄내니 이 때문에 그것을 음(音)이라 한다. 여러 음을 배합해서 악기로 연주하는 것과 방패와 도끼, 깃털과 깃대 장식을 쥐고서 춤을 추는 것을 악(樂)이라고 한다. 악이란 음으로 말미암아 생겨난 것이므로 그 근본은 사람의 마음이 외물에 감응해서 생겨나는 데 있다. 이 때문에 슬픈 마음을 느끼게 되면 그 소리는 빠르면서도 축 처지고, 즐거운 마음을 느끼게 되면 그 소리는 느리면서도 확 펴지며, 기쁜 마음을 느끼게 되면 그 소리는 밝으면서 흩어지고, 성난 마음을 느끼게 되면 그 소리는 맹렬하면서 사납고, 공경하는 마음을 느끼게 되면 그 소리는 곧으면서 깐깐하고, 사랑하는 마음을 느끼게 되면 그 소리는 온화해 조화를 이룬다. 사람이 선하고 악한 것은 본성에서 나오는 것이 아니라 외물에 감응한 다음에 비로소 생겨나는 것이다. 이 때문에 선왕은 외물에 감응되는 것을 신중하게 여겨서, 예로써 그 뜻을 안정시키게 하고 악으로써 그 본성을 화순(和順)하게 했으며 정령(政令)으로써 그 일을 행하는 것을 통일시키고 형벌로써 그 간사함을 막았다. 예악형정(禮樂刑政)은 궁극적으로는 목표가 하나이니, 백성의 마음을 합치시켜 다스림의 도리를 세우는 것이 바로 그것이다.

樂之可密者, 琴最宜焉, 君子以其可脩德, 故近之. 凡音之起, 由人心生也; 人心之動, 物使之然也; 感於物而後動, 故形於聲; 聲相應故生變, 變成方故謂之音. 比音而樂之, 及干戚羽旄謂之樂; 樂者音之所由生也, 其本在人心之感於物. 是故 其哀心感者, 其聲噍以殺; 其樂心感者, 其聲嘽(嘽)以緩; 其喜心感者, 其聲發以散; 其怒心感者, 其聲壯以厲; 其敬心感者, 其聲直以廉; 其愛心感者, 其聲和以調. 人之善惡非性也, 感於物而後動, 是故 先王愼所以感之, 故禮以定其意, 樂以和其性, 政以一其行, 刑以防其姦. 禮樂刑政, 其極一也, 所以同民心而立治道也.

19-40은 고스란히 『논어』 「위정(爲政)」편에 나오는 공자의 다음 말에 대한 자세한 풀이가 된다.

공자가 말했다.
"백성을 정령으로써 인도하고 형벌로써 가지런히 하면 백성은 법망을 면하려고만 하고 부끄러움이 없게 된다. 백성을 다움으로 인도하고 예(와 악)로써 가지런히 하면 (백성은) 부끄러움을 알게 되고 또 바르게 될 것이다."

19-41

(성(聲)과는 다른) 음(音)이란 사람 마음에서 생겨나는 것이니, 정감이 마음속에서 움직여 성(聲)으로 드러나 곡조를 이루게 된 것[成文]을 일러 음이라고 한다. 이 때문에 다스려지는 시대의 음악은 편안하면서 즐거우니 그 정치가 화평하기 때문이고, 어지러운 세상의 음악은 원망하며 분노하니 그 정치가 어그러졌기 때문이며, 망한 나라의 음악은 슬프고 근심으로 가득하니 그 백성이 힘들기 때문이다. 성음

의 도리는 정치와 통한다. 궁(宮)은 임금이고, 상(商)은 신하이며, 각(角)은 백성이고, 치(徵)는 일이며, 우(羽)은 만물이다. 오음이 어지러우면 법도가 없으니, 법도가 없는 음악은 다음과 같다.

궁이 어지러우면 황음하니, 그 임금이 교만하기 때문이다. 상이 어지러우면 막히니, 그 관리들 기강이 허물어져 내린 것이다. 각이 어지러우면 근심스러우니, 그 백성이 원망하는 것이다. 치가 어지러우면 슬프니, 그 일이 고달픈 것이다. 우가 어지러우면 위태로우니, 그 재물이 고갈된 것이다.

이 다섯 음이 모두 어지러워져서 번갈아가며 서로를 침범하는 것을 일러 오만[慢]이라고 한다. 음악이 이와 같게 되면 나라가 멸망하는 것은 하루도 걸리지 않는다. 정(鄭)나라와 위(衛)나라 음악은 어지러운 세상의 음악이니 오만에 가깝다. 상간복상(桑間濮上)[026]의 음악은 망한 나라의 음악이니 그 정치가 흩어지고 그 백성이 유랑하고 있는데, 윗사람을 속이고 사사로운 이익만을 도모함을 그치게 할 수가 없다.

凡音, 生人心者也, 情動於中而形於聲, 聲成文謂之音. 是故 治世之音安以樂, 其政和; 亂世之音怨以怒, 其政乖; 亡國之音哀以思, 其民困. 聲音之道, 與政通矣. 宮爲君, 商爲臣, 角爲民, 徵爲事, 羽爲物. 五音亂則無法, 無法之音: 宮亂則荒, 其君驕; 商亂則陂, 其官壞; 角亂則憂, 其民怨; 徵亂則哀, 其事勤; 羽亂則危, 其財匱, 五者皆亂, 迭相淩謂之慢, 如此則國之滅亡無日矣. 鄭·衛之音, 亂世之音也, 比於慢矣; 桑間濮上之音, 亡國之音也, 其政散, 其民流, 誣上行私而不可止也.

---

026 춘추시대의 음란한 음악을 말한다. 상간과 복상은 남녀가 밀회하는 장소인데, 상간은 위(衛)나라 지명으로 복수(濮水) 물가에 있었다.

19-42

무릇 사람이 환난이나 재앙을 당하게 되는 것은 음란·방탕·사나움·오만 등에서 생겨나는데, 이런 음란·방탕·사나움·오만의 근본은 술을 마시는 데서 비롯된다. 그래서 옛날에는 술 마시는 예법을 신중히 했다.

귀로는 아름다운 음악을 듣고 눈으로는 바른 거동을 보며 발로는 바르게 걷고 마음으로는 바른 도리를 논하게 했으니, 그러했기 때문에 종일 술을 마시더라도 조금의 과실도 없었다. 짧게는 며칠에 한 번, 길게는 몇 달에 한 번 마셨기 때문에 사람들은 모두 다움을 갖추게 되어 더욱 좋은 사람이 되었다. 『시경』(「대아(大雅)·기취(旣醉)」편)에 이르기를 "이미 술에 취하고, 이미 다움을 충분히 갖추었도다"라고 한 것은 이를 두고 한 말이다.

凡人之有患禍者, 生於淫泆暴慢, 淫泆暴慢之本, 生於飲酒. 故古者愼其飲酒之禮, 使耳聽雅音, 目視正儀, 足行正容, 心論正道. 故終日飲酒而無過失, 近者數日, 遠者數月, 皆人有德焉以益善. 詩云: "既醉以酒, 既飽以德", 此之謂也.

19-43

몸 밖에서 들어오는 모든 것 중에서 성음(聲音-음악)보다 심한 것은 없으니, 이것은 사람을 가장 잘 변화시킨다. 그래서 빼어난 이들은 성음에 바탕을 두고서 다움을 이뤄냈으니, 이를 일러 음악이라고 한다. 음악이란 다움을 드러낸 것이다.

『시경』(「대아(大雅)·가악(假樂)」편)에 이르기를 "위엄 있는 몸가짐 빈틈없이 치밀하고, 덕음(德音)이 반듯해서 정연하도다"라고 한 것은 예와 악을 가리킨다. 그러므로 군자는 예로써 몸 밖을 바로 하고 악으로써 내면을 바로 하니, 내면에서 순간이라도 악이 떠나면 곧바로 그릇된 기운이 생겨나고 외면에서 순간이라도 예가 떠나면 오만한 행동이 일어난다. 옛날에 천자와 제후가 종소리를 들으면 일찍이 조정을 떠나지 않았고 경대부가 거문고·비파 소리를 들으면 일찍이 악기 앞을 떠나지 않았으니, 이는 바른 마음을 기르고 음란한 기운을 없애기 위해서였다. 음악이 내면을 감동시키면 사람들은 쉽게 도리로 옮겨가서 선량하게 되고, 음악이 외면을 감동시키면 사람들은 온화하고 공손하고 단아해진다.

아송(雅頌)의 음악이 사람을 감동시키면 바른 기운이 그에 호응하고, 조화를 이룬 아름다운 음악 소리가 사람을 감동시키면 화평한 기운이 그에 호응한다. (반면에) 거칠고 사나운 음악이 사람을 감동시키면 분노의 기운이 그에 호응하고, 정나라·위나라의 음악이 사람을 감동시키면 음란한 기운이 그에 호응한다. 이 때문에 군자는 사람을 감동시키는 음악을 신중하게 가려서 듣는다.

凡從外入者, 莫深於聲音, 變人最極, 故聖人因而成之以德曰樂, 樂者德之風. 詩曰: "威儀抑抑, 德音秩秩", 謂禮樂也. 故君子以禮正外, 以樂正內; 內須臾離樂, 則邪氣生矣, 外須臾離禮, 則慢行起矣; 故古者天子諸侯聽鐘聲, 未嘗離於庭, 卿大夫聽琴瑟, 未嘗離於前; 所以養正心而滅淫氣也. 樂之動於內, 使人易道而好良; 樂之動於外, 使人溫恭而文雅; 雅頌之聲動人, 而正氣應之; 和成容好之聲動人, 而和氣應之; 粗厲猛賁之聲動人, 而怒氣應之; 鄭衛之聲動人, 而淫氣應之. 是以 君子愼其所以動人也.

19-44

자로(자로)가 비파를 두드리는데 북쪽 변방의 소리가 울려 나오자 공자가 그것을 듣고서 말했다.

"참으로 자로는 재주가 없도다!"

염유(冉有)가 모시고 있었는데, 공자가 말했다.

"염유야, 이리 오너라. 너는 어째서 자로에게 저 선왕의 음악을 말해주지 않았느냐? 선왕의 음악은 중화의 소리를 연주하고 중화의 가락에 들어맞는데, 남방에만 널리 전해지고 북방에는 전해지지 않았구나. 남쪽은 생육하는 지방이고 북쪽은 살벌한 지역이다. 그래서 군자는 적중함을 잡아 쥐는 것[執中]을 근본으로 삼고 생육에 힘쓰는 것을 기반으로 삼으니, 이 때문에 그 음악은 온화하고 중화를 유지하며 생육하는 기운을 상징으로 한다. 근심하고 슬퍼하는 감정을 마음에 두지 않고, 사납고 음란한 행동을 몸에 베풀지 않는다. 무릇 그렇게 한다면 그것은 곧 다스리고 보존하는 기풍이고 편안하고 즐거운 표현이 된다. (그런데) 저 소인들은 그렇지 못해서, 지엽말단을 잡아 쥐고는 근본이라 말하면서 강해지는 것을 기반으로 삼는다. 그래서 그 음악은 침울하고 사나우며 시시콜콜하니, 살벌한 기운을 상징하는 것이다. 조화롭고 절도 있으며 적중하고 바른 감정을 마음에 두지 않고, 온화하고 의젓하며 공손하고 장엄한 행동을 몸에 베풀지 않는다. 무릇 저 살벌한 기운은 곧 어지러워지고 망하는 기풍이고 패배해 달아나는 표현이다.

옛날에 순임금이 남풍이라는 음악을 짓자 그 공업이 성대하게 일어나서 지금까지도 왕공들의 칭송이 그치지 않는데, 주왕(紂王)이 북쪽 변방의 음악을 만들자 그 패망이 한순간이어서 지금까지도 왕공들의 웃음거리가 되고 있다. 저 순은 필부로서 바른 도리를 쌓고 어짊에 부합되어 적중된 도리를 행하고 좋은 일들을 함으로써 갑자기 일어나 천자가 되었는데, 주는 천자로서 오만하고 황음을 일삼으며 강포하고 백성을 해치는 정치를 하다가 갑자기 멸망했다. 지금 자로는 필부의 무리이자 포의(布衣-벼슬 없는 선비)의 보잘것없는 사내인데, 이미 선왕의 제도에 뜻을 두지 않은 채 또한 나라를 망하게 하는 음악에 뜻을 두고 있으니 어찌 능히 7척 한 몸을 보전할 수 있겠는가?"

염유가 이를 자로에게 말해주자, 자로가 말했다.

"내 잘못이로다. 소인이 예악에 능하지 못해서 스스로 함정에 빠져 여기에 이르렀구나. 마땅하도다, 스승님의 말씀이여!"

드디어 스스로 뉘우쳐 7일 동안 밥을 먹지 않으니 뼈만 남았다. 공자가 말했다.

"자로는 잘못을 고치는 것도 지나치구나!"

子路鼓瑟有北鄙之聲, 孔子聞之曰: "信矣, 由之不才也!" 冉有侍, 孔子曰: "求來, 爾奚不謂由夫先王之制音也? 奏中聲, 爲中節; 流入於南, 不歸於北. 南者生育之鄉, 北者殺伐之域; 故君子執中以爲本, 務生以爲基, 故其音溫和而居中, 以象生育之氣也. 憂哀悲痛之感不加乎心, 暴厲淫荒之動不在乎體, 夫然者, 乃治存之風, 安樂之爲也. 彼小人則不然, 執末以論本, 務剛以爲基, 故其音湫厲而微末, 以象殺伐之氣. 和節中正之感不加乎心, 溫儼恭莊之動不存乎體, 夫殺者乃亂亡之風, 奔北之爲也. 昔舜造南風之聲, 其興也勃焉, 至今王公述無不釋; 紂爲北鄙之聲, 其廢也忽焉, 至今王公以爲笑. 彼舜以匹夫, 積正合仁, 履中行善, 而卒以興, 紂以天子, 好慢淫荒, 剛厲暴賊, 而卒以滅. 今由也匹夫之徒, 布衣之醜也, 既無意乎先王之制, 而又有亡國之聲, 豈能保七尺之身哉?" 冉有以告子路, 子路曰: "由之罪也! 小人不能, 自陷而入於斯. 宜矣, 夫子之言也!" 遂自悔, 不食七日而骨立焉, 孔子曰: "由之改, 過矣."

권20

반질[反質]

바탕으로 돌아감

20-1

공자(孔子)가 (『주역』의) 괘에서 비괘(賁卦, ䷕)를 얻으니, 크게 한숨을 쉬면서 하늘을 우러러 탄식했으나 마음이 편치 않았다. 자장(子張)이 나아와 손을 들고서 물었다.

"제가 듣건대 비괘는 길한 괘인데 (어찌) 탄식을 하십니까?"

공자가 말했다.

"비(賁)는 바른 색이 아니니, 이 때문에 탄식하는 것이다. 나는 저 바탕[質]이 순수한 것을 생각하니, 흰색이면 순수한 흰색, 검정색이면 순수한 검정색이어야 한다고 생각한다. 저 바탕이란 또 무엇인가? 내가 또한 듣건대, 붉은 옻칠은 다른 색을 더 꾸미지 않고 백옥은 더는 조각하지 않으며 보주(寶珠)는 더는 장식하지 않는다고 했다. 어째서이겠는가? 바탕이 여유로운 것은 더 이상의 꾸밈을 받아들이지 않아도 되기 때문이다."

孔子卦得賁, 喟然仰而歎息, 意不平. 子張進, 擧手而問曰: "師聞賁者吉卦, 而歎之乎?" 孔子曰: "賁非正色也, 是以 歎之. 吾思夫質素, 白當正白, 黑當正黑. 夫質又何也? 吾亦聞之, 丹漆不文, 白玉不彫, 寶珠不飾, 何也? 質有餘者, 不受飾也."

20-1에서 공자는 정색(正色-청·적·황·백·흑)과 간색(間色)의 문제를 말하고 있다. 공자에게 간색이란 곧 사이비(似而非), 즉 겉은 그럴듯하지만, 실상은 그렇지 않은 것을 뜻한다. 『논어』「양화(陽貨)」편이다.

공자가 말했다.

"(간색인) 자색이 (정색인) 붉은색을 빼앗는 것을 미워하고, 정나라 음악이 아악(雅樂)을 어지럽히는 것을 미워하며, 말만 잘하는 입이 나라를 뒤집는 것을 미워한다."

20-2

귀신을 믿는 사람은 모의(謀議)를 잃어버리게 되고, 날짜 점을 믿는 사람은 때를 잃어버리게 된다. 어떻게 그러하다는 것을 알 수 있는가? 무릇 뛰어나거나 빼어난 이는 두루 일을 알기 때문에 능히 때와 상관없이 일을 이롭게 처리한다. 법령을 삼가 지키고 공로를 귀하게 여기면 점을 치지 않아도 몸이 길하고, 어짊과 마땅함을 삼가 행하고 도리와 이치에 고분고분하면 사당에 기도하지 않아도 복을 받는다. 그렇기에 점을 쳐서 날을 고르고 재계를 정결히 해서 살찐 희생을 올리며 제기를 각종 옥으로 장식해서 정성껏 제사를 올린다 하더라도 결국 도리를 거스름으로써 생겨나는 재앙을 없앨 수 없다. 또 신명이 알고 있다고 해서 신명을 섬기더라도 마침내 도리를 어겨 망령된 짓을 하면서 제사를 통해 복을 구한다면 신명은 반드시 그것을 받아주지 않는다.

천자는 하늘과 땅, 오악(五嶽), 사독(四瀆)에 제사 지내고, 제후는 사직에 제사 지내고, 대부는 오사(五祀)에 제사 지내고, 사(士)는 문호(門戶)에 제사 지내고, 서인은 자기 선조들에게 제사 지낸다.

빼어난 왕은 하늘의 마음을 이어받아서 예의 나뉨[禮分]을 제정한다. 무릇 고대에 날짜 점을 쳤던 것은 장차 도리를 돕고 의심나는 것을 깊이 숙고하게 해서 우선해야 할 것이 있음을 보여줌으로써 감히 자기 마음대로 하지 않게 하려는 것이었으니, 일정한 도리를 뒤집어 없는 나쁜 짓을 하고서도 행운과 안전을 바라려 했던 것은 아니다.

공자가 말했다.

"제사를 지내야 할 귀신이 아닌데도 그 귀신에게 제사를 지내는 것은 아첨이다."

이 때문에 태산은 끝내 계씨(季氏)가 지낸 여(旅)제사를 흠향하지 않았다. 『주역』에서 말했다.

"동쪽 이웃에서 소를 잡아 성대하게 제사를 지내더라도 서쪽 이웃에서 검소한 제사로써 실제로 그 복을 받는 것만 못하다."027

이는 대개 예를 중하게 여기고 희생을 귀하게 여기지 않는 것이고, 실질[實=質]을 높이고 화려함[華=文]을 귀하게 여기지 않은 것이다. 진실로 (바탕이 되는) 그 다움이 있어 이를 미뤄서 헤아려간다면 무엇을 한들 이뤄지지 않겠는가? 이 때문에 빼어난 이는 사람의 꾸밈[文=言行]을 보면 반드시 그 바탕을 (점검하며) 고찰한다.

信鬼神者失謀, 信日者失時, 何以知其然? 夫賢聖周知, 能不時日而事利; 敬法令, 貴功勞, 不卜筮而身吉; 謹仁義, 順道理, 不禱祠而福. 故卜數擇日, 潔齋戒, 肥犧牲, 飾珪璧, 精祠祀, 而終不能除悖逆之禍; 以神明有知而事之, 乃欲背道妄行而以祠祀求福, 神明必違之矣. 天子祭天地·五嶽·四瀆, 諸侯祭社稷, 大夫祭五祀, 士祭門戶, 庶人祭其先祖. 聖王承天心, 制禮分也. 凡古之卜日者, 將以輔道稽疑, 示有所先而不敢自專也; 非欲以顚倒之惡而幸安之全. 孔子曰: "非其鬼而祭之, 諂也." 是以 泰山終不享李氏之旅, 易稱: "東鄰殺牛, 不如西鄰之禴祭", 蓋重禮不貴牲也, 敬實而不貴華. 誠有其德而推之, 則安往而不可. 是以 聖人見人之文, 必考其質.

027 이는 기제괘(旣濟卦, ䷾) 구오를 풀이한 효사다.

20-2에 나오는 공자의 말은 『논어』「위정(爲政)」편에 나온다.

공자가 말했다. "제사를 지내야 할 귀신이 아닌데도 그 귀신에게 제사를 지내는 것은 아첨이요, (반대로) 의로움을 보고서도 행동하지 않는다면 그것은 용기라 할 수 없다."

앞부분은 해서는 안 되는데 한사코 하는 것이고, 뒷부분은 반드시 해야 하는데 하지 않는 것이다. 이를 통합해서 말하면 바로 구차함〔苟=非禮〕이다.

20-3

역산(歷山)에서 농사짓는 사람들은 남의 밭두렁을 침범하기를 좋아했는데 순(舜)이 여기서 농사를 지었고, 뇌택(雷澤)에서 물고기 잡는 사람들은 남의 방죽을 빼앗기를 좋아했는데 순이 여기서 물고기를 잡았으며, 동이(東夷)가 만드는 질그릇은 비뚤어졌는데 순이 여기서 질그릇을 구웠다. 농사짓고 물고기 잡고 질그릇 굽는 것은 순이 해야 할 일이 아니었지만, 순이 그것을 한 까닭은 그릇된 풍속을 구제하려 했기 때문이다. 백성의 본성은 모두 그 욕망을 이기지 못해서 그 질박함[實=質]을 버리고 부화한 데[華=文]로 돌아간다. 이 때문에 거칠고 비뚤어진 질그릇을 만들어 서로 다투는 환란이 일어나니, 서로 다투는 환란이 일어나면 풍속이 구차스러워진다. 그렇게 되는 것은 어째서인가? 성실함을 떠나 속임으로 나아가고 질박함을 버리고 거짓으로 꾸밈을 취하니, 그 지엽말단을 뒤쫓으면서도 그치려 하지 않기 때문이다. (이에) 빼어난 이가 그 문(文)을 누르고 질(質)을 잘 지탱해주면 천하가 바탕으로 돌아간다[反=反質].

歷山之田者善侵畔, 而舜耕焉; 雷澤之漁者善爭陂, 而舜漁焉; 東夷之陶器窳, 而舜陶焉. 故耕漁與陶非舜之事, 而舜爲之, 以救敗也. 民之性皆不勝其欲, 去其實而歸之華, 是以 苦窳之器, 爭鬥之患起, 爭鬥之患起, 則所以偷也. 所以然者何也? 由離誠就詐, 棄樸而取僞也, 追逐其末而無所休止. 聖人抑其文而抗其質, 則天下反矣.

20-4

『시경』(「조풍(曹風)·시구(鳲鳩)」편)에서 말하기를 "뻐꾸기가 뽕나무에 앉았는데 그 새끼 일곱이구나. 맑은 군자 그 거동 한결같구나"라고 했는데, 전(傳)에서 이를 풀이해 말했다.

"뻐꾸기가 일곱 새끼를 기르는 도리는 한결같은 마음이요, 군자가 만물 만사를 다스리는 도리는 한결같은 거동이다. 하나의 거동으로 만물 만사를 다스리는 것은 하늘과도 같은 마음이요, 다섯 가지를 어기지 않아서 모두 하나가 되게 하는 것을 일러 하늘과도 같은 마음이라고 한다. 이는 내가 능히 이것을 갖고서 그 한결같음에 내 뜻을 잡아매느냐에 달렸을 뿐이니, 그러므로 한결같은 마음은 임금 100명이라도 섬길 수 있지만 100가지 마음은 임금 1명도 섬길 수 없다. 이 때문에 열렬함[誠=一]은 멀리 있는 것이 아니다. 무릇 열렬함이란 한결같음이요, 한결같음이란 바탕[質]이다. (그러므로) 군자는 외면을 꾸미더라도 반드시 내면의 바탕을 떠나서는 안 된다."

詩云: "尸鳩在桑, 其子七兮; 淑人君子, 其儀一兮", 傳曰: "尸鳩之所以養七子者, 一心也; 君子所以理萬物者, 一儀也. 以一儀理物, 天心也; 五者不離, 合而爲一, 謂之天心. 在我能因自深結其意於一, 故一心可以事百君, 百心不可以事一君. 是故 誠不遠也. 夫誠者一也, 一者質也. 君子雖有外文, 必不離內質矣."

20-5

위(衛)나라에 다섯 장부가 있어 모두 물통을 지고서 우물에서 물을 길어 부추밭에 물을 주고 있었는데, 종일 한 구역밖에 주지 못했다. (춘추시대 정나라의 대부) 등석(鄧析)이 지나가다가 수레에서 내려 그들에게 방법을 가르쳐주며 말했다.

"기계를 만드는데, 뒤를 무겁게 하고 앞을 가볍게 하니 이름을 교(橋-두레박 틀)라고 한다. (이렇게 하면) 종일 100구역의 부추밭에 물을 주더라도 힘들지 않을 것이다."

다섯 장부가 말했다.

"우리 스승님께서 말씀하시기를 '교묘한 기지(機智)가 있으면 반드시 기지로 인한 실패가 있게 된다'라고 하셨습니다. 우리도 기계를 모르는 바는 아니지만, 일부러 하지 않는 것입니다. 그대께서는 그냥 가시던 길 가십시오. 우리는 한결같은 마음으로 물을 줄 뿐, 그것을 다른 방법으로 고치는 것은 알지 못합니다."

등석이 수십 리 길을 가면서 내내 낯빛이 언짢은 채 자책하자 제자들이 말했다.

"이들이 어떤 사람들이기에 우리 선생님을 근심케 합니까? 선생님을 위해 그들을 죽일 것을 청합니다."

등석이 말했다.

"그만두어라. 이 사람들은 이른바 진인(眞人)이니, 나라 지키는 일을 맡길 만하다."

衛有五丈夫, 俱負缶而入井灌韭, 終日一區. 鄧析過, 下車爲教之, 曰: "爲機, 重其後, 輕其前, 命曰橋. 終日灌韭, 百區不倦." 五丈夫曰: "吾師言曰: 有機知之巧, 必有機知之敗. 我非不知也, 不欲爲也, 子其往矣. 我一心溉之, 不知改已!" 鄧析去, 行數十里, 顏色不悅懌, 自病. 弟子曰: "是何人也而恨我君? 請爲君殺之." 鄧析曰: "釋之, 是所謂眞人者也, 可令守國."

20-6

금활리(禽滑釐)[028]가 묵자(墨子)에게 물었다.

"곱게 수놓은 비단과 곱게 짠 갈포는 장차 어디에 쓰시려는 것입니까?"

묵자가 말했다.

"아! 이는 내가 힘써야 할 바가 아니다. 옛날에 꾸밈이 없는 자가 이를 터득했으니, 하나라 우왕(禹王)이 그런 분이다. 자기 집은 낮고 작은 데다 음식은 줄이고 보잘것없었는데 흙 계단 3층만 쌓고 위아래 옷을 모두 가는 포로 하니, 이런 때를 맞아 불(黻-수놓은 무릎 가리개)은 쓸데가 없었고 오로지 완벽하고 튼튼하게 하는 데만 힘썼다. 은나라

028 활려(滑黎) 또는 골리(骨釐), 굴리(屈釐)로도 쓴다. 전국시대 초기 사람으로, 처음에 자하(子夏)에게 수업을 받다가 나중에 묵자(墨子)의 제자가 되어 학문을 모두 전수받았다. 초(楚)나라가 송(宋)나라를 공격하자 묵자가 이를 중지시키기 위해 그에게 제자 300명과 함께 방어하는 도구를 갖추고 가서 송나라를 돕게 했다.

반경(盤庚)은 선왕이 이룩한 왕실을 크게 만들고서 은(殷)으로 천도를 했는데, 띠로 이은 추녀 끝을 가지런하게 하지 않고 떡갈나무 서까래를 다듬어 깎지 않음으로써 천하 사람들의 시선을 바꿔놓았다. 이런 때를 맞아 무늬 화려한 비단을 장차 어디에서 쓰겠는가? 무릇 백성은 따로 마음이 있는 것이 아니라 임금을 자기 마음으로 삼으니, 위에서 하지 않는다면 아래에서 어찌 그것을 쓸 수 있겠는가? 이 두 임금다운 임금은 자기 몸을 통해 천하를 앞에서 이끌었으니, 그래서 그때는 교화가 융성했고 지금도 이름이 전해지는 것이다.

또 저 곱게 수놓은 비단과 곱게 짠 갈포는 어지러운 임금이 만든 것이니, 그 뿌리는 모두 제나라에 있다. 경공(景公)이 사치를 좋아하고 검소함을 잊었는데, 안자(晏子)가 있어 검소함으로써 그를 다듬어주기는 했으나[鐫=彫] 여전히 거의 사치심을 이겨내지 못했다. 저 사치하려는 마음을 어찌 다 없앨 수 있었겠는가? 은나라 주왕(紂王)은 녹대(鹿臺)와 조구(糟丘)와 주지(酒池)와 육림(肉林)을 만들었는데, 궁궐의 담장에는 무늬를 그려 넣고 기둥이나 들보, 누대에는 조각을 새겨 넣었으며 수놓은 비단이 당을 덮고 금옥 같은 보배들이 가득한 데다 미녀와 광대, 각종 악기가 음탕하게 울려댔다. 그런데도 음탕한 생활을 그치질 않아서 천하(의 재물)가 더욱 고갈되었으니, 그래서 결국 몸은 죽고 나라는 망해 천하 사람들에게 모욕을 당했다. (이것이 어찌) 오직 곱게 수놓은 비단과 곱게 짠 갈포를 쓴 때문이 아니겠는가?

지금 흉년을 맞아, 어떤 사람은 그대에게 수후(隨侯)의 진주 구슬을 주면서 말하기를 '팔아서는 안 되니 보배로 여겨 장식품을 만들어라' 하고 (다른) 어떤 사람은 너에게 곡식 한 종(鍾)을 주면서 말하기를 '구슬을 얻으면 곡식을 얻을 수 없고 곡식을 얻으면 구슬을 얻을 수 없다'라고 한다면 그대는 장차 어느 것을 고르겠는가?"

금활리가 말했다.

"나는 곡식을 취할 뿐입니다. 그래야 곤궁을 구제할 수 있습니다."

묵자가 말했다.

"정말로 그렇다면 어찌 저 사치를 일삼을 필요가 있겠는가? 그런 물건은 장구하게 보면 필요가 없는 것이다. 말단의 즐거움을 빼어난 이는 긴요하게 여기지 않았다. 그러므로 먹는 데는 반드시 일단 배가 부른 다음이라야 맛있는 것을 찾고, 옷은 반드시 늘 따뜻한 다음이라야 화려함을 찾으며, 거처함에는 또한 늘 편안한 뒤에라야 안락함을 찾는 것이다. 오래갈 수 있고 늘 항상 그러할 수 있는 것을 구하려 한다면 바탕이 먼저이고 애씀이 뒤이니, 이것이 바로 빼어난 이가 힘쓰는 일이다."

금활리가 말했다.

"좋은 말씀입니다!"

禽滑釐問於墨子曰: "錦繡絺紵, 將安用之?" 墨子曰: "惡, 是非吾用務也. 古有無文者得之矣, 夏禹是也. 卑小宮室, 損薄飮食, 土階三等, 衣裳細布; 當此之時, 黻無所用, 而務在於完堅. 殷之盤庚, 大其先王之室, 而改遷於殷, 茅茨不剪, 采椽不斲, 以變天下之視; 當此之時, 文采之帛, 將安所施? 夫品庶非有心也, 以人主爲心, 苟上不爲, 下惡用之? 二王者以身先于天下, 故化隆於其時, 成名於今世也. 且夫錦繡絺紵, 亂君之所造也, 其本皆興於齊, 景公喜奢而忘儉, 幸有晏子以儉鐫之, 然猶幾不能勝. 夫奢安可窮哉? 紂爲鹿臺糟丘, 酒池肉林, 宮牆文畫, 彫琢刻鏤, 錦繡被堂, 金玉珍瑋, 婦女優倡, 鐘鼓管絃, 流漫不禁, 而天下愈竭, 故卒身死國亡, 爲天下戮, 非惟錦繡絺紵之用耶? 今當凶年, 有欲予子隨侯之珠者, 曰不得賣也, 珍寶而以爲飾; 又欲予子一鍾粟者, 得珠者不得粟, 得粟者不得珠, 子將何擇?" 禽滑釐曰: "吾取粟耳, 可以救窮." 墨子曰: "誠然, 則惡在事夫奢也? 長無用, 好末淫, 非聖人所急也. 故食必常飽, 然後求美; 衣必常暖, 然後求麗; 居必常安, 然後求樂. 爲可長, 行可久, 先質而後文, 此聖人之務." 禽滑釐曰: "善."

20-7

진시황(秦始皇)이 이미 천하를 차지하고 나자 크게 사치를 부렸는데, 자리에 나아간 지 35년이 되어도 사치함을 그치지 않았다. 큰길[馳道]을 닦아 구원(九原)에서 운양(雲陽)까지 산을 깎고 골짜기를 메워 직접 통하게 했으며, 선왕(先王)의 궁전들이 작은 것을 싫어해서 말하기를 "내가 듣건대 주나라 문왕은 풍(豐)에, 무왕은 호(鎬)에 도읍했다고 하니 풍과 호 사이가 제왕의 도읍이다"라고 하고서는 마침내 위수(渭水) 남쪽 상림원(上林苑) 안에 조궁(朝宮-조정용 궁전)을 지었다. (먼저) 아방(阿房)에 전전(前殿)을 지었는데, 동서로 너비 500보에 남북으로 길이가 50장(丈)이었고 그 위로는 1만 명이 앉을 수 있었으며 아래로는 5장 길이의 깃발을 꽂을 수 있었다. 그 둘레로 쭉 각도(閣道)를 둘러 궁전 아래에서 곧바로 남산(南山)에 이를 수 있게 했고, 남산의 꼭대기에는 궐루를 세워 표지로 삼았다. 구름다리 모양의 복도(複道-이중 도로)가 아방에서 위수를 건너 함양에까지 이어졌는데, 이는 북극성과 각도성(閣道星)이 은하수를 건너 영실성(營室星)에 이르는 모양을 본뜬 것이다. 또 여산(驪山)에 큰 공사를 일으켜서 구리를 녹여 삼천(三泉) 밑바닥을 틀어막았고, 함곡관 서쪽 별궁 300곳과 동쪽 별궁 400곳 모두에 종과 경쇠 그리고 장막을 설치한 뒤 미녀와 광대를 두었다. 동해 쪽 구산(朐山) 경계에는 석궐(石闕)을 세워 진나라의 동문으로 삼았다.

이때 방사(方士)인 한객(韓客) 후생(侯生)과 제객(齊客) 노생(盧生)이 서로 일을 꾸며 이렇게 말했다.

"지금 이대로 여기서 살 수는 없다. 상께서는 형벌과 살육으로 위엄을 세우기를 좋아하니, 천하는 죄를 지을까 겁을 내고 녹봉 지키기에 급급해서 아무도 감히 충성을 다하지 않는다. 위에서는 자신의 잘못에 대해서는 듣지 않으면서 날로 교만해지고 있고, 아래에서는 두려움에 바짝 엎드려 기만으로 비위만 맞추고 있다. 간언하는 사람을 쓰지 않아서 도리를 어기는 일이 더욱 심각하다. 우리가 여기에 오래 머물게 되면 장차 죽임을 당할 것이다."

이에 마침내 도망쳐 달아났다. 시황이 도망 소식을 듣고는 마침내 크게 화를 내며 말했다.

"노생 등을 내가 존중해서 선물들을 내려준 것이 심히 두터웠건만, 지금 마침내 나를 비방하며 나의 임금답지 못함을 더 무겁게 하고 있다. 함양에 있는 제생(諸生-유생)들에 대해 내가 사람을 시켜 소상히 알아보았더니, 혹 요망한 말로 백성을 어지럽히는 자들이 있었다."

이에 어사들을 시켜 제생들을 모조리 안문(案問)하게 하자 제생들이 서로서로 끌어들이며 고발했고, 마침내 몸소 법을 어긴 자 460여 명을 골라낸 뒤 전부 함양에다 파묻어 죽였다. 노생은 잡지 못했고 후생을 뒤에 붙잡았으니, 시황이 이를 듣고는 후생을 불러 직접 만나보았다. 아동대(阿東臺)에 올라 사통팔달 거리에 나아가서, 장차 후생의 잘못을 꾸짖은 뒤 거열형에 처하려고 했다. 시황이 멀리서 후생이 바라보이자 크게 화를 내며 말했다.

"이 늙은 포로 놈이 선량치 못해서, 네 임금을 비방하고서 다시 감히 나를 볼 수 있겠느냐!"

후생이 불려와 누대를 올려다보며 말했다.

"신이 듣건대 제대로 죽을 줄 알면 반드시 용감해진다고 했습니다. 폐하께서는 기꺼이 신의 말 한마디를 들어주시겠습니까?"

시황이 말했다.

"무슨 말을 하고 싶은 것이냐? 말해보아라!"

후생이 말했다.

"신이 듣건대, 우왕(禹王)이 비방하는 말을 적는 나무를 세우게 한 것은 자신의 허물을 알고자 함이었습니다. (그런데) 지금 폐하께서는 사치가 심해서 근본을 잃은 채 음란하고 방탕해 말단만을 뒤쫓아서, 궁실과 대각(臺閣)이 서로 이어질 만큼 점점 늘어가고 주옥이나 각종 보물이 첩첩이 쌓여 산을 이루며 수놓은 각종 비단이 창고를 채우고도 남는 데다, 미녀와 배우 수가 거만에 이르고 종과 북의 연주 소리가 끝없이 울려 퍼지며 맛있는 술과 음식이 앞에 가득하고 의복은 가볍고 따뜻하며 수레와 말은 화려하게 꾸몄으니, 스스로를 봉양하는 각종 물건이 화려하고 찬란해 이루 다 헤아릴 수가 없습니다. 백성은 지치고 궁핍해 백성 힘이 죄다 고갈되었는데도 여전히 폐하께서는 스스로 깨닫지 못하시고, 또 비방하는 말에 초조해하며 엄혹한 형벌로써 아랫사람들을 이기려 하고 있으니, 아래는 벙어리가 되고 위는 귀머거리가 되었습니다. 신들은 그 때문에 떠난 것입니다. 신들은 신들의 몸을 아까워하는 것이 아니라 폐하의 나라가 망하는 것을 안타깝게 여길 뿐입니다.

신들이 듣건대 옛날의 눈 밝은 임금은, 음식은 배부르게 먹으면 충분했고 옷은 몸만 따뜻하게 해주면 충분했으며 궁실도 거처하기에 불편하지 않으면 충분했고 수레와 말은 길을 가기만 하면 충분했습니다. 그래서 위로는 하늘에게 버림받지 않았고 아래로는 백성에게 버림받지 않았습니다. 요(堯)임금은 띠로 이은 추녀 끝을 가지런하게 하지 않고 떡갈나무 서까래를 다듬어 깎지 않은 채로 흙 계단 3층으로 된 집에 살면서도 일생 즐겁게 지낼 수 있었으니, 이는 그 풍속이 문채(文采)는 적게 하고 질소(質素)는 많게 한 때문입니다. (요임금 아들) 단주(丹朱)는 오만하고 가혹하며 음란함을 좋아해서 이치와 교화를 제대로 수행하지 않았기에 끝내 제위에 오르지 못했습니다. (그런데) 지금 폐하의 방종은 단주보다 만 배나 심하고 곤오(昆吾)와 걸주(桀紂)보다 천 배나 심하니, 신은 폐하께서 10가지 망하는 도리를 행하면서 한 가지 보존하는 도리는 행하지 않으시는 것을 걱정하는 것입니다."

시황이 오랫동안 침묵을 지키다가 말했다.

"너는 어째서 좀 더 일찍 말해주지 않았느냐?"

후생이 말했다.

"폐하의 뜻이, 바야흐로 청운을 타고 높이 올라 화려하게 꾸민 관대(觀臺)에 머물면서 스스로를 뛰어나고 강건하다 여기시어 위로는 오제(五帝)를 모독하고 아래로는 삼왕(三王)을 능멸하면서 소박함을 버리고 말단 기예로 나아가시니, 폐하께서 망할 조심이 나타난 지 오래되었습니다. 신들은 말해봤자 아무런 유익함이 없고 스스로 죽음을 불러들이게 될까 봐 두려웠습니다. 그래서 도망치면서도 감히 아무런 말씀을 드릴 수 없었던 것입니다. 이제 신은 반드시 죽게 될 터이니, 그래서 폐하를 위해 말씀드리는 것입니다. 비록 폐하께서 망하지 않게 해드릴 수는 없겠지만, 폐하께서 스스로 이 점을 아시게 하려는 것입니다."

시황이 말했다.

"내가 달라질 수 있겠는가?"

후생이 말했다.

"이미 형세가 이뤄졌으니, 폐하께서는 그저 앉아서 망하기를 기다리셔야 할 뿐입니다. 만일 폐하께서 정녕 고치려고 하신다면 능히 요임금이나 우왕처럼 하셔야 하고, 그렇지 않다면 아무것도 바랄 수 없습니다. 폐하를 보좌하는 자들 또한 잘못입니다. 신은 달라지시더라도 능히 나라를 보존하지 못할까 두렵습니다."

시황이 "아!" 하고 탄식하고는 드디어 후생을 풀어주고 주살하지 않았다. 3년 후에 시황이 붕하고 2세가 자리에 나아갔는데, 3년이 지나자 진나라는 망했다.

秦始皇既兼天下, 大侈靡, 即位三十五年猶不息. 治大馳道, 從九原抵雲陽, 塹山堙谷直通之; 厭先王宮室之小, 乃於豐鎬之間, 文武之處, 營作朝宮, 渭南山林苑中作前殿; 阿房東西五百步, 南北五十丈, 上可坐萬人, 下可建五丈旗, 周爲閣道; 自殿直抵南山之嶺以爲闕, 爲複道, 自阿房渡渭水屬咸陽, 以象天極, 閣道絕漢, 抵營室也. 又興驪山之役, 錮三泉之底; 關中離宮三百所, 關外四百所, 皆有鐘磬帷帳, 婦女倡優; 立石闕東海上朐山界中, 以爲秦東門. 於是 有方士韓客侯生, 齊客盧生, 相與謀曰: "當今時不可以居, 上樂以刑殺爲威, 下畏罪; 持祿莫敢盡忠, 上不聞過而日驕, 下懾伏以慢欺而取容, 諫者不用而失道滋甚. 吾黨久居, 且爲所害." 乃相與亡去. 始皇聞之大怒, 曰: "吾異日厚盧生, 尊爵而事之, 今乃誹謗我, 吾聞諸生多爲妖言以亂黔首." 乃使御史悉案問上諸生, 諸生傳相告引, 犯法者四百六十餘人, 皆坑之. 盧生不得, 而侯生後得, 始皇聞之, 召而見之, 升阿東之臺, 臨四通之街, 將數而車裂之. 始皇望見侯生, 大怒曰: "老虜不良, 誹謗而主, 迺敢復見我!" 侯生至, 仰臺而言曰: "臣聞知死必勇, 陛下肯聽臣一言乎?" 始皇曰: "若欲何言? 言之!" 侯生曰: "臣聞禹立誹謗之木, 欲以知過也. 今陛下奢侈失本, 淫泆趨末, 宮室臺閣, 連屬增累, 珠玉重寶, 積襲成山, 錦繡文采, 滿府有餘, 婦女倡優, 數巨萬人, 鍾鼓之樂, 流漫無窮, 酒食珍味, 盤錯於前, 衣服輕暖, 輿馬文飾, 所以自奉, 麗靡爛熳, 不可勝極. 黔首匱竭, 民力單盡, 尙不自知, 又急誹謗, 嚴威克下, 下喑上聾, 臣等故去. 臣等不惜臣之身, 惜陛下國之亡耳. 聞古之明王, 食足以飽, 衣足以暖, 宮室足以處, 輿馬足以行, 故上不見棄於天, 下不見棄於黔首. 堯茅茨不剪, 采椽不斲, 土階三等, 而樂終身者, 俗以其文采之少, 而質素之多也. 丹朱傲虐好慢淫, 不修理化, 遂以不升. 今陛下之淫, 萬丹朱而千昆吾桀紂, 臣恐陛下之十亡也, 而曾不一存." 始皇默然久之, 曰: "汝何不早言?" 侯生曰: "陛下之意, 方乘青雲飄搖於文章之觀, 自賢自健, 上侮五帝, 下凌三王, 棄素樸, 就末技, 陛下亡徵見久矣. 臣等恐言之無益也, 而自取死, 故逃而不敢言. 今臣必死, 故爲陛下陳之, 雖不能使陛下不亡, 欲使陛下自知也." 始皇曰: "吾可以變乎?" 侯生曰: "形已成矣, 陛下坐而待亡耳! 若陛下欲更之, 能若堯與禹乎? 不然無冀也. 陛下之佐又非也, 臣恐變之不能存也." 始皇喟然而歎, 遂釋不誅. 後三年始皇崩; 二世即位, 三年而秦亡.

20-7은 『논어』 「자로(子路)」편에 나오는 다음 구절의 사례라 할 것이다.

(노나라) 정공(定公)이 물었다.
"한마디 말로써 나라를 흥하게 할 수 있다고 하는데, 그런 일이 있을 수 있는가?"
공자가 말했다.
"말로써 이와 같이 기약할 수 없겠지만, 사람들이 하는 말 중에 '임금 노릇 하기가 어렵고 신하 노릇 하기가 쉽지 않다'라고 했으니 만일 임금 노릇 하기의 어려움을 안다면 한마디 말로써 나라를 흥하게 하는 것을 어찌 기약할 수 없겠습니까?"
다시 정공이 물었다.
"한마디 말로써 나라를 망하게 할 수 있다 하는데, 그런 일이 있을 수 있는가?"
공자가 말했다.
"한마디 말로써 이와 같이 기약할 수 없겠지만, 사람들이 하는 말 중에 '나는 군주 된 것은 즐거울 것이 없고, 오로지 내가 말을 하면 어기지 않는 것이 즐겁다'라는 것이 있습니다. 만일 군주의 말이 좋은데 어기는 이가 없다면 이는 실로 좋지 않겠습니까마는, 그러나 만일 군주의 말이 좋지 못한데 어기는 이가 없다면 한마디 말로써 나라를 망하게 함을 어찌 기약할 수 없겠습니까?"

20-8

위(魏)나라 문후(文侯)가 이극(李克)에게 말했다.

"형벌을 당하게 되는 원천은 어디서 생겨나는가?"

이극이 말했다.

"간사하고 음란한 행위에서 생겨납니다. 모든 간사한 마음은 굶주림과 추위에서 생겨나고, 음란함은 오랜 굶주림으로 인한 거짓말입니다. 들보와 기둥을 조각하고 새기는 것은 농사를 해치고, 아름다운 비단을 짜게 하는 것은 (직물을 짜는) 여공을 상하게 합니다. 농사를 해치는 것은 굶주림의 근본이요, 여공을 상하게 하는 것은 추위의 근원입니다. 굶주림과 추위가 함께 찾아오게 되면 능히 간사한 짓을 하지 않을 수 있는 사람이 없고, 남녀가 서로 아름답게 꾸미고서 서로 자랑하는데도 음란한 짓을 하지 않을 수 있는 사람은 없습니다. 그래서 임금이 기교를 금하지 않으면 나라는 가난한데도 백성이 사치하게 됩니다. 이처럼 나라는 가난한데 백성이 사치해서 빈궁한 사람이 간사한 짓을 하고 부유한 사람이 음란한 짓을 하게 된다면, 이는 (사실상 임금이) 백성을 몰아서 그릇된 짓을 하게 만드는 것입니다. (그렇기에) 백성이 그릇된 짓을 했을 때 법에 따라 처벌한다면서 그들이 지은 죄를 용서해주지 않는다면, 이는 백성을 잡으려고 함정을 판 것이나 마찬

가지입니다. 형벌이 발생하는 것은 그 근원이 있는데, 임금이 그 근본은 막지 않고 지엽말단만 없애려 한다면 이는 나라를 해치는 도리일 것입니다."

문후가 말했다.

"좋은 말이오."

그러고는 이극의 말을 법도로 삼았다.

魏文侯問李克曰: "刑罰之源安生?" 李克曰: "生於姦邪淫泆之行. 凡姦邪之心, 飢寒而起; 淫泆者, 久飢之詭也. 彫文刻鏤, 害農事者也; 錦繡簒組, 傷女工者也. 農事害, 則飢之本也; 女工傷, 則寒之源也. 飢寒並至而能不爲姦邪者, 未之有也; 男女飾美以相矜而能無淫泆者, 未嘗有也. 故上不禁技巧, 則國貧民侈, 國貧民侈則貧窮者爲姦邪, 而富足者爲淫泆, 則驅民而爲邪也. 民以爲邪, 因之法隨, 誅之不赦其罪, 則是爲民設陷也. 刑罰之起有原, 人主不塞其本, 而替其末, 傷國之道乎?" 文侯曰: "善." 以爲法服也.

20-9

진(秦)나라 목공(穆公)이 (융에서 온 사신) 유여(由余)에게 물었다.

"옛날에 눈 밝은 왕과 빼어난 제왕이 나라를 얻고 잃은 것은 마땅함이 어떠한가?"

유여가 말했다.

"신이 듣건대, 마땅히 검소하면 나라를 얻고 사치하면 나라를 잃는다고 했습니다."

목공이 말했다.

"사치함과 검소함의 절도에 관해 듣고 싶다."

유여가 말했다.

"신이 듣건대, 요(堯)임금이 천하를 소유했을 때 흙 그릇에 밥을 먹고 흙 사발에 물을 마셨지만, 요임금의 땅은 남쪽으로 교지(交趾), 북쪽으로 유도(留都), 동쪽과 서쪽으로는 해가 뜨고 지는 곳에까지 그 사이의 어느 누구도 빈복(賓服)하지 않는 사람이 없었습니다. 요임금이 천하를 내려놓자 순(舜)임금이 이어받았는데, 식기를 만들 때는 나무를 베어 그것으로써 만들고 구리와 쇠를 녹여 칼을 만들며 심지어 검은 옻칠을 해서 각종 그릇이나 기물들을 만드니, 제후 중에 사치해 복종하지 않는 나라가 13곳이었습니다. 순임금이 천하를 내려놓자 우왕이 이어받았는데, 제기를 만들 때 겉은 검은 옻칠을 하고 안에는 붉은색을 칠했으며 비단으로 까는 자리를 만들고[茵褥] 술잔에는 무늬를 넣어 더욱 사치스럽게 꾸미니, 제후 중에서 복종하지 않는 나라가 32곳이었습니다. 하후씨(夏后氏-하나라)가 몰락하고서 은나라와 주나라가 뒤를 잇게 되자 큰 도로를 만들고 구류(九旒-면류관 장식 구슬줄)의 제도를 세웠으며 식기에 조각을 하고 술잔에 화려한 무늬를 아로새기며 사방 벽에 휘장을 치고 자리에는 꽃무늬를 수놓았으니, 이는 더욱 사치스러워진 것입니다. 이에 제후 중에서 복종하지 않는 나라가 52곳이었습니다. 군자(혹은 군주)가 문장(文章-꾸밈)을 좋아하면 아랫사람들은 더욱 사치하게 됩니다. 그래서 검소함이 나라를 얻는 도리라고 하는 것입니다."

유여가 나가자 목공은 내사 왕료(王廖)를 불러서 유여가 한 말을 전해주며 말했다.

"과인이 듣건대, 이웃 나라에 빼어난 이가 있으면 그 적국으로서는 걱정거리라 했다. 지금 유여의 빼어남 때문에 과인이 걱정이다. 이를 장차 어찌하면 좋겠는가?"

내사 료가 말했다.

"저 융왕은 후미진 곳에 처박혀 있기 때문에 중국의 음악은 아직 들어보지 못했을 겁니다. 임금께서는 이에 춤과 노래에 뛰어난 미녀들을 보내 그 정사를 어지럽게 만든 뒤, 유여를 더 머물게 해달라고 청해서 그들 사이가 멀어지게 하십시오. 저들 임금과 신하 사이에 틈이 생긴 다음이라야 도모해볼 수 있을 것입니다."

목공이 말했다.

"좋다."

마침내 가무에 능한 기녀 16명을 융왕에게 보내고는 유여를 더 머물게 해달라고 청했다. 기녀들을 받은 융왕은 과연 기뻐하며 술자리를 베풀고 음악을 들으며 한 해가 다 가도록 쾌락에서 헤어날 줄 몰랐고, 그 바람에 말과 소와 양이 절반이나 죽었다. 유여가 돌아가서 여러 차례 융왕에게 간언했으나 듣지 않자 드디어 융을 떠나서 진나라로 들어왔다. 목공은 그를 맞이해서 상경(上卿)으로 예우하며 융의 병력 상황과 지리적 이점 등에 관해 물었고, 이미 그것을 다 알게 되자 군사를 일으켜 정벌해서 12개 나라를 병탄하고 사방 1,000리 땅을 열었다. 목공은 사치한 임금이었지만 능히 뛰어난 이의 말을 듣고 간언을 받아들임으로써 서융을 제패했다. 반면에 서융은 음악에 빠지고 이익에 이끌려 그로써 자기 나라를 망쳤으니, 이는 질박(質樸)에서 멀어진 때문이다.

秦穆公問由余曰: "古者明王聖帝, 得國失國當何以也?" 由余曰: "臣聞之, 當以儉得之, 以奢失之." 穆公曰: "願聞奢儉之節." 由余曰: "臣聞堯有天下, 飯於土簋(토궤), 啜於土鈃(토견), 其地南至交趾, 北至幽都, 東西至日所出入, 莫不賓服. 堯釋天下, 舜受之, 作爲食器, 斬木而裁之, 銷銅鐵, 脩其刃, 猶漆黑之以爲器, 諸侯侈國之不服者十有三. 舜釋天下而禹受之, 作

爲祭器, 漆其外而朱畫其內, 縵帛爲茵褥, 觴勺有彩, 爲飾彌侈, 而國之不服者三十有二. 夏后氏以沒, 殷周受之, 作爲大路, 而建九旒, 食器彫琢, 觴勺刻鏤, 四壁四帷, 茵席彫文, 此彌侈矣, 而國之不服者五十有二. 君好文章, 而服者彌侈, 故曰儉其道也." 由余出, 穆公召內史廖而告之曰: "寡人聞鄰國有聖人, 敵國之憂也. 今由余聖人也, 寡人患之. 吾將奈何?" 內史廖曰: "夫戎辟而遼遠, 未聞中國之聲也, 君其遺之女樂以亂其政, 而厚爲由余請期, 以疏其間. 彼君臣有間, 然後可圖." 君曰: "諾." 乃以女樂二八遺戎王, 因爲由余請期. 戎王果具女樂而好之, 設酒聽樂, 終年不遷, 馬牛羊半死. 由余歸諫, 諫不聽, 遂去, 入秦. 穆公迎而拜爲上卿, 問其兵勢與其地利, 既已得矣, 擧兵而伐之, 兼國十二, 開地千里. 穆公奢主, 能聽賢納諫, 故霸西戎; 西戎淫於樂, 誘於利, 以亡其國, 由離質樸也.

20-9를 보면 『논어』 「팔일(八佾)」편에 나오는 공자의 말이 갖는 의미를 더욱 소상하게 알 수 있다.

임방(林放)이 공자에게 예의 근본을 물었다. 공자는 그 질문이 훌륭하다고 칭찬한 다음에 이렇게 말했다.
"예를 행할 때는 사치스럽게 하기보다는 차라리 검박하게 하는 것이 낫고, 상제를 행할 때도 형식적인 겉치레에 치우치느니 차라리 진심으로 슬퍼함이 낫다."

20-10

경후(經侯)가 위(魏)나라 태자에게 갈 때, 왼쪽에는 옥으로 장식한 보검을 차고 오른쪽에는 환패(環佩)를 차니 왼쪽 광채는 오른쪽을 비추고 오른쪽 광채는 왼쪽을 비췄다. 한참 동안 앉아 있었으나 태자는 시선도 주지 않고 또 아무것도 묻지 않았다.

경후가 말했다.

"위나라에도 보물이 있습니까?"

태자가 말했다.

"있지요."

경후가 말했다.

"그 보물은 어떤 것입니까?"

태자가 말했다.

"임금은 믿음이 있고 신하는 충직하며 백성이 임금을 떠받들고 있으니, 이것이 위나라의 보물입니다."

경후가 말했다.

"내가 물은 것은 그런 것을 말하는 것이 아니라, 마침내 바로 어떤 기물인지를 물은 것일 뿐입니다."

태자가 말했다.

"(그런 것도) 있지요. 도사소(徒師沼)가 위나라를 다스리자 시장에서는 물건값을 속이는 행위가 없었고, 극신(郄辛)이 양읍(陽邑)을 다스리자 길에 떨어진 물건을 주워 가는 사람이 없었으며, 망묘(芒卯)가 중앙 조정에서 일을 하자 사방 이웃의 뛰어난 선비들이 서로 이끌어 찾아뵙지 않은 사람이 없었습니다. 그러니 이 세 대부가 바로 위나라의 큰 보물입니다."

이에 경후는 대답도 하지 못한 채 잠자코 있었다. 그러더니 왼쪽에 차고 있던 옥으로 장식된 검과 오른쪽에 차고 있던 환패를 풀어 자리에 놓아둔 채로 겸연쩍어하며 가만히 일어나 있다가, 인사말도 하지 않은 채 달려 나가서 수레에 올라서는 말을 몰고 가버렸다. 위나라 태자가 기사를 시켜서 검과 환패를 가지고 쫓아가서 경후에게 돌려주고 다음과 같이 말하게 했다.

"나는 보물로 삼을 다움이 없어 이런 주옥(珠玉)을 지킬 수가 없습니다. 이 물건들은 추워도 옷을 만들어 입을 수 없고, 배가 고파도 먹을 수가 없습니다. 내게 남겨둬 해로움만 더하게 하는 일이 없도록 해주십시오."

이에 경후는 두문불출(杜門不出)하다가 부끄러움만 안고 죽었다.

經侯往適魏太子, 左帶玉具劍, 右帶環佩, 左光照右, 右光照左. 坐有頃, 太子不視也, 又不問也. 經侯曰: "魏國亦有寶乎?" 太子曰: "有." 經侯曰: "其寶何如?" 太子曰: "主信臣忠, 百姓戴上, 此魏之寶也." 經侯曰: "吾所問者, 非是之謂也, 乃問其器而已." 太子曰: "有. 徒師沼治魏而市無豫賈, 郤辛治陽而道不拾遺, 芒卯在朝而四鄰賢士無不相因而見, 此三大夫乃魏國之大寶." 於是 經侯默然不應, 左解玉具, 右解環佩, 委之坐, 愆然而起, 默然不謝, 趨而出, 上車驅去. 魏太子使騎操劍佩逐與經侯, 使告經侯曰: "吾無德所寶, 不能爲珠玉所守. 此寒不可衣, 飢不可食, 無爲遺我賊." 於是 經侯杜門不出, 愧死.

20-11

진(晉)나라 평공(平公)이 사냥용 수레를 만들어서 용을 그린 깃발로 장식하고 코뿔소와 코끼리 모양을 그려 넣었으며 깃털을 꽂아 장식한 수레 덮개를 씌웠다. 수레를 완성하자 값이 황금 1,000일(鎰)이라고 적은 뒤 궁전 아래에 세워두고는 여러 신하로 하여금 가서 구경하게 했는데, 전차(田差)가 거기를 세 번이나 지나가면서 한 번도 쳐다보지 않았다. 평공이 낯빛을 바꾸면서 크게 화를 내며 전차에게 물었다.

"너는 세 번이나 지나가면서 한 번도 쳐다보지 않으니 어째서인가?"

전차가 대답해 말했다.

"신이 듣건대, 천자와 이야기할 때는 천하의 일로써 말하고, 제후와 이야기할 때는 나라의 일로 말하고, 대부와 이야기할 때는 관리의 일로 말하고, 사와 이야기할 때는 일의 문제를 가지고 말하고, 농부와 이야기할 때는 먹는 것으로 말하고, 여인과 이야기할 때는 베 짜는 일로 말한다고 했습니다. 걸왕은 사치로 멸망했고 주왕은 음란으로 패망했으니, 이 때문에 감히 쳐다보지 않았습니다."

평공이 말했다.

"좋도다!"

이에 좌우에 명해 말했다.

"수레를 없애라."

晉平公爲馳逐之車, 龍旌象色, 挂之以犀象, 錯之以羽芝. 車成題金千鎰, 立之於殿下, 令群臣得觀焉, 田差三過而不一顧. 平公作色大怒, 問田差: "爾三過而不一顧, 何爲也?" 田差對曰: "臣聞說天子者以天下, 說諸侯者以國, 說大夫者以官, 說士者以事, 說農夫者以食, 說婦姑者以織. 桀以奢亡, 紂以淫敗, 是以 不敢顧也." 平公曰: "善." 乃命左右曰: "去車!"

20-12

위나라 문후의 어름(御廩-임금 전용 창고)에 화재가 나니, 문후가 흰

옷을 입고 닷새 동안 정전(正殿)을 피했다. 여러 신하가 모두 흰옷을 입고 위문했으나 공자 성보(成父) 혼자 위문하지 않았다. 문후가 정전으로 돌아오니, 공자 성보가 종종걸음으로 들어와서 하례하며 말했다.

"참으로 크게 좋습니다. 저 어름의 화재 말입니다."

문후는 낯빛을 바꾸고 불쾌해하며 말했다.

"저 어름은 과인의 보물을 보관하는 곳이다. 그런데 지금 화재가 나서 과인은 흰옷을 입고 정전을 피했으며 여러 신하도 모두 흰옷을 입고 위문했건만, 너만 홀로 위문하지 않았다. 그리고 지금 정전에 다시 돌아왔는데, 들어와서 오히려 하례하는 것은 어째서인가?"

공자 성보가 말했다.

"신이 듣건대, 천자는 사해 안에 (보물을) 보관하고 제후는 경내에 보관하며 대부는 집 안에 보관하고 사와 서인은 궤짝에 보관하는데, 그 보관하는 곳이 적절하지 않으면 반드시 천재가 있고 반드시 사람으로 인한 환난이 있다고 했습니다. (그런데) 지금 다행히 사람으로 인한 환난은 없이 천재만 있었으니 실로 좋지 않겠습니까?"

문후가 "아!" 하며 탄식해 말했다.

"좋도다!"

魏文侯御廩災, 文侯素服辟正殿五日, 群臣皆素服而弔, 公子成父獨不弔. 文侯復殿, 公子成父趨而入賀, 曰: "甚大善矣! 夫御廩之災也." 文侯作色不悅, 曰: "夫御廩者, 寡人寶之所藏也. 今火災, 寡人素服辟正殿, 群臣皆素服而弔, 至於子大夫而不弔. 今已復辟矣, 猶入賀何爲?" 公子成父曰: "臣聞之, 天子藏於四海之內, 諸侯藏於境內, 大夫藏於其家, 士庶人藏於篋櫝; 非其所藏者必有天災, 必有人患. 今幸無人患, 乃有天災, 不亦善乎!" 文侯喟然嘆曰: "善!"

20-13

제나라 환공(桓公)이 관중(管仲)에게 일러 말했다.

"우리나라는 매우 작고 재용 또한 매우 적은데도 여러 신하의 의복과 수레가 매우 사치스러우니[汰=侈], 내가 그것을 금지하려 하는데 괜찮겠는가?"

관중이 말했다.

"신이 듣건대, 임금이 맛만 보아도 신하들은 그것을 먹으려 들고 임금이 좋아하기만 해도 신하들은 그것을 입으려 한다고 했습니다. (그런데) 지금 임금께서 음식을 드실 때는 반드시 계피 음료수를 마시고 자줏빛 비단옷과 흰 여우 갖옷을 갖춰 입으시니, 이것이 바로 신하들의 사치가 심하게 된 까닭입니다. 『시경』(「소아(小雅)·절남산(節南山)」)에 이르기를 '자기가 몸소 하지 않으니, 만백성이 믿질 않네'라고 했습니다. 임금께서는 사치를 금하려 하시면서 어찌 자기 자신부터 하지 않으십니까?"

환공이 말했다.

"좋도다!"

이에 거친 비단옷과 백포 관을 새로 고쳐 지어 쓰고 조회를 보니, 1년이 지나자 제나라 풍속이 검소해졌다.

齊桓公謂管仲曰: "吾國甚小, 而財用甚少, 而群臣衣服輿駕甚汰. 吾欲禁之, 可乎?" 管仲曰: "臣聞之, 君嘗之, 臣食之; 君好之, 臣服之. 今君之食也必桂之漿, 衣練紫之衣, 狐白之裘, 此群臣之所奢汰也. 詩云: '不躬不親, 庶民不信.' 君欲禁之, 胡不自親乎?" 桓公曰: "善." 於是 更制練帛之衣, 大白之冠朝, 一年而齊國儉也.

20-14

계문자(季文子)가 노나라 재상이 되었을 때, 첩들에게는 비단옷을 입지 못하게 하고 말에게는 곡식을 먹이지 못하게 했다. 중손타(仲孫它)가 간언해서 말했다.

"그대가 노나라 상경이 되어 첩들에게는 비단옷을 입지 못하게 하고 말에게는 곡식을 먹이지 못하게 했는데, 사람들은 그대가 재물을 아낀다 할 것이고 또 나라를 빛내는 일도 아닙니다."

문자가 말했다.

"그런가요? 내가 보건대, 나라 사람의 부모들이 거친 베옷을 입고 거친 곡식을 먹고 있으니 나는 이 때문에 감히 사치를 하지 않는 것이오. 또 나는 군자가 다움으로써 나를 빛낸다는 이야기는 들었어도 첩과 말로써 그런다는 이야기는 들어보지 못했소.

무릇 다움이란 내가 얻는 것이지만 남이 얻도록 해주는 것이기도 하기 때문에, 그래서 미뤄 행할 수 있는 것이오. 만일 사치를 지나치게 해서 겉을 꾸미는 데 빠져 스스로 돌이킬 수 없다면 어떻게 나라를 지킬 수 있겠소?"

중손타는 부끄러워하면서 물러갔다.

季文子相魯, 妾不衣帛, 馬不食粟. 仲孫它諫曰: "子爲魯上卿, 妾不衣帛, 馬不食粟, 人其以子爲愛, 且不華國也." 文子曰: "然乎? 吾觀國人之父母衣麤食蔬, 吾是以不敢. 且吾聞君子以德華國, 不聞以妾與馬. 夫德者得於我, 又得於彼, 故可行. 若淫於奢侈, 沈於文章, 不能自反, 何以守國?" 仲孫它慚而退.

20-15

조간자(趙簡子)가 파리한 말이 이끄는 낡은 수레를 타고 검은 숫양 갖옷을 입고 있으니, 그의 가신[宰]이 간언해 말했다.

"수레는 새것이 안정되고, 말은 살이 쪄야 빨리 왕래할 수 있으며, 갖옷은 흰여우 가죽이 따뜻하면서도 가볍습니다."

간자가 말했다.

"나도 모르는 바가 아니다. (그러나) 내가 듣건대, 군자는 좋은 옷을 입으면 더욱 공손해지고 소인은 좋은 옷을 입으면 더욱 거만해진다고 했다. 나를 이를 갖고서 나를 경계시키는 것이니, 혹시라도 소인의 마음이 내 안에 있을까 두려워서다.

전하는 바에 따르면 주공(周公)은 지위가 높아질수록 더욱 자신을 낮췄고 적을 이기면 더욱 두려워했으며 집 안이 부유해지면 더욱 검소했기 때문에 주나라가 800여 년을 갈 수 있었던 것이라고 했으니, 이를 가리켜 한 말이다."

趙簡子乘弊車瘦馬, 衣羖羊裘, 其宰進諫曰: "車新則安, 馬肥則往來疾, 狐白之裘溫且輕." 簡子曰: "吾非不知也. 吾聞之, 君子服善則益恭, 細人服善則益倨. 我以自備, 恐有細人之心也. 傳曰: 周公位尊愈卑, 勝敵愈懼, 家富愈儉, 故周氏八百餘年, 此之謂也."

20-16

노나라에서 낭(郎) 땅에 (사냥을 위한) 동산을 조성할 때 계평자(季平子)가 완공을 서두르자, 숙손소자(叔孫昭子)가 말했다.

"빨리 완공해서 뭘 하시려는 것입니까? 그 때문에 백성을 상하게 해서야 되겠습니까? 동산이 없는 것이 오히려 좋을 것입니다. 오락과 유희를 위해 자기가 다스리는 백성을 피곤하게 한다는 말을 어디에서 들었습니까?"

魯築郎囿, 季平子欲速成, 叔孫昭子曰: "安用其速成也? 以虐其民, 其可乎? 無囿尙可乎? 惡聞嬉戲之游, 罷其所治之民乎?"

20-17

위(衛)나라 숙손문자(叔孫文子)가 왕손하(王孫夏)에게 물었다.

"우리 선군(先君-돌아가신 아버지)의 사당이 작아서 내가 고쳐 지으려 하는데 괜찮겠는가?"

대답해 말했다.

"옛날의 군자는 검소함을 사리의 근본으로 여겼는데, 지금 군자는 사치로써 그것을 바꾸는군요.

무릇 위나라가 비록 가난한 나라라 하더라도 어찌 문채 나는 신발 한 짝으로 십직(十稷) 값이 나가는 비단과 바꾸지 못하겠습니까마는, 이는 사리에 맞지 않습니다[非禮]."

숙손문자가 마침내 그만두었다.

衛叔孫文子問於王孫夏曰: "吾先君之廟小, 吾欲更之, 可乎?" 對曰: "古之君子, 以儉爲禮; 今之君子, 以汰易之. 夫衛國雖貧, 豈無文履一奇, 以易十稷之繡哉? 以爲非禮也." 文子乃止.

20-18

진(晉)나라 문공이 제후들과 회합하고서 맹서하며 말했다.

"내가 듣건대, 나라가 혼란해지는 것은 음악과 여색 때문이 아니면 반드시 간사한 이익을 좋아하는 데서 생겨난다고 했소. 음악과 여색은 음란한 것이고, 간사한 이익을 탐하는 것은 미혹된 짓이오. 무릇 음란하고 미혹에 빠진 나라는 망하지 않으면 반드시 쇠퇴하오. 지금부터는 아름다운 첩 때문에 본부인을 의심하지 말고, 음악과 여색으로 정사를 방해하지 말며, 간사한 마음으로 공적인 것을 해치지 말고, 재물로써 아랫사람들을 이끌지 마시오. 이런 짓을 하는 사람이 있다면 이를 일러 그 근본[根素]을 베어 없애고 꽃과 잎에만 마음이 빠져 있다고 하는 것이오. 만일 이런 자가 있다면 환난이 있어도 함께 근심해주지 않을 것이고 외적이 침입해도 해결해주지 않을 것이오. 맹서한 말대로 하지 못하는 자는 맹서문을 가져다가 보도록 하시오."

이에 군자가 그것을 듣고서 말했다.

"문공은 아마도 도리를 아는 사람일 것이다. 그가 (패자에 머물고) 임금다운 임금[王者]이 되지 못한 것은 오히려 제대로 된 보좌가 없었기 때문이로다."

晉文公合諸侯而盟曰: "吾聞國之昏, 不由聲色, 必由姦利好樂. 聲色者, 淫也; 貪姦者, 惑也. 夫淫惑之國, 不亡必殘. 自今以來, 無以美妾疑妻, 無以聲樂妨政, 無以姦情害公, 無以貨利示下. 其有之者, 是謂伐其根素, 流於華葉. 若此者, 有患無憂, 有寇勿弭. 不如言者盟示之." 於是 君子聞之曰: "文公其知道乎? 其不王者猶無佐也."

20-18에서 진문공이 강조했던 것이 바로 문(文)과 대비되는 바탕으로서의 질(質)이다.

20-19

안자가 경공과 술을 마셨는데, 날이 저물어 공이 (술을 더 마시기 위해) 사람을 불러서 불을 준비하라고 하자 안자가 사양하며 말했다.

"『시경』(「소아(小雅)·빈지초연(賓之初筵)」)에 이르기를 '관이 삐딱하도다' 한 것은 술 마시는 도리를 잃었음을 말한 것이고, '비틀비틀 춤추기를 그치질 않도다'라고 한 것은 단정한 용모를 잃었음을 말한 것입니다. (「대아(大雅)·기취(旣醉)」편에서) '이미 술에 취했고 이미 은덕으로 배부르네'라고 하고 (「소아·빈지초연」에서) '이미 술에 취해 밖으로 나가면 아울러 복을 받을 텐데'라고 한 것은 손님과 주인 사이의 예를 말한 것이고, (「소아·빈지초연」에서) '이미 술에 취했는데도 밖으로 나가질 않으니 이를 일러 은덕을 손상시킨다고 하네'라고 한 것은 손님의 죄를 말한 것입니다. 저는 앞서 낮에 술을 마실 것이라고만 예상했지, 밤에 술을 마시리라고는 생각지 못했습니다."

공이 말했다.

"좋도다!"

술을 들어 땅에 부은 뒤 두 번 절하고 나가면서 말했다.

"내가 어찌 잘못 보았겠는가? 내, 나라를 안자에게 맡기리라. 그는 자기 집 안의 가난함으로써 과인을 잘 이끌어 지나친 황음과 사치에 빠지지 않게 했는데, 하물며 과인과 더불어 나랏일을 도모함에랴!"

晏子飮景公酒, 日暮, 公呼具火, 晏子辭曰: "詩曰: '側弁之俄', 言失德也;

'屢舞傞傞', 言失容也. '旣醉以酒, 旣飽以德', '旣醉而出, 並受其福', 賓主之禮也, '醉而不出, 是謂伐德', 賓之罪也. 嬰已卜其日, 未卜其夜." 公曰: "善." 擧酒而祭之, 再拜而出, 曰: "我豈過哉? 吾託國於晏子也. 以其家貧善寡人, 不欲淫侈也, 而況與寡人謀國乎?"

20-20

양왕손(楊王孫)이 병이 들어 장차 삶을 마치려 하면서, 그 아들에게 유언을 남겨 말했다.

"나는 알몸으로 그냥 묻혀서 나의 참모습으로 돌아가고자 하니, 꼭 내 뜻을 잊지 말거라."

(왕손의 벗인) 기후(祁侯)[029]가 이 소식을 듣고 (편지를 써서) 만류했다.

'가만히 듣건대 왕손께서 알몸으로 장례를 지내라고 미리 말씀하셨다는데, 만일 죽은 자가 지각이 없다면 그만이지만 혹시라도 지각이 있다면 이는 지하에서라도 수치가 될 것입니다. 장차 조상들을 알몸으로 뵈어야 하기 때문입니다. 남몰래 생각건대, 왕손을 위해서라도 그리할 수는 없습니다.'

왕손이 답서를 보내 말했다.

'저는 알몸 장례를 지냄으로써 장차 세상의 풍속을 바로잡으려는 것입니다. 무릇 두터운 장례는 진실로 죽은 자에게 아무런 보탬이 되지 않는데도, 세상 사람들은 앞을 다투어 남보다 화려하게 장사지내

029 原註-사고(師古)가 말했다. "기후 증하(繒賀)의 손자로, 작위를 이어받은 증타(繒它)다."

느라 재산을 탕진하고 물건을 지하에 묻어서 썩힙니다. 심지어는 오늘 묻었다가 다음날 파내기도 하니, 들판에 해골로 뒹굴도록 방치하는 것과 무엇이 다르겠습니까? 게다가 무릇 죽음이란 한평생을 마치는 변화이자 만물이 도달하는 종착지입니다. 갈 데로 가고 변할 것으로 변하는 것이라면 그것은 참모습으로 되돌아간 것이라고 하겠습니다. 어두운 암흑 속의 자기 본연으로 돌아가 아무런 형체도 소리도 없는 것이 바로 도리의 실상에 부합합니다. 무릇 겉을 꾸며서 많은 사람에게 과시하고 두터운 장례를 지내서 본래의 참모습을 바꿔놓는 것은 종착지로 돌아갈 사람을 돌아가지 못하게 만들고 변화해야 할 사람을 변화하지 못하게 만드는 것이니, 이는 곧 마땅히 있어야 할 곳을 잃게 만드는 것입니다.

또 제가 듣건대, 정신이라는 것은 하늘의 것이고 형체라는 것은 대지의 것입니다. 정신이 형체를 떠나면 각기 참모습으로 돌아가기 때문에 그것을 귀(鬼)라 부르는데, 귀(鬼)의 의미는 귀(歸-돌아감)입니다. 덩그러니 지하에 홀로 남아 있는 시체가 어떻게 지각이 있을 수 있겠습니까? 비단과 패물로써 시체를 감싸고 내관(內棺)과 외곽(外槨)으로써 땅과 소통하지 못하게 막으며 지체를 꼭꼭 묶고 입에는 옥(玉)을 물게 하므로 제아무리 변화하려고 해도 변화하지 못하고 바짝 마른 고깃덩이가 됐다가, 천년이 지난 뒤 내관과 외곽이 썩어야 마침내 흙으로 돌아가서 참된 집으로 들어갑니다. 이로 말미암아서 말씀드리건대, 어찌 흙으로 돌아가지 못한 채 오래도록 나그네 꼴이 될 필요가 있겠습니까?

옛날에 요임금의 장례는 속이 빈 나무로 궤짝을 만들었고 칡으로 시신을 묶었으며, 묘혈도 아래로 지하수의 물줄기를 끊지 않을 정도로만 하고 위는 시체 썩는 냄새가 나지 않을 만큼만 덮었다고 합니다. 그래서 빼어난 임금은 살아서는 모시기가 쉬웠고 죽어서는 장사 지내기가 수월했습니다. 쓸데없는 데 힘을 기울이지 않았고, 가치 없는 일에 재물을 낭비하지 않은 것입니다. 지금 사람들은 재물을 낭비해서 두텁게 장례를 치르기 때문에, 참모습으로 돌아가는 길을 방해하고 땅에 이르는 것을 막습니다. 죽은 자가 무엇을 알 것이며 산 자가 무슨 이득을 얻겠습니까? 이는 이중으로 미혹된 짓이라 할 것입니다. 아! 나는 이런 짓을 하지 않으렵니다.'

(편지를 받고서) 기후가 "좋은 말씀"이라고 했으니, 드디어 (양왕손은) 알몸인 채로 묻혔다.

楊王孫病且死, 令其子曰: "吾死欲裸葬, 以返吾眞, 必無易吾意." 祁侯聞之, 往諫曰: "竊聞王孫令葬必裸而入地, 必若所聞, 愚以爲不可. 令死人無知則已矣, 若死有知也, 是戮尸於地下也, 將何以見先人? 愚以爲不可!" 王孫曰: "吾將以矯世也. 夫厚葬誠無益於死者, 而世以相高, 靡財殫幣而腐之於地下, 或乃今日入而明日出, 此眞與暴骸於中野何異? 且夫死者終生之化, 而物之歸者; 歸者得至, 而化者得變, 是物各返其眞. 其眞冥冥, 視之無形, 聽之無聲, 乃合道之情. 夫飾外以誇衆, 厚葬以隔眞, 使歸者不得至, 化者不得變, 是使物各失其然也. 且吾聞之, 精神者, 天之有也, 形骸者, 地之有也; 精神離形而各歸其眞, 故謂之鬼. 鬼之爲言歸也, 其尸塊然獨處, 豈有知哉? 厚裹之以幣帛, 多送之以財寶, 以奪生者財用. 古聖人緣人情, 不忍其親, 故爲之制禮; 今則越之, 吾是以欲裸葬以矯之也. 昔堯之葬者, 空木爲櫝, 葛藟爲緘; 其穿地也, 下不亂泉, 上不泄臭. 故聖人生易尚, 死易葬, 不加於無用, 不損於無益, 今費財而厚葬, 死者不知, 生者不得用, 謬哉! 可謂重惑矣." 祁侯曰: "善." 遂裸葬也.

20-20은 반고의 『한서』 권67 「양왕손전(楊王孫傳)」에 나오는 내용이

다. 원래는 편지를 통해 주고받은 대화인데, 여기서는 직접 찾아가서 대화를 나눈 것으로 나온다. 문맥을 정확히 하기 위해 원문 번역은『한서』「양왕손전」을 따랐다.

20-21

노나라에 어떤 검소한 사람이 있어 기와 솥으로 음식을 끓여 먹었는데, 먹어보니 맛이 좋아서 음식을 토기 그릇에 가득 담아 공자에게 바쳤다.

공자가 그것을 받고는 흔쾌히 즐거워하기를 마치 태뢰(太牢)의 음식을 받은 것처럼 했다.

제자가 말했다.

"질그릇은 형편없는 그릇이고, 음식 중에 끓인 음식은 맛이 없습니다. 그런데도 선생님께서는 어찌 이처럼 좋아하십니까?"

공자가 말했다.

"내가 듣건대, 간언을 잘하는 사람은 그 임금을 생각하고 맛있는 음식을 먹는 사람은 그 부모를 생각한다고 했다. 나는 이 음식이 맛있어서가 아니라, 그 사람이 음식을 먹으면서 나를 생각했기 때문에 즐거워한 것이다."

魯有儉者, 瓦鬲煮(와격자)食, 食之而美, 盛之土鈃(견)之器, 以進孔子. 孔子受之, 歡然而悅, 如受太牢之饋. 弟子曰: "瓦甂(변), 陋器也; 煮食, 薄膳也, 而先生何喜如此乎?" 孔子曰: "吾聞好諫者思其君, 食美者念其親. 吾非以饌爲厚也, 以其食美而思我也."

20-22

안자가 병이 들어 장차 죽으려 할 때, 기둥을 파서 유언을 담은 글을 넣어두고 그 아내에게 말했다.

"기둥에 넣어둔 말을 아들이 장성하거든 보여주시오."

(아들이) 장성해 그 글을 꺼내보니 내용은 이러했다.

"포백(布帛)이 다해서는 안 되니, 다하면 몸을 꾸밀 수 없다. 소와 말이 다하면 안 되니, 다하면 부릴 것이 없다. 선비가 다하면 안 되니, 다하면 일을 맡길 사람이 없다. 다하게 하겠느냐? 다하게 하겠느냐? (그렇게 된다면) 그것이야말로 진정으로 다한 것이다."

晏子病將死, 鑿楹內書焉, 謂其妻曰: "楹語也, 子壯而視之!" 及壯發書, 書之言曰: "布帛不可窮, 窮不可飾; 牛馬不可窮, 窮不可服; 士不可窮, 窮不可任. 窮乎? 窮乎? 窮也!"

20-23

중니(仲尼-공자)가 노담(老聃-노자)에게 물었다.

"참으로 심합니다. 지금 세상에서 도리를 행하는 것의 어려움 말입니다. 내가 근래에 도리를 갖고서 당대 임금들에게 예물을 바치면서 시행할 것을 요구했으나 나의 요청을 받아주지 않았습니다. 지금 세상에서는 도리를 행하는 것이 어렵습니다."

노자가 말했다.

"무릇 말하는 사람은 자기 말에 빠져들고 듣는 사람은 말에 혼란을 느끼니, 이 같은 두 가지가 있게 되면 도리를 맡길 수가 없지요."

仲尼問老聃曰: "甚矣, 道之於今難行也. 吾比執道委質以求當世之君, 而不我受也. 道之於今難行也." 老子曰: "夫說者流於辯, 聽者亂於辭, 如此二者, 則道不可委矣."

20-24

자공(子貢)이 자석(子石)에게 물었다.

"그대는 『시경』을 배우지 않았소?"

자석이 말했다.

"내가 그럴 여가가 있나요? 부모님은 나에게 효도를 요구하고 형제들은 나에게 우애를 요구하며 벗들은 나에게 신의를 요구하니, 내가 그럴 여가가 있나요?"

자공이 말했다.

"나는 『시경』을 던져버리고 그대에게 (기본을) 배울 것을 청합니다."

子貢問子石: "子不學詩乎?" 子石曰: "吾暇乎哉? 父母求吾孝, 兄弟求吾悌, 朋友求吾信. 吾暇乎哉?" 子貢曰: "請投吾詩, 以學於子."

20-24에서 자석이 하는 말은 질(質)에 관한 것이다. 『논어』「학이(學而)」편에서 공자도 바탕을 갖춘 다음에 문(文)을 배우라고 했다.

공자가 말했다.

"젊은이들은 집에 들어오면 효도하고 밖에 나가서는 공순하며(弟=悌) 행실을 삼가고 말에는 믿음이 담겨야 하며 널리 사람들을 사랑하되 어진 이를 가까이해야(배우려 해야) 한다. 이런 일들을 몸소 익혀 행하고서 남은 힘이 있거든 그때 가서 문(文)을 배우도록 해라."

문은 '글'이 아니라 권19에서 보았던 바로 그 '애씀'으로서의 문이다.

20-25

공명선(公明宣)이 증자(曾子)에게 배우면서도 3년 동안 글을 읽지 않으니, 증자가 말했다.

"선아, 너는 내 문하에 있은 지 3년이 되었는데도 글 읽는 것을 배우질 않으니 어째서냐?"

공명선이 말했다.

"어찌 감히 배우지 않았겠습니까? (다만) 제가 스승님께서 집 안뜰에 계실 때 보았더니 부모님이 집에 계시면 꾸짖는 소리가 개와 말에도 미치지 않으셨는데, 이에 제가 기뻐하면서 그런 (기본적인) 태도를 배웠으나 아직 (행하기에는) 능하지 못합니다. (또) 제가 스승님께서 빈객을 응대하실 때 보았더니 공손하고 검소하시면서 조금도 나태함이 없으셨는데, 이에 제가 기뻐하면서 그런 (기본적인) 태도를 배웠으나 아직 (행하기에는) 능하지 못합니다. (또) 제가 스승님께서 조정에 계실 때 보았더니 아랫사람을 엄정하게 대하면서도 위아래의 좋은 관계를 조금도 해치지 않으셨는데, 이에 제가 기뻐하면서 그런 (기본적인) 태도를 배웠으나 아직 (행하기에는) 능하지 못합니다. 저는 이 세 가지를 기뻐하면서 배웠으나 아직 능하지 못합니다. 제가 어찌 감히 배우지 않으면서 스승님 문하에 머물러 있겠습니까?"

증자가 자리에서 일어나 사과하며 말했다.

"나는 너에게 미치지 못한다. 나는 그저 글만 배웠구나!"

公明宣學於曾子, 三年不讀書, 曾子曰: “宣, 而居參之門, 三年不學, 何也?” 公明宣曰: “安敢不學? 宣見夫子居宮庭, 親在, 叱吒之聲未嘗至於犬馬, 宣說之, 學而未能; 宣見夫子之應賓客, 恭儉而不懈惰, 宣說之, 學而未能; 宣見夫子之居朝廷, 嚴臨下而不毀傷, 宣說之, 學而未能. 宣說此三者學而未能, 宣安敢不學而居夫子之門乎?” 曾子避席謝之, 曰: “參不及宣, 其學而已.”

20-25의 글이란 곧 문(文)이기도 하다.

20-26

어떤 노나라 사람이 자신은 신발을 잘 삼고 아내는 흰 비단을 잘 짰는데, 월(越)나라로 옮겨 가서 살려고 했다. 어떤 사람이 그에게 말했다.

“그대는 반드시 곤궁해질 것이오.”

그 노나라 사람이 말했다.

“어째서입니까?”

말했다.

“신은 발에 신는 것이고 흰 비단은 관을 만드는 것인데, 월나라 사람들은 맨발로 걸어 다니고 머리를 짧게 자른다고 하오. 쓰이지도 못할 나라로 가신다니 곤궁해지지 않으려 해도 그리될 수 있겠소?”

魯人身善織屨, 妻善織縞, 而徙於越. 或謂之曰: “子必窮!” 魯人曰: “何也?” 曰: “屨爲履, 縞爲冠也, 而越人徒跣剪髮. 遊不用之國, 欲無窮得乎?”

부록

유향은 누구인가?

아래는 반고(班固)가 지은 『한서(漢書)』의 「유향전(劉向傳)」을 옮긴이가 옮긴 전문이다.

유향(劉向, 기원전 79~기원전 8년?)은 자(字)가 자정(子政)이고 본래 이름은 경생(更生)이다. 12세 때 아버지 덕(德)이 임명을 받으면서 그도 연랑(輦郎)[030]이 됐고, 관례를 치르고 나자 행실이 뛰어나다 해서 발탁돼 간대부(諫大夫)가 됐다. 이때 선제(宣帝)는 무제(武帝)의 선례[故事=前例]를 따라 이름난 유학자와 뛰어난 인재를 불러 좌우에 두었다. 경생은 사리에 통달하고 문장을 꾸미는 데 능했기에 왕포(王褒), 장자교(張子僑)[031] 등과 나란히 조정에 나아가 (황제의) 조문(詔問)에 대답했고, 부(賦)와 송(頌) 수십 편을 바쳤다. 상(上-황제)은 다시 신선과 방술(方術)의 일에 빠졌는데, 회남(淮南) 땅에 『침중홍보원비서(枕中鴻寶苑秘書)』[032]라는 책이 있었다. 이 책에는 신선이 귀물(鬼物)을 써서 황금을 만드는 비법과 추연(鄒衍)의 도리를 중심으로 수명을 연장하는 방법이 들어 있다고 했지만, 세상 사람 중에 그것을 본 사람이 아무도 없었는데, 경생의 아버지 덕이 무제 때 회남의 옥사를 다스리면서 그 책을 얻었다. 경생은 어려서 그것을 읽고 암기했으며, 그것이 신기하다고 여겨 조정에 바치면서 (이 책을 통해) 황금을 만들어낼 수 있을 것이라고 말했다. 상(上)이 (그에게) 상방(尙方)[033]의 주전(鑄錢) 작업을 맡겨 일을 시켰다가, 비용은 엄청나게 들어갔지만 결국 아무런 효험이 없자 마침내 경생을 옥리에게 내렸다. 옥리는 경생이 거짓으로 황금을 주조하려 했다며 탄핵했고 처벌은 마땅히 사형에 해당했는데, 경생의

030 어가를 담당하는 낭관이다.

031 原註-사고(師古)가 말했다. "자교는 광록대부에 이르렀으니 『한서』 「예문지(藝文志)」에 나온다."

032 도술에 관한 책이다.

033 原註-사고(師古)가 말했다. "상방은 금은을 만들어내는 일을 주관한다. 지금의 중상서(中尙署)와 같다."

형 양성후(陽城侯) 안민(安民)이 글을 올려 봉읍의 절반을 바치고 죽을죄를 면제받았다. 상이 그의 재주를 기이하게 여겨 겨울을 뛰어넘자[踰冬][034] 사형을 감해주라고 논고하고, 마침 처음으로 『곡량춘추(穀梁春秋)』의 학관이 세워지자 경생을 불러 『곡량전』을 전수하게 하고 석거각(石渠閣)[035]에서 오경(五經)을 강론하게 했다. 다시 (향은) 낭중(郎中)에 제배돼 황문(黃門) 급사(給事)가 되었고, 그 후에 산기간대부(散騎諫大夫)로 승진해 급사중(給事中-궁중의 급사)이 됐다.

원제(元帝)가 처음 즉위했을 때 태부 소망지(蕭望之)와 주감(周堪)[036]이 모두 영상서사(領尙書事)로 있으면서 깊은 신임을 받고 있었는데, 이 두 사람이 모두 경생이 종실(宗室) 사람으로서 충직하고 경서에 밝으며 행실이 뛰어나다고 해서 산기종정(散騎宗正) 급사중(給事中)으로 발탁해 시중 금창(金敞)과 더불어 좌우에서 보필하게 했다. 이들 네 사람은 같은 마음으로 정사를 보필하면서 외척 허씨(許氏)와 사씨(史氏)[037]가 높은 자리에서 방종하는 것과 중서(中書-궁궐 내부의 일을 맡아 보는 기관)의 환관인 홍공(弘恭)과 석현(石顯)이 권력을 농단하는 것[弄權]을 걱정하고 고통스러워했다. 망지와 감과 경생이 의논해서 그들을 다 내치도록 황제에게 건의[白]하려고 했는데, 아직 건의를 올리기도 전에 말이 새는 바람에 결국 허씨와 사씨 그리고 공과 현으로부터 중

---

034 原註-복건(服虔)이 말했다. "겨울을 뛰어넘었다는 말은, 원래 봄이 되면 관대함을 행해 사형죄를 감형해주는 것이다."

035 原註-사고(師古)가 말했다. "『삼보구사(三輔舊事)』에 따르면, 석거각은 미앙대전(未央大殿)의 북쪽에 있었는데 비서(秘書)들을 보관했다고 한다."

036 태자소부(太子小傅)와 광록훈(光祿勳) 등을 지냈다. 하후승(夏侯勝)에게 『금문상서(今文尙書)』를 배웠다. 경학(經學)으로 명성이 높아서, 선제(宣帝) 때 석거각(石渠閣)회의에서 오경(伍經)의 동이(同異)를 논의할 때 참여했다. 태자소부(太子少傅)가 됐으며, 원제(元帝)가 즉위하자 광록대부(光祿大夫)가 되어 태부(太傅) 소망지(蕭望之)와 함께 상서(尙書)의 일을 맡아서 정치를 보좌했다. 중서령(中書令) 석현(石顯) 등의 참언으로 면직됐다가 나중에 다시 광록훈이 됐으나 하동태수(河東太守)로 좌천됐으며, 뒤에 다시 광록대부에 임명돼 상서의 일을 맡았다. 석현의 제재를 받아 한을 품고 지내다가 죽었다. 제자 모경(牟卿)이 경학박사가 된 데다 허상(許商)이 수많은 제자를 양성함으로써 대하후(大夏侯-하후승)의 상서학(尙書學)이 널리 유행하게 된다.

037 허씨란 황제인 원제의 아버지인 선제의 처족이고, 사씨란 그의 할머니의 친족이다.

상모략을 당해 감과 경생은 하옥되고 망지 등은 모두 관직을 박탈당했다.

그해(-원제 초원(初元) 2년(기원전 47년)), 봄에 지진이 일어나고 여름에 객성(客星)[038]이 묘수(昴宿)[039]와 권설수(卷舌宿) 사이에 보이니 모두 깜짝 놀랐다. 상이 이를 보고 느낀 바가 있어 조서를 내려 소망지에게 관내후(關內侯) 작위를 내려주면서 봄가을에 (다시) 조정에 참여하도록 했다. 또 가을에 감과 경생을 불러 두 사람을 간대부(諫大夫-800석 직급)로 삼고자 했으나, 공과 현이 (반대하는) 건의를 올려 중랑(中郎-600석의 직급)으로 삼았다. 겨울에 또 땅이 흔들렸다. 이때 공·현·허씨·사씨의 자제들인 시중의 여러 부서 사람이 소망지 등을 곁눈으로 흘겨보았으나[側目], 경생이 이를 두려워하면서도 마침내 자신의 외가 사람을 시켜 변고(-지진)에 관한 일을 황제에게 올렸다.

'신이 남몰래 듣건대, 전(前)장군 소망지 등은 다 충성스럽고 바르며 사사로움이 없이 큰 다스림[大治]을 이루고자 해서 (지금 조정을 장악한) 귀척(貴戚)이나 상서(尙書-환관)들과 어긋나 있습니다. 지금 길거리의 사람들이 모두 소망지 등이 다시 조정에 나아갔다는 소식을 듣고 있지만, 이미 반드시 그들을 헐뜯고 중상모략해서 "허물이 있는 신하를 그대로 기용해서는 안 된다"라며 마땅히 그냥 두지 않을 것입니다. 그러나 결코 그래서는 안 됩니다. 신이 듣건대 봄과 가을에 지진이 있었던 것은 높은 자리에서 정치를 장악하고 있는 자들이 지나치게 번성한 때문이라 했으니, 세 사람-소망지·주감·유향-의 필부[獨夫] 때문에 일어난 일이 아니라는 사실은 진실로 이미 분명합니다. 또 예전에 고황제 때 계포(季布)가 죄가 있어 집안이 족멸됐지만[夷滅], 뒤에

038 혜성이나 신성처럼 일시적으로 나타나는 별이다.
039 묘수(昴宿)는 동아시아의 별자리인 28수의 하나다. 서방백호 7수(宿) 중 네 번째에 해당한다.

사면을 받아 장군이 됐다가 고후(高后)와 효문(孝文) 시대에 이르러서는 결국 명신(名臣)이 됐습니다. 효무제(孝武帝) 때 예관(兒寬)은 중죄에 걸렸으나, 안도후(按道侯) 한열(韓說)이 간언해 말했습니다.

"예전에 오구수왕(吾丘壽王)이 죽었는데, 폐하께서는 지금까지도 그것을 한스러워하십니다. 지금 관(寬)을 죽인다면 뒤에 장차 다시 크게 후회하시게 될 것입니다."

상은 그 말에 감동하시어 마침내 관을 용서해주면서[貰=緩恕] 그를 다시 썼는데, 지위가 어사대부에 이르렀는데 어사대부 중에 관(寬)만 한 자는 없었습니다. 또 동중서(董仲舒)가 사사로이 재이(災異)에 관한 글을 쓴 죄에 연루돼 주보언(主父偃)이 그것을 아뢨는데, 옥리에게 내려보내니 죄가 부도(不道)에 이르렀습니다. 그러나 다행히 주살을 면하고 다시 태중대중(太中大夫)과 교서국(膠西國)의 재상까지 됐다가 나이가 들어 병으로 면직되고서야 귀향할 수 있었습니다. 한나라가 헌장(憲章)을 고치려 할 때는 늘 조문(詔問)이 있었으니, 중서(仲舒)는 한 시대의 유종(儒宗)으로서 (나라가 나아갈 방향에 관한) 의견을 정해[定議] 천하에 큰 유익함이 있었습니다. 효선황제(孝宣皇帝) 때는 하후승(夏侯勝)이 비방(誹謗)의 죄에 걸려들어 옥에 내려졌다가 3년 만에 죄를 면하고 서인이 됐는데, 선제(宣帝)께서 승(勝)을 다시 써서 (지위가) 장신소부(長信少府-장신궁 회계 책임자)와 태자태부(太子太傅)에 이르렀으며 감히 곧은 말을 한다는 명성이 있어 천하가 그를 아름답게 기렸습니다. 여러 신하 중에 이런 유형의 신하들이 많지만 다 열거하기는 어려워 한두 사람만 언급한 것입니다. 허물이 있는 신하라 하더라도 국가에 부담이 되지 않고 천하에 유익함을 준 사람으로는 이들 네 사람만 살펴보아도 충분할 것입니다.

전에 홍공이 소망지 등을 감옥에 보냈는데 그 3개월 후에 큰 지진이 일어났습니다. 그리고 공이 병 때문이라며 글을 올려 자리에서 잠시 물러났다가, 다시 집무를 하게 되자 하늘이 어두워지고 비는 눈이 되어 내렸습니다. 이런 것들을 감안해볼 때 땅이 흔들린 것은 거의 홍공과 석현 등 때문이라고 하겠습니다. 신이 어리석지만, 마땅히 홍공과 석현을 물리치고자 장주를 올리니, 그들이 좋은 사람들을 가린 것을 벌하고 망지 등을 나아오게 해서 뛰어난 사람들이 다니는 길을 열어주소서. 이렇게 해야만 태평성대의 문이 열리고 재이의 원천이 막히게 됩니다.'

글이 올라가자 공과 현은 경생이 한 짓으로 의심을 하고서 원제에게 간사한 일이 일어났는지 살펴볼 것을 건의했고, 이에 상은 태부(太傅) 위현성(韋玄成)과 간대부 공우(貢禹) 그리고 정위(廷尉)들이 공동으로 조사할 것을 명했다. 이들은 경생이 전에 구경(九卿)으로 있으면서 망지, 감 등과 함께 거기장군 고(高), 허씨(許氏), 사씨(史氏)를 시어(侍御)하는 자들을 배척하고 황실 사람으로서 친척들을 이간질했으며, 그들을 물리치고서 홀로 권세를 독점하려 했다고 탄핵했다. 또 신하로서 충성스럽지 못했으나[不忠] 다행히 복주(伏誅)되는 것을 면했는데, 다시 은혜를 입어서 불려와 쓰이게 됐으면서도 예전의 잘못을 뉘우치지 않고 사람을 시켜서 재이의 문제를 아뢨으니 그 죄가 무망(誣罔)과 부도(不道)에 해당한다고 했다. 경생은 죄에 연루돼서 면직당해 서인(庶人)이 됐다. 망지 또한 연좌되자 그는 아들로 하여금 자신의 억울함을 호소하는 글을 (황제에게) 올리게 했는데, 이에 공과 현이 글을 올려 감옥에서 대질 조사할 것을 청하자 (이에 놀란) 망지는 자살했다. 천자가 이 소식을 듣고 애도하며 깊이 한스러워하다가, 마침내 감을 발탁해 광록훈(光祿勳)으로 삼고 감의 제자 장맹(張猛)을 광록대부 및 급사중으로 삼음으로써 크게 신임을 보였다. 공과 현이 이를 꺼려 여러 차례 중상모략과 비방을 가하니, 경생은 자신도 얼마 후에 다시 나아가게 되겠지만 결국은 장차 위험에 빠지게 될 것이라고 두려워하다가 마침내 봉사(封事)를 올려 아래와 같이 간언했다.

'신은 예전에 요행스럽게 골육이라 해서 구경(九卿)이 됐으면서도 법을 제대로 받들지 못했다가, 이번에 다시 은덕을 입게 됐습니다. 남몰래 살펴보건대, 재이가 연이어 일어나 하늘과 땅이 그 지속적인 도리[常]를 잃은 것은 나라에 뭔가 (안 좋은) 조짐이 되는 것 같습니다. 끝내 아무 말도 않으려 했지만, 충성스러운 신하는 설사 밭이랑[畎畝] 한가운데 있더라도 오히려 임금을 잊어서는 안 되는 것이 참으로 정성을 쏟아야 할 의리[惓惓之義]입니다. 하물며 거기에 더해 골육지친인 데다가 또한 옛 은혜에 대해 아직 보답도 못 한 처지에서야 어떻겠습니까? 어리석은 정성이나마 다하려 해도 직분을 뛰어넘는 짓이 될까 두렵습니다만, 그러나 두 번의 큰 은혜에 아직 보답하지 못한 점과 충성스러운 신하의 의리를 생각해서 어리석은 뜻이나마 한 자락 말씀드린[攄=杼=舒] 뒤에야 물러나 논두렁[農畝]으로 나아가 죽는다 하더라도 한이 없겠습니다.

신이 듣건대 순(舜)임금이 아홉 관직[九官]을 명하자 뛰어난 인재들이 서로 사양해 그 화합됨이 지극했다고 하니, 수많은 뛰어난 인재가 조정에서 화합하면 만물은 저 들판에서 조화를 이룹니다. 그래서 (순임금의 음악인) "소(韶)가 아홉 가지로 갖춰지자[九成] 봉황이 찾아왔으며, 석경(石磬)을 치고 어루만지자 온갖 짐승이 춤을 췄다[040]"라고 한 것이니, 이 때문에 온 나라 안이 화합해 안정되지 않은 바가 없었습니다. 주(周)나라 문왕(文王)에 이르러서는 서쪽 교외에 나라를 세우자[041] 여러 분야의 수많은 인재가 몰려들어 엄정하면서도 조화로움을 갖추게 돼 남을 올리고 자신을 낮추는[推讓] 풍조를 숭상하게 됨으로

040 『서경(書經)』「익직(益稷)」에 나오는 말이다.

041 그래서 문왕을 서쪽의 제후라는 의미에서 서백(西伯-혹은 서패)이라 불렀다.

써 각종 분쟁으로 인한 송사들이 깨끗이 사라졌습니다. 문왕이 이미 세상을 떠나자 주공(周公)이 문왕을 생각하고 그리워하며 문왕의 임금다움[德]을 노래로 지어 불렀으니, 『시경(詩經)』에 이런 가사가 있습니다.

"아! 그윽하고 맑은[穆淸] 사당에서 엄숙하면서도 화합하는 밝은 재상들과 수많은 뛰어난 인재가 문왕의 다움을 받들도다."[042]

이런 시절을 맞아 무왕(武王)과 주공(周公)이 정치를 계속 이어가니, 조정 신하들은 안에서 화합하고 모든 제후[萬國]는 밖에서 환호했습니다. 그런 환호의 마음을 얻어냈기에 (주나라 왕실은) 자신들의 선조들을 섬길 수 있었던 것입니다. 『시경(詩經)』에 이르기를 "오는 것이 화화롭구나[雍雍=和和]! 이르러서는 엄숙하도다. 제사를 돕는 이가 제후들인데, 천자는 위풍당당하게 계시는도다"[043]라고 했으니, 이는 사방에서 모두 화합된 마음으로 찾아온다는 말입니다. 제후들이 아래에서 화합하면 하늘이 그에 응해 위에서 보답을 내리게 됩니다. 그래서 (『시경(詩經)』의) 「주송(周頌)」에서 이르기를 "복을 넉넉하게[穰穰] 내리시는도다"[044]라고 하고 또 "나에게 그 보리[釐麰=來牟=大麥]를 물려주셨도다"[045]라고 했으니, 그것은 처음에 하늘이 내려준 것입니다. 이것들은 다 지극한 화합됨을 이뤄 하늘의 도움을 얻어낸 것입니다.

그 후에 유왕(幽王)과 여왕(厲王)의 시대로 내려오자 조정이 화합하지 못하고 비난과 원망을 상대방에게로만 돌리니, 시인이 이를 미워하고 걱정해서 이렇게 노래했습니다.

"백성 사이에 선량함이 사라지자, 서로 상대방만을 원망하는구

---

042 「주송(周頌)·청묘(淸廟)」편에 나오는 구절이다.

043 「주송(周頌)·옹(雍)」편에 나오는 구절이다.

044 「집경(執競)」편에 나오는 구절이다.

045 「사문(思文)」편에 나오는 구절이다.

나."[046]

또 많은 소인배가 높은 자리에 있으면서 간사스러운 의논만을 따르고 끼리끼리 모여서[歙歙] 서로 자신들이 옳다며 군자를 배척하니, 『시경(詩經)』에 이르기를 "끼리끼리 친하다가도 서로 헐뜯으니, 참으로 슬프구나. 꾀하는 바가 좋으면[臧=善] 모두 그것이 틀렸다 하고, 꾀하는 바가 나쁘면 모두 그것을 따르는구나[依=從]"[047]라고 했습니다. 군자가 홀로 바른 도리[正]를 지키면서 여러 굽은 자[枉=邪曲]에게 굴하지 않고 힘써 임금다운 일[王事]을 따르고자 하면 도리어 증오와 모독과 참소가 생겨나니, 『시경(詩經)』에 이르기를 "힘써 애쓰고 따라도 감히 노고를 말하지 못하노라. 죄도 없고 허물도 없건만 참소하는 입 떠들썩하구나[嗷嗷]"[048]라고 했습니다. 이런 때가 되면 해와 달은 (그 빛이) 엷어지고 먹히게 돼서 빛을 잃게 되니, 『시경(詩經)』에 이르기를 "(10월이 사귀는) 초하룻날인 신묘일(辛卯日)이 되면 해가 먹히는 일이 있으니 참으로 추하구나"라고 했고, 또 이르기를 "저 달이 작아지고 이 해가 작아지니, 이제 저 아래 백성은 참으로 슬프구나"라고 했으며, 또다시 이르기를 "해와 달이 흉함을 알려도 그 뜻을 쓰지 않으니, 네 나라[四國]에 제대로 된 정사가 없고 훌륭한 인재들을 쓰지 않기 때문이리라"[049]라고 했습니다. (또) 하늘의 변고가 위에서 나타나고 땅의 변고가 아래에서 움직이며 물의 원천이 펄펄 끓고 산과 계곡이 자리를 바꾸게 되니, 『시경(詩經)』에 이르기를 "모든 냇물이 끓어오르고 산의 높은 곳이 무너져 내리며, 높은 언덕은 골짜기가 되고 깊은 골짜기는 언덕으로 바뀌는구나. 불쌍하도다! 지금의 사람들이여, 어찌 미

046 『시경(詩經)』「소아(小雅)·각궁(角弓)」편에 나오는 구절이다.

047 「소아(小雅)·소민(小旻)」편에 나오는 구절이다.

048 「소아(小雅)·10월지교(十月之交)」편에 나오는 구절이다.

049 이상의 세 구절은 다 「소아(小雅)·10월지교(十月之交)」편에 나온다.

리 경계하지 않았던가"[050]라고 했습니다. (또) 서리가 계절을 잃고 내려서 본래의 때를 찾지 못하니, 『시경(詩經)』에 이르기를 "정월(-4월)에 된서리라, 내 마음이 걱정스럽고 속상한데, 백성의 유언비어는 참으로 심하구나"라고 한 것은 백성이 올바른 것을 잘못됐다고 하는 바가 너무나도 심하고 크다는 말입니다. 이상의 것들은 다 (조정이) 화합하지 못해서 뛰어난 이[賢]와 그렇지 못한 이[不肖]가 서로 자리를 바꿔 앉아 있기 때문에 생겨난 것들입니다. 그 후로부터 천하에 대란이 일어나서 왕위 찬탈과 살육 그리고 각종 재앙이 동시다발로 터지니, 여왕은 (도읍인 호경(鎬京)을 버리고) 체(彘) 땅(-지금의 산서성(山西省) 곽주(霍州))으로 달아났고[051] 유왕은 살해당했습니다.

(주나와) 평왕(平王) 말년, 노(魯)나라에서는 은공(隱公)이 막 즉위했을 무렵인데 주나라 대부인 제백(祭伯)이 노나라로 도망쳤으니[出奔] -『춘추(春秋)』에서는 피휘해서 내분(來奔)이라 하지 않고 그냥 왔다[來]고만 표기했습니다.- 주나라의 재앙은 바로 이로부터 시작됐습니다. 이후 윤씨(尹氏)가 대대로 경이 돼[世卿] 정사를 마음대로 하고[專恣=專斷] 제후들은 배반하고서 (주나라에) 조빙하지 않으니 주나라 왕실은 별 볼 일 없이 쇠퇴했습니다[卑微]. (『춘추』에 기록된) 242년 동안 일식이 36회, 지진이 5회, 산과 언덕이 무너져 내린 것이 2회, 혜성이 나타난 것이 3회, 밤에 상성(常星)이 보이지 않고 또 밤에 중성(中星)이 비 오듯 흩날린[隕] 것이 1회, 화재가 14회입니다. 장적(長狄-북쪽 오랑캐의 일족)이 세 나라에 침입하고, 별똥별 5개가 떨어지고[052], 바닷새[□=

050 이 구절도 「소아(小雅)·10월지교(十月之交)」편에 나온다.

051 이 사건을 제후와 백성이 들고일어나 왕을 내쫓았다 해서 국인폭동(國人暴動)이라 부른다.

052 앞서 중성이 비처럼 흩날렸다고 한 것은 노나라 장공(莊公) 7년(기원전 687년)에는 단지 멀리서 별똥이 떨어지는 것을 보았을 뿐 땅에 떨어진 실물이 없어서 그렇게 표현한 것이고, 희공(僖公) 16년(기원전 644년)에는 (송나라) 땅에 떨어진 실물 5개를 확인했기 때문에 달리 표현한 것이다.

鷁] 6마리가 (거센 바람을 만나) 뒤로 날고[退飛][053], (때에 맞지 않게 겨울에) 고라니가 너무 많아졌고[054], 곡식에 해를 주는 역충[蜮(역)]이 생겨나고[055], 3년 동안 날지도 않고 울지도 않는 새가 나타나고[056], (노나라에는 살지 않는) 구욕(鴝鵒)새가 와서 둥지를 튼 것 등이 다 한 차례씩 보입니다.[057] 낮에 깜깜해지는 일이 있었고, 비가 내렸는데 나무에 얼음이 얼어붙었으며[058], 오얏나무와 매화나무가 겨울에 열매를 맺었습니다. 7월에 서리가 내렸는데 풀과 나무는 죽지 않았고, 8월에 (서리가 내려) 콩잎을 죽였습니다.[059] 큰 우박도 내렸습니다.[060] 이처럼 비와 눈, 천둥과 번개가 차례로 일어나 서로 타고 올랐으며, 홍수·가뭄·기근·병충해 등이 줄을 잇듯 생겨났습니다. 이런 때를 맞아 재앙과 난이 서로 연이어지면서 임금을 시해한 것이 36차례, 나라가 망한 것이 52차례였으며, 제후들이 나라 밖으로 도망쳐서 자신들의 사직을 보존할 수 없게 된 것은 이루 다 헤아릴 수 없을 정도입니다. 주나라 왕실이 많은 재앙을 당했고, 진(晉)나라는 무융(貿戎)에게 군사적 패배를 당하고 그 교외를 장악당했으며, 정나라는 환왕(桓王)이 부상을 당하자 융족이 그 사신을 가둬버렸고, 위나라 임금[衛侯] 삭(朔)은 불러도 오지 않았습니다. 제나라는 명을 거스르고 삭을 도왔는데, 다섯 대부가 권력을 놓고 다퉜으나 세 임금이 바뀌어 즉위하는 바람에 바르게 다스려질 수 없었고 드디어 점점 쇠약해져서[陵夷] 다시 일어날 수 없

---

053 이 일은 희공(僖公) 16년에 있었다.
054 이 일은 장공(莊公) 17년(기원전 677년)에 있었다.
055 이 일은 장공(莊公) 18년(기원전 676년)에 있었다.
056 이 일은 초나라 장왕(莊王) 때 있었다.
057 이 일은 소공(昭公) 25년(기원전 517년)에 있었다.
058 이 일은 성공(成公) 16년(기원전 575년)에 있었다.
059 이 일은 정공(定公) 원년(기원전 509년)에 있었다.
060 이 일은 희공(僖公) 29년(기원전 631년)에 있었다.

게 됐습니다.

이상의 일들을 통해 살펴보건대, 조화의 기운[和氣]은 상서로움을 가져다주고 서로 어긋나는 기운[乖氣]은 재이를 가져다줍니다. 상서로움[祥]이 많으면 그 나라는 안정되고, 재이[異]가 많으면 그 나라는 위태로워집니다. 하늘과 땅의 마땅히 지켜야 할 원칙[常經]은 예나 지금이나 통하는 의리입니다. 지금 폐하께서는 삼대(三代)의 공업을 여시고 글과 경학에 뛰어난 선비들을 부르시며 편안하고 한가로이 너그럽게 용납하심으로써 두루두루 사람들을 조정에 나아오게 하셨습니다. 그러다 보니 지금은 뛰어난 자와 똑똑치 못한 자가 뒤섞여[混淆] 흑백이 나뉘지지 않으며, 간사한 자와 바른 자가 뒤엉켜[雜糅] 있으며, 충성스러운 신하와 참소를 일삼는 신하가 나란히 조정에 나아와 있습니다. 장주문(章奏文)은 공거(公車)에 몰려드는데, 사람들이 북군(北軍)을 가득 메우고 있습니다.[061] 조정 신하들은 서로 뜻이 맞지 않아 등을 돌리고 서로를 해치려 들고, 다시 서로 참소하면서 옳고 그름의 탓을 서로 전가합니다. 또 각자 자기주장만 내세우느라 문서로 싸워대다가, 앞뒤가 뒤집어지고 헐뜯음과 칭찬이 뒤바뀝니다. (천자의) 눈과 귀를 현혹시켜서 마음을 움직여보고자 했던 일들은 이루 다 기록할 수가 없습니다. 끼리끼리 나뉘어 당파를 만들고 간사한 뜻을 수시로 같이하니, 이들이 장차 한마음이 돼 바른 신하를 모함에 빠뜨립니다.

바른 신하가 조정에 나아가면 그것은 잘 다스려지고 있다는 표징이고, 바른 신하가 모함에 빠지면 이는 어지러움의 기틀입니다. 다스려짐과 어지러움의 사이를 타고서 과연 누구에게 맡겨야 할지는 모

061 장주문은 미앙궁(未央宮)의 북문에 있는 공거에서 모았는데, 만일 그 내용 중에 합당하지 못한 것이 있으면 그 글을 쓴 사람을 체포해서 북군, 즉 수도경비사령부에 해당하는 곳에 가두었다.

르겠지만, 재이가 여러 차례 일어나니 이것이 바로 신의 마음을 차갑게 만드는[寒心] 까닭입니다. 무릇 권력을 올라타고 호가호위하는 자들과 그의 자식 및 아우들이 조정에 물고기 비늘처럼 빼곡하고 (또) 뒤에서 몰래 그들을 돕는 자들이 많아 (천자) 앞에서 바큇살이 축에 모여들듯이 하며, 헐뜯고 칭찬하는 것을 장차 자기들 마음대로 하니 결국에는 충성스럽고 뛰어난 인재들을 배척하는 잘못이 생겨나게 됩니다. 이 때문에 해와 달은 빛을 잃고 눈과 서리가 여름에 내리고 바닷물이 끓어오르고 언덕과 계곡이 자리를 바꾸고 여러 별이 평소의 행로를 잃게 되는 것이니, 이것들은 다 원통해하는 기운[怨氣]이 만들어내는 것들입니다. 무릇 주나라를 망하게 만들었던 궤적들을 경계하고 시인들이 풍자했던 바를 잘 받아들여서 태평성대를 이루고 아송(雅頌)을 지어 부르게 하고 싶으시다면, 오히려 역행해서 옛사람들에게로 거슬러 올라가야 할 것입니다. 초원(初元) 이래로 6년이 흘렀는데, 『춘추』를 살펴보건대 같은 6년이란 기간 동안에 재이가 지금처럼 많았던 적은 없었습니다. 무릇 『춘추』 때의 재이도 공자(孔子)의 도움이 없이는 오히려 그 깊은 뜻을 풀어낼 수가 없었는데, 하물며 『춘추』보다 심한 지금은 어찌해야 하겠습니까?

이렇게 된 근원을 거슬러 올라가 보면, 그것이 그렇게 된 까닭은 참소꾼과 간사한 자들이 (충직하고 바른 신하들과) 아울러 조정에 나아온 때문입니다. 참소꾼과 간사한 자들이 이처럼 아울러 나아올 수 있었던 까닭은, 상께서는 의심이 많으셔서 이미 뛰어난 인물들을 써서 좋은 정사를 행하다가도 혹시 누군가가 그를 참소하기라도 하면 그 뛰어난 인물을 물러나게 하고 좋은 정사를 도로 거둬들이십니다. 무릇 여우와 같은 의심하는 마음이 있는 사람은 (그 스스로) 참소하고 해치는 입을 불러들이고, 단호하지 못한 뜻을 가진 사람은 여러 굽은 자[群枉]가 들어올 수 있는 문을 열어줍니다. 참소꾼과 간사한 자들이 조정에 나아오면 여러 뛰어난 이[群賢]가 물러나고, 여러 굽은 자가 성하면 바른 선비가 쇠합니다. 그래서 『주역(周易)』에는 비괘(否卦, ䷋)와 태괘(泰卦, ䷊)가 있습니다.[062] 소인의 도리가 자라고 군자의 도리가 스러지면 정치가 날로 어지러워지니, 그래서 비(否)라고 한 것입니다. 비(否)란 닫혀서 어지러워진다[閉而亂]는 뜻입니다. (반대로) 군자의 도리가 자라고 소인의 도리가 스러지면 정치가 날로 다스려지니, 그래서 태(泰)라고 한 것입니다. 태(泰)란 두루 통해서 다스려진다[通而治]는 뜻입니다. 『시경(詩經)』에 이르기를 "함박눈 펄펄 내려도 햇빛을 보면 죄다 녹아내리리"[063]라고 했으니, 이는 방금 『주역(周易)』에서 말한 것과 같은 뜻입니다.

옛날에 곤(鯀), 공공(共工), 환두(驩兜)는 순임금 및 우왕과 더불어 요임금의 조정에 섞여 있었고[064] 주공(周公)은 관숙(管叔) 및 채숙(蔡叔)과 더불어 주나라의 지위를 갖고 있었는데[065], 이런 때를 당해 그들이 서로 바꿔가며 훼방하고 유언비어를 지어 상대방을 비방하는 것을 어찌 이루 다 말로 할 수 있겠습니까? 황제 요와 성왕(成王)이 각각 순임금, 우왕과 주공을 현명하다고 여겨서 능히 공공이나 관숙, 채숙을 스러지게 했으니, 그 때문에 크게 다스려져서[大治] 그 번영과 영화가 지금에까지 이어지는 것입니다. 공자가 계씨(季氏) 및 맹씨(孟氏)와 더불어 노(魯)나라에서 벼슬을 했고[066] 이사(李斯)와 숙손통(叔孫通)

---

062 비괘는 건괘(乾卦, ☰)가 위에 있고 곤괘(坤卦, ☷)가 아래에 있어 아래위가 화합하지 못하고 각자 제 갈 길을 가는 데 반해, 태괘는 건괘가 아래에 있고 곤괘가 위에 있어 하늘과 땅이 서로 화합한다는 뜻을 갖는다.

063 「소아(小雅)·각궁(角弓)」편에 나오는 구절이다.

064 요임금이 다스릴 때, 순은 곤을 정점으로 하는 흉적 4명을 주살했다.

065 채숙과 관숙은 주공의 형제로서 함께 조카인 성왕을 받들다가 반란을 일으켜 주공에게 주살당했다.

066 原註-사고(師古)가 말했다. "계씨와 맹씨는 각각 계손(季孫)과 맹손(孟孫)을 가리키는데, 모두 환공(桓公)의 후손들이다. 나라의 권세를 쥐고서 공실을 무력화했다."

이 함께 진(秦)나라에서 벼슬을 했는데, (노나라의) 정공(定公)과 진시황이 각각 계씨, 맹씨와 이사를 뛰어나다고 여겨서 공자와 숙손통을 스러지게 했으니, 그 때문에 크게 어지러워져서[大亂] 그 더러움과 욕됨이 지금에까지 이어지는 것입니다.

따라서 다스려짐과 어지러워짐, 영화와 욕됨의 실마리는 바로 믿고 맡기는 바[所信任]에 달렸으며, 믿고 맡겼는데 그 사람이 뛰어나다면 마음을 굳게 지켜서 다른 데로 옮겨가지 않아야 합니다. 『시경』에 이르기를 "내 마음은 돌이 아닌지라 굴러다닐 수가 없도다[我心匪石 不可轉也]"067라고 했으니, 이는 좋은 마음을 지키는 바가 독실하다는 말입니다. 『주역』에 이르기를 "환(渙)은 큰 호령에 땀을 흘린다"068라고 했으니, 이는 호령이 떨어지면 마치 땀 흘리듯 한다는 말로서, 일단 땀이 흘러나오면 이를 돌이킬 수 없다는 뜻입니다. (그런데) 지금 (상께서는) 좋은 명령을 내리고서는 한 계절도 넘기지 못한 채 돌이키시니, 이는 땀을 돌이키시는 것입니다. 이는 곧 뛰어난 사람을 썼다가 30일도 넘기지 못하고 물러나게 하는 것으로, 마치 돌을 굴리는 것과 같다고 하겠습니다. 『논어』에 이르기를 "좋지 못한 것을 볼 때는 끓는 물을 더듬듯 해야 한다"069라고 했습니다. 지금 승상부와 어사대부 두 부에서 거짓투성이의 모함으로 (주감과 장맹 등이) 자리에 있어서는 안 된다고 아뢰고 있는데, 저들이 오히려 여러 해가 지나도록 제거되지 않고 있습니다. 그 때문에 (상께서는) 호령을 내리고서는 땀을 흘리다가 돌이키듯이 하시고 뛰어난 사람을 썼다가는 돌을 굴리듯이 하시면서, 거짓된 무리를 제거하기를 산을 뽑듯이 어렵게 여기고 계

---

067 「패풍(邶風)·백주(柏舟)」편에 나오는 구절이다.

068 환괘(渙卦, ䷺) 밑에서 다섯 번째 양효에 대한 풀이다.

069 「계씨(季氏)」편에 나오는 공자의 말이다.

십니다. 이렇게 하시면서 음양이 조화되기를 바라시니 진실로 어렵지 않겠습니까?

이렇게 여러 소인은 틈새를 엿보면서[窺見] 문자로 겉만 번지르르하게 꾸며[緣飾] 교묘한 말로 추악스럽게 비난하면서[詆=毁=辱] 말을 지어 흘리고[流言] 익명의 글을 퍼뜨려[飛文] 백성 사이에서 시끄럽게 만듭니다[嘩=譁]. (그래서) 『시경(詩經)』에 이르기를 "근심하는 마음 서글프디 서글픈데, 여러 소인배에게 원망만 사는구나[憂心悄悄 慍于群小]"[070]라고 했는데, 이는 소인배들이 무리를 이루었으니 기어코 원망을 하고야[慍] 말 것이라는 뜻입니다.[071] 옛날에 공자가 안연(顔淵)이나 자공(子貢)과 더불어 거듭 서로를 칭찬했지만, 붕당을 맺었다고는 하지 않고, 우왕이 익직(益稷)이나 고요(皐陶)와 더불어 서로 재상직을 물려주고 이끌어주었지만 세력[比周][072]을 이루었다고는 하지 않습니다. 어째서이겠습니까? 나라를 위해 충성하는 마음만이 있었고 간사한 마음은 없었기 때문입니다. 그래서 뛰어난 이가 윗자리에 있으면 자신과 같은 부류를 끌어들여 조정에 모이게 하는 것이니, 바로 『주역』에서 이른 "날아오른 용이 하늘에 있으니 대인들이 모여든다[飛龍在天大人聚也]"[073]라는 말입니다.

또 (뛰어난 이가) 아랫자리에 있으면 같은 생각을 하는 사람들이 모두 조정에 나아올 것이니, 바로 『주역』에서 이른 "(밑에서 첫 번째 양효[初九]는) 띠풀[茅]은 그 부류[彙=類]에 따라 뽑는 것이니, 가면[征=行]

---

070 「패풍(邶風)·백주(栢舟)」편에 나오는 구절이다.

071 慍은 속으로 서운해하는 마음을 갖는 것으로, 소인배들이 그런 마음을 갖는다는 말이다. 문맥상 여기서는 원망으로 옮겼다.

072 이 말은 『논어(論語)』「위정(爲政)」편에 나오는 공자의 말에서 따온 것이다. "군자는 마음으로 친밀하되 세력을 이루지 않으며, 소인은 세력을 이루되 마음으로 친밀히 하지 않는다[君子周而不比 小人比而不周]."

073 原註-사고(師古)가 말했다. "빼어난 임금이 바른 자리에서 사방을 지켜보니, 뛰어난 이와 군자들이 다 찾아와서 알현한다는 말이다."

길하다"[074]라는 말입니다.

이 때문에 탕왕이 이윤(伊尹)을 들어 쓰자 어질지 못한 자들이 멀어지는 대신 많은 뛰어난 이가 와서 같은 부류끼리 모이게 됐던 것입니다. 그런데 지금은 거짓되고 간사한 자들이 뛰어난 신하들과 나란히 조정에 있다 보니, 안에서 겨루면서[交戟] 당파를 이뤄 모의를 함께 해서 좋은 일들을 저버리고 나쁜 일들을 도모하며 한 덩어리로 (뛰어난 이들을) 비방하느라 시끄러운 가운데 수시로 위태롭고 험한 말을 지어내 주상의 마음을 (자신들 쪽으로) 기울어지게 하려고 낑낑거리고 있습니다. 그런 자들을 느닷없이 쓰신다면, 이것이야말로 하늘과 땅이 먼저 경계를 시킨 까닭이자 재이가 거듭해서 나타나는 까닭이라 할 것입니다.

예로부터 밝고 빼어난 이들[明聖] 가운데 (간사한 무리를) 주살함이 없이 다스림을 이룬 적은 없었습니다. 그래서 순임금은 네 흉인[四凶]을 내쫓는 벌을 행했고 공자는 양관(兩觀)에서 주살의 명을 내린 적이 있으니[075], 그런 연후에야 빼어난 교화[聖化]가 이뤄지고 행해질 수 있는 것입니다.

그러니 지금 폐하께서는 밝은 지혜로써 열렬하게 하늘과 땅의 마음을 깊이 생각하시고 비(否)괘와 태(泰)괘의 의미를 살피시며 주나라와 요순시대가 했던 바를 모범으로 삼으시고 저 진나라와 노나라가 스러지게 된 까닭을 경계로 삼으셔야 합니다. 그리고 또 상서로운 호응으로서의 복과, 재이를 가져오는 화를 각각 깊이 살피시면서 지금 세상의 변화상을 재어보시어, 거짓되고 간사한 당파의 무리를 멀리 내쫓으시고 음험하게 모함이나 일삼는 패거리를 깨뜨리고 흩어지게

---

074 原註-정씨(鄭氏)가 말했다. "띠풀은 임금이 결백한 다움을 갖고 있는 것을 비유한 것이다."

075 공자는 노나라의 사구(司寇)로 있을 때 소정묘(少正卯)를 주살했다.

하심으로써 여러 굽은 자의 문을 닫아거시고[杜閉] 여러 바른 자의 길을 활짝 여셔야 합니다. 또 여우 같은 의심을 단호하게 끊어버리시고 시급한 일과 그렇지 않은 일을 분별하시어 옳고 그름을 훤하게[炳然] 알도록 하신다면 백 가지 이변[百異]이 모두 소멸할 것이고 수많은 상서로움이 다투어 나타날 것이니, 이는 태평의 기반이자 만세를 이어갈 이로움이 될 것입니다.

신은 진실로 음양이 조화를 잃는 것을 보았기에 요행히 폐하의 혈육임에 기대어 들은 바를 감히 말씀드리지 않을 수 없었습니다. 남몰래 『춘추』에 실린 재이들을 미뤄 헤아림으로써 지금의 현안 한두 가지라도 해결해보고자 조목조목 그 이유를 따져본 것이니, 이 말이 새어나가지 않아야 할 것입니다. 신은 삼가 죽음을 무릅쓰고 이 글을 봉해 올립니다.'

공과 현이 이 글을 보고서 더욱더 허씨 및 사씨와 함께 교결하면서 경생 등을 원망했다. 감은 그 품성이 공정하고 반듯하며[公方] 늘 스스로 홀로 굳건히 서고자 해서, 마침내 그 도리를 바르게 하고 조금도 굽히지 않았다. 이해 여름에 날씨가 추워지면서 해가 푸른빛을 띠며 빛을 잃었는데, 공과 현, 허씨와 사씨는 모두 그 이유가 감과 맹이 일을 주도한[用事] 때문이라고 말했다. 상(上)은 속으로 감을 중하게 여기기는 했지만, 또한 여러 사람의 입이 점점 떠들어대는 것이 두려워서 감을 꽉 잡아 믿는 바는 없었다. 이때 장안령(長安令) 양흥(楊興)이 재주와 능력이 뛰어나 상의 총애를 받고 있었는데, 늘 감을 칭찬했다. 상이 그로부터 도움을 받고 싶어서 마침내 흥을 불러 물어보았다.

"조정 신하들이 앞다투어 말하기를[斷斷] 광록훈(-주감)은 불가하다고 하는데, 어찌 생각하는가?"

흥이란 자는 마음이 기울어지고 약은[傾巧] 사람이었기에, 상이 감을 의심하고 있다고 판단하고서 그에 맞춰 이렇게 말했다.

"감은 조정에서 (큰일을 맡기에) 불가할 뿐만 아니라 지방 고을[州里]에도 불가합니다. 신이 볼 때 많은 사람이 감이 전에 유경생 등과 함께 골육을 해치려는 모의를 했기 때문에 마땅히 주살돼야 한다고 했는데, 그러므로 신이 전에 말씀드리기를 감은 주살해서는 안 된다고 한 것은 다만 나라를 위해 잘 길러서 은혜를 갚게 해야 한다고 생각한 것입니다."

상이 말했다.

"그러나 이 사람이 무슨 죄가 있어 주살한다는 말인가? 지금은 마땅히 어찌해야겠는가?"

홍이 말했다.

"신의 어리석음으로 볼 때, 그에게 관내후와 식읍 300호를 내려주되 정사를 맡도록 해서는 안 됩니다. 밝은 군주[明主]는 사부의 은혜를 잊어서는 안 되는 것이니, 이것이 최상의 계책을 얻는 것입니다."

상이 이에 (감을) 의심했다. 마침 성문(城門)교위 제갈풍(諸葛風)도 (글을 올려) 감과 맹의 단점을 말했는데, 이에 상이 (지난날 제갈풍이 감을 칭찬한 데 대해) 화를 내면서 풍을 면직시키고는 또 말했다.

"풍은 감과 맹이 곧고 신의를 중시한다고 말했으나, 짐은 그를 가엾게 여겨 다스릴 수가 없다. 또한 그들의 재능이 아직 효과를 보이지 않은 것을 애석하게 생각하니, 감을 좌천시켜 하동(河東)태수로 삼고 맹을 괴리(槐里-섬서성 흥평현)현령으로 삼는다."

(이에) 현 등이 권력을 농단하는 바[專權]가 날로 심해져갔다. 그로부터 3년 후에 효선(孝宣)의 사당에 화재가 일어났고, 그믐인데 일식이 일어났다. 이에 상이 예전에 일식의 변고가 주감과 장맹에게 있다고 말했던 자들을 불러서 책임을 물으니, 모두 머리를 숙이고 사죄했다. 마침내 이와 관련된 조서를 내렸다.

'하동태수 감은 선제(先帝)께서 뛰어난 이로 보시어 명을 내려서 짐의 사부로 삼았다. 자질이 좋고 아름다웠으며[淑茂=善美] 유학에 두루 밝고 논의가 바르고 곧았다. 마음가짐이 늘 일정했고 일을 처리함에는 참으로 열렬함을 다했으며 진실로 나라를 걱정하는 마음이 있었다. 그러다 보니 윗사람에게 아첨하거나 귀한 이를 섬길 줄 몰라서 고립무원에 빠졌다가 억압을 받아 마침내 물러나야 했는데, 결국 그 이유를 제대로 밝힐 수가 없었다. 옛날에 여러 신하가 재이가 일어나자 스스로를 닦는 데는 힘쓰지 않은 채로 그 원인만을 찾다가는 도리어 말도 안 되는 논리를 내세워서 이 사람 때문이라고 했다. 짐은 어쩔 수 없어 조정에서 내보내어 오히려 그의 재주를 펼 수 있게 해주었다. 주감이 좌천된 이후에도 큰 변고들이 (계속해서) 일어나자 많은 신하는 입을 닫아버렸다. 주감이 가서 몇 년을 다스리자 삼로와 관리들과 뜻있는 선비들이 모두 그의 아름다움을 칭송했으니, 한 번은 조정의 사자가 그 군을 지나가는데 사람들이 그를 칭찬하지 않는 경우가 없었다. 이는 진실로 선제께서 사람을 알아보셨다는 것을 충분히 보여주는 것이며 짐 또한 이 점을 분명히 알게 됐다. 당시 속된 자들이 마침내 단서를 지어내고 이야기를 조작해서 거짓말로 비방하고, 혹 은밀해 확인할 수도 없는 일들을 끌어들여서는 마땅히 밝히지도 못하면서 계속 무리를 지어 의심함으로써 그를 함정에 빠뜨리려 했다.

짐은 진실로 그들의 말을 받아들이지 않았으나, 계속 그 속된 자들에게 압박을 당하느라 온 마음을 기울일 수가 없었고 때마침 하늘이 큰 재이를 보이자 심히 두려웠다. 지금 주감은 나이가 많아 쇠했을 터이니 스스로 해명할 수 있을지 걱정스럽고, 이상한 자들에게 배척을 당하고 있으니 장차 어찌 될 것인가? 이에 주감을 행재소(行在

所)[076]로 불러오도록 하라.'

이어 벼슬을 내려 광록대부로 삼고 녹질을 중(中) 2,000석으로 해서 영상서사(領尙書事)에 임명했으며, 또 장맹을 다시 태중대부 및 급사중으로 삼았다.

이때 석현은 상서사의 일을 주관하고 있었는데, 상서 다섯 사람이 다 그의 패거리였다. (조정으로 돌아온) 주감은 황제를 알현할 기회가 드물었고 항상 석현을 통해 일에 대한 건의를 올려야 했으니 모든 일은 석현의 입에서 결정됐다. 마침 주감은 실어증[瘖]에 걸려 말을 하지 못하는 상태에서 그대고 죽고 말았다. 또 석현은 장맹을 무고하고 참소해서 공거(公車)에서 자살하게 했다. 한편 유경생은 마음에 큰 상처를 입고서 마침내 「질참(疾讒)」, 「적요(摘要)」, 「구위(救危)」, 「세송(世頌)」 등 모두 글 8편을 지었는데, 옛일에 기대어 자기 자신 및 자신과 같은 부류를 서글퍼하는 내용이었다. (그는) 벼슬길이 막힌 채로 10여 년을 지내야 했다.

성제(成帝)가 즉위하자 현(顯) 등의 죄를 물어 형을 가하고[077] 경생(更生)을 마침내 다시 나아오게 해서 중용하니, 경생은 이름을 향(向)으로 고쳤다. (황제는) 향이 예전에 구경(九卿)이었다 해서 불러들여 중랑(中郎)으로 삼고서 삼보(三輔)[078]의 수리 사업을 책임지도록 하니, (향은) 여러 차례 봉사(奉事)를 아뢰고 광록대부(光祿大夫)로 자리를 옮겼다. 이때는 황제의 외삼촌인 왕봉(王鳳)이 대장군이 돼 정권을 장악하고 태후에게 의지해서 나라의 권세를 독점하니, 형제 7명이 모두 다

---

076 이때 원제는 섬서성 오치라는 곳에서 제사를 지내기 위해 옹(雍)에 가 있어 행재소에 머물고 있었다.

077 권력을 잃은 석현은 처자들과 함께 고향인 제남(濟南)으로 돌아가던 도중에 근심과 걱정으로 밥을 먹지 못하다가 길에서 죽었다.

078 중국 전한 때 수도 장안을 중심으로 설치한 지방의 장관이자 그들이 관할했던 행정 구역이다. 경조윤, 좌풍익, 우부풍의 셋이다.

열후(列侯)에 봉해졌다. 이때 큰 재이가 여러 차례 일어나자 유향은 외척이 높아지고 성대해진 까닭이라고 하면서 왕봉의 형제들이 일을 독점하는 문제를 지적했다. 그런데 이때만 해도 상은 바야흐로 『시경』과 『서경』에 정통하고 고문(古文)에도 관심이 많았기에 조칙을 내려서 유향을 영교(領校) 겸 오경비서(五經祕書)로 삼았다. 유향은 『상서(尙書-서경)』의 「홍범(洪範)」을 보고서 기자(箕子)가 무왕(武王)에게 오행(五行)과 음양(陰陽)을 진술한 것이야말로 허물에 대응하는 아름다운 길이라고 생각했다.

그래서 유향은 마침내 상고(上古)시대부터 춘추시대와 6국시대(-전국시대)를 거쳐 진나라와 한나라[秦漢] 시대까지의 전시대에 걸쳐 일어난 상서로운 일[符瑞]과 재앙 및 이변[災異]에 관한 기록들을 죄다 모아서 그 일들이 진행돼간 과정을 추적한 다음 그 뒤에 이어진 화복(禍福)을 덧붙여놓았고, 또 점들이 들어맞았는지를 점검해 드러내어서 비슷한 것들끼리 함께 분류해 각각 조목을 만들었다. 모두 11편이었는데, '홍범오행전론(洪範五行傳論)'이라고 이름 붙인 다음에 상에게 아뢰었다.

천자는 마음속 깊이 유향이 충성스럽고 정성을 다하는 인물[忠精]인 까닭에 왕봉 형제들 때문에 이 논의를 시작했음을 알았지만, 그러나 결국 왕씨들의 권력을 빼앗을 수는 없었다.

성제(成帝)가 창릉(昌陵)을 (고쳐) 조성하려 했으나 여러 해가 지나도 이뤄지지 않았다. 그래서 예전의 연릉(延陵)으로 다시 돌아갔는데, 그 제도가 너무나도 사치스럽자 유향이 소를 올려 다음과 같이 간언해 말했다.

'신이 듣건대, 『주역(周易)』에 이르기를 "평안할 때 위급함을 잊지 말고 존속할 때 멸망함을 잊지 말라. 이렇게 하면 몸이 편안하고 나라와 집안을 보전할 수 있다[安不忘危, 存不忘亡. 是以, 身安而國家可保

也]"[079]라고 했습니다. 그래서 뛰어나고 빼어난 임금은 일의 끝과 시작[終始]을 널리 살피고 일의 속 내용[事情]을 끝까지 짚어내니, 옳고 그름이 밝게 나눠집니다[是非分明]. 임금다운 자[王者]는 반드시 삼통(三統)[080]을 두루 꿰뚫어 천명이 내려주는 바를 널리 밝히니, 단지 (자기 집안의) 한 가지 성(姓)에만 한정되지 않습니다. 공자께서 『시경(詩經)』에 실린 "은나라 선비 중에 아름답고 민첩한 자들이 주나라 서울에서 강신제를 돕는구나[殷士膚敏 祼將于京]"[081]라는 구절을 논하면서, 휴우~ 하고 탄식한 다음에 이렇게 말씀하셨습니다.

"크시도다, 천명이여! 좋은 전통[善]을 후사에게 물려주지 않으면 안 된다. 이 때문에 부귀는 일정하지 않은[無常] 것이다. 이렇게 하지 않는다면 왕이나 공이 그 무엇으로 경계해서 조심할 것이며, 백성[民萌=民氓]을 무엇으로 부지런하게 만들 것인가?"

이는 대개 미자(微子)가 주(周)나라를 섬긴 것을 서글퍼하고 은나라가 멸망한 것을 마음 아파하신 것입니다. 비록 요(堯)임금이나 순(舜)임금 같은 빼어남[聖]을 가졌다 하더라도 단주(丹硃-요임금의 아들) 같은 자식을 교화할 수 없고, 우왕(禹王)이나 탕왕(湯王) 같은 다움[德]이 있다 하더라도 공손함이라고는 없는 걸(桀)이나 주(紂)를 일깨워 줄 수 없습니다. 예로부터 지금까지 멸망하지 않은 나라는 없었습니다.[082] 옛날에 고(高)황제께서는 이미 진(秦)나라를 멸망시키고서 장차

---

079 「계사하전(繫辭下傳)」에 나오는 공자의 다음과 같은 말을 합치고 압축한 표현이다. "이 때문에 군자는 평안할 때도 위급함을 잊지 않고 존속할 때도 멸망함을 잊지 않으며 다스려질 때도 어지러움을 잊지 않는다. 이렇게 하면 몸이 편안하고 나라와 집 안이 보전될 수 있다[君子安而不忘危 存而不忘亡 治而不忘亂 是以 身安而國家可保也]."

080 천시(天施)·지화(地化)·인사(人事)의 세 가지 큰 벼리를 말한다. 혹은 하·은·주 3대의 서로 다르면서도 일관되게 이어지는 전통을 말하기도 한다.

081 『시경』「대아(大雅)·문왕(文王)」편에 나오는 구절이다.

082 原註-가만히 살펴보니, 유향이 산릉(山陵)의 문제를 논하면서 먼저 이처럼 임금을 가르쳐 깨닫게 해주려는[開悪] 것은 두터이 장례 지내는 것[厚葬]의 일곱 가지 유익하지 못한 점을 알게 해주려는 것이다.

낙양(雒陽)을 도읍으로 성하려 하시다가 유경(劉敬)의 말을 듣고서 감동하고 깨달으시어, 스스로 다움[德]이 주(周)나라에는 미치지 못하지만, 진나라보다는 뛰어나다[賢]고 여기시어 마침내 관중(關中)으로 도읍을 옮겨서[徙都] 주나라의 다움에 의탁하고 진나라의 험난함[阻]을 이용하셨습니다. 각 시대의 장단점을 살핀 후 그 다움을 본받으며 늘 두려워하셨기 때문에 감히 망하지 않을 수 있었습니다. 공자께서 말한 "부귀는 일정하지 않은 것이다[富貴無常]"라는 것은 대개 이를 가리켜 하신 말씀입니다.

효문황제(孝文皇帝-문제)께서 패릉(霸陵-섬서성 서안의 동쪽)에 머무실 때[083] 북쪽을 바라보며 몹시 마음 아파하시다가[悽愴], 슬픈 감회를 품은 채 여러 신을 돌아보며 이렇게 말씀하셨습니다.

"아! 저 북쪽의 산들에서 나는 돌로써 곽(槨)을 만들고 모시와 솜 조각을 써서 그 사이를 칠한다면 어찌 움직일 수 있겠는가?"[084]

이에 (중랑장) 장석지(張釋之)가 말씀을 올렸습니다.

"그 안에 사람들이 갖고 싶은 것을 넣는다면 비록 이 남산(南山)을 땜질한다[錮] 해도 오히려 틈이 있을 것이고, 그 안에 사람들이 갖고 싶은 것을 넣지 않는다면 비록 돌로 된 곽이 없다고 한들 또 무슨 걱정이 있겠습니까?"

무릇 죽은 자에게는 끝[終極]이 없지만, 나라에는 망하고 흥함[廢興]이 있으니, 장석지의 말은 참으로 무궁한 계책이라 하겠습니다. 문제께서는 깨달으시고 드디어 장례를 엷게[薄葬] 하도록 하고서 산릉[山墳]의 역사를 일으키지 않으셨습니다.

083 전왕 3년(기원전 177년)의 일이다.

084 옛날에는 관과 곽을 이중으로 썼는데, 관(棺)은 안에 있는 것으로서 나무로 만들며 밖에 있는 것은 곽(槨)이라 해서 돌로 만들었다. 옛날의 황제들은 즉위하면서부터 자신의 묘를 만들기 시작했다. 이때도 문제는 자신의 묏자리를 보러 간 것으로 보인다. 실제로 문제의 능은 패릉에 있다.

『주역(周易)』에 이르기를 "옛날에 장례를 치르는 자는 섶을 두껍게 입혀서 들판 가운데에 묻었다. 봉분을 만들지 않았고 나무를 심지 않았으며 상기(喪期)에도 일정한 수(數)가 없었는데, 후세의 빼어난 이가 관곽(棺槨)으로 바꾸었다[古之葬者厚衣之以薪 葬(藏)之中野不封不樹喪期无數 後世聖人易之以棺槨]"[085]라고 했으니, 관곽을 지은 것은 황제(黃帝)로부터 시작됩니다.

황제는 교산(橋山)에서 장례를 지냈고 요(堯)임금은 제음(濟陰)에서 장례를 지냈는데, 둘 다 언덕[丘壟]이 자그마했고 장례에 들어간 장구들도 아주 작았습니다. 순(舜)임금은 창오(蒼梧)에서 장례를 지냈는데, 두 황비는 따르지 않았습니다.[086] 우왕(禹王)은 회계(會稽)에서 장례를 지냈는데, 나무와 각종 기물의 서열[其列]을 바꾸지 않았습니다.[087] 은나라 탕왕(湯王)은 (아예) 장사지낸 곳[葬處]이 없습니다. 문왕(文王), 무왕(武王), 주공(周公)은 다 필(畢)에서 장례를 지냈고, 진(秦)나라 목공(穆公)은 옹(雍)에서 장례를 지낸 뒤 탁천궁(橐泉宮-진나라 궁궐의 이름) 기년관(祈年館=祈年觀) 아래에 묻혔으며, (진나라의) 저리자(樗裏子)[088]는 무고(武庫)에서 장례를 지냈는데, 이들이 묻힌 곳은 다 언덕이 있는 곳이 아니었습니다.

이는 빼어난 황제[聖帝], 밝은 임금[明王], 뛰어난 임금[賢君], 일과 사람을 아는 선비[智士]들이 멀리 내다보고서 생각해낸 무궁한 계책입니다. 이에 뛰어난 신하[賢臣]와 효자들도 명을 따라 뜻을 고분고분하게 해서 장례를 엷게 지냈으니, 이것이야말로 진실로 임금과 부모

---

085 「계사하전(繫辭下傳)」에 나오는 말이다.

086 장례에 참석하지 않거나 장지에 따라가지 않았다는 말이다.

087 原註-사고(師古)가 말했다. "산이나 냇물 혹은 전답을 예전과 같이 그대로 두었다는 말이다."

088 진(秦)나라 혜왕(惠王)의 이모제(異母弟)로, 저리자의 어머니는 한나라 여인이다. 저리자는 기지가 뛰어나고 지혜가 있었기 때문에 진나라 사람들은 그를 지낭(智囊), 즉 꾀주머니라고 불렀다.

[君父]를 편안하게 받드는 것이요 충성과 효도의 지극함입니다.

무릇 주공은 무왕의 아우였는데 그 형님을 장례 지낸 것이 아주 소략했습니다. 공자께서도 어머니를 방(防)에서 장례 지냈는데, "옛날에는 무덤을 만들면서 봉분을 쓰지 않았다"라고 하고서는 또 "나 구(丘)는 동서남북을 돌아다니는 사람이라 표식을 하지 않을 수 없다"라고 말한 뒤 4척 높이의 봉분을 만들었습니다. 비가 와서 (봉분이) 무너져 내리자 제자들이 이를 손보고는 공자께 고했는데, 공자께서는 눈물을 줄줄 흘리시며 "내가 듣건대 옛날에는 무덤을 손보지 않았다"라고 했으니 이는 대개 제자들을 비판하신 것입니다.[089]

연릉계자(延陵季子)[090]가 제(齊)나라에 갔다가 돌아오던 중에 그 아들이 죽자 영(嬴)과 박(博) 사이에서 장례를 지냈는데, 아래로 땅을 파되 샘물이 나올 때까지 깊이 들어가지 않았고 염을 할 때는 아들이 살아 있을 때 입던 옷으로 했습니다. 봉분은 구덩이를 가릴 정도의 크기였고 높이도 손으로 짚을 정도였는데, (일을 마치자 세 번) 부르짖어 말했습니다.

"뼈와 살이 흙으로 다시 돌아가는 것은 명(命)이다. 혼백의 기운[魂氣]은 가지 못하는 곳이 없으리라!"

무릇 영과 박은 오(吳)나라에서 1,000여 리 떨어져 있었으니, 계자는 아들의 유해를 고향으로 갖고 와서 장례를 치르지 않았던 것입니다. 공자께서 그 묘소에 가서 보고서는 "연릉계자가 했던 것이 예에 합당하다"라고 말했습니다. 이와 같았기 때문에 중니(仲尼-공자)는 효성스러운 자식[孝子]이었고 연릉은 자애로운 아버지[慈父]였으며 순임

089 이상의 내용은 『예기(禮記)』 「단궁(檀弓)」에 나오는 내용을 유향이 압축한 것이다.

090 오나라 임금[嗚王] 수몽(壽夢)의 아들로 이름은 계찰(季札)이다. 수몽은 그가 뛰어나다는 것을 알고 양위하려 했으나 사양해 받지 않자, 연릉에 봉하고 연릉계자라 이름했다.

금과 우왕은 충성스러운 신하[忠臣]였고 주공은 공순한 아우[弟弟=悌弟]였는데도 자신들의 임금과 부모와 혈육을 장사지낸 것이 하나같이 보잘것없었지만[微薄], 구차스럽게 검약했던 것이 아니라 진실로 예의 본질[體]에 딱 들어맞았습니다. 송(宋)나라의 환사마(桓司馬)가 (사치스럽게) 돌로 곽(槨)을 만들자 중니는 "빨리 썩는 것만 못하다"라고 말했고, 진(秦)나라의 재상 여불위(呂不韋)가 지략을 아는 선비들을 불러 모아 『여씨춘추(呂氏春秋)』를 짓게 했는데 여기서도 장례를 엷게 하는 것[薄葬]이 옳다는 것을 말하고 있으니, 이들은 다 일의 실상[事情]에 밝은 때문이라 하겠습니다.

오나라 임금[吳王] 합려(闔閭)에 이르러서는 예를 어기고서 두텁게 장례를 지냈으니[厚葬], 10여 년 후에 월(越)나라 사람들이 그것을 다 파내버렸습니다. 진(秦)나라의 혜문(惠文), 무(武), 소(昭), 효문(孝文), 엄양(嚴襄) 다섯 임금은 모두 구릉을 크게 만들고 매장품을 아주 많이 두었지만, 하나도 남김없이 다 발굴되고 파내졌으니 참으로 슬프다 하겠습니다.

진시황제는 여산(驪山)의 언덕에 장례를 지낸 뒤 (봉분의) 아래로 삼중의 깊은 샘을 막고 위로는 산분(山墳)을 높였는데, 그 높이가 50여 길[丈]이었으며 테두리의 길이가 5리 남짓 됐습니다. 돌로 만든 외부의 곽(槨)은 이궁의 별관으로 삼았고, 사람들의 기름[人膏]으로 등잔과 촛불을 밝혔으며, 수은을 사용해서 강과 바다를 조성하고 황금으로 오리와 기러기를 만들었습니다. 금은보화가 함께 매장됐고 각종 기계는 정교했으며 관곽(棺槨)은 화려했고, 궁관(宮館)은 너무나도 거대해 이루 다 헤아릴 수가 없었습니다. 게다가 수많은 궁인(宮人)을 죽이고 공사에 동원된 장인[工匠]을 산 채로 묻었으니, 대략 추산해보아도 그 수가 1만 명을 넘습니다.

천하가 이 노력에 힘들어하다가 결국 반란을 일으켜, 여산의 조영

(造營) 사업이 미처 끝나기도 전에 주장(周章)[091]의 백만 군사가 그 아래에까지 이르렀습니다. 항적(項籍-항우)은 (진시황이 축조한) 진나라의 궁실과 각종 건축물[營宇]을 불사르고 예전에 진나라가 했던 것들은 모두 다 파내버렸습니다. 그 후에 한 목동이 양을 잃어버렸는데, 횃불을 들고서 양이 들어온 수도(隧道)[092]를 따라 그 양을 찾으려던 목동이 실화(失火)하는 바람에 곽 안의 모든 것이 다 불타버렸습니다. 예로부터 지금까지 장례로는 진시황만큼 성대했던 것이 없었는데, 불과 몇 년 사이에 밖으로는 항적의 재앙을 입고 안으로는 일개 목동의 화를 당했으니 어찌 서글프지 않겠습니까?

이 때문에 다움이 두터운[厚] 사람일수록 그 사람의 장례는 그만큼 더 엷고[薄], 지혜가 깊은[深] 사람일수록 그 사람의 장례는 그만큼 더 보잘것없었습니다[微]. 다움이 없고 지혜가 모자랄수록[無德寡知] 그런 사람의 장례는 훨씬 더 두텁고 구릉이 그만큼 더 높아지며 궁묘(宮廟)가 훨씬 더 화려하기에, 그것을 파내게 되는 일도 반드시 곧장 일어나는 것입니다. 이런 관점에서 보건대 밝고 어두움의 효험, 장례의 길하고 흉함을 너무나도 훤하게 알 수 있습니다. 주(周)나라의 다움이 시들자 사치함이 생겨났지만, 선왕(宣王)은 뛰어났기 때문에 중흥을 이뤄 다시 궁실을 검약하게 하고 침묘(寢廟)의 규모를 작게 했습니다. 시인이 이를 아름답게 여겼으니, (『시경』「소아(小雅)」의) 「사간(斯幹)」편이 바로 그 시입니다. (이 시의) 위의 장은 궁실의 제도가 옛 제도와 같았다는 것을 말하고 있고, 아래 장은 자손이 아주 많았다는 것을 말하고 있습니다. 또한 노(魯)나라 엄공(嚴公)[093]이 종묘를 조각해서

091 原註-사고(師古)가 말했다. "이 사람은 진승(陳勝)의 장수다."

092 묘소의 굴 또는 지하도를 말한다.

093 原註-사고(師古)가 말했다. "장공(莊公)이다."

꾸미고 대(臺)와 동산을 많이 짓는 바람에 후사(後嗣)가 다시 끊어지게 되자, 『춘추』는 그것을 풍자했습니다. 주나라 선왕은 그처럼 해서 (자손이) 번성하게 된 반면 노나라와 진나라는 이처럼 해서 후사가 끊어졌으니, 이것이 곧 사치와 검약이 얻고 잃는 바입니다.

폐하께서는 즉위하시어 몸소 검약하셨고, 애초에 초릉(初陵)을 조성할 때는 그 제도를 절검하고 작게 하시니 천하에서 폐하의 뛰어나고 밝으심[賢明]을 칭송하지 않는 자가 없었습니다. 그런데 옮기어 창릉(昌陵)을 조성하는 데 이르러서는 낮은 곳을 보강해서 높이고 흙을 쌓아 산을 만들며 백성의 무덤들을 파내어 돌을 쌓은 것이 1만 개가 넘어 시골 마을을 생겨나게 할 정도이며, 완공일이 다가오자 공사비는 수만의 백배에 이르고 있습니다. 죽은 자는 땅 밑에서 한을 품고 살아 있는 자는 땅 위에서 근심에 젖어 있어 그 원통하고 한스러운 기운이 음양(陰陽)을 진동시킴으로써 기근이 일어나는데, (배가 고파) 죄를 지어 죽게 되고 뿔뿔이 흩어진 자가 10만 명을 헤아리니 신은 심히 어지러울 지경[惛]입니다. 죽은 자가 갖고 있던 물건이 무덤 안에 있다는 것을 알기라도 하면 그 사람의 무덤을 파헤치니, 그 해악이 너무나도 큽니다. 만약에 그것을 설사 모르게 한다고 하더라도, 또 어찌 (창릉을) 크게 써야 하는 것입니까? 이런 일은 뛰어난 사람이나 일을 아는 사람[賢知=賢智]에게 물어본다면 기뻐하지 않을 것이요, 일반 백성에게 보인다면 노역에 힘들어할 것입니다. 그런데 어찌 구차스럽게도 어리석은 무리나 사치를 즐기는 자들을 기쁘게 해줄 요량으로 또한 그런 일을 할 수 있단 말입니까?

폐하께서는 어짊과 자애로움[仁慈], 도타움과 아름다움[篤美]이 심히 두터우시고 귀 밝음과 눈 밝음[聰明], 대범함과 통달함[疏達]이 세상을 덮고 있으니, 마땅히 한나라 황실의 다움을 크게 하시고[弘] 유씨(劉氏)의 아름다움을 더욱 높이시어[崇] 다섯 황제[五帝]와 세 임금

[三王]을 훤히 빛나게 하셔야 합니다. 그런데 오히려 사나웠던 진나라[暴秦]의 어지러운 임금들과 경쟁적으로 사치를 다투며 (무덤 조성을 위해) 구릉을 (그들과) 비교해가면서 쌓아 올림으로써 어리석은 무리의 눈이나 즐겁게 하고, 한때의 볼거리[一時之觀]를 크게 하느라 뛰어난 사람이나 일을 아는 사람[賢知]의 마음을 어기고 만세로 이어질 안녕을 잊고 계시니[亡=忘], 신은 남몰래 폐하를 위해 그 점을 부끄러워하고 있습니다. 오직 폐하께서는 위로는 밝고 빼어나신[明聖] 황제(黃帝), 요임금, 순임금, 우왕, 탕왕, 문왕, 무왕, 주공, 중니(仲尼)의 제도를 살피시고, 아래로는 뛰어나고 일을 알았던[賢知] 목공(穆公), 연릉(延陵), 저리(樗裏), 장석지(張釋之)의 뜻을 새겨보셔야 합니다. 효문황제가 봉분을 없애고 엷게 장례를 지내어 검소함으로써 신령을 편안케 해주신 것을 모범으로 삼아야 하고, 진나라의 소공과 시황제가 산을 더 높이고 매장지를 두텁게 해서 사치함으로써 해악을 만들어낸 것을 경계로 삼아야 할 것입니다. 초릉의 규모[撫]를 어떻게 할 것인지에 대해서는 마땅히 공경과 대신들의 토의 결과를 따라야만 그로써 백성이 안식을 취할 수 있을 것입니다.'

글이 올라가자 상은 유향의 말에 깊이 공감했지만, 그 계책을 따르지는 않았다.

향은 풍속이 점점 더 사치스럽고 음란해져가며 조씨(趙氏)와 위씨(衛氏)의 족속이 미천한 데서 일어나 예제(禮制)를 마구 뛰어넘는 것을 보고는, 왕의 가르침이라는 것이 안에서 밖으로 영향을 미치고 가까운 곳으로부터 시작된다고 생각했다. 그래서 『시경』과 『서경』에 실려 있는 뛰어난 왕비들 및 정숙한 부인들과, 나라를 일으키고 집 안을 빛내 모범으로 삼을 만한 사례들, 그리고 총애를 받는 첩이 나라를 어지럽혀 망하게 만든 경우 등을 채집해서 편차를 지어 『열녀전(列女傳)』을 지었으니, 모두 8편으로 그것으로써 천자를 경계하게 했다. 또한 전기와 좋은 일화들을 모아 『신서(新序)』와 『설원(說苑)』을 지었으니, 모두 50편으로 (이를) 상께 바쳤다. 자주 소를 올려 정치의 득실을 말했고, 모범이 될 만한 경계를 진술했다. 서한문이 수십여 종으로, 천자의 살핌을 돕고 그 빠진 곳을 채워 넣기 위함이었다. 상이 비록 그의 말을 다 쓰지는 않았지만, 그러나 속으로 그의 말을 아름답게 여겨 늘 그의 말에 감탄했다.

이때 상(-성제)에게는 뒤를 이을 황태자[繼嗣]가 없고 정사가 모두 왕씨(王氏)에게서 나왔는데 재앙과 변고가 자주 일어났다. 향은 예전부터 진탕(陳湯)의 지모(智謀)가 뛰어나고 기이하다고 여겨 서로 친하게 지냈는데, 한번은 진탕에게 이렇게 말했다.

"재앙과 변고가 일어나는 것이 이와 같은데 외가(外家-황제의 외척)가 날로 번성하니, 이는 점차로 반드시 유씨(劉氏)를 위태롭게 할 것이오. 나는 요행히 같은 성의 말단에 속한 까닭에 여러 대에 걸쳐 한나라의 두터운 은혜를 입어 종실의 늙은 신하로서 세 분의 주군을 섬겼소이다. 상께서는 내가 돌아가신 황제의 옛 신하라 해서 나아가 알현할 때마다 늘 도타운 예[優禮]를 베풀어주셨으니, 나라도 나아가 말하지 않는다면 누가 말을 하겠소?"

마침내 극간하는 봉사를 올려 다음과 같이 말했다.

'신이 듣건대, 임금이라면 안정된 세상을 바라지 않는 임금이 없는데 그럼에도 늘 위태로웠고 존속되기를 바라지 않는 임금이 없는데 그럼에도 늘 망했으니, 이는 신하에 맞서는 기술[御臣之術=禦臣之術]을 잃어버렸기 때문입니다. 무릇 대신으로서 권력의 칼자루를 쥐고 나라의 정치를 좌지우지한 사람치고 아직 해악을 끼치지 않은 자가 없습니다. 옛날에 진(晉)나라에 여섯 경(卿)이 있었고 제(齊)나라에 전씨(田氏)와 최씨(崔氏)가, 위(衛)나라에 손씨(孫氏)와 영씨(甯氏)가, 노(魯)나라에 계손씨(季孫氏)와 맹손씨(孟孫氏)가 있었는데, 늘 나랏일을 장악하고서 대대로 조정의 칼자루[朝柄]를 쥐었습니다. 결국 뒤에 가서 전씨는 제나라를 빼앗았고, 여섯 경은 진나라를 분할했으며, 최저(崔杼)는 자신의 임금 광(光)을 시해했고, 손림보(孫林父)와 영식(甯殖)은 자신들의 임금 간(衎)을 내쫓고 또 임금 표(剽)를 시해했습니다. 계씨(季氏)는 뜰에서 (천자의 춤인) 팔일무(八佾舞)를 추게 했고, (노나라의 실권을 쥔) 세 집안[三家]은 (천자의 예법인) 옹(雍)의 음악에 맞춰 철상(撤床)을 하고[094] 나란히 국정을 독점하다가 결국 소공(昭公)을 내쫓아버렸습니다. 주(周)나라의 대부 윤씨(尹氏)는 조정의 일을 맡아[管] 왕실을 흐리고 어지럽게 했는데[濁亂] 자조(子朝)와 자맹(子猛)이 다시 일으켜 세워서 해를 이어가며 마침내 안정시켰습니다. 그러므로 『춘추』에 이르기를 "왕실이 어지러워졌다" 하고 또 이르기를 "윤씨가 왕자 극(克)을 살해했다"라고 했으니, 패악스러움이 그만큼 심했던 것입니다. 『춘추』는 성공과 실패를 들어 재앙과 복을 기록해서 이처럼 다양한 유형별로 분류했는데, 그것들은 하나같이 음의 기운이 성하고 양의 기운이 쇠한 것으로서 결국 밑에서 신하의 도리를 잃어버렸기 때문에 생겨난 것들입니다. 그래서 『서경(書經)』에 이르기를 "신하가 위엄을 부리고 복을 누리는 일이 있게 되면 너의 집을 해치고 너의 나라를 흉하게 한다"[095]라고 하고 공자께서 말씀하시기를 "녹(祿)이 공실에서 떠나니 정사가 대부에게로 넘어갔다"[096]라고 했던 것이니, 이는 위태로움과 멸망의 조짐[危亡之兆]을 말한 것입니다. 진(秦)나라 소왕(昭王) 때는 외삼촌[舅]인 양후(穰侯-위염(魏冉))와 그의 동생 경양군(涇陽君)·

094 이 두 가지 사례는 『논어(論語)』「팔일(八佾)」편에서 공자가 비판했던 무례한 짓[僭濫]이다.

095 「주서(周書)·홍범(洪範)」편에 나오는 말이다.

096 『논어(論語)』「계씨(季氏)」편에 나오는 공자의 다음 말을 압축한 것이다. "녹이 공실에서 떠난 것이 5대이고, 정사가 대부에게로 넘어간 지 4대이다. 그러므로 저 삼환(三桓)의 자손이 미미한 것이다."

섭양군(葉陽君)이 국정을 쥐고 권세를 휘두르면서 위로는 태후의 위세를 이용하니, 이 세 사람은 그 권세가 소왕보다 무겁고 그 집 안이 진나라보다 더 부유한 바람에 나라가 심하게 위태로웠습니다. 다행히 (소왕이) 범수(范雎)의 말에 힘입어 깨달았기 때문에 진나라는 다시 존속할 수 있었습니다만, 2세 황제는 모든 것을 맡아 쥐었던 조고(趙高)가 권력을 독점해 자기 마음대로 하면서 대신들을 막고 가리는 바람에 결국 (조고의 사위인) 염락(閻樂)에 의해 망이궁(望夷宮)에서 살해되는 재앙을 겪었습니다. 이런 일은 그다지 멀지 않습니다. 바로 한나라가 그 진나라를 대신했습니다.

한나라가 일어났을 때, 여러 여씨(呂氏)가 무도(無道)해 재상을 제 마음대로 하면서 왕(王)[097]을 높였습니다. 여산(呂山), 여록(呂祿)은 태후의 총애를 깔고 앉아[席] 장상(將相)의 자리를 차지하고는 남북 양군(兩軍)의 군사들을 겸해 거느리면서 양왕(梁王)과 조왕(趙王)의 존엄을 막아 지키며 교만을 끝도 없이 부림으로써 유씨(劉氏)를 위협했습니다. 다행히 충직하고 바른 대신인 강후(絳侯)와 주허후(朱虛侯) 등이 열렬함을 다해[竭誠] 절의로써 그들을 주륙한 연후에야 유씨는 다시 안정됐습니다. (그런데) 지금 왕씨 한 성(姓) 가운데 붉게 장식하고 속바퀴를 화려하게 꾸민[朱輪華轂] 수레[098]를 타는 자가 23명이나 되고 청색과 자주색[青紫] 인끈을 매고 초선(貂蟬)을 단 관(冠)을 쓴 자[099]가 천자의 휘장[幄] 안에 가득하니, 이는 마치 물고기에 비늘[魚鱗]이 잔뜩 붙어 있는 것과 같습니다. 대장군은 정사를 장악해서 권력을 제

---

097 이것은 황제를 가리키는 것이 아니라 제후왕을 지칭한다.

098 진나라가 제정하고 한나라가 따른 제도로, 2,000석 이상의 고급 관리가 타고 다니는 화려한 수레다.

099 자주색 인끈은 열후를, 청색 인끈은 2,000석 관리를 상징한다. 초선이란 담비 꼬리와 매미 날개 모양을 한 장식으로, 황제의 곁을 지키는 시중(侍中)이나 상시(常侍)가 쓴다.

마음대로 하고 다섯 후[五侯]는 교만과 사치가 그 정도를 뛰어넘어 성대해서, 서로 작당해 위엄을 부리고 은혜를 베풀며 법률을 제 뜻대로 늘이고 줄여 사람들을 처단하면서[擊斷] 더러운 짓을 일삼고는 그것을 정치라고 부르고, 몸은 사리사욕을 챙기면서 겉으로는 공사(公事)로 포장하면서 동궁(東宮-태후의 거처)의 존귀함에 기대어 생질과 외삼촌이라는 친연(親緣)을 내세워서 위엄을 무겁게 하고 있습니다. (그리하여) 상서(尙書), 구경(九卿), 주목(州牧), 군수(郡守)가 다 그들의 한 문에서 나와서, 나라의 중추[樞機]를 장악하고 붕당을 이뤄 서로 안팎으로 결탁해 있습니다[朋黨比周]. 그들이 칭찬하고 기리는 자는 위로 올라가고, 그들을 거슬러 원한을 산 자는 주살되거나 피해를 당합니다. 유세하는 자들은 그들의 주장을 거들고, 정치를 장악한 자는 그들을 위해 변호해줍니다. 종실(宗室-황실)을 배척하고 공족(公族-황족)을 고립시키고는 종실과 공족에서 일을 알고 능력이 있는 자[有知能者]가 나오기라도 하면 더욱더 비방해서 나아오지 못하게 합니다. 종실의 임무를 짊어질 사람은 멀리 내쫓거나 끊어냄으로써 조정이나 금중(禁中-대궐)의 중요 업무를 맡을 수 없게 만드니, 이는 자신들과 권력을 나눠 가지게 되는 것을 두려워해서입니다. (또 그들은) 여러 차례에 걸쳐 연왕(燕王)과 개주(蓋主)[100]를 언급함으로써 주상의 마음에 의심이 싹트게 했고, 혹여 왕씨를 떠올리게 될까 봐 여씨(呂氏)와 곽씨(霍氏)의 일[101]을 피하고 꺼려서 아예 칭찬조차 하지 못하게 했습니다. 안으로는 관숙(管叔)과 채숙(蔡叔)의 싹이 있으면서도 밖으로는 주공(周公)

100 소제(昭帝) 때 황족으로서 모반을 일으킨 사건을 말한다. 이는 원봉(元鳳) 원년(기원전 80년)의 일이다.

101 여후의 친정 식구인 여산(呂山)과 여록(呂祿)이 권력을 행사하고 곽광의 아들과 조카 그리고 사위가 전권을 휘두른 일을 가리킨다.

의 논리[論]를 빌림으로써[102] (왕씨) 형제들은 무거운 권세에 의탁해 있고 그 종족들은 반석처럼 뿌리를 내리고 있으니, 상고(上古)시대 이래로 진(秦)나라와 한(漢)나라까지 외척으로서 존귀함이 흘러넘친 것[僭貴]이 왕씨만 한 적은 없었습니다. 주나라의 황보(皇甫)나 진나라의 양후(穰侯), 한나라의 무안후(武安侯-전분(田蚡)), 여씨, 곽씨, 상관씨(上官氏) 등도 다 왕씨에는 미치지 못합니다.

일이 번성하게 되면 반드시 정상적이지 않은 변고가 일어나게 되는데, 이런 변고는 먼저 사람의 기미나 징후[微象]로 드러나 보이게 됩니다. 효소제(孝昭帝) 때 태산(泰山)에서 산 위에 있는 돌[冠石=山石]이 일어섰으나 (이내) 상림원(上林苑)에서 쓰러진 버드나무가 다시 일어났습니다. 지금 왕씨 선조들의 분묘가 제남(濟南-산동성 역성현)에 있었는데, 선제(宣帝)께서 즉위하자 그 가래나무 기둥에서 가지와 잎이 생겨나서 무성하게[扶疏] 잘 자라더니 지붕에 가서 닿았고 땅속으로 그 뿌리를 내렸습니다. 돌이 일어서고 쓰러진 버드나무가 일어선 일이라 해도 이보다 더 명증할 수는 없을 것입니다. 2개의 큰 세력이 양립할 수 없듯이 왕씨와 유씨 또한 나란히 설 수 없으니, 이는 마치 아래로 태산과도 같은 안정됨이 있다 해도 위로는 계란을 쌓아놓은 위태로움[累卵之危]이 있는 것과 같다고 하겠습니다.

폐하께서는 (친아버지가 아닌) 다른 사람의 자손이 돼 종묘를 지키고 보존해야 하는데, 황위의 존엄함[國祚=天祚]이 외가로 옮겨가고 (폐하께서는) 아래로 떨어져서[降] 비천한 노예가 되는 때가 이르면 온몸으로 그리하지 않으려 한다 한들 결국 종묘는 어떻게 되겠습니까? 부인은 지아비의 집 안으로 받아들인다[內=親] 하더라도 부모의 집안

102 이들은 모두 주나라 성왕의 숙부들인데, 곽숙과 채숙은 성왕의 자리를 노렸고 주공은 성왕을 끝까지 보호했다.

은 밖으로 내쳐야[外] 하는데, 이는 참으로 황태후[103]의 복이 아닙니다. 효선황제께서는 외삼촌인 평창후(平昌侯)와 낙창후(樂昌侯)에게 권력을 주지 않으셨는데, 이는 오히려 그들을 안전하게 만들어주기 위함이었습니다. 무릇 선견지명을 가진 자[明者]는 형체가 없는 것에서도 복을 일으키고 아직 일어나지 않은 상태[未然]에서도 미리 걱정거리를 막아냅니다. 마땅히 밝은 조서를 내리시고 도타운 말씀[德音]을 내시어, 종실 사람들을 돕고 가까이하시기를 제 몸과 같이 해서 그들의 말을 받아들이고 믿음을 주시며 외척 사람들을 내쫓고 멀리해서 정권을 절대 주지 마시고 모두 다 파직해 집으로 나아가게 하소서. 이는 먼저 돌아가신 황제께서 하셨던 바를 본받아 외척을 두텁고 편안하게 해서 그 집 안을 온전케 해주시는 것이니, 이것이야말로 진실로 동궁의 뜻이자 외가의 복일 것입니다.

왕씨는 영원토록 보존되며 그 작위와 녹복을 지킬 수 있도록 해주고 유씨는 장구하게 평안해 사직을 잃지 않게 해주는 것은 곧 외가와 친가의 사람들을 화목하게 해주는 것이며, 또한 자자손손 끝없이 이어지게 해주는 계책입니다. 만약에 이런 계책을 시행하지 않으신다면 전씨(田氏) 같은 자가 지금 다시 나타날 것이고 여섯 경(卿) 같은 자들이 한나라에도 반드시 일어날 것이니, 후사에게 우환이 되리라는 것은 아주 훤히 밝은 일입니다. 그렇기에 깊이 도모하지[深圖] 않으면 안 될 것이고, 일찍부터 염려하지[蚤慮=早慮] 않으면 안 될 것입니다. 『주역』에 이르기를 "임금이 주도면밀하지 않으면 신하를 잃게 되고, 신하가 주도면밀하지 않으면 몸을 잃게 되며, 정사[幾事=政事=機密業務]를 주도면밀하게 하지 않으면 일을 이루는데 해가 된다[害成]"[104]

103 유씨의 황실로 시집온 왕씨 집안의 왕정군을 가리킨다.

104 「계사상전(繫辭上傳)」에 나오는 공자의 말이다.

라고 했습니다. 오직 폐하께서는 빼어난 생각[聖思]에 깊이 머무시고 일을 붙들어 주도면밀하게 하시어 지나간 일들의 경계를 잘 살펴서 그 가운데서 믿을 만한 일을 가려내어 온갖 안전함을 가져다주는 지혜에 거처하신다면 종묘를 보전하고 황태후의 집안도 오래토록 이어져서 천하가 크게 다행할 것입니다.'

글이 올라가자 천자는 유향을 불러서 보고는 탄식해 그 마음의 애통함을 드러내면서 이렇게 말했다.

"그대는 좀 쉬도록 하오. 내가 장차 생각해보리다."

그리고 향을 중루교위(中壘校尉)로 삼았다. 향은 사람됨이 선이 굵고 시원시원하며[簡易] 위엄을 내세우지 않고 마음이 맑아서 도리를 즐기면서 경술(經術)을 닦고 생각하는 데 전념했으니, 낮에는 각종 경전을 암송했고 밤에는 별자리를 관찰하느라 종종 새벽까지 뜬눈으로 지새우곤 했다.

원연(元延) 연간에 패성(孛星)이 동정(東井)에 나타나자 촉군(蜀郡)에서는 민산(岷山)이 무너지고 장강의 물이 막히니, 스스로 잘 마칠 수 없음을 후회해서 다시 상주했는데 그 글은 다음과 같다.

'신이 듣건대, 황제 순[帝舜]은 백(伯-백작) 우(禹-훗날의 우왕)를 경계시키면서 "단주(丹朱-요임금의 아들)처럼 오만해서는 안 된다"라고 했고, 주공(周公)은 (조카인) 성왕(成王)을 경계시키며 "은나라 (마지막) 임금 주(紂)처럼 해서는 안 될 것입니다"라고 했습니다. 『시경』에 이르기를 "은나라가 거울로 삼아야 할 것은 멀리 있지 않으니 하나라 시대에 있도다[殷鑑不遠 在夏后之世]"[105]라고 했고, 또 (은나라를 세운) 탕왕(湯王)은 하나라의 걸왕을 들어 경계로 삼았다고 했습니다. 빼어난 황제

105 「대아(大雅)·탕(蕩)」편에 나오는 구절이다.

와 밝은 임금[聖帝明王]은 항상 실패와 어지러워짐[敗亂]을 통해 스스로를 경계했을 뿐, (앞으로) 흥할 것인지 망할 것인지에 대해서는 꺼리지 않았습니다. 그래서 신은 감히 저의 어리석은 생각을 남김없이 다 말씀드리고자 하니, 부디 폐하께서는 이를 마음에 두고서[留神=留意] 잘 살펴주시기를 바랍니다.

삼가 살펴보건대 춘추시대 242년 동안에 일식이 36차례 있었는데, (노나라) 양공(襄公) 때 특히 심해서 3년 5개월에 한 번꼴로 일식이 일어났습니다. 한나라가 일어나 경녕(竟寧-원제 때 연호) 때까지를 보면 경제(景帝) 때 특히 심해서 3년 1개월에 한 번꼴로 일식이 일어났습니다. 신 유향은 일찍이 여러 차례에 걸쳐 일식이 일어날 수밖에 없었던 이유에 대해 말씀드린 바 있는데, 지금은 연이어 3년 동안 일식이 있었습니다. 건시(建始)[106] 이래로는 20년 동안 8차례 일식이 있었는데, 비율로 보면 2년 6개월마다 한 번씩 일어났으니 이는 고금에 드문 일입니다.

재이 중에는 크고 작은 것이 있고 드물고 잦게 일어나는 것이 있으며[小大希稠] 점괘에도 늦게 혹은 일찍 나타나는 것이 있고 천천히 나타나고 빨리 나타나는 것이 있으니[舒疾緩急], 이것이 바로 빼어난 이[聖人]께서 의심을 끊어낸[斷疑][107] 까닭입니다. 『주역』에 이르기를 "하늘의 모양을 살펴서 그때마다의 변화나 변고를 살핀다[觀乎天文以察時變]"[108]라고 했습니다. 옛날에 공자께서 노(魯)나라 애공(哀公)에게 답하실 때 하나라 걸왕과 은나라 주왕이 천하를 포학하게 만든 것에

106 성제의 연호다. 기원전 32년부터 기원전 29년까지다.

107 이 말은 『주역(周易)』 「계사상전(繫辭上傳)」의 "(역의 원리를) 써서[以] 천하의 의심스러운 바를 끊어낸다[斷天下之疑]"에서 나온 말이다. 간단히 말하면 원리를 모를 때는 의문이나 의혹투성이지만 원리를 알게 되면 그런 의문이나 의혹이 절로 없어지게 된다는 말이다.

108 이 말은 비괘(賁卦, ䷕)에 대한 단사(彖辭)다.

대해 더불어 언급하면서, 그 때문에 역수(曆數)가 바르지 않으면 섭제성(攝提星)이 방향을 잃고 음력 정월[孟陬]이 새롭게 바뀌지 않게 된다고 말했습니다.[109] 이는 다 역성혁명[易姓]을 상징하는 변고입니다. 진시황 말기에서 2세 황제에 이르는 사이에, 해와 달이 맥없이[薄] 먹혔고 산과 언덕이 허물어졌으며[淪亡] 진성(辰星)이 사맹(四孟)[110] 때 나타나고 태백성(太白星)이 하늘을 가로질러[經天=竟天] 운행했습니다. 구름도 없는데 천둥 번개가 쳤고 유성[枉失]이 밤에 빛났으며 형혹성(熒惑星)이 달을 범했고, 원인을 알 수 없는 불[孼火]이 궁을 태우고 들판에 있어야 할 짐승들이 궁정에서 뛰놀았으며 도성의 문이 안쪽에서 허물어졌습니다. 키 큰 거인[長人]이 임조(臨洮-농서군의 현)에 나타나고 운석이 동군(東郡)에 떨어졌으며 패성(孛星-혜성)이 대각(大角)을 가리자 대각이 사라졌습니다. (위에서 말한) 공자님의 말씀을 살펴보고 또 포악스러웠던 진나라의 재이들을 고찰해보면, 하늘이 내리는 명[天命]이란 참으로 두려워할 만한 것입니다. 항적(項籍)이 패할 때도 패성이 대각에 나타났습니다.

한나라가 진나라에 들어갈 때는 별 5개가 동정(東井)에 모였으니, 이는 천하를 얻는다는 징후였습니다. 혜제(惠帝) 때 피비[雨血]가 있었고 충(沖)에 일식이 있었으며 (낮에) 햇빛이 사라지고 별이 보이는 이변이 있었습니다. 소제(昭帝) 때는 태산(泰山)의 누워 있던 바위가 절로 일어나고 상림원 안의 쓰러져 있던 버드나무가 다시 일어섰으며, 대성(大星)이 달처럼 서쪽으로 움직이자 수많은 별이 그것을 따라갔습니다. 이것이 바로 이변입니다. 선제(宣帝)께서 일어설 때 나타난 징표

---

109 공자의 이 말은『대대례기(大戴禮記)』에 나온다.

110 맹이란 음력에 의한 계절 초기의 월을 말하는 것이다. 맹춘(孟春)·맹하(孟夏)·맹추(孟秋)·맹동(孟冬)이 그것으로, 각각 정월·사월·칠월·시월이다. 맹(孟)에는 처음이라는 뜻이 있다.

[表]로는 천구(天狗-혜성의 일종)가 하늘의 하천[漢=天河]을 타고서 서쪽으로 갔으니, 오랫동안 흐리기만 한 채 비가 내리지 않은 지가 20여 일에 이른 것은 창읍왕(昌邑王-유하(劉賀))이 (황위를) 제대로 마치지 못한 이변입니다. 이 모든 일은 『한기(漢紀)』[111]에 잘 드러나 있습니다. 진나라에서 한나라로 세상이 바뀌는 것, 또 혜제(惠帝)와 소제(昭帝)에게 후사가 없는 것, 창읍(昌邑)이 끝맺음을 제대로 하지 못한 것, 선제(宣帝)가 벌떡 일어선 것 등을 깊이 살펴보면 하늘이 물러가고 나아오는 것[去就]이 어찌 훤하디훤하지[昭昭然] 않겠습니까? (은나라) 고종(高宗)과 (주나라) 성왕(成王) 때도 꿩이 찾아오고 나무가 뽑히는 이변이 있었는데, 그 연유를 제대로 생각했기 때문에 (그리하여 잘 대처했기에) 고종은 백 년의 복록을 누렸고 성왕은 풍속을 다시 바로 하는[復風] 보은을 받았습니다.[112]

신명(神明)이 감응하는 것은 마치 형태상으로는 그림자와 같고 소리상으로는 메아리와 같아서 세상 사람들이 다 똑같이 듣고 알 수 있는 것입니다. 신은 총애를 얻어 종실의 끝자리[末屬]를 차지해서 진실로 폐하께서 너그럽고 밝은 다움[寬明之德]을 갖고 계시다는 것을 보았기에, (상께서) 큰 재이를 잘 해소시켜 고종이나 성왕 같은 명성을 누리고 종실을 높이시게 하고자 간절히 말씀드리느라 여러 차례에 걸쳐 죽음에 해당하는 주벌을 당해야 할 비례(非禮)를 범했사옵니다. (그런데) 지금 일식이 너무 자주 일어나고 혜성이 동정을 가리며 섭제성의 불꽃이 자미궁(紫微宮)에까지 이르니, 식자들과 장로들도 동요하

111 이는 후한 때 순열(荀悅)이 편찬한 『한기(漢紀)』가 아니다. 문맥상으로 보면 『한서(漢書)』 「예문지(藝文志)」 '춘추(春秋)'조에 보이는 『한저기(漢著記)』일 가능성이 크다.

112 고종(高宗)이 성탕에게 융제사[肜祭=又祭-제사 다음 날에 다시 지내는 제사]를 올리던 날 꿩이 날아와 큰 쇠솥[鼎] 위에 앉아서 우는 이변이 있었으니, 이 일은 『서경』 「상서(商書)·고종융일(高宗肜日)」편에 나온다. 성왕 때 가을에 곡식이 크게 자랐으나 아직 수확하지 않았는데, 크게 천둥 번개가 치고 바람이 불어 벼가 모두 스러지고 큰 나무가 뽑히므로 나라 사람들이 모두 두려워하니, 성왕이 이를 경계로 삼았다. 이 일은 『서경』 「주서(周書)·금등(金縢)」편에 나온다.

지 않을 수 없습니다. 이는 변고 중에서도 아주 큰 것으로, 한두 차례로 기록할 수 없습니다. 그래서 『주역』에 이르기를 "글은 말을 다 담아낼 수 없고 말은 뜻을 다 담아낼 수 없다[書不盡言 言不盡意]"[113]라고 해서, 이 때문에 괘(卦)를 만들고 효(爻)를 보여줌으로써 의리를 다시 풀어낸 것입니다. 『서경』에 이르기를 "사람을 보내와 (성왕에게) 지도를 바쳤다"[114]라고 했습니다. 천문(天文)의 일은 어려운 것이라서 서로 일깨워주어야 하기에, 신이 비록 지도상으로 본다 하더라도 오히려 말로 잘 풀이한 다음에야 알 수 있는 것입니다. 바라건대 편안하고 한가하신 틈을 내주신다면 신이 지도를 하나하나 짚어가면서 진상을 말씀드리도록 하겠습니다.'

상이 즉시 향을 불러들였지만, 그러나 끝내 그의 말을 쓰지는 않았다. 향은 상이 불러서 알현할 때마다 매번 아뢰기를, 공족(公族)이란 나라의 가지와 잎과 같아서 가지와 잎이 떨어지고 나면 밑뿌리[本根]는 의지하고 보호받을 데가 없는데, 바야흐로 지금은 동성(同姓-유씨)이 듬성듬성 멀어지고 어머니의 집안사람들[母黨]이 정권을 독점해서 녹위(祿位-실권)가 공실을 떠나고 권력이 외가에 있으니, 이는 한나라 종실을 강하게 하고 사사로운 가문[私門]을 낮춰 사직을 보호하고 후사를 편안하게 하는 계책이 아니라고 말했다.

향은 자신이 상에게 믿음을 받고 있다고 생각했기 때문에 드러내어 종실 일을 옹호하고 왕씨나 현직 대신들을 나무라고 꾸짖었는데[譏刺], 그 말이 대부분 통절하고 지극한 열렬함[至誠]에서 나온 것이었다. 상은 여러 차례에 걸쳐 향을 구경(九卿)의 자리에 세우고 싶어 했지만, 그때마다 왕씨나 현직에 있는 승상, 어사들이 맞서는 바람에

113 이는 「계사상전(繫辭上傳)」에 나오는 말이다.

114 이는 「주서(周書)·낙고(洛誥)」편에 나온다.

끝내 자리를 옮겨주지 못했다. (향은) 열대부(列大夫-한나라 작위의 하나)로 있은 지 30여 년, 나이 72세 때 세상을 떠났으니, 사후 13년 만에 왕씨가 한나라를 대신했다. 향의 세 아들은 모두 배움을 좋아했다. 맏아들 급(伋)은 『주역』으로 교수가 됐고 관직은 군수(郡守)에 이르렀다. 둘째 아들 사(賜)는 구경(九卿)의 승(丞)이 됐는데 일찍 졸했다. 막내아들 흠(歆)은 이름이 크게 났다.

KI신서 10600
이한우의 설원(하)
유향 찬집 완역 해설

1판 1쇄 인쇄 2022년 12월 15일
1판 1쇄 발행 2023년 1월 2일

지은이 이한우
펴낸이 김영곤
펴낸곳 (주)북이십일 21세기북스

인문기획팀장 양으녕 **인문기획팀** 이지연 최유진 정민기
디자인 푸른나무디자인
출판마케팅영업본부장 민안기
마케팅1팀 배상현 한경화 김신우 강효원
영업팀 최명열 김다운
e-커머스팀 장철용 권채영
제작팀 이영민 권경민

출판등록 2000년 5월 6일 제406-2003-061호
주소 (10881) 경기도 파주시 회동길 201(문발동)
대표전화 031-955-2100 **팩스** 031-955-2151 **이메일** book21@book21.co.kr

ISBN 978-89-509-9142-5 04100
978-89-509-9140-1 04100 (세트)

함께 읽으면 좋은 21세기북스의 책

이한우의 설원 전 2권

유향 찬집 완역 해설 상·하

말의 정원에서 만난 논어의 본질
새로운 설원 읽기: 유향식 논어 풀이

이한우의 태종 이방원 전 2권

태종풍太宗風 탐구 상·하

태종 이방원의
지공至公한 삶에 대한 첫 총체적 탐구

이한우의 태종실록 전 19권

재위 1년~재위 18년·별책

새로운 해석, 예리한 통찰!
5년에 걸쳐 완성한『태종실록』완역본

이한우의 주역 전 3권

입문·상경·하경

시대를 초월한 리더십 교과서이자
세종과 정조를 길러낸 제왕들의 필독서

완역 한서 전 10권

본기·표·지(1~2권)·열전(1~6권)

유방의 건국부터 왕망의 찬탈까지 전한의 역사를 담은
2천 년 동아시아 지식인의 필독서